VELOCIDAD CHINA

—DESARROLLO DEL FERROCARRIL DE ALTA VELOCIDAD DE CHINA

Primera Edición 2019

ISBN 978-7-119-11569-6

Publicación:

Ediciones en Lenguas Extranjeras Cía. Ltda.

Baiwanzhuang Dajie No.24, Beijing 100037, China

Distribución:

Corporación China de Comercio Internacional del Libro

Chegongzhuang Xilu No.35, Beijing 100044, China

Apartado postal 399

Impreso en la República Popular China

VELOCIDAD CHINA
—DESARROLLO DEL FERROCARRIL DE ALTA VELOCIDAD DE CHINA

Wang Xiong

EDICIONES EN LENGUAS EXTRANJERAS

Índice

Introducción

La evolución de la velocidad
a partir de la Apertura

Veintidós de octubre de 1978. Los dorados rayos del Sol iluminan el día otoñal en la capital de China. Con el emblema nacional y las cinco estrellas de la bandera de China en su cola, un avión especial despegó desde el Aeropuerto Internacional Capital de Beijing. Dos horas más tarde, la nave aterrizó en el Aeropuerto Tokio de Japón. Apenas se había acoplado la escalerilla al avión, cuando el entonces ministro de Asuntos Exteriores japonés, Sonoda Sunao, ya había entrado a la cabina para honrar a su ilustre visitante de China. Saludó con efusividad al invitado chino diciéndole: "¡Ese viento que le trajo aquí, nos ha regalado un día soleado!" El visitante era Deng Xiaoping, de 74 años de edad y entonces vicepresidente del Comité Central del Partido Comunista de China (PCCh) y vice primer ministro del Consejo de Estado de China, quien iba a realizar una visita a Japón de ocho días de duración por invitación del gobierno japonés.

Por las ventanillas del avión se divisaba una vista aérea de Tokio: rascacielos y una gran muchedumbre. El anciano observaba con agudeza la exótica tierra a sus pies. Mientras China se debatía en la difícil Revolución Cultural, ¿cuánto había cambiado el mundo exterior?

Este era el segundo otoño después de la Revolución Cultural. Deng Xiaoping, el arquitecto de la reforma y apertura china, estaba trazando un ambicioso plan para China. El anciano había descansado su mirada en el mundo. Durante su visita a Japón, pese a su apretada agenda, Deng solicitó especialmente viajar en la línea férrea de alta velocidad, denominada el Shinkansen, a Kyoto.

El 26 de octubre, sentado en el tren de alta velocidad, Deng Xiaoping estaba tranquilo y calmado. Montañas, lagos, aldeas y campos pasaban centelleantes a ambos lados del tren. En su interior, la pantalla indicaba 210 km/h.

Uno de los reporteros de la delegación que acompañaba a Deng le preguntó: "Hasta donde sabemos, señor, este es su primer viaje en tren de alta velocidad. ¿Le gustó?".

Deng respondió inmediatamente: "Rápido, corre como el viento y sientes como si te empujara a correr. Estamos sentados en el tren correcto". Y añadió: "¡Debemos correr ahora!". Entonces, la velocidad máxima de ferrocarril en China era inferior a los 80 km/h, de 60 km/h para el tren expreso y menos de 40 km/h para la mayoría de las vías recién construidas. Con el tren aun deslizándose a alta velocidad, Deng Xiaoping descansaba la vista en la ventana con mirada apacible e impávida.

Dos meses después, se celebró en Beijing la III Sesión Plenaria del XI Comité Central del PCCh.

Se acababa de levantar el velo de la reforma y apertura que cambiaría el destino de China.

Tren de alta velocidad circulando sobre un viaducto ferroviario.

Tren de alta velocidad cruzando el puente Lugou.

Capítulo I

¿Necesita China trenes de alta velocidad?

El desarrollo es una necesidad absoluta. "¿Qué tipo de ferrocarril necesita China?" "¿China necesita un ferrocarril de alta velocidad?" Estas preguntas provocaron una fuerte reacción en toda China y dieron paso a incontables y variados razonamientos.

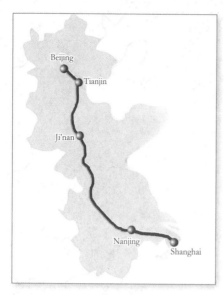

Esquema de la línea ferroviaria
Beijing-Shanghai.

El período comprendido entre las postrimerías de las décadas del 70 y el 80 de la pasada centuria fue testigo del surgir de otra hornada de pensamiento académico activo luego de la fundación de la Nueva China.

Los rotativos *Bandera Roja* y *Guangming* al igual que otros medios publicaron los puntos de vista de algunos expertos sobre la tendencia de desarrollo del transporte en China. Creían que los países desarrollados atravesaban por un declive en los ferrocarriles y un auge en las autopistas. De tal forma, los expertos aconsejaban para los desplazamientos de más de 1.000 km el transporte aéreo, para los periplos de 400 km o menos el traslado por carretera y en el caso de los viajes entre 400 y 1.000 km, el ferrocarril.

Evidentemente, esos criterios iban en contra del pensamiento económico ortodoxo de que "los ferrocarriles son las arterias principales de la economía nacional" acordado por el gobierno central en las postrimerías de la década del 50 del siglo XX. A partir de entonces, el ferrocarril fue visto como una industria obsoleta que perdía su posición dominante en el sistema de transporte integrado.

Tras la conclusión de la III Sesión Plenaria del XI Comité Central del PCCh, Deng Xiaoping llamó a concentrarse en la tarea principal del desarrollo económico, abrazar la reforma y apertura y centrarse en el desarrollo de la productividad para impulsar la economía. En ese momento, la sociedad empezó a volver a reconocer "los ferrocarriles como las arterias principales de la economía nacional" y el llamamiento de que los ferrocarriles no podían ir a remolque de la economía nacional cobraba cada vez más fuerza.

La reforma y apertura dio paso a la primavera del desarrollo del ferrocarril. Sin embargo, el ferrocarril de China era ciertamente demasiado obsoleto en ese momento. Cuando la velocidad de los trenes bala en los países desarrollados superaba los 270 km/h, el ferrocarril chino se desplazaba a apenas 80 km/h.

El desarrollo es una necesidad absoluta. "¿Qué tipo de ferrocarril necesita China?", "¿China necesita un ferrocarril de alta velocidad?". Estas preguntas provocaron una fuerte reacción en toda China y dieron paso a incontables y variados razonamientos.

Desde el inicio de la reforma y apertura, con el vertiginoso desarrollo económico, las principales vías férreas estaban siempre saturadas en términos de capacidad de transporte. Las solicitudes de uso de los vagones se satisfacían apenas al 60%, por lo que quedaba por transportar una gran cantidad de carga y la mayoría de las estaciones de ferrocarriles estaban abarrotadas. El ferrocarril Beijing-Shanghai, por ejemplo, con una longitud de tan solo el 2,8% del total nacional, asumía el 14,3% del tráfico de pasajeros y el 8,8% del movimiento de carga en el país. Asimismo, su densidad de tráfico era cuatro veces el promedio nacional. Los problemas de pasajeros varados y acumulación de carga eran crónicos. La tasa de uso de la capacidad de cada sección llegaba al 100%.

"¿Necesita China un ferrocarril de alta velocidad?", "¿Tiene que construirse ahora o después?". Así comenzaron los debates. Muchos expertos, siendo sinceros entre ellos y defendiendo los intereses nacionales, valientes y abnegados resolvieron la polémica en torno al desarrollo del ferrocarril en China.

Beijing-Shanghai, un ferrocarril en situación de emergencia

El emperador de la dinastía Ming, Zhu Di, trasladó la capital a Beijing en 1421.

Desde entonces, Beijing es el centro político, económico y cultural de China. Todos los oficiales provinciales y regionales de alto rango iban a Beijing para su audiencia mientras que los acaudalados comerciantes procedentes de todo el imperio llevaban a la capital sus negocios. Los cereales suministrados exclusivamente al gobierno central, así como el resto de los suministros necesarios eran transportados a Beijing por los viejos caminos o en embarcaciones por los ríos.

Transcurrieron 1779 años para que el Gran Canal Beijing-Hangzhou quedara abierto completamente a la navegación en 1293 desde que comenzó su construcción en el año 486 a.c. Desde entonces, todos los gobiernos destinaron millones de dólares para su dragado. Hasta el presente, algunos sectores del canal siguen siendo navegables. El primer ferrocarril público propulsado por locomotora se inau-

Antigua estación de Ji'nan de la línea ferroviaria Beijing-Shanghai.

guró en el Reino Unido en 1825. Seis años más tarde, en 1831, el científico inglés Michael Faraday inventó el primer generador eléctrico que hizo posible el ferrocarril eléctrico. Corría entonces el undécimo año del reinado del emperador Daoguang de la dinastía Qing. Precisamente en ese año, de acuerdo con los registros históricos, Lin Zexu, un comisionado famoso por su título de ser "el primer chino en abrir los ojos al mundo" fue enviado por orden del emperador para sacar mayor provecho al río Huanghe.

Luego de la derrota en la Guerra chino-japonesa de 1894-1895, el gobierno de la dinastía Qing reveló su férrea determinación a asumir la construcción del ferrocarril como su objetivo primario. Consecuentemente, anunció que el ferrocarril Beijing-Tianjin se construiría sobre los cimientos de la vieja vía férrea Beijing-Tangshan —la prolongación de la antigua línea Tangshan-Xugezhuang—. En esa época, una vía férrea, de una longitud total de 26.000 km, atravesaba todo el Reino Unido y en Estados Unidos, se construían ferrocarriles a una velocidad de 10.000 km al año.

La vía Beijing-Tianjin se empezó a construir en 1897 y se terminó en 1900. Posteriormente, se convirtió en la sección norte del ferrocarril Beijing-Shanghai y la vía Tianjin-Pukou era la sección central. Su construcción dio inicio en 1908 y concluyó en 1912. En tanto, la línea Shanghai-Nanjing, la sección sur, se empezó a construir en 1905 y se terminó en 1908.

El nombre formal de la vía férrea Beijing-Shanghai de 1.462 km de longitud no se unificó hasta que el imponente puente Nanjing sobre el río Changjiang, que comunicaba a las dos líneas en las orillas, quedó abierto oficialmente al tráfico en septiembre de 1968.

El centenario ferrocarril Beijing-Shanghai recorre cuatro provincias —Hebei, Shandong, Anhui, y Jiangsu— y tres municipalidades —Beijing, Tianjin, y Shanghai—. Esta zona, con una población combinada de más de 300 millones de habitantes, es la región económicamente más desarrollada de China. El ferrocarril Beijing-Shanghai conecta a Beijing y Tianjin en el cinturón económico Bohai con Shanghai, Nanjing y Hangzhou en la zona económica del delta del río Changjiang. Se trata de la única vía férrea que comunica el Noreste y el Norte de China con el Este del país y una de las conexiones ferroviarias más utilizadas en el gigante asiático.

A medida que la reforma y apertura fue cobrando auge, la economía del litoral oriental despegaba a un ritmo impresionante. El tráfico de pasajeros y carga en la línea Beijing-Shanghai aumentó de tal manera que llegó al límite de su capacidad. La densidad del transporte combinado de pasajeros y carga superó los 100 millones de toneladas por km, 3,8 y 5,4 veces el volumen promedio de carga y traslado de pasajeros por km del país. Sin embargo, la brecha de capacidad del transporte por ferrocarril era aún del 50%.

Tren regular aproximándose al puente Nanjing sobre el río Changjiang en la línea ferroviaria Beijing-Shanghai.

Pese a operar constantemente más allá de su capacidad y con limitaciones, el ferrocarril Beijing-Shanghai no conseguía satisfacer la demanda y siempre estaba en reparación, situación que perjudicó fuertemente el desarrollo económico de las zonas a todo su largo.

Para hacer frente al problema, alguien sugirió la construcción de una vía rápida solo para pasajeros, de manera tal que los trenes de carga y viajeros corrieran por vías férreas diferentes y se aliviara así el tráfico en el ferrocarril Beijing-Shanghai. Este no fue otro que el prototipo del ferrocarril de alta velocidad Beijing-Shang-hai. Expertos de la Academia de Ciencias Ferroviarias de China (ACFC) consideraban que, si China iba a construir su primer ferrocarril de alta velocidad, este tendría que ser el que comunicaba Beijing y Shanghai.

Locomotora diésel "Dongfeng" circulando por la línea ferroviaria Beijing-Shanghai.

En 1990, doce años después del lanzamiento de la política de reforma y apertura, y con un crecimiento significativo en la fortaleza nacional, China estaba en condiciones de acelerar su desarrollo ferroviario. Ese año, la inversión en la construcción de ferrocarriles alcanzó los 10.716 millones de yuanes, lo que representaba el 6,3% de la inversión total del país. La intrépida idea de desarrollar el ferrocarril de alta velocidad en China pasó por la mente de los entonces encargados de tomar las decisiones.

Con esa finalidad y sobre la base de la combinación de las mejores prácticas internacionales con las condiciones de China, el Ministerio de Ferrocarriles presentó al Consejo de Estado el Informe sobre la Investigación de la Tecnología del Ferrocarril de Alta Velocidad en el período del VIII Plan Quinquenal.

El informe afirmaba: es imperativo que el ferrocarril de alta velocidad para el transporte de pasajeros se construya entre las grandes ciudades según el plan, y que los trenes de pasajeros y carga operen en vías diferentes para satisfacer las crecientes necesidades del transporte de viajeros y carga. Este será el principal camino a seguir para mejorar la capacidad del transporte en las secciones de mayor actividad en las vías más importantes, así como la solución definitiva a los problemas de tráfico de pasajeros entre las grandes ciudades. A la misma vez, teniendo la alta velocidad como núcleo, investigar y desarrollar nuevos vehículos ferroviarios, construir vías de mucha precisión y gran fortaleza, dispositivos de control de tren automáticos y otras tecnologías y equipos capaces de promover y facilitar el desarrollo científico-tecnológico de los ferrocarriles y otros sectores. El documento destacaba que, a juzgar por las circunstancias nacionales de China, en la década siguiente, el ferrocarril chino procuraría alcanzar una velocidad máxima de 200 km/h.

A principios de 1992, al término de una intervención de Deng Xiaoping en el Sur de China, el llamamiento para la construcción del ferrocarril de alta velocidad Beijing-Shanghai cobró más fuerza. Inmediatamente después de que el Ministerio de Ferrocarriles entregó al Consejo de Estado el Informe sobre la Construcción Expedita del Ferrocarril de Alta Velocidad se aprobaron Las Ideas Iniciales sobre el Estudio del Ferrocarril de Alta Velocidad Especial para los Trenes de Pasajeros Beijing-Shanghai.

El 24 de abril de 1993, la Comisión Estatal de Ciencia y Tecnología (CECT) junto con la Comisión Estatal de Planificación (CEP), la Comisión Estatal de Economía y Comercio (CEEC), la Comisión Estatal para la Reestructuración del Sistema Económico y el Ministerio de Ferrocarriles constituyeron un grupo de más de 100 expertos, presidido por Ren Huiyong, vicepresidente de la CECT y Tu Yourui, viceministro de Ferrocarriles, para analizar el Estudio Preliminar sobre las Principales Cuestiones Económicas y Técnicas del Ferrocarril de Alta Velocidad Beijing-Shanghai. El grupo realizó un estudio preliminar del Ferrocarril de Alta Velocidad Beijing-Shanghai en el que debatió algunas de las cuestiones económicas y técnicas más importantes, todas relacionadas con la toma de decisiones sobre el proyecto, tales como el programa de construcción, el mecanismo de operación y financiación, la cooperación internacional, la evaluación económica, entre otros temas de relevancia. A continuación, elaboró un documento de más de 500.000 palabras sobre la investigación preliminar en el que respondió interrogantes como: "¿Qué tipo de ferrocarril se debe construir? ¿Cómo construirlo? y ¿quién será el inversor?"

El informe preveía que una vez terminado el ferrocarril de pasajeros de alta velocidad Beijing-Shanghai, éste operaría a la par de los trenes de transporte de carga y viajeros ya existentes. Pronosticaba que la capacidad de pasajeros anual (bidireccional) llegaría a los 120 o más millones de personas, 3 veces la cifra de 1993. Dado que las vías existentes estaban dominadas por el tráfico de carga, la tracción eléctrica permitiría que la capacidad de carga anual hacia el Sur sobrepasara los 120 millones de toneladas, duplicando el dato de 1993. El tiempo de viaje del tren expreso de pasajeros Beijing-Shanghai se reduciría de 17 a 7 horas. El texto concluía que la construcción del ferrocarril de alta velocidad Beijing-Shanghai era necesidad urgente, técnicamente factible y económicamente justificable. Abundaba que era asequible para el país y que la financiación de la construcción era muy posible que estuviera asegurada.

El 4 de marzo de 1994, las cuatro comisiones y el Ministerio de Ferrocarriles hicieron llegar al Consejo de Estado las Recomendaciones sobre la Construcción del Ferrocarril de Alta Velocidad Beijing-Shanghai. Sugerían que el Estado ratificara el proyecto cuanto antes para que la construcción comenzara en 1995 y concluyera a finales de 2000.

Se trataba indudablemente de un gran objetivo lleno de esperanza y confianza, que requería de la audacia, valentía, arduo trabajo y sabiduría de un sinnúmero de departamentos subordinados al Consejo de Estado, así como de participantes prominentes de la construcción de ferrocarriles de China.

En mayo de 1994, en una reunión de trabajo, el primer ministro, Li Peng, escuchó el informe sobre la construcción del Ferrocarril de Alta Velocidad Beijing-Shanghai. En junio de ese mismo año, el secretario general del Comité Central del PCCh, Jiang Zemin, presidió la reunión del Grupo Dirigente Central para los Asuntos Económicos y Financieros, donde la CEP rindió un informe afín. En este encuentro "se acordó en principio realizar un estudio de pre-factibilidad sobre la construcción del ferrocarril de alta velocidad por recomendación del Ministerio de Ferrocarriles". Acto seguido, la cartera conformó el grupo de dirección del estudio de prefactibilidad, que encabezaron el ministro Han Shubin y los viceministros, Sun Yongfu y Fu Zhihuan.

Consecuentemente, el Ministerio de Ferrocarriles organizó una exploración de campo y dio inicio a los estudios temáticos sobre los vehículos ferroviarios, señales de comunicación, puentes y organización del transporte.

Dos venerables ancianos

En 1992, al otro lado del océano Pacífico, un anciano chino escudriñaba en una biblioteca artículos de periódicos y revistas. Este longevo personaje, ya retirado, era Hua Yunzhang, ex ingeniero jefe de la Administración de Ferrocarriles de Shanghai (BFS).

Un artículo publicado en *The Washington Post* sobre los trenes de alta velocidad llamó la atención de Hua Yunzhang.

El artículo decía: "La línea regular de alta velocidad involucra un elevado coste de construcción, mantenimientos frecuentes del tren y gran capacidad ociosa. Todas las vías de alta velocidad en operaciones, exceptuando la del Tokaido Shinkansen de Japón que es rentable gracias a un tráfico de pasajeros exorbitante (un movimiento anual de 130 millones) y a la venta de sus billetes que son tan caros como los billetes de avión, acaban generando pérdidas al final. De tal manera en los últimos 50 años, solo Japón, Francia, Italia, Alemania, España y otro reducido número de países apostaron por la construcción y operación del sistema regular de trenes de alta velocidad. A la gente le preocupa que la inversión total del ferrocarril de alta velocidad sea demasiado grande, por contemplar elevados costes de operación y grandes pérdidas inevitables. Como tal, el país está propenso a asumir una pesada carga financiera". El artículo concluía diciendo: "El ferrocarril de alta velocidad es técnicamente ventajoso, pero financieramente catastrófico".

Hua Yunzhang recordó que su país se preparaba para construir el ferrocarril de alta velocidad y no podía evitar sentirse inquieto.

Hua fue una de las figuras representativas que se opuso a la inmediata construcción del ferrocarril chino de alta velocidad.

Al principio, cuando el Ministerio de Ferrocarriles sugirió la construcción de la vía férrea de alta velocidad Beijing-Shanghai, Hua Yunzhang se negó rotundamente. Desde su punto de vista, la construcción de la línea de alta velocidad Beijing-Shanghai, así como la separación del transporte de pasajeros y carga resultaría en pérdidas para la nueva vía de alta velocidad y para los pasajeros en las líneas existentes. Hua recomendó que se introdujera el tren basculante en la vía existente, que operaría a elevada velocidad y a un coste inferior del 10% de la línea del tren de alta velocidad de nueva construcción.

Poco después, Hua regresó a China porque deseaba utilizar la información que había compilado para persuadir a la gente a posponer la construcción del tren de alta velocidad.

El encontró apoyo en Yao Zuozhou, otrora vicepresidente del Instituto de Diseño del Ministerio de Ferrocarriles. Aunque Yao ya había abandonado el puesto, continuaba pensando en el desarrollo ferroviario y no estaba del todo a favor de la afirmación de que "la capacidad de transporte del ferrocarril Beijing-Shanghai estaba saturada o excesivamente saturada desde hacía mucho tiempo. La brecha de capacidad en la zona de control es superior al 50%, por lo que es necesario construir una nueva vía férrea".

"Esto es buscar una excusa para construir ferrocarriles de alta velocidad con premura", sentenció airadamente el veterano.

En relación al informe sobre el Estudio Preliminar de las Principales Cuestiones Económicas y Técnicas del Ferrocarril de Alta Velocidad Beijing-Shanghai, Yao consideraba que sobreestimaba exageradamente el nivel económico y la asequibilidad de la construcción del ferrocarril de alta velocidad. Por lo tanto, se opuso enérgicamente a la conclusión del documento de que "la construcción de la vía férrea de alta velocidad Beijing-Shanghai es inminente y debemos apostar por el inicio de la construcción en el período del IX Plan Quinquenal".

En 1994, Yao publicó dos artículos en el *Transporte de Shanghai* titulados "La construcción del ferrocarril de alta velocidad no es una prioridad" y "Retomar el debate sobre la construcción del ferrocarril de alta velocidad no es una prioridad". Yao Zuozhou pensaba que la construcción urgente del proyecto "sobreestimaba el tráfico y la eficiencia mientras menospreciaba la capacidad y la inversión para justificar la factibilidad del proyecto, una práctica muy común en la construcción ferroviaria de China".

En abril de ese mismo año, Hua Yunzhang publicó en la revista *La Ciencia y la Tecnología Informan* un artículo titulado "No se debe lanzar el proyecto para la construcción del ferrocarril de alta velocidad Beijing-Shanghai".

Desde su punto de vista, en Shanghai, el PIB per cápita en 1997 fue de apenas 3.100 dólares, que era el más alto a lo largo de la línea Beijing-Shanghai, mientras que el PIB per cápita promedio era de aproximadamente 1.000 dólares en toda la vía, lo que representaba 1/46 el nivel del Tokaido de Japón. Existía una gran diferencia en el desarrollo económico y el nivel de consumo de la población de China y Japón por lo que asumir que el tráfico de pasajeros del ferrocarril de alta velocidad de China sería muy superior al del Tokaido Shinkansen era una sobreestimación.

La dedicación de los dos veteranos se convirtió en un tema de conversación del pueblo.

Entonces, uno tenía 83 años de edad y el otro, 76; uno se encontraba en el Sur y otro, en el Norte, y los dos se hacían eco de sus respectivos criterios. Hua Yunzhang se encontraba en Shanghai, y Yao Zuozhou estaba en Beijing, en el otro extremo del ferrocarril Beijing-Shanghai.

La Conferencia de Xiangshan

Junio de 1994, Beijing. La primavera aferrándose con fuerza ante las primeras señales del verano. Justo en ese momento, Xiangshan (las colinas perfumadas), localidad en la periferia occidental de la capital china, acogía el seminario sobre el Ferrocarril de Alta Velocidad organizado por el Ministerio de Ferrocarriles. El evento multidisciplinario era una práctica regular de la comunidad de la ciencia y la ingeniería de China, conocido también como la Conferencia de Xiangshan. Académicos de renombre de la talla, entre otros, Yan Luguang, He Zuoxiu y Cheng Qingguo, junto a más de 30 expertos y estudiosos de esferas de la súper conductividad, electricidad y vehículos asistieron a la reunión. Igualmente, presentes en el encuentro estaban los principales cuadros técnicos y académicos del sector ferroviario.

Shen Zhijie, ingeniero jefe y director de la Oficina del Ferrocarril de Alta Velocidad del Ministerio de Ferrocarriles, figuraba entre los convocados.

Shen señaló en la conferencia: "El ferrocarril Beijing-Shanghai es la línea de transporte de pasajeros con más tráfico de China y del mundo que ha estado saturada, súper saturada por un prolongado lapso de tiempo, con una brecha de capacidad en la zona de control a lo largo de la vía férrea del 50%. La lucha por el poder entre el tráfico de pasajeros y carga se ha hecho demasiado evidente en el ferrocarril Beijing-Shanghai. Como saben, la introducción de un par de trenes de pasajeros implica la reducción de más de dos parejas de trenes de carga; si se transporta un pasajero más, se dejará de trasladar una tonelada de mercancía. El delta del río Changjiang es una zona económicamente desarrollada. No podemos renunciar ni al transporte de pasajeros ni al de carga, por lo que tenemos que aprovechar la oportunidad para construir una línea nueva", concluía así su intervención emocionante y levantando un puño al aire.

"¿Usted quiere decir que el ferrocarril Beijing-Shanghai está colapsado?", interpeló Hua Yunzhang a Shen.

"Sí, prácticamente podemos decir eso. Ahora mismo, la densidad del tráfico de pasajeros y la densidad del movimiento de carga de la línea Beijing-Shanghai es de 45 millones 780 mil embarques/km y de 60 millones 320 mil toneladas/km, más de 5 y 3 veces, respectivamente, el promedio nacional," respondió Shen.

Hua Yunzhang hizo uso de la palabra para declarar: "La denominada saturación de capacidad del ferrocarril Beijing-Shanghai es totalmente inconsistente con los hechos. Durante esta Fiesta de la Primavera, se añadieron 32 parejas de trenes de pasajeros temporales, lo que significa que aún hay capacidad en la vía".

Shen sonrió y aseveró: "No hubo más alternativa que añadir trenes de pasajeros temporales durante la Fiesta de la Primavera; fue una guerra de desgaste en detrimento del equipamiento y la seguridad".

Hua Yunzhang reprochó: "¿Cuánto costará construir el ferrocarril de alta velocidad Beijing-Shanghai?".

"Con la tecnología rueda-carril, el proyecto costará unos 52 mil 300 millones de yuanes y se ejecutaría en cinco años", respondió Shen.

Hua movió la cabeza antes de indicar: "Nosotros, más de 100 integrantes del grupo ferroviario de la Asociación de Expertos Veteranos Jubilados de Shanghai, calculamos dos veces el coste de la construcción del ferrocarril de alta velocidad y acordamos una inversión aproximada de al menos 200 millones de yuanes por km, de ahí que el coste total de la vía férrea de alta velocidad Beijing-Shanghai superare los 200 mil millones de yuanes. No sobreestimen el nivel económico y la asequibilidad de China para la construcción del ferrocarril de alta velocidad".

Shen Zhijie interrogó entonces apaciblemente: "Señor Hua, ¿sabe usted que cuando Japón comenzó la construcción de la primera vía de alta velocidad en 1957 su PIB per cápita era de 338 dólares, mucho menos que el actual nivel de China?".

"El valor del dólar respaldado en oro en 1957 era 12 veces más alto que el de 1994". Obviamente, Hua estaba bien preparado: "En una economía de mercado, el tráfico de pasajeros y el ingreso derivado son los últimos factores que determinan la construcción del ferrocarril de alta velocidad. A juzgar por la situación actual, la construcción del ferrocarril de alta velocidad reportaría pérdidas".

Yao Zuozhou no participó en la Conferencia de Xiangshan. Sin embargo, Yao y Hua compartían la misma posición y ambos insistían en que China, en la etapa en que se encontraba, no debía precipitarse en la construcción del ferrocarril de alta velocidad. Los fondos debían utilizarse, en cambio, para mejorar las vías férreas existentes y elevar la velocidad de los trenes, ampliar el millaje del ferrocarril, de la red, así como aumentar el grado de electrificación.

Durante estos tres días de debate sobre la tecnología del ferrocarril de alta velocidad y sus perspectivas de desarrollo, expertos y académicos prestaron especial atención a la nueva generación de trenes de alta velocidad de levitación magnética (maglev). Yan Luguang apuntó: "Participé en esta reunión con el único propósito de abogar por un mayor apoyo financiero a la investigación y desarrollo de la levitación magnética".

Según Yan, al final del encuentro, Shen Zhijie le dijo que la levitación magnética era en efecto algo muy bueno, que la nueva tecnología debía desarrollarse, pero que el Ministerio de Ferrocarriles había realizado un estudio de factibilidad sobre el ferrocarril de alta velocidad Beijing-Shanghai y lo había considerado un proyecto nacional. Asimismo, se esperaba que la tecnología de levitación magnética no afectara la construcción de esta vía férrea.

En febrero de 1996, el Ministerio de Ferrocarriles convocó otro encuentro al que fueron invitados Hua Yunzhang y Yao Zuozhou, quienes expresaron sus ideas, hicieron preguntas y se opusieron rotundamente al inmediato lanzamiento del ferrocarril de alta velocidad Beijing-Shanghai, alegando que no había necesidad de construirlo de inmediato. Por su parte, Hua Yunzhang recomendó mejorar la línea Beijing-Shanghai con la tecnología del tren basculante y la electrificación para ampliar la capacidad. Al término del debate, se llegó finalmente a la conclusión de que se debía iniciar la construcción del tramo Nanjing-Shanghai del ferrocarril de alta velocidad Beijing-Shanghai en 1998 que entraría en operación en 2000.

En marzo de 1996, durante las dos sesiones de la Asamblea Popular Nacional (APN) y la Conferencia Consultiva Política del Pueblo Chino (CCPPCh), Shen Zhijie, director de la Oficina del Ferrocarril de Alta Velocidad del Ministerio de Ferrocarriles, en calidad de miembro del Comité Nacional de la CCPPCh, presentó una propuesta sobre la construcción del ferrocarril de alta velocidad Beijing-Shanghai. A la misma vez, Yao Zuozhou compartía con los delegados a la APN y la CCPPCh una propuesta sobre la postergación de la construcción del ferrocarril de alta velocidad Beijing-Shanghai. Las dos proposiciones, ambas sinceras, eran diametralmente opuestas.

El IX Plan Quinquenal de Desarrollo Nacional Económico y Social y las Metas a Largo Plazo para el año 2010 adoptadas por la APN el 13 de marzo de 1996, se patentizaba claramente: "A principios del próximo siglo, debemos concentrarnos en la construcción de un sinnúmero de proyectos que son de importancia vital y global para nuestro desarrollo económico y social… Debemos comenzar a construir el ferrocarril de alta velocidad Beijing-Shanghai para crear una vía de transporte moderno para el gran flujo de pasajeros".

En otras palabras, "Los primeros 10 años del próximo siglo se dedicarán a la construcción del ferrocarril de alta velocidad Beijing-Shanghai". Shen Zhijie aseguró: "Retrasar la construcción del ferrocarril Beijing-Shanghai un año implicará una pérdida de 20 mil millones de yuanes".

Rueda/Carril versus Maglev (Levitación Magnética)

Maglev, como también se le conoce, o levitación magnética y rueda/carril son dos tipos de tecnologías ferroviarias que se aplican a los trenes.

Los trenes de levitación magnética funcionan con los vehículos suspendidos sobre vías especiales propulsados por una fuerza electromagnética. A diferencia de los trenes regulares, los de levitación magnética no tocan el suelo mientras están en funcionamiento; es como si volaran. Los trenes de levitación magnética pueden alcanzar velocidades de hasta 500 km/h, lo que los hace mucho más rápidos que los trenes de alta velocidad rueda/carril que viajan a más de 300 km/h. En los trenes rueda/carril, las ruedas tocan las vías y dependen de la conexión entre ellas para asistir, dirigir, empujar, tirar y finalmente avanzar.

Shen Zhiyun: partidario de la tecnología rueda/carril

Desde la llegada del ferrocarril, los trenes rueda/carril han sido su símbolo. En la lucha entre rueda/carril y maglev, Shen Zhiyun era un acérri-

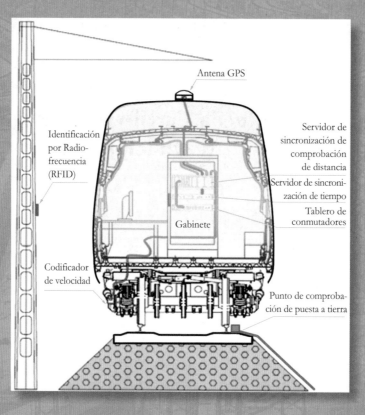

Antena GPS

Identificación
por Radio-
frecuencia
(RFID)

Servidor de
sincronización de
comprobación
de distancia

Servidor de sincroni-
zación de tiempo

Tablero de
conmutadores

Gabinete

Codificador
de velocidad

Punto de comproba-
ción de puesta a tierra

Diagrama del mecanismo de rodadura rueda/carril.

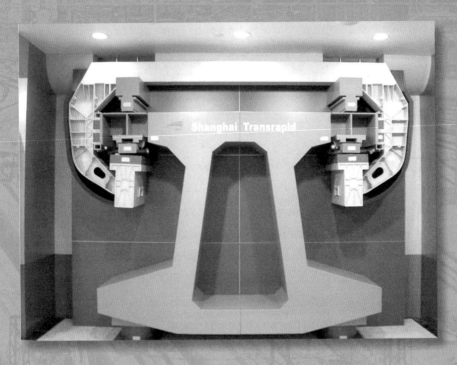

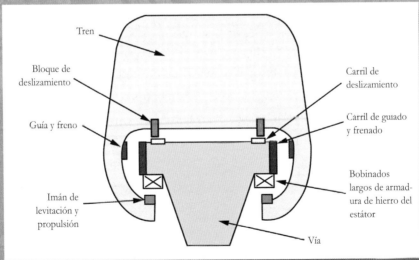

Tren

Bloque de
deslizamiento

Carril de
deslizamiento

Guía y freno

Carril de guiado
y frenado

Bobinados
largos de armad-
ura de hierro del
estátor

Imán de
levitación y
propulsión

Vía

Diagrama del mecanismo de rodadura del tren maglev.

mo partidario del primero. Shen es miembro tanto de la Academia de Ciencias de China como de la Academia de Ingeniería de China. Estudió en la otrora Unión Soviética y se graduó de la Universidad Jiaotong en el Suroeste de China. Shen es muy conocido por su trabajo en la dinámica de los vehículos ferroviarios, especialmente en el estudio de la dinámica rueda/carril, estabilidad dinámica, teoría de negociación de la curva y respuesta aleatoria o al azar. El académico dirigió el desarrollo exitoso del primer "bogie" para vagones de carga de dirección forzada de China y, además, ostenta el récord de no haber ocasionado daños a la llanta de la rueda durante las pruebas. El banco de prueba de vibración de la rodadura que creó para todo el material rodante estaba a la altura de los estándares internacionales. El contacto entre la rueda y la vía es la única interacción entre el tren y el carril. Cuando la rueda está en movimiento, se produce un ligero cambio que se conoce por el nombre de "pseudo-deslizamiento rueda/carril". Se trata de un fenómeno físico complejo y la forma de identificar cuantitativamente sus propiedades mecánicas ha sido una de las cuestiones más difíciles de la dinámica de los vehículos ferroviarios.

En 1982, Shen Zhiyun visitó el MIT (Instituto Tecnológico de Massachusetts) en calidad de profesor visitante donde estudió exhaustivamente la teoría de J. J. Kalker sobre los pseudo-deslizamientos rueda/carril. Basándose en la teoría de Vermeulen-Johnson, Shen consideró el pseudo deslizamiento rueda/carril de giro y definió el factor de pseudo deslizamiento y el coeficiente de proporcionalidad del giro para comparar varios modelos de fuerza de pseudo-deslizamiento en distintas circunstancias de pseudo-deslizamiento de giro. De esta forma fue capaz de descubrir una nueva fuerza de pseudo-deslizamiento no lineal, una sencilla manera aplicable a la dinámica de los vehículos. Dicho método fue reconocido como "el hito del nuevo desarrollo de la teoría de pseudo-deslizamiento en 1983" y citado en todo el mundo como la "Teoría de Shen".

En 1988, cuando demostraba la fuerza de tracción como proyecto investigativo clave de China, recomendó usar 400 km/h como velocidad de prueba. Después de 1990, la ruta técnica que sugirió continuaba "reduciendo la fuerza entre la rueda y el carril", característica de la tecnología de China.

Durante las dos sesiones de la APN y la CCPPCh en 1998, Shen, como diputado a la APN, presentó una propuesta sobre la necesidad de utilizar la tecnología rueda/carril en el ferrocarril Beijing-Shanghai. La propuesta de Shen no tardó en "encontrar" la misiva que Yan Luguang escribió al primer ministro. El premier solicitó a las Academia de Ingeniería y Ciencias de China a organizar a sus académicos y elaborar una lista de temas especiales, comparar y analizar los trenes maglev y de rueda/carril y ofrecer fundamento científico a la toma de decisiones sobre el ferrocarril de alta velocidad.

La Academia de Ingeniería de China celebró ese año tres seminarios para comparar las tecnologías maglev y rueda/carril. Las reuniones fueron organizadas por Shen Zhiyun, profesor de la Universidad Jiaotong del Suroeste de China y Shen Zhijie, ingeniero jefe del Ministerio de Ferrocarriles. Al mismo tiempo, la Academia de Ingeniería de China designó a Shen Zhiyun líder del equipo asesor de "comparación y análisis de los trenes maglev y rueda/carril" que conduciría un estudio y demostración exhaustivos.

El grupo reunió a los mejores ingenieros y académicos de China. Igualmente fueron invitados He Zuoxiu, Yan Luguang, y Yao Zuozhou, quienes respaldaban la adopción de la tecnología de levitación electromagnética.

Durante los encuentros, Shen Zhiyun invitó a los participantes a visitar el laboratorio de tracción de la Universidad Jiaotong del Suroeste, donde se realizaban experimentos en un entorno simulado y se obtenían datos confiables. Todo lo salió bien el experimento y el tren de prueba muy pronto alcanzó la velocidad de 430 km/h.

"Si el tren de prueba pudo llegar a los 430 km/h, podemos alcanzar absolutamente la meta de 300 km/h para el ferrocarril Beijing-Shanghai. Por favor, que hable todo el que tenga algún que decir", Shen Zhiyun solicitaba la opinión de todos.

Luego el grupo se trasladó a la ciudad de Shenzhen en el "casi" tren de alta velocidad rueda/carril procedente de Guangzhou. El viaje fue estable y cómodo y todo el mundo estaba muy optimista.

Luego del viaje, el colectivo se dirigió al Norte y prosiguió con los debates hasta que regresó a Beijing. Allí, los científicos usaron los datos de los trenes maglev y su experiencia personal en el tren de alta velocidad rueda/carril para redactar un borrador sobre "la comparación y el análisis de los trenes maglev y rueda/carril".

En el informe elaborado figuraban tres puntos clave. Primero, la tecnología del tren rueda/carril había sido madura, pero aún seguía en desarrollo y podía emplearse en el ferrocarril. Segundo, los trenes maglev podrían convertirse muy pronto en el transporte terrestre del siglo XXI y tener ventajas tangibles. Sin embargo, debido a la ausencia de líneas comerciales similares en el mundo, el ferrocarril Beijing-Shanghai no podía utilizar la tecnología maglev en toda la vía hasta al menos dentro de 10 años. Tercero, como los trenes basculantes no podían viajar a más de 200 km/h, este tipo de ferrocarril no era aconsejable para la ruta Beijing-Shanghai debido a la alta demanda del tráfico de pasajeros y carga.

Shen Zhiyun estaba realmente aliviado de que Yan Luguang y He Zuoxiu también aprobaran el informe. En marzo de 1999, Beijing disfrutaba de unos templados días de primavera.

El 31 de marzo, la Academia de Ingeniería de China aprobó el informe sobre "la comparación y análisis de los trenes maglev y rueda/carril" y lo sometió a la consideración del Consejo de Estado chino.

El documento patentizaba que ante la inexistencia de vías comerciales para trenes maglev en el mundo, no era aconsejable usar la tecnología de levitación magnética en todo el ferrocarril Beijing-Shanghai hasta al menos dentro de 10 años y concluía diciendo que "es factible el uso de rueda/carril para la vía férrea Beijing-Shanghai".

Yan Luguang y el tren chino de levitación magnética

A principios de junio de 1998, un grupo élite de científicos chinos se dio cita en Beijing para la IX Reunión Anual de la Academia de Ciencias de China y la IV Reunión Anual de la Academia de Ingeniería de China. El 2 de junio, cuando el premier Zhu Rongji hizo uso de la palabra, lanzó una interrogante a todos los científicos asistentes: ¿podría el ferrocarril Beijing-Shanghai utilizar la tecnología de levitación magnética? Luego la Academia de Ingeniería de China creó un grupo de trabajo para debatir la diatriba "levitación magnética versus rueda/carril en los trenes de alta velocidad".

Yan Luguang, es un reconocido ingeniero eléctrico. Nacido en julio de 1935 en Beijing, es originario de Dongyang en la provincia de Zhejiang. Estudió y se graduó en la Facultad de Electrónica del Instituto de Ingeniería de Energía de Moscú. Su padre fue el académico Yan Jici, famoso físico y antiguo director de la Universidad de Ciencia y Tecnología de China.

Yan Luguang dedicó muchos años de trabajo a la investigación y desarrollo de equipamiento especial y tecnología de la nueva ingeniería eléctrica usada en las ciencias modernas. Además, dirigió la investigación y desarrollo de la tecnología de imanes súper conductores y sus aplicaciones, así como inició el desarrollo del sistema de dispositivo de almacenamiento inductivo de alta energía en China.

En la década del 20 del siglo pasado, el científico alemán Hermann Kemper expuso la teoría de la levitación electromagnética y solicitó la patente en 1934. Debido a las limitaciones tecnológicas, la patente no se aplicó al transporte de pasajeros durante mucho tiempo. En los años 60, también del siglo XX, cuando el control eléctrico se perfeccionó, Alemania, Japón, Estados Unidos, Francia, Gran Bretaña y la entonces Unión Soviética comenzaron las investigaciones sobre los trenes de levitación magnética. Alemania y Japón fueron los primeros en contar con vías de prueba y en obtener datos muy valiosos.

En esa época, solo existía un tren de levitación magnética de baja velocidad en el sector comercial y cubría la ruta del Aeropuerto Internacional de Birmingam a la Estación Internacional de Ferrocarril de Birmingam, en Inglaterra. Tras ocho años de operación, el tren suspendió el servicio en 1996. Luego de toda la fanfarrea, en 1998, solo dos actores permanecieron en la puja: Alemania y Japón. Tokio utilizaba la tecnología de suspensión electrodinámica (EDS) y Berlín la de suspensión electromagnética (EMS), pero ambos se encontraban en la fase de prueba y no habían puesto en operación ningún tren maglev.

Ante esta situación, el científico chino Yan Luguang decidió trabajar en los trenes de levitación magnética.

En los años 50, cuando Yan Luguang era estudiante del Departamento de Ingeniería Eléctrica de la Universidad Tsinghua, la idea de la comunicación ferroviaria le había intrigado. La velocidad máxima del ferrocarril había sido reconocida generalmente en los 200 km/h. Cuando la velocidad de ensayo superaba los 200 km/h, las ruedas empezaban a patinar en vez de rodar. Con el desarrollo de la ciencia y la tecnología, la velocidad máxima continuó aumentando. Sin embargo, Yan insistió en que debía haber un tope de velocidad máxima.

La sugerencia de Yan encontró el enérgico apoyo de Xu Guanhua, académico y viceministro de Ciencia y Tecnología, así como de He Zuoxiu, un prominente físico. He abogó por la construcción de una red de ferrocarril con velocidades diferentes, que permitiera a los trenes basculantes viajar a 100 km/h, a los trenes rueda/carril, 300 km/h, y a los de levitación magnética alcanzar velocidades superiores a los 500 km/h.

Al término de las reuniones de las academias, Yan Luguang, Xu Guanhua, y He Zuoxiu conformaron una alianza a favor del desarrollo de los trenes maglev.

En junio de 1998, cuando el primer ministro chino Zhu Rongji pronunció un discurso a favor de la demostración de la levitación magnética, Yan

Luguang estaba fascinado porque tenía la convicción y la confianza de hacer funcionar los trenes maglev en China. Entonces le escribió una carta al primer ministro explicando el desarrollo de los trenes maglev en Alemania y Japón y subrayando los avances técnicos logrados por China en ese ámbito. Yan recomendó hacer del desarrollo acelerado de los trenes maglev en China una estrategia nacional y que se reconsiderara el plan propuesto para usar la tecnología rueda/carril en el ferrocarril Beijing-Shanghai.

Tres académicos entablan combate por el tren maglev

En abril de 1999, Yan Luguang, junto con He Zuoxiu y Xu Guanhua, que era entonces viceministro de Ciencia y Tecnología y también experto en sensores por control remoto, volvió a escribirle al primer ministro Zhu Rongji. La misiva empezaba de la siguiente manera: "La Academia de Ingeniería de China ha entregado un informe sobre 'la comparación y análisis de los trenes maglev y rueda/carril' al Consejo de Estado. Considerando que los trenes de alta velocidad son de importancia estratégica para el desarrollo nacional, es imperativo que le comuniquemos lo siguiente". Los tres ilustraron claramente cómo y por qué no estaban de acuerdo con el documento de la Academia de Ingeniería de China y proponían usar la tecnología de levitación electromagnética en la construcción del ferrocarril de alta velocidad de China.

Los tres científicos compartieron el siguiente cálculo con el premier Zhu: comparado con las vías regulares, los trenes de alta velocidad rueda/carril permiten duplicar la velocidad, pero los costes de construcción aumentan de dos a cuatro veces. La construcción del sistema maglev en las llanuras se encarece entre un 25% y hasta un 35% más que la del tren de alta velocidad rueda/carril, pero los trenes son también entre un 50% y un 70% más rápidos. En conclusión: si el elevado coste es un impedimento para la introducción de la tecnología maglev, ¿la tecnología rueda/carril de alta velocidad tiene el mismo problema? El supuesto riesgo, como los problemas normales que afronta una nueva tecnología, no debe suponer un obstáculo para la aplicación de la nueva. Por otra parte, Japón y Alemania ya han investigado y desarrollado la levitación magnética al grado comerciable viable. La línea de prueba maglev en Alemania de 30 km de longitud lleva más de 10 años en funcionamiento, durante los cuales se han acumulado vasta experiencia y abundantes datos. Por lo tanto, si los trenes de levitación magnética se desarrollaran a través de la cooperación internacional, se correrían mucho menos riesgos.

Los tres hombres formaron urgentemente un equipo de firmes aliados del maglev.

El 22 de abril, el primer ministro Zhu envió la carta de los tres científicos a Tu Yourui, ex viceministro de Ferrocarriles y entonces presidente de la Corporación Internacional de Consultoría de Ingeniería (CICI): "Por favor, inviten a expertos de la CEP, la CEEC, el Ministerio de Ferrocarriles, la Academia de Ciencias de China, la Academia de Ingeniería de China y otros departamentos para realizar una investigación conjunta".

El 11 de julio de 1999, Song Jian, consejero de Estado y presidente de la Academia de Ingeniería de China llegó a Japón con una delegación de la Asociación de Amistad China-Japón. Por invitación de la parte japonesa, Song conoció la tecnología del tren de alta velocidad japonesa y experimentó un viaje en tren de la serie 500. Vio el velocímetro en la cabina del maquinista marcaba 300 km/h. De acuerdo con los guías del recorrido, 300 km/h era la velocidad de operación estable de todos los trenes de alta velocidad de Japón. La delegación de Song también visitó el centro de control del tren bala Shinkansen en la estación de Tokio.

Dos días antes de que la comitiva arribara a suelo nipón, el primer ministro de Japón, Keizō Obuchi, había visitado China y presentado "Sugerencias sobre la Ayuda Nipona al Desarrollo del Ferrocarril de Alta Velocidad de China", al expresar la voluntad de su gobierno de ofrecer a su par chino la última tecnología ferroviaria y capital para la construcción.

El 17 de julio, Song Jian concluyó la redacción del informe investigativo que entregaría al Consejo de Estado.

El texto aseguraba que el Shinkansen de Japón, con su uso de la tecnología rueda/carril, había seguido evolucionando desde su entrada en operaciones hacía 35 años y había generado enormes beneficios económicos. El gobierno japonés ha reiterado que ofrecería la última tecnología y experiencia sin reservas y ayudaría en la construcción del ferrocarril Beijing-Shanghai como símbolo de la colaboración y la amistad China-Japón en el siglo XXI. El informe hacía énfasis en que "actualmente, el tren maglev solo podría ser un complemento del tren rueda/carril. La tecnología para el tren maglev no había madurado aún, de ahí que su construcción y operación no fuera posible a corto plazo".

En septiembre de 1999, la CICI recibió la autorización de la dirección central para auspiciar una mesa redonda de cuatro días de duración sobre "el pulso rueda/carril-maglev" en Beijing, en colaboración con la CEP, la CEEC, el Ministerio de Ferrocarriles, la Academia de Ciencias de China y la Academia de Ingeniería de China. Más de 60 expertos asistieron y debatieron animosamente las teorías académicas y técnicas acerca del sistema rueda/carril-maglev, así como pasaron revista a los pros y los contras de cada una de las tecnologías. Concluido el debate, la mayoría de los expertos se pronunció a favor del uso de rueda/carril. Cuando se presentó el informe final al Consejo de Estado, los principales comentarios referían: "El ferrocarril Beijing-Shanghai debe emplear la tecnología rueda/carril y podría usarse una vía más corta para poner a prueba le tecnología maglev".

Muchos de los expertos se embarcaron en el espíritu democrático de la mesa redonda.

Pese a los reiterados debates, aún no había una decisión sobre qué tecnología usar en el ferrocarril Beijing-Shanghai. El precio y los riesgos técnicos afines continuaban siendo el centro de reflexión. Yan Luguang sostenía que la tecnología maglev tenía ventajas evidentes. Su velocidad de

430 km/h superaba con creces la velocidad máxima actual del tren bala de solo 350 km/h, y potencialmente podían viajar más rápido en el futuro. Para los trenes de alta velocidad rueda/carril, la velocidad promedio era de 250 km/h, y el ya terminado ferrocarril Shenyang-Qinhuangdao había alcanzado una velocidad promedio de 200-220 km/h.

No obstante, el exorbitante precio del tren maglev y su tecnología aún en fase de maduración les daba a los partidarios de la tecnología rueda/carril razones suficientes para oponerse, lo que provocó una inquietud febril en He Zuoxiu, quien afirmaba que la adopción de la tecnología maglev afectaba la planificación estratégica de China a largo plazo. Al ser interrogado por la prensa acotó: "A mi juicio, habría elegido la tecnología maglev. China necesita una red ferroviaria de alta velocidad y si la red se construye con tecnología obsoleta, esto es algo definitivamente inaceptable para mí".

Shen Zhijie, entonces ingeniero jefe del Ministerio de Ferrocarriles, era uno de los representantes clave de los partidarios de la tecnología rueda/carril. Desde el momento de su participación en la Conferencia Xiangshan en 1994 hasta su jubilación, siempre abogó por la construcción del ferrocarril de alta velocidad Beijing-Shanghai y se opuso al uso de la levitación magnética. Shen creía que la levitación magnética era buena para líneas cortas, pero para el largo ferrocarril Beijing-Shanghai y su gran volumen de transporte, la seguridad tanto de los pasajeros como de la carga era una prioridad y era evidente que la levitación magnética no podía garantizar ninguna de las dos en ese momento.

Shen sentía que las opiniones de Yan, He y Xu "se dejaban llevar demasiado por la ciencia ficción".

Así concluyó el debate sobre la necesidad de construir el ferrocarril Beijing-Shanghai mientras la opción del tipo de tecnología continuaba siendo centro de atención. El pulso rueda/carril versus maglev no acabó ese año.

La práctica habla por sí sola

La práctica es el único criterio capaz de demostrar una verdad.

Cuando el debate se hace interminable, podemos dirigirnos al "campo de prueba". Los hechos hablan por sí solos. Sin embargo, la realidad puede ser compleja. El tren de pasajeros rueda/carril Qinhuangdao-Shenyang y el tren maglev de Shanghai estaban allí para probarse en la práctica. Los resultados aún estaban por verse.

Campo de prueba del ferrocarril de alta velocidad rueda/carril

La controversia entre levitación magnética y rueda/carril de alta velocidad se proseguía. El debate es componente natural y necesario de la toma de decisiones, así como una señal de la nueva era de la reforma y apertura. "El debate teórico y las pruebas prácticas deben ir de la mano porque ambas partes del debate necesitan pruebas para llegar a la conclusión correcta". Muchos años después, el debate sigue muy vívido en la memoria de algunos funcionarios jubilados del Ministerio de Ferrocarriles.

El 16 de agosto de 1999 comenzó la construcción del primer ferrocarril de pasajeros exclusivo de China, la vía Qinhuangdao-Shenyang.

El 12 de octubre de 2003, el tren T60 con destino a Beijing partió de la Estación Norte de Shenyang por toda la vía Qinhuangdao-Shenyang, convirtiéndose en la primera línea de alta velocidad del transporte de pasajeros que entraba en operaciones en China. Su lanzamiento redujo el tiempo de viaje entre Beijing y Shenyang de nueve horas y 10 minutos a cuatro horas y 30 minutos.

En una estantería de la biblioteca de la Universidad Jiaotong de Beijing, descansa un pesado volumen titulado *Hacia la alta velocidad*. El libro recoge íntegramente las informaciones del diseño, la construcción y la operación del ferrocarril Qinhuangdao-Shenyang. Se trata también del primer libro de texto sobre el desarrollo del ferrocarril de alta velocidad en China.

En 1994, China puso en operación el ferrocarril de 170 km/h de Guangzhou a Shenzhen, considerado por algunas personas "el ferrocarril de casi alta velocidad".

En los años 50 del siglo XX, cuando los países de Occidente experimentaron un expedito desarrollo de las autopistas, algunos empezaron a considerar el ferrocarril como una industria en decadencia, al punto que en Estados Unidos se desmantelaron las viejas vías férreas. Pasada la década del 60 de esa centuria, la economía mundial empezó a vislumbrarse. En octubre de 1964, Japón construyó el nuevo Tokaido Shinkansen de Tokio a Osaka, una vía férrea de 515 km de longitud con trenes viajando a 210 km/h, que se convirtió en la primera línea de alta velocidad del transporte de pasajeros del mundo. El acontecimiento marcó el inicio de la historia del desarrollo del ferrocarril de alta velocidad. Unos 12 años más tarde, Francia terminaba su línea suroriental, que permitía viajar a una velocidad de 270 km/h. Este ferrocarril de alta velocidad llevó los bajos costes de construcción a una nueva era. Posteriormente, Francia, Alemania, España, Italia, la República de Corea y la región de Taiwan de China iniciaron el desarrollo de las líneas de

EMU "China Star" de fabricación nacional circulando por la línea de pasajeros de alta velocidad Qinhuangdao-Shenyang.

alta velocidad para el transporte de pasajeros. El rango de velocidad oscilaba entre los 210 y los 270, 300, e incluso llegaba hasta los 320 km/h.

De acuerdo con la Unión Internacional de Ferrocarriles, el ferrocarril de alta velocidad es aquel que alcanza velocidades superiores a los 250 km/h.

En diciembre de 2010, la definición de ferrocarril de alta velocidad se actualizó en el VII Congreso Mundial del Ferrocarril de Alta Velocidad celebrado en Beijing. El ferrocarril de alta velocidad es una vía férrea para el transporte de pasajeros recién construida capaz de soportar velocidades superiores a los 250 km/h, que tiene que contar con múltiples trenes y un exclusivo sistema de control de los mismos. Sólo cuando confluyan estas tres condiciones, podrá una línea merecer el calificativo de alta velocidad.

China define el ferrocarril de alta velocidad de la siguiente manera: vía férrea para el transporte de pasajeros recién construida capaz de soportar velocidades superiores a los 250 km/h (incluyendo la velocidad potencial máxima), que tiene que contar con múltiples trenes y cuya velocidad de funcionamiento en su fase inicial no es inferior a 200 km/h.

El ferrocarril Qinhuangdao-Shenyang comienza en el Oeste, en Qinhuangdao y llega a Shenyang, en el Este. La vía tiene una longitud total de 405 km y en su construcción se invirtieron 15 mil millones de yuanes. El trazado de este ferrocarril marcha mayormente paralelo a la sección Norte de la existente línea Beijing-Shenyang. En las secciones planas, el ferrocarril puede alcanzar una velocidad de hasta 300 km/h; en la sección experimental integral de 66,8 km de largo, entre la estación de Shanhaiguan y la de Suizhongbei, la velocidad de prueba podría llegar a los 300 km/h. El menor radio de curva en el ferrocarril es de 3.500 metros.

Según los expertos, el ferrocarril Qinhuangdao-Shenyang se diseñó inicialmente para una velocidad máxima de 160 km/h y 2.500 metros en su menor radio de curva. El estándar del diseño se mejoró debido a la necesidad de experiencia práctica en el ferrocarril de alta velocidad y de probar los avances investigativos. Las pruebas involucraban cimentación de las carretas, puentes, vías, ingeniería de comunicación y señalización y trenes de alta velocidad de unidades múltiples. El tren de unidad múltiple utilizado en el ferrocarril Qinhuangdao-Shenyang se fabricó en China y, bautizado como "China Star", viajaba a más de 200 km/h. El 27 de noviembre de 2002, el tren "China Star" alcanzó una velocidad máxima de 321,5 km/h en una prueba, batiendo el récord de velocidad de prueba registrado en los ferrocarriles chinos. En ensayos anteriores, la unidad del motor de tren "pionero" de fabricación china había alcanzado una velocidad de 292 km/h. Por lo tanto, por definición internacional, el ferrocarril Qinhuangdao-Shenyang era el primero de alta velocidad de China, todo un hito en el desarrollo del ferrocarril de alta velocidad en el país.

Una revisión sobre el desarrollo de las líneas de pasajeros en los países desarrollados revela que todas dependen de la alta velocidad y tecnología avanzada. El intervalo entre los trenes puede llegar a apenas tres minutos, con una densidad de operación del tren de 20 vehículos/h. Asimismo, cada tren tiene una capacidad de transporte de hasta 1.200 pasajeros. Estos trenes pueden transportar cargas pesadas, viajar rápido y a cortos intervalos, generando enormes beneficios sociales y económicos. El volumen de viajeros que las cuatro líneas de pasajeros de Japón transportaban aumentaba más de seis veces desde la puesta en marcha y los japoneses las denominaban "la columna vertebral del despegue de la economía".

Como la primera línea de alta velocidad para el transporte de pasajeros de China, el ferrocarril Qinhuangdao-Shenyang demostró el último concepto de diseño, tecnología y habilidad desde la investigación y el diseño hasta la construcción. Viajaba más rápido, exhibía tecnología avanzada y alardeaba de elevada calidad. Además, cumplía con los nuevos requisitos, estándares técnicos y experiencia constructiva.

Toda la línea instaló al unísono vías ampliadas, interregionales y sin juntas visibles, gracia al uso por primera vez de la vía en placa en los puentes. Se desarrolló y utilizó una máquina para la colocación de las vigas del puente de 600 toneladas de peso y, por vez primera, se usaron vigas cajón de concreto y doble fila y pilares continuos de hormigón rígidos en la construcción del ferrocarril en China. También, por primera vez en China, en la línea de contacto (catenaria) se usaron cables de cobre y aleación de magnesio, mejorando ostensiblemente la conducción. La subestación de tracción estaba dotada de las funciones de control remoto y autodiagnóstico; el sistema de comunicación por señales tomó la pantalla de velocidad de los equipos instalados en el tren como su indicador de funcionamiento, y el ferrocarril fue el primero de China sin sistema de señalización terrestre. Todas estas innovaciones sentaron las bases para el desarrollo futuro del ferrocarril de alta velocidad en China.

Todos los datos de la prueba demostraron que la cimentación de las carreteras, vías, cambios, puentes, y la línea de contacto (catenaria) del ferrocarril Qinhuangdao-Shenyang funcionaban perfectamente, cumpliendo los requisitos de diseño y fluidez de la vía conforme a los estándares internacionales.

En calidad de primer ferrocarril de alta velocidad de China, la vía Qinhuangdao-Shenyang ofreció la primera oportunidad a muchos académicos chinos dedicados a la investigación del ferrocarril de alta velocidad por muchos años de aplicar sus hallazgos investigativos, recabando experiencia valiosa para su uso en otras partes de China la construcción del ferrocarril de alta velocidad. Un gran número de expertos, como los encargados de los ferrocarriles Beijing-Shanghai y Beijing-Guangzhou, habían adquirido experiencia profesional en la vía Qinhuangdao-Shenyang. De esta forma, la construcción y operación del ferrocarril Qinhuangdao-Shenyang contribuyó al progreso técnico general de los ferrocarriles chinos y a su entrada en la era de la alta velocidad.

Especialmente digno de mención fue el uso combinado de vehículos de alta y mediana velocidades en el ferrocarril Qinhuangdao-Shenyang, lo que permitió a las unidades del tren de motor y del tren regular viajar por la línea, facilitando las variantes del ferrocarril y reduciendo el congestionamiento en las vías actuales.

El día en que el ferrocarril Qinhuangdao-Shenyang entraba en operación, la agencia de noticias Xinhua publicaba un artículo en el que explicaba que debido a la creciente demanda de los ferrocarriles, las autoridades ferroviarias mantenían que la división del transporte de carga y pasajeros haría mucho más eficiente el trabajo de los ferrocarriles, impulsaría las funciones de las ciudades, mejoraría extraordinariamente el servicio del ferrocarril y potenciaría el desarrollo ferroviario de China.

Evidentemente, el artículo no hacía alusión a la frase "a una velocidad de más de 200 km/h", sino que enmudecía al respecto porque la velocidad era el punto de discordia entre los trenes de alta velocidad y los regulares. De hecho, la vía de pasajeros Qinhuangdao-Shenyang era el "referente" y el "campo de prueba" , que podría probar qué velocidad podían ir

EMU "Changbaishan" de fabricación nacional circulando por la línea de alta velocidad Suining-Chongqing.

las ruedas chinas, y contestar si son útiles y valiosos los trenes rueda/carril en la nueva era de la alta velocidad.

Para lograr que el éxito del ferrocarril Qinhuangdao-Shenyang arrojara luz sobre la construcción del ferrocarril Beijing-Shanghai, en octubre de 2002, el Ministerio de Ferrocarriles decidió cambiar el nombre al equipo dirigente de la construcción del ferrocarril Qinhuangdao-Shenyang por el de equipo dirigente de la línea de pasajero con el objetivo de ayudar a organizar y dirigir el trabajo en la vía Qinhuangdao-Shenyang, así como los preparativos iniciales para el ferrocarril Beijing-Shanghai.

Es muy característico en China que se plantee llevar a "un campo de prueba" los asuntos polémicos antes de determinar su promoción relevante. Efectivamente, en el debate sobre el ferrocarril de alta velocidad chino hubo otro campo de prueba digno de referencia y fue el de la vía en placa para la línea de pasajeros Suining-Chongqing.

Tren maglev circulando en
pruebas en Shanghai.

El 25 de febrero de 2003, empezó la construcción de la vía férrea Suining-Chongqing. Este ferrocarril comienza en Suining, Sichuan, y termina en Chongqing. La línea tiene 131 km de longitud, con una velocidad diseñada de 200 km/h y una velocidad máxima de 260 km/h. La vía corre prácticamente paralela a la existente Suining-Chongqing y forma parte del ferrocarril de alta velocidad Shanghai-Wuhan-Chengdu.

El 1 de mayo de 2006, el primer tren expreso inter-ciudad Chengdu-Chongqing, el N880, viajó por el ferrocarril de alta velocidad Suining-Chongqing y llegó sin percance alguno a la estación Caiyuanba en Chongqing. El periplo marcó el lanzamiento del tan esperado ferrocarril de alta velocidad Suining-Chongqing.

Aunque las líneas de pasajeros Suining-Chongqing y Qinhuangdao-Shenyang eran campos de prueba, había diferencias entre los dos. El ferrocarril Suining-Chongqing tenía una vía en placa a prueba de 17 km, la primera de su tipo instalada en tierra en una vasta área. Previo a esto, China había instalado 330 km de vía en placa, pero solo en puentes y túneles, con estructuras de vía tipo I y II, en su mayoría de tecnología japonesa y alemana. La vía en placa del ferrocarril Suining-Chongqing utilizaba una estructura CRTSIII, que combinaba la tecnología importada con la innovación china, registrando muchos avances para el desarrollo ferroviario chino. Ese año se solicitaron 56 patentes, de ellas, 26 para inventos y 30 para modelos de utilidad.

La prueba de la vía en placa del ferrocarril Suining-Chongqing era crucial para que China creara su propia marca de derechos de propiedad intelectual y para la construcción de una nueva estructura de vía para el ferrocarril de alta velocidad. Igualmente, sentaría una sólida base para el uso ampliado de la vía en placa en el futuro ferrocarril chino de alta velocidad, al tiempo que anunciaba perspectivas brillantes para la aplicación de la tecnología rueda/carril de alta velocidad.

Los dos campos de prueba constataron que China tenía potencial y reserva de tecnología adecuada para la construcción de los cimientos de la vía y la unidad de tren de motor. La vía ampliada sin juntas visibles otrora instalada y la vía en placa ampliada, ambas eran hitos de la construcción ferroviaria en China. Este fue el resultado de la línea de prueba rueda/carril. Por lo tanto, los partidarios de la tecnología rueda/carril podían justificar su posición y mandar a callar a otros. Esta podría ser la sabiduría propulsora del desarrollo con características chinas.

El debut del tren de levitación magnética de Shanghai

Mientras tanto, la Academia de Ingeniería de China empezó a poner en práctica su recomendación de "construir una ruta con la tecnología de levitación magnética en el lugar apropiado", en vistas a demostrar la madurez, viabilidad, economía y seguridad del sistema maglev. La comparación realizada entre las zonas, principalmente de Beijing, Shanghai, y Shenzhen decantó la balanza a favor de Shanghai.

El año 2000 fue vital para el ferrocarril alemán.

A principios de julio de 2000, Alemania dio la bienvenida, con todo el protocolo digno de su cargo, al primer ministro chino, Zhu Rongji, quien viajó a suelo alemán con una importante agenda que contemplaba la visita a los trenes maglev. El alto cargo chino se deshizo en elogios a la maravilla del transporte.

El 2 de julio, el premier Zhu y el ex canciller alemán, Helmut Schmidt, desayunaron en Hamburgo. Poco después, el primer ministro chino tomó un tren especial a Lathen. En el tren, el premier Zhu se reunió con tres personas que trabajaban en el Proyecto de Colaboración Maglev China-Alemania: el ministro de Transporte alemán, Reinhard Klimmt, el CEO de Siemens, Heinrich von Pierer, y el presidente de Bausparkasse Schwbisch Hall AG, Alexander Erdland. En Lathen, el premier Zhu recorrió el enclave de prueba de los trenes maglev alemanes y subió a bordo con mucho interés de un tren maglev a la velocidad diseñada de 500 km/h.

Previamente, bajo los auspicios del premier Zhu y el canciller Gerhard Schroeder, el entonces alcalde de Shanghai, Xu Kuangdi, y el CEO de la empresa alemana Electromagnetic Levitation International Co., Ltd., Gerhard Wal, rubricaron en Berlín el Acuerdo sobre el Estudio de Factibilidad de la Vía de Prueba del Tren Maglev de Shanghai Aeropuerto-Lujiazui, adoptando la tecnología germana de levitación magnética para la construcción de esta línea de prueba. Inmediatamente, la municipalidad de Shanghai y le firma alemana dieron paso a la investigación de factibilidad del proyecto.

Para promover la tecnología maglev, Alemania asistió activamente a China en el emplazamiento de la producción del sistema maglev. El fabricante de los trenes maglev para Shanghai, la compañía alemana Thyssen Krupp, repitió en varias ocasiones que, si no podía obtener los proyectos de seguimiento en China, estaba dispuesto a crear una empresa mixta para fabricar los vehículos motores con China. Por supuesto, la empresa mixta no sería la propietaria de la tecnología del núcleo del motor, lo que implicaría que la parte china no tendría acceso a la información sobre el mecanismo de propulsión del tren.

Durante la planificación de la línea de prueba del tren maglev, China también contactó a Japón, país que no sólo era propietario de la tecnología Shinkansen, sino de la tecnología maglev de súper conductividad también. Cuando el Ministerio de Ciencia y Tecnología creó el equipo de levitación magnética en 1995, China debatió la cooperación en tecnología maglev con Japón, incluida la factibilidad de usar la tecnología maglev de súper conductividad japonesa en la línea de 150 km de longitud de Shanghai a Hangzhou. Sin embargo, Japón exigía a cambio todos los derechos de desarrollo de la vía, petición rechazada por el gobierno chino.

Según Yan Luguang, en principio, Japón no estaba dispuesto a compartir con China la avanzada tecnología maglev y solo quería promover su Shinkansen; de lo contrario, habría accedido a la participación china con cláusulas y términos muy estrictos.

El 1 de marzo de 2001, empezó la tan anticipada construcción de la línea de prueba maglev de Shanghai en el distrito Nuevo Pudong de la citada metrópolis china. La vía comenzaba en el Oeste en la estación Carretera Longyang de la línea 2 del metro y terminaba en el Este, en la terminal del Aeropuerto Internacional Pudong con una longitud total de 30 km y trenes corriendo en los dos sentidos. Cuando un dirigente del Comité del Partido de Shanghai pulsó el botón de inicio de la obra, cinco máquinas para la hinca de pilotes comenzaron a trabajar al unísono, haciendo vibrar la hasta ese día apacible aldea de Huanglou en Pudong.

El 31 de diciembre de 2002, entró en operación el tren de levitación magnética de Shanghai. Tras dos años de diseño, construcción y prueba por expertos alemanes y chinos, la línea finalmente cobró vida. El primer ministro, Zhu Rongji, y el canciller germano Schroeder fueron los primeros viajeros.

Antes de subir al tren, el premier Zhu aprovechó para bromear con la prensa extranjera: "Voy a tomar el tren con toda mi familia, nietos incluidos, y no tenemos seguro". La conferencia de prensa, de apenas 15 minutos de duración, fue interrumpida en 21 ocasiones por los cálidos aplausos.

Los dos altos funcionarios viajaban en el primer tren de pasajeros maglev del mundo que se alejaba establemente de la estación. Los distinguidos ocupantes observaban con atención y sonrientes todos los vehículos que el tren iba dejando en el camino fácilmente a una velocidad de 430 km/h, únicamente superada por los aviones. El viaje consumió exiguos siete minutos.

He Zuoxiu, Yan Luguang y otros científicos destacados llegaron a Shanghai también para tomar el tren maglev. En el imponente tren, el académico He rebozaba de alegría. "La inauguración del tren de levitación magnética de Shanghai es tan emocionante. Cuando viajé en los trenes maglev de Alemania y Japón hace muchos años, ansiaba la llegada de este día. ¡Ahora, nuestro país tiene su propio dragón fugaz del transporte! ¡Nunca imaginé cuán rápido llegaría el día de hoy ni cuán hermoso sería el dragón!".

Un reportero preguntó al académico He: "¿Qué papel ejemplar desempeñaría la vía de prueba maglev de Shanghai en el desarrollo del ferrocarril de alta velocidad de China?". Y éste respondió: "Con el lanzamiento del tren maglev de Shanghai, hemos abierto una nueva puerta para los chinos. Ahora seremos capaces de ver cosas que no habíamos visto. Cambiaremos las impresiones anticuadas, tenebrosas e incluso incorrectas que teníamos antes".

El académico He consideraba la línea de prueba maglev de Shanghai como una nueva señal. Esperaba que China iniciara la construcción a gran escala del ferrocarril de levitación magnética, no solo entre Beijing y Shanghai. Asimismo, creía que con la entrada en operación de la vía maglev de Shanghai, se construiría muy pronto el ferrocarril maglev Beijing-Shanghai.

El académico Yan estaba igualmente emocionado. Interrogado por un reportero de la revista *Sanlian Life Weekly* aseveró: "La línea de prueba maglev de Shanghai de 30 km de longitud es mucho más que una aventura comercial, podría ser perfectamente un modelo para la industria de levitación magnética china".

El 4 de enero de 2003, la línea de prueba maglev de Shanghai inició formalmente su operación comercial. Todo el mundo envidiaba a Shanghai porque contaba con la única vía maglev del planeta de uso comercial. Mientras tantos países habían participado en estudios relevantes, solamente Shanghai se las había ingeniado para construir una verdadera vía maglev.

Desafortunadamente, seis meses después de su lanzamiento, se produjo una serie de afectaciones técnicas en la línea: algunos cables del tren se sobrecalentaron y, en algunos casos, llegaron a quemarse. Mientras las declaraciones de los expertos alemanes y chinos aseguraban que la quema no afectaba la operación del tren, nadie quería arriesgarse en la arteria de transporte del ferrocarril Beijing-Shanghai. Incluso en Alemania, el plan de la línea maglev de 79 km de longitud de Renania del Norte a Westfalia había sido abandonado debido a la gran cantidad de población afectada y el elevado coste de producción, que asestaba un fuerte golpe a la compañía maglev alemana.

Algunas personas hicieron los cálculos de la línea maglev de Shanghai. Si cada tren de nueve vagones tenía 959 asientos y salían 12 trenes por hora, el tráfico de pasajeros en ambas direcciones sería de 23.000. Si el tren trabajaba 18 horas al día, la capacidad de transporte anual sería de 150 millones. Si el coste del billete del tren era de 50 yuanes, los ingresos anuales serían del orden de los 7 mil 500 millones. El coste total de la construcción era de 11 mil 400 millones (3.000 millones de marcos). Sobre la base de estas cifras, la operación de la línea maglev era muy lucrativa.

Pero todavía alguien preguntó: "¿Cómo es el tráfico de pasajeros del aeropuerto de Shanghai? ¿Cuántas personas vienen a traer y a llevar pasajeros? ¿Cuántas personas elegirán los coches, los taxis o los autobuses? ¿Cuántas personas tomarán el tren maglev?". De hecho, la cifra de 150 millones era muy exagerada. Además, si el tráfico máximo de pasajeros al año de esta línea maglev era de 15 millones de personas (40.000 personas/día), las ventas anuales por concepto de billetes serían de 750 millones de yuanes. Deducido el coste, no habría forma de recuperar la inversión y generar dividendos. Llevar la capacidad de transporte de 150 millones de personas a servir un tráfico de pasajero de solo 15 millones sería un tremendo desperdicio.

Zhou Yimin, un partidario clave de la tecnología rueda/carril, también hizo los cálculos. Si costaba 300 millones de yuanes construir un kilómetro de la vía maglev de Shanghai, el coste de los 1.300 km de la vía Beijing-Shanghai sería de 400 mil millones de yuanes, dos veces más el coste de la línea para rueda/carril. Por si fuera poco, la capacidad de transporte de las vías maglev es muy inferior a las de las líneas rueda/carril.

La conclusión: las líneas maglev no eran la solución para China. Si el ferrocarril Beijing-Shanghai se construía con la tecnología maglev a un coste de 100 millones de marcos por km, sería como pavimentar una carretera con oro. Si China renunciaba a la levitación magnética e importaba la tecnología rueda/carril de alta velocidad durante el X Plan Quinquenal, los 3.000 millones de marcos que ya se gastaron en la línea maglev de Shanghai serían una costosa enseñanza.

De hecho, la tecnología maglev encontró opiniones divididas no solo en China sino también en su tierra natal, Alemania. El proyecto de la aclamada línea maglev Berlín-Hamburgo se descartó precisamente porque su coste era superior al presupuesto acordado. El parlamento alemán rehusó aumentar la financiación, Deutsche Bahn AG se negó a asumir la responsabilidad por pérdidas de operación debido al previsto inadecuado flujo de pasajeros.

El debate final en Beijing

De acuerdo con Dong Yan, el entonces director del Instituto de Transporte Integral de la Comisión Nacional de Desarrollo y Reforma (CNDR), en 2003, el gobierno chino decidió construir el ferrocarril de alta velocidad Beijing-Shanghai, pero aún estaba indeciso sobre algunas cuestiones. El Consejo de Estado solicitaba a los expertos de la CNDR someter a debate estos puntos y Dong participó en la reflexión. Al Consejo de Estado le preocupaban los siguientes aspectos: ¿El ferrocarril de alta velocidad promovería nuestra economía o la economía extranjera? ¿Cómo entenderíamos y utilizaríamos la tecnología maglev? ¿Cómo importaríamos y aplicaríamos la avanzada tecnología rueda/carril del extranjero? ¿Qué podríamos hacer para superar las dificultades para importar la tecnología?

El Ministerio de Ferrocarriles y la CNDR dedicaron otra ronda de análisis a la comparación rueda/carril-maglev.

Cai Qinghua, en ese momento viceministro de Ferrocarriles y director de la Oficina del Ferrocarril Beijing-Shanghai de la citada cartera, indicó que era necesario pensar con sentido común para verdaderamente entender la levitación magnética a fondo. Si esta tecnología fuera superior a la de rueda/carril en todos los sentidos, entonces no rechazaríamos la opción. Resumiendo, debíamos dejar que la ciencia y los hechos hablaran por sí mismos.

A finales de mayo, la Oficina del Ferrocarril Beijing-Shanghai había concluido finalmente el Informe sobre la Comparación y el Análisis de Maglev y Rueda/Carril para el Ferrocarril Beijing-Shanghai. Haciendo uso de los estándares técnicos primarios para la construcción del ferrocarril, el informe analizó, evaluó y comparó todo —desde dirección de la pista, volumen de pasajeros, tiempo de funcionamiento, capacidad de transporte, inversión constructiva, coste energético, protección del medio ambiente, beneficios económicos y más— involucrando prácticamente cada uno de los aspectos de las dos tecnologías.

El 28 de agosto de ese año, el ferrocarril Qinhuangdao-Shenyang recibió un grupo especial de 33 pasajeros, que subió al tren de motor chino "China Star" para viajar en la línea de prueba de Shanhaiguan al Sur de Jinzhou.

Al día siguiente, el grupo arribó a Shanghai para investigar la vía de prueba maglev homónima.

Los conocedores del sector sabían que esa comitiva la integraban los participantes principales del debate de Beijing, la élite experta china en el ferrocarril de alta velocidad.

El debate, realizado en el Beijing Railway Plaza del 1 al 5 de septiembre de 2003, trató dos temas: uno, la necesidad y la urgencia de construir el ferrocarril de alta velocidad Beijing-Shanghai; y dos, decidir entre rueda/carril y maglev.

Liderados por Li Boxi, los 20 expertos que analizarían el primer tema se dividieron en tres equipos para discutir sobre la integración, construcción y equipamiento del proyecto. Al final del debate, los tres equipos llegaron al consenso de que era preciso aprovechar el momento para decidir y construir el ferrocarril de alta velocidad Beijing-Shanghai.

El 3 de septiembre, comenzó el debate del segundo tema. Wang Linshu, ingeniero jefe del Ministerio de Ferrocarriles y subdirector de la Oficina del Ferrocarril de Alta Velocidad, pronunció un discurso sobre "La construcción del ferrocarril de alta velocidad Beijing-Shanghai (rueda/carril) materializando el salto adelante en el desarrollo ferroviario de China". Wu Xiangming, ingeniero del Centro Nacional de Investigación de la Tecnología de Transporte Maglev, también hizo uso de la palabra con un discurso titulado "Eligiendo entre rueda/carril y maglev para el ferrocarril de alta velocidad Beijing-Shanghai".

Cai Qinghua, viceministro de Ferrocarriles, presenció el debate sin pronunciar una sola palabra. Detrás de su pasiva conducta había una firme determinación.

Concluidas las intervenciones de los dos expertos, se mantuvo una sesión de preguntas y respuestas. Feng Zhijun, líder del grupo que analizó la segunda temática, convocó a 24 expertos para que estudiaran los dos discursos sobre tecnología combinada, compatibilidad de la vía, construcción, trabajo de cimentación, beneficios integrales, inversión de capital, experiencia internacional, seguridad y confiabilidad, impacto medioambiental, etc.

El debate vio a los participantes comprometidos apasionadamente.

La mayoría de los expertos presentes consideraba que la tecnología rueda/carril de alta velocidad era muy usada internacionalmente y, por lo tanto, estaba probada su madurez y seguridad. El Ministerio de Ferrocarriles condujo estudios sobre unos 350 tópicos, incluyendo economía del transporte, construcción ferroviaria, vehículos ferroviarios, señales de comunicación y suministro de potencia de tracción. También se embarcó en la investigación y desarrollo de los trenes con velocidades máximas de desplazamiento de 200 km/h y 270 km/h. Técnicamente era factible construir trenes de alta velocidad y los sistemas de señales afines importando las tecnologías clave, combinando tecnología y comercio, aprovechando los logros de terceros e innovando sobre la base del desarrollo tecnológico. No era solo una simple necesidad construir toda la línea del ferrocarril de alta velocidad rueda/carril Beijing-Shanghai sino una necesidad urgente. Era imperativo comenzar la construcción de un ferrocarril de alta velocidad que viajara a 300-350 km/h.

Transcurridos cinco días de intenso debate, se conoció el resultado de la votación final: 16 papeletas a favor de rueda/carril, 4 a favor de maglev y 4 abstenciones.

Los partidarios de la tecnología rueda/carril obviamente ganaron esta ronda.

Sin embargo, este debate no era la ronda decisiva sino una prueba en la que ambas partes dieron lo mejor de sí.

Entonces, comenzó la espera...

Es justo destacar que todos los debates mantenidos en la historia china del desarrollo ferroviario de alta velocidad, puntualizaran o no los pros y los contras del ferrocarril de alta velocidad rueda/carril contra maglev, nunca fueron políticos; todos giraron siempre en torno a la tecnología. Los expertos y académicos estaban determinados a encontrar la mejor solución para el país y el pueblo, tenían un fuerte sentido de la responsabilidad y la misión, y eran altruistas y honestos.

北京南站

BEIJING SOUTH RAILWAY STA

Estación de Ferrocarril Sur de Beijing, punto de partida de la línea de alta velocidad Beijing-Shanghai.

Capítulo II

El comienzo de la "Era del Viento"

El ferrocarril promovió el progreso de la civilización humana, y el ferrocarril de alta velocidad cambió la forma en que vivimos nuestras vidas. A medida que avanza la ciencia y la tecnología, China ha entrado en la "era del viento".

Obreros ferroviarios trabajan en la construcción de la línea de alta velocidad Beijing-Tianjin (5 de marzo de 2008).

La velocidad máxima del viento registrada en la historia de la humanidad es de 371,5 km/h, en Washington D.C. en 1934.

Tras seis rondas del aumento de velocidad a gran escala, las principales líneas troncales de China operaban a 200 km/h, todo un gran paso de avance y el inicio de una nueva página en el desarrollo ferroviario de China. La prueba exitosa del ferrocarril Qinhuangdao-Shenyang y el sistema de vía en placa del ferrocarril Suining-Chongqing fueron la antesala de la exquisita preparación para la era del ferrocarril de alta velocidad en China (HSR, siglas en inglés).

En enero de 2004, el Consejo de Estado aprobó el Plan de Desarrollo de la Red Ferroviaria a Mediano y Largo Plazos, afirmando la dirección del desarrollo de los trenes de mercancías pesadas y pasajeros de alta velocidad. Todo esto desencadenó en un periodo de gran construcción ferroviaria en China. Luego de años de debate, China finalmente empezaba a moverse hacia el HSR. El 1 de agosto de 2008, China presentó al resto del mundo una tarjeta de presentación maravillosa: el ferrocarril Beijing-Shanghai siguió avanzando sin contratiempo.

El 24 de junio de 2008, el tren CRH3 alcanzó la velocidad de 394,3 km/h en viaje de prueba de la línea interurbana Beijing-Tianjin. El 3 de diciembre de 2010, la nueva serie del tren CRH alcanzó la velocidad de 486,1 km/h en un viaje de prueba de la línea Beijing-Shanghai, registro mundial que superó la velocidad récord del viento y ayudó a materializar el sueño chino de volar en la tierra.

El ferrocarril promovió el progreso de la civilización humana y el ferrocarril de alta velocidad (HSR) cambió la forma en que vivimos nuestras vidas. A medida que avanza la ciencia y la tecnología, China ha entrado en la "era del viento".

Prólogo al ferrocarril de alta velocidad en China

Cuando los trenes extranjeros de alta velocidad corrían a 300 km/h, los trenes de pasajeros chinos apenas alcanzaban los 100 km/h. El ferrocarril chino necesitaba un desarrollo exponencial y la velocidad de los trenes necesitaba una aceleración sustancial.

El 1 de abril de 1997, la primera ronda de aceleración a gran escala llevó la velocidad del ferrocarril hasta los 140 km/h.

Entonces siguieron otras cinco rondas de mejoras de velocidad que dieron al traste con el cuello de botella en el desarrollo ferroviario de China y ofrecieron una sólida base para la venidera era del HSR tanto en términos de prácticas como de teorías.

De cierta forma, el aumento de la velocidad en las vías férreas existentes fue el prólogo para el HSR en China.

Defensor de la aceleración de la velocidad

Fu Zhihuan, viceministro y posteriormente ministro de Ferrocarriles de

1991 a 2003, participó y auspició cuatro rondas de debates sobre la mejora de la velocidad.

Fu nació en el seno de una familia de obreros ferroviarios. Su padre era maquinista de un tren. A los ocho años de edad estudiaba en una escuela primaria del sistema ferroviario. Desde entonces, Fu Zhihuan soñaba con "fabricar un tren cuando fuera grande porque mi papá era maquinista". Así que se especializó en locomotoras y trabajó en la investigación de las locomotoras eléctricas y gestión ferroviaria tras graduarse. En 2003, Fu fue nombrado director del Comité de Finanzas y Economía de la Asamblea Popular Nacional, un puesto alejado del sistema ferroviario pero que no amilanó su dedicación y preocupación por el desarrollo ferroviario.

En la década del 80 del siglo pasado, Fu, quien era subdirector del Instituto Zhuzhou del Ministerio de Ferrocarriles y pasaba un curso de formación en Alemania, era pasajero asiduo de los trenes. En esa época, los trenes de pasajeros en Alemania alcanzaban una velocidad de 200 km/h, dejaban atrás vertiginosamente todo lo que pasaba por la ventanilla. Entonces, Fu no podía menos que recordar los resoplidos de los lentos trenes de su tierra natal y preguntarse: "¿Cuándo los trenes chinos viajarán más rápido?".

Aumentar la velocidad de los trenes chinos se convirtió en una obsesión para Fu.

En 1984, Fu fue transferido a la Administración de Ciencia y Tecnología del Ministerio de Ferrocarriles, donde se desempeñó como ingeniero jefe y director sucesivamente.

En 1989, Fu visitó en viaje de investigación el ferrocarril Guangzhou-Shenzhen.

El ferrocarril Guangzhou-Kowloon, que se unía el ferrocarril Shenzhen-Kowloon y el ferrocarril Guangzhou-Shenzhen, fue construido entre 1907 y 1911. El mismo comunicaba a Hong Kong, Kowloon y la parte continental china. Por el Norte se unía a los ferrocarriles Beijing-Guangzhou y Guangzhou-Maoming, llegaba hasta Shenzhen por el Sur, pasaba por el puenteo

Luohu y arribaba a Kowloon, cubriendo una distancia total de 179 km a través del delta del río Perla.

Tras la aplicación de la política de reforma y apertura, Shenzhen pasó a ser una zona económica especial. El delta del río Perla se desarrolló rápidamente y aumentó el volumen de transporte tanto de mercancías de importación y exportación como de pasajeros locales. El viejo ferrocarril Guangzhou-Shenzhen ya no era capaz de satisfacer la demanda. En 1984, se construyó una segunda vía. Durante su viaje, Fu descubrió que ésta podría ser una fantástica línea de prueba para el incremento de la velocidad. En primer lugar, era el fin de la red ferroviaria y solo tenía 146 km de largo. En segundo, estaba diseñada principalmente para pasaje-

El 22 de diciembre de 1994, el tren "Chunguang" entró en operación en la línea Guangzhou-Shenzhen.

ros, no para carga. Tercero, la densa población a lo largo de la vía garantizaba una enorme demanda del mercado y la gran cantidad de turistas viajando entre Guangzhou y Hong Kong significaba mejor aceptación de precios más elevados. Si los trenes de pasajeros corrían durante el día y los de mercancías de noche como en Alemania, no habría ningún tipo de superposición entre los dos y la aceleración de los trenes de viajeros no tendría ningún impacto en la capacidad de carga.

Tras una esmerada y concienzuda consideración, Fu sugirió declarar el ferrocarril Guangzhou-Shenzhen como línea de prueba para el aumento de la velocidad ferroviaria.

Muy pronto, el Ministerio de Ferrocarriles concertó una demostración. Y luego, se presentó la propuesta a la Comisión Estatal de Planificación en septiembre de 1990 sobre la renovación tecnológica del ferrocarril Guangzhou-Shenzhen y fue aprobada. El objetivo era aumentar la velocidad máxima de los entonces 100 km/h a los 180 km/h.

Incrementar la velocidad del tren en las vías existentes suponía obstáculos y riesgos enormes. Además, había otras cuestiones de seguridad. En ese tiempo, se reportaban, de vez en cuando, incidentes de aviones que se estrellaban, barcos que zozobraban y trenes que colisionaban. Algunos periodistas le preguntaron a Fu los riesgos que se corrían en el aumento de la velocidad y él respondió: "Por supuesto que existen riesgos, pero no debemos tener miedo".

Cada una de las líneas troncales tenía una carga de trabajo impresionante. Había trenes de pasajeros y expresos normales, así como una gran cantidad de trenes lentos de carga pesada. Mientras más variara la velocidad, más se afectaría la capacidad general. Además, los requerimientos técnicos para los trenes de pasajeros y de carga diferían o, más bien, se contraponían. Una mala administración no solo redundaría en baja eficiencia del transporte, sino que atentaría contra la seguridad.

Cuando Fu visitó el ferrocarril Harbin-Dalian, conoció que en la era del régimen títere de Japón, la máquina de vapor del tren Asia viajaba a 130 km/h por esa línea. No obstante, unas décadas después de la fundación de la República Popular China, nuestros trenes no circulaban tan rápido. Tan lento como era, el transporte ferroviario no satisfacía las necesidades futuras de desarrollo ni las expectativas del pueblo. En la competición con el transporte por carretera y aire, el ferrocarril vio caer en picada sus cuotas en el mercado del transporte. Por tal motivo, Fu pensaba que el transporte ferroviario de China tenía que aumentar su velocidad rápida y notablemente.

A principios de 1991, Fu fue nombrado viceministro de Ferrocarriles y pasó a encargarse del proyecto para la mejora de la velocidad del ferrocarril Guangzhou-Shenzhen. Fu puso todo su énfasis en el desarrollo del material rodante para el aumento de la velocidad mientras Shen Zhijie, ingeniero jefe del Ministerio de Ferrocarriles, lideró al equipo técnico que trabajaría en las vías con el mismo propósito.

El 22 de diciembre de 1994, el ferrocarril Guangzhou-Shenzhen aumentó su velocidad hasta los 160 km/h y se convirtió en la primera línea de pasajeros de casi alta velocidad de China. El tren "Chunguang" recorría la distancia en apenas una hora y 12 minutos, tiempo muy inferior a las dos horas y 48 minutos necesarios en el pasado. Por otra parte, se redujo el intervalo entre trenes a 15 minutos. Frecuente y rápido, el transporte por ferrocarril volvía a ser un medio de desplazamiento seguro y confiable.

Asimismo, era mucho más cómodo y muy apreciado por los viajeros.

Por su pequeña inversión y rápida recuperación de ésta, la aceleración de la velocidad en el ferrocarril Guangzhou-Shenzhen constituyó un hito en la historia del desarrollo del ferrocarril.

Después del retorno de Hong Kong a la soberanía china, el ferrocarril Guangzhou-Shenzhen se convirtió en la "vía dorada" de los intercambios culturales y económicos entre las dos partes.

Como la primera línea de China que permitía la circulación de trenes a 160 km/h, el ferrocarril Guangzhou-Shenzhen fue la base de prueba para el desarrollo del HSR en el país. Contaba con el tren "Blue Arrow" de MU (unidad múltiple, por sus siglas en inglés) más avanzado de China y era el primero en el país en utilizar vías soldadas que conectan diferentes secciones, vehículos de inspección de líneas de alta velocidad, desvíos de alta velocidad, sistema de despacho de alta tecnología entre otras tecnologías avanzadas. Las ventajas del aumento de velocidad ofrecían una experiencia y modelos pilotos para proseguir con la aceleración de la velocidad en la red ferroviaria nacional.

En su propuesta al Comité del Partido del Ministerio de Ferrocarriles, Fu escribió: "La práctica ha demostrado que es el momento de transformar las vías férreas existentes en el país en líneas de alta velocidad. Se realizarían inversiones pequeñas y se obtendrían cuantiosos beneficios. Cada kilómetro renovado requerirá de una inversión de varios millones de yuanes mientras que el coste de la construcción de líneas nuevas rondaría los 25 millones/km y tardaría mucho más tiempo".

El 28 de junio de 1995, el ministro Han Zhubin celebró una reunión y aprobó la propuesta de Fu. China comenzaría más programas pilotos para aumentar la velocidad en las principales vías férreas en existencia. El objetivo era incrementar la velocidad de los trenes de pasajeros hasta 140-160 km/h, y llevar la de los trenes de carga hasta los 85-90 km/h. Al mismo tiempo, se hizo énfasis en que la seguridad tenía que ser la prioridad.

De esa forma, China tocó la bocina a favor de trenes más rápidos.

Los programas pilotos se lanzaron primero en las vías férreas de Beijing-Shanghai, Beijing-Guangzhou y Beijing-Harbin. La sección Shanghai-Nanjing fue la primera. Las tres líneas troncales representaban el 9,5% de la longitud total del ferrocarril de China, pero movilizaba casi el 30% del tráfico nacional. Gracias a la experiencia acumulada en la aceleración del ferrocarril Guangzhou-Shenzhen, los programas pilotos tuvieron mucho éxito y muy pronto les siguió una revisión para cambiar los desvíos ferroviarios para líneas de alta velocidad, construir cruces e instalaciones de aislamiento.

El 5 de enero de 1997, La Academia de Ciencias Ferroviarias de China realizó una prueba en la línea circular de Beijing con la esperanza de alcanzar el umbral de los 200 km/h con una locomotora de fabricación nacional. El viceministro Fu estaba en la sala de control cuando la lectura del velocímetro indicó 212,6 km/h. El hecho fue un hito que marcó la entrada de China en la era del tren de alta velocidad. La alegría se apoderó de la sala de control y los investigadores y científicos estaban sumamente entusiasmados por el éxito, que significaba que era posible acometer los programas para el aumento de la velocidad con locomotoras nacionales.

La mayor dificultad en el incremento de la velocidad es la seguridad. Los accidentes ocurren año tras año por la pobre administración y los obsoletos equipos. Con este lamentable trasfondo, la propuesta de elevar la velocidad generó una gran controversia. Sin embargo, con la promoción activa de Fu, se desarrollaron y adoptaron un sinnúmero de nuevos equipos y tecnología, entre ellos, la señal de temperatura para el eje, el termómetro infrarrojo, los vehículos de inspección de las vías, los vehículos de inspección OCS y los vehículos de inspección de los circuitos de señalización tanto para los trenes como para las vías con una intensa red de inspección sentando sólidos cimientos para la mejora de la velocidad.

En las dos décadas, anterior y posterior a los principales incrementos de velocidad, no se reportó ningún accidente ni pérdida de vidas humanas causadas directamente por el aumento de la velocidad.

La revolución de la aceleración

En la historia del desarrollo del ferrocarril chino, 1989 fue un año decisivo.

En los albores de la República Popular China, el ferrocarril se desarrolló rápidamente. La longitud total de la vía férrea creció de 22.000 a 50.000 km en muy breve tiempo. Durante la Revolución Cultural, el progreso se detuvo durante unos 10 años. Tras la aplicación de la reforma y apertura en 1978, se aceleró el desarrollo económico y social y los ferrocarri-les se vieron imposibilitados muy pronto de adaptarse a las cambiantes condiciones y acabaron convirtiéndose en el cuello de botella de la economía en 1989.

A partir de mediados de los años 80 del siglo XX, la falta de capacidad del transporte ferroviario dificultó la adquisición de un billete de tren, así como el tras-lado de pasajeros y mercancías. La competencia en el mercado del transporte fue más fuerte que nunca y la participación del ferrocarril en el transporte total de viajeros y mercancías cayó del 60,5% y 71,7% en 1980, respectivamente, al 34,9% y 54,6% en 1990. El ferroca-rril chino se enfrentaba a serios desafíos.

Tren basculante circulando en la línea Guangzhou-Shenzhen.

Esta situación llamó la atención del gobierno central. Después de 1990, la inversión en los ferrocarriles creció establemente hasta más del 2% de la inversión total en los activos fijos. En 1998, la inversión en los ferrocarriles superó los 50 mil millones de yuanes. Sin embargo, como el desarrollo de los ferrocarriles exigía una fuerte inversión, prolongados períodos de construcción y mucho tiempo para generar beneficios, su desarrollo continuaba sin satisfacer las necesidades de la economía nacional.

La demanda diaria del transporte de mercancías era de 160.000 vehículos y el ferrocarril apenas cubría el 60%. Como consecuencia, el 40% restante permanecía sin entregarse. Los trenes de pasajeros ofrecían 2,42 millones asientos al día, no obstante, la demanda real era de aproximadamente 2,9 millones, cifra que en las temporadas de mayor movimiento podía llegar hasta los 4,2 millones.

Para acelerar el desarrollo del ferrocarril, el Consejo de Estado decidió crear un fondo para la construcción del ferrocarril el 1 de marzo de 1991. Este fondo del gobierno destinado a la construcción ferroviaria procedía de una parte fija de todas las tarifas de los trenes de carga. Este dinero se asignó a los principales proyectos de construcción ferroviaria y gastos afines incluidos en los planes nacionales. De acuerdo con las tarifas brutas aplicadas al transporte de mercancías en esa época, el fondo contaría con unos 40 mil millones de yuanes al año. Por supuesto, considerando la enorme inversión necesitada para la construcción del ferrocarril, era una gota en un balde de agua, pero aun así mostraba la disposición del gobierno de respaldar activamente el desarrollo ferroviario.

Si un país no quiere que los ferrocarriles lastren su economía, tiene que construir más vías férreas. Sin embargo, China, en ese preciso momento, no tenía mucho que gastar exclusivamente en los ferrocarriles. En contraste, aumentar la velocidad en las vías férreas existentes tardaría mucho menos, generaría beneficios mucho más rápido y satisfaría las demandas del país mucho más rápido también.

De acuerdo con los expertos, el peso, la frecuencia y la velocidad eran los tres factores cruciales en la ampliación de la capacidad ferroviaria. Durante mucho tiempo, la ampliación de la capacidad ferroviaria y la mejora del ferrocarril en China se concentró principalmente en el aumento del peso y la frecuencia de los trenes, pero nunca en la velocidad.

La velocidad de los trenes de pasajeros y el tiempo de los cambios en los trenes de mercancías eran las principales lecturas de la tecnología del transporte que reflejaban, hasta cierto grado, la capacidad ferroviaria de un país. Desde este punto de vista, la velocidad del tren era prueba de progreso tecnológico y social. Las investigaciones evidenciaron que, a principios de 1994, 25 países del mundo tenían trenes de pasajeros con velocidades máximas de 140 km/h o más, y velocidades de viaje de más de 100 km/h. Antes de que los trenes aumentaran su velocidad en China, en 1993, solo viajaban a 48,1 km/h.

Para la modernización de China, era imperativo deshacerse de los trenes lentos y obsoletos.

Los trenes chinos eran lentos principalmente porque las instalaciones y la infraestructura eran atrasadas. Debido a su lentitud, era una necesidad urgente aumentar la velocidad de los trenes.

Sin el ferrocarril de alta velocidad, aumentar la velocidad del tren en las líneas existentes era uno de los planes viables para el desarrollo del sector ferrocarril del país.

El aumento de la velocidad del tren no solo aceleraría el desarrollo orientado al mercado del sector del ferrocarril y mejoraría la eficiencia de los mecanismos del mercado, sino que promovería la productividad ferroviaria y los avances en la infraestructura vial, sistemas de rodamiento y señalización. Gracias al uso eficaz de los recursos para la mejora de la velocidad y a la optimización de la estructura de los productos de transporte, serían capaces de ofrecer beneficios a los pasajeros.

El incremento de la velocidad del tren involucraba una amplia gama de factores ajenos a la organización del transporte, tales como la construcción de infraestructura, los estándares de las vías, la potencia de tracción, el rendimiento de los vehículos, la potencia de frenado del mecanismo de rodamiento, las instalaciones de seguridad, las medidas de protección en los cruces.

Después del uso de casi un siglo, a mediados de la década del 90 del siglo XX, por la vía férrea Shanghai-Nanjing circulaban diariamente 75 pares de trenes de pasajeros y 53 pares de trenes de mercancías. Durante las horas punta, el intervalo promedio era de siete minutos y los trenes salían de las estaciones de Nanjing y Oeste de Shanghai con menos de cuatro minutos de diferencia. Indudablemente, era la vía férrea de más actividad en el mundo.

La única forma de aliviar la presión en esta línea era aumentar la velocidad de los trenes.

En 1995, se lanzó el proyecto piloto de aumento de velocidad para la sección Shanghai-Nanjing. De esta forma, se cambiaron las vías férreas, los desvíos ferroviarios, los mecanismos de rodamiento y se cumplieron todas las exigencias para el aumento de la velocidad. El tren de prueba fue bautizado "Pioneer". En el ensayo, la velocidad llegó a los 160 km/h, reduciendo el tiempo de viaje en la vía de 303 km de longitud a 2 horas y 48 minutos de las previas 4 horas. El registro causó un gran revuelo en los medios de comunicación.

El 1 de abril de 1996, el primer tren de pasajeros expreso de China, el "Pioneer", abandonó por vez primera la estación de Shanghai a una velocidad de 140 km/h y arribó a la estación de Nanjing pasadas 2 horas y 48 minutos, reduciendo el tiempo de viaje casi un tercio.

Repasemos la historia de las velocidades de los trenes previamente en el ferrocarril Shanghai-Nanjing. Cuando entró en operación, se tardaban 10 horas de Nanjing a Shanghai. El 1 de enero de 1912 cuando Sun Yat-sen tomó un tren exclusivo de Shanghai a Nanjing para asumir el puesto de presidente interino de la República de China, tardó siete horas en llegar a su destino. El 26 de febrero de 1958, un nuevo tren expreso echó a andar por la línea Shanghai-Nanjing y el tiempo de viaje se acortó de 5 horas y 2 minutos a 3 horas y 59 minutos.

El primer experimento de China de aumento de velocidad en una vía troncal fue todo un éxito.

El 1 de abril de 1997, el otrora transporte ferroviario de China, lento como una tortuga, dio la bienvenida a la primera ronda de aceleración a nivel nacional.

Los trenes que circulaban por las tres grandes líneas troncales, Beijing-Guangzhou, Beijing-Shanghai y Beijing-Harbin, aumentaron la velocidad. Con ciudades grandes como Shenyang, Beijing, Shanghai, Guangzhou, y Wuhan como centro, 40 pares de trenes se desplazaban a una velocidad máxima de 140 km/h y una velocidad promedio de 90 km/h. Asimismo, 78 trenes corrían de la noche a la mañana. La velocidad promedio de los trenes de pasajeros aumentó consecuentemente de 48,1 km/h en 1993 a 54,9 km/h.

La primera ronda de aumento de velocidad en los trenes fue ampliamente considerada un punto de viraje en la reforma ferroviaria de China y un cambio crucial en la forma en que se organizaban los ferrocarriles chinos. Sin embargo, no solo se reportó un paso adelante en la velocidad del tren, sino que también cambió la manera en que la gente entendía la operación y organización del transporte ferroviario.

El 1 octubre de 1998 dio comienzo la segunda etapa de aceleración, llevando la velocidad máxima en las principales vías troncales de Beijing-Guangzhou, Beijing-Shanghai, y Beijing-Harbin hasta los 140-160 km/h. Los trenes basculantes del ferrocarril Guangzhou-Shenzhen corrían a 200 km/h. Así, la velocidad promedio de los trenes de pasajeros en toda la línea alcanzó los 55,16 km/h. El número total de trenes circulando de la noche a la mañana aumentó a 228. El aumento de la velocidad ferroviaria era una de las 10 noticias principales del año destacadas por 64 rotativos del sector industrial en 1998.

Poco después, comenzó la aceleración de velocidad en las líneas de Lanzhou-Xinjiang y Lanzhou-Lianyungang, ambas eran largas y se encontraban en condiciones precarias. El 21 de octubre de 2000, arrancó la tercera fase de la aceleración en las vías férreas de Lanzhou-Lianyungang y Lanzhou-Xinjiang, secciones cruciales del puente terrestre Euroasiático, así como de las líneas Beijing-Kowloon y Zhejiang-Jiangxi. Con una longitud total de 3.411 km, el esfuerzo contribuyó a la campaña de Desarrollo del Oeste de China y mejoró la comunicación entre la región noroccidental y el resto del país. Al mismo tiempo, la categorización y horario del tren se ajustaron y la venta de los billetes se realizaba a través de una red nacional con más de 400 estaciones grandes que ofrecían incluso billetes para comenzar el viaje en otras estaciones.

El 21 de octubre de 2001 se lanzó la cuarta ronda de aceleración que abarcó a la mayoría de las grandes ciudades del vasto territorio chino. Las principales vías férreas involucradas fueron Wuchang-Chengdu, la sección Sur del ferrocarril Beijing-Guangzhou, Beijing-Kowloon, Zhejiang-Jiangxi, Shanghai-Hangzhou y Harbin-Dalian. En la vía Harbin-Dalian, la sección Sur del ferrocarril Beijing-Guangzhou y la vía sencilla de Wuhan a Danjiangkou, la velocidad subió hasta los 140 km/h.

El 18 de abril de 2004, inició la quinta ronda de incremento de la velocidad ferroviaria en los ferrocarriles Beijing-Shanghai, Beijing-Guangzhou y Beijing-Harbin, llevando el velocímetro hasta los 200 km/h y la velocidad promedio en los trenes de pasajeros hasta los 65,7 km/h. Durante esta etapa de incremento de la aceleración ferroviaria, las vías troncales alcanzaron el estándar internacional para la circulación de trenes a 200 km/h.

Hasta este punto, China se encontraba a un paso del HSR.

Trenes más rápidos significaban mayor eficiencia y un transporte más rápido era indudablemente crucial para una sociedad moderna. Las hornadas de aceleración habían llevado a los trenes chinos a las vías rápidas, evitando eficazmente la caída en el número de pasajeros en los trenes y aumentando la cuota de mercado y la competitividad del transporte ferroviario.

Los expertos creían que el ferrocarril desempeñaba un papel destacado en la concentración de los recursos del mercado nacional. Trenes más rápidos ofrecían un apoyo técnico al avance de un país grande hacia la economía de mercado. A medida que ejercíamos creciente presión a favor de los recursos, la tierra y la protección del medio ambiente, el transporte ferroviario se favorecía por su exuberante capacidad, bajo consumo de energía, bajo coste y alta eficiencia.

En ese año, el transporte ferroviario registró nuevos récords en todos los indicadores de rendimiento. El flujo total de pasajeros fue de 1.117 millones, el mayor en 15 años. El transporte de mercancías alcanzó los 2.478 millones de toneladas, para un alza interanual del 10,9%; el transporte de carbón fue de 1.166 millones de toneladas, reportando por primera vez un ascenso de más de 100 millones de toneladas y/o un aumento del 15,5%. El ingreso total fue de 178.773 millones de yuanes para un incremento interanual de 12,2%.

"Nueva velocidad" en las líneas viejas

El 18 de abril de 2007 comenzó la sexta ronda del aumento de velocidad en los ferrocarriles Beijing-Harbin, Beijing-Shanghai, Beijing-Guangzhou, Beijing-Kowloon, Lanzhou-Lianyungang, Zhejiang-Jiangxi, Lanzhou-Xinjiang, Guangzhou-Shenzhen, y Qingdao-Jinan. Los trenes CRH de color blanco debutaron como el mayor hito en la historia del desarrollo ferroviario chino. Su velocidad era de 200 km/h y podía superar los 250 km/h en algunos tramos de las vías férreas de Beijing-Harbin, Beijing-Guangzhou, Beijing-Shanghai y Qingdao-Jinan.

Se trataba de una nueva velocidad en las vías viejas y la más alta posible en las líneas existentes.

Como dijo el entonces viceministro de Ferrocarriles, Hu Yadong, en conferencia de prensa: "Luego de esta ronda de aceleración, los trenes corren a 120 o más km por hora cubriendo una distancia de 22.000 km, 6.000 km más que en la quinta ronda. En unos 14.000 km de vía se llevó la velocidad hasta los 160 km/h mientras que en otros 6.003 km se registraron velocidades de 200 km/h". A finales de 2008, habría 480 trenes con sistema de control de unidad múltiple (MU, por sus siglas en inglés) de fabricación nacional circulando a 200 km/h en 17 provincias y municipalidades.

Como informó la agencia de noticias Xinhua, la sexta ronda de aceleración y el lanzamiento de los MU de categoría D en China crearon una red de transporte de pasajero rápido con Beijing, Shanghai y Guangzhou como centros. Los ferrocarriles chinos habían entrado en la era de la alta velocidad.

De acuerdo con la Unión Internacional de Ferrocarriles, la velocidad de 200 km/h es el umbral de los trenes de alta velocidad.

A medida que la velocidad aumentaba, el Ministerio de Ferrocarriles siempre hizo de la seguridad su prioridad principal. Se hicieron pruebas una y otra vez para garantizar la seguridad de los trenes más rápidos y se resolvieron unas 50 cuestiones técnicas con una inversión total de más de 100 millones de yuanes. La seguridad y la confiabilidad se sustentaban en una exhaustiva investigación científica.

La Administración de Ferrocarriles de Zhengzhou fue testigo presencial y beneficiario directo de la sexta ronda de aceleración en China y sirvió como base piloto en cada una de las rondas de aumento de la velocidad.

Antes de cada una de las rondas, el Ministerio de Ferrocarriles condujo pruebas y recorridos simulados en la sección Xuchang-Luohe del ferrocarril Beijing-Guangzhou operado por la Administración de Ferrocarriles de Zhengzhou. Estas pruebas ofrecieron los parámetros necesarios y sentaron sólidas bases para los futuros pasos a dar. La velocidad máxima en cada una de las rondas de aceleración se alcanzó aquí primero. La primera ronda llevó la velocidad en 1997 a 140 km/h, a 160 km/h en 1998 y a más de 250 km/h en la última.

En la mañana del 20 de diciembre de 2006, un torrencial aguacero imposibilitaba sobremanera la visibilidad por lo que en el proyecto de aceleración del Ferrocarril Lanzhou-Lianyungang se dio la orden de cerrar la línea y unos 1.000 obreros empezaron a cambiar las traviesas. Las traviesas de concreto, 257.000 en total, eran uno de los principales responsables de la mejora del tramo oriental de la línea. Si se deseaba terminar el proyecto a finales de año, era preciso cambiar no menos de 6.000 traviesas al día. Difícil como parecía, la tarea se acometió en los 45 días previstos y con excelente calidad.

El cambio de las traviesas se llevó a cabo sin interrumpir la operación del ferrocarril y todo el trabajo se hizo en el intervalo entre trenes. Durante mes y medio, los obreros cumplieron al pie de la vía con su deber pese a todo tipo de inclemencia del tiempo y hasta se las ingeniaron para ganar algún tiempo para el progreso general.

Según el ingeniero jefe He Huawu del Ministerio de Ferrocarriles, la simulación de la aceleración en las vías troncales demostró que China dominaba todas las tecnologías y estándares necesarios para aumentar la velocidad hasta los 200-250 km/h, incluyendo el diseño, construcción, fabricación, prueba, operación, administración y mantenimiento. Los diferentes trenes como los de unidad múltiple de 200-250 km/h, los vehículos de carga de 5.500 toneladas de peso que circulaban a 80-120 km/h y los trenes de mercancías de dos plantas, podían correr ahora por las mismas vías pese a sus diferentes velocidades.

Estábamos listos para la sexta ronda de aceleración —tecnológicamente factible, confiable en términos de seguridad y económica—. Esto significaba que China había pasado a encabezar el listado mundial en la mejora de la velocidad en las vías férreas existentes. China era uno de los 10 países con trenes de pasajeros viajando a 200 km/h.

En la sexta ronda de aceleración, se lanzaron tres categorías de líneas de pasajeros que fueron muy bien acogidas por los viajeros.

La primera fue la de los 416 pares de interurbanos que circulaban principalmente en la región Bohai, el delta del río Changjiang, el delta del río Perla, la periferia de Zhengzhou y Wuhan, así como por los enclaves en la periferia nororiental de Shenyang, Changchun, Harbin, y algunas localidades noroccidentales cerca de Xi'an para satisfacer las necesidades del frecuente y abundante tráfico de pasajeros entre las grandes urbes.

La segunda categoría comprendía los trenes directos y los trenes nocturnos. Se añadieron siete pares de trenes directos a los 19 pares existentes para un total de 26. Además, con 32 nuevos pares de trenes nocturnos, la cifra total ascendió a 337.

La tercera categoría correspondía a los trenes regulares de pasajeros. Había un total de 52 pares nuevos de trenes de mediana y larga distancia, 29 pares de los cuales circulaban en las regiones central y occidental, lo que representaba el 55,8% del crecimiento total. Jinggangshan contaba ahora con trenes a Beijing, Shanghai y Shenzhen por vez primera y la línea circular del Oeste de Hainan estaba ahora conectada con Beijing, Shanghai, y Guangzhou en Sanya.

Esta ronda de aceleración consiguió una mejor coordinación entre los tres factores principales de velocidad, frecuencia y peso. Mientras se aumentaba la velocidad, también se realizaban esfuerzos para acortar los intervalos. En las líneas troncales, tras el incremento de la velocidad, el intervalo era de entre cinco y seis minutos para los trenes de pasajeros y de siete para los de mercancías, mucho menos que antes.

La velocidad de 200 km/h o más para los MU constituía un nuevo récord para los trenes de pasajeros chinos.

Tomemos como ejemplo los ferrocarriles Beijing-Harbin y Beijing-Shanghai. Un viaje de Beijing a Harbin se necesitaba en ese momento 7 horas y 58 minutos, 2 horas y 32 minutos menos de lo que había necesitado el tren más rápido antes de la era de la aceleración. Igualmente, el tiempo de viaje entre Beijing y el Norte de Shenyang se redujo en 1 hora y 33 minutos hasta las 3 horas y 59 minutos; un viaje de Beijing a Shanghai se realizaba en

9 horas y 59 minutos, en 1 hora y 59 minutos menos que antes. El tiempo de viaje entre Beijing y Jinan se acortó en 43 minutos hasta las 3 horas y 25 minutos; y el viaje entre Beijing y Qingdao se realizaba en 5 horas y 48 minutos, en 1 hora y 42 minutos menos que antes.

Mao Shoulong, decano del Departamento de Gestión Administrativa de la Universidad del Pueblo de China, creía que el desarrollo del ferrocarril no sólo era una señal de progreso industrial, sino que promovía el desarrollo de la sociedad industrial. Cada ronda de la revolución industrial ofreció un importante apoyo técnico en este sentido. De acuerdo con la experiencia internacional, el HSR cambió completamente la fisonomía del transporte, así como la forma de vida del hombre en diversos países desarrollados.

De hecho, el CRH, aclamado por ser "tan rápido como el viento" facilitó tanto la vida del pueblo que amplió nuestra definición de vida. Durante la semana festiva por el Día Internacional de los Trabajadores en China aquel año, se agotaron los billetes para los trenes MU. Con los MU de 200 km/h en operación, también mejoraron los itinerarios de otros tipos de trenes de pasajeros con la adición de trenes regulares, expreso, súper expreso y directos para satisfacer las distintas necesidades de los viajeros de las diferentes regiones. Mientras tanto, los horarios de partida y llegada se ajustaron igualmente, ofreciendo mayor conveniencia y comodidad para todos.

La capacidad del transporte de pasajeros y mercancías aumentó en un 18% y un 12%, respectivamente, lo que supuso otra gratificante sorpresa para la sociedad. La carga había sido extremadamente gravosa en las actuales líneas pero la construcción de vías férreas nuevas tomaba tiempo, de ahí que la aceleración en las líneas existentes mejorara la productividad y aliviara la presión en cierta medida.

Según el informe sobre el Análisis y Evaluación Económicos para la Sexta Ronda de la Aceleración Ferroviaria, elaborado por unas 10 instituciones bajo la dirección del Instituto de Investigación Económica y Planificación del Ministerio de Ferrocarriles, al reducir los costes del transporte y el tiempo de viaje, la aceleración generó 30 mil millones de yuanes en beneficios sociales al año. Además, el documento aseguraba que solamente el aumento del tráfico suponía una inyección anual a nuestro PIB de más de 20 mil millones de yuanes. Wu Weiping, del Instituto de Investigación Económica y Planificación del Ministerio de Ferrocarriles, explicó que la aceleración conllevaría a que muchos negocios que hasta ese momento hacían uso del transporte por carretera y aire optaran por el ferrocarril. Adicionó el experto que la caída del coste del transporte ferroviario contribuiría "a la rebaja del consumo social total".

Ji Jialun, profesor de la Escuela de Tráfico y Transporte de la Universidad Jiaotong de Beijing, declaró que un buen sistema de transporte debía contar con un desarrollo complementario, coordinado y bien planificado del transporte por aire, carretera, agua y ferrocarril con una competencia ordenada. Sin embargo, la realidad indicaba que el desarrollo ferroviario se había quedado atrasado desde hacía tiempo en el sistema y malamente podía competir con otros medios de transporte. Con la sexta ronda de aceleración, los ferrocarriles serían más competitivos y tendrían una mayor cuota de mercado, lo que facilitaría la formación de un mejor sistema de transporte.

Luego de la sexta ronda de aceleración ferroviaria, China era uno de los países del mundo que había hecho su mejor esfuerzo en el aumento de la velocidad en las vías existentes. Las lineas donde los trenes circulaban a 200 o más km/h tenían una longitud total muy similar a la de todas las vías en Alemania, Francia y otras siete naciones europeas juntas. La velocidad máxima de 250 km/h era superior a la de 240 km/h alcanzada por los países desarrollados. China ocupaba el tercer puesto mundial y el primero en Asia por longitud total de vías férreas en operación. También figuraba como el segundo país del mundo por concepto de volumen de pasajeros y mercancías transportados y primero del orbe por eficiencia.

No obstante, había una gran preocupación porque la aceleración extensiva ralentizara los trenes regulares. Algunos reportes de los medios de comunicación desvelaban que las grandes ciudades, especialmente las del centro del país, habían sido las principales beneficiadas de la aceleración. En tanto, las rondas previas de la aceleración habían ocasionado pérdidas a las pequeñas y medianas ciudades enclavadas a lo largo de las vías.

Tanto el sentido común como la experiencia acumulada nos decían que con una capacidad ferroviaria total limitada, más trenes de alta velocidad supondría la ralentización de los trenes regulares. Para garantizar la velocidad de los trenes más rápidos, los regulares tendrían que rendir más y esperar mucho más. Los trenes más rápidos no paraban en las pequeñas y medianas ciudades y sus residentes se veían obligados a viajar más lejos y gastar más para subir a un tren en las estaciones grandes. Por otra parte, con la entrada en operación de los trenes CRH, el incremento de la velocidad acabó duplicando el precio de los billetes y provocando muchas quejas. A medida que los trenes ganaban en velocidad y los lentos trenes verdes dejaban de circulación, la población de bajos ingresos tenía menos posibilidades de adquirir billetes baratos. Mientras los pasajeros con mayor poder adquisitivo disfrutaban de la velocidad, los pasajeros de escasos recursos se veían obligados a renunciar a ella. Por lo tanto, surgió un nuevo problema: ¿cómo equilibrar los dos bandos?

Curiosamente, poco después de la sexta ronda de aceleración en China, Vietnam intentó aprender de China. Según la página web Chinanews.com, Nguyen Huu Bang, subgerente de Ferrocarriles de Vietnam, afirmó que el gobierno vietnamita planeaba aumentar la velocidad en la vía Norte-Sur convirtiéndola en un ferrocarril eléctrico.

Sin duda alguna, la aceleración del ferrocarril era un tipo de reforma también que desafiaba el modelo tradicional de organización del transporte ferroviario y el pensamiento tradicional. La aceleración consolidaba los cimientos del desarrollo del ferrocarril en China y abría nuevos ámbitos tecnológicos. A medida que las tecnologías MU de alta velocidad se introdujeron, fueron absorbidas y se hicieron innovaciones sobre sus pilares, se creó una plataforma nacional de tecnologías MU, sentando sólidas bases para la era del HSR en China.

Muchos años después, He Zuoxiu, miembro de la Academia de Ciencias de China, reflexionó sobre la importancia de la aceleración del ferrocarril: "Por una parte promovió el desarrollo ferroviario y, por la otra, hizo los trenes más rápidos. En cualquiera de los dos casos, el esfuerzo valió la pena". Luego de seis rondas de aceleración ferroviaria, se registraron niveles récord en el número de viajeros sucesivamente. Los billetes de tren seguían siendo relativamente económicos y el ferrocarril era la opción preferida por muchas personas. Igualmente, se mejoraron los servicios en los trenes considerablemente, al punto de que los trenes directos llegaron a ser comparados por muchos con hoteles relativamente lujosos. No obstante, para satisfacer la demanda del pueblo, aún quedaba un largo camino por recorrer y la verdadera era de alta velocidad aún estaba por comenzar.

Sección II

El ferrocarril interurbano
Beijing-Tianjin: un hermoso debut

En 2004, el ferrocarril chino dio un gran paso adelante. La nueva administración desveló el Plan de la Red Ferroviaria a Mediano y Largo Plazos y el punto más llamativo era la "visión de una red de HSR en China".

El 1 de agosto de 2008, luego de tres años de arduo trabajo, el ferrocarril interurbano Beijing-Tianjin entró en operación, una semana antes del inicio de los Juegos Olímpicos de Beijing.

La primera vía de 350 km/h de China inauguró un nuevo capítulo en la historia de los ferrocarriles chinos. La vía férrea más rápida del mundo era el vínculo de unión de dos mega ciudades: Beijing y Tianjin. Incluso en la actualidad, los trenes de alta velocidad de Europa y Japón circulan a 270-320 km/h, velocidades inferiores a la de esta línea de 350 km/h.

Trenes CRH recorriendo la llanura septentrional china tan rápidos como el viento.

China finalmente llegó a la era del ferrocarril de alta velocidad.

La visión de una Red de Ferrocarril de Alta Velocidad en China

El ferrocarril de alta velocidad surgió en la segunda mitad del siglo XX como una importante señal de la revitalización del transporte ferroviario. Asimismo, experimentó un rápido desarrollo y amplia aplicación en todo el planeta. En el siglo XXI, paralelo al progreso de la globalización económica y el libre comercio, el HSR llama mucha atención por su velocidad, gran capacidad, conveniencia, comodidad, seguridad y bajo consumo energético en esta era caracterizada por la escasez de energía y el cambio climático.

El desarrollo del transporte exige recursos terrestres y petroleros, ambos escasos, además de ser una gran fuente de emisiones contaminantes, ruido y congestión. El transporte ferroviario es indudablemente muy ventajoso tanto desde el punto de vista tecnológico como económico. Mientras más rápido se desarrolla el ferrocarril, más beneficios reporta, más se abaratan los costes del transporte en general y más capaces tenemos para proteger mejor el medio ambiente.

El 8 de septiembre de 2003, el rotativo *Economic Daily*, uno de los más influyentes del país, publicó en la primera página una carta de un lector, titulada "¿Rezagará el ferrocarril nuestro progreso hacia una vida mejor?", junto a un comentario del editor con el título "¿Podemos seguir siendo apáticos?". El autor era Qian Lixin, una de las figuras más sobresalientes de la Academia de Ciencias Ferroviarias de China.

Apoyado en una compilación de los hallazgos investigativos sobre el sistema ferroviario en los últimos años, Qian exponía en la carta datos que suscitaban la reflexión:

En 2002, la red ferroviaria mundial alcanzaba los 1,2 millones de kilómetros, 72.000 km de ellos o el 6% en China. La carga de trabajo era de 8,5 billones de toneladas-kilómetros, 2 billones de ella o aproximadamente el 24% se producía en China.

EMU "Armonía" cruzando el puente Yongdingmen de la línea interurbana Beijing-Tianjin.

Con solo una cuota del 6% de la longitud total del ferrocarril mundial, China asumía casi una cuarta parte de la carga de trabajo global. La densidad de transporte era la mayor del mundo.

Debido a su limitada capacidad de transporte ferroviario, China tenía un mermado per cápita en el apartado viajes, de 0,8 comparado con el 43 de Japón, el 19 de Alemania, el 3,8 de Rusia y el 5 de la India.

Un análisis autorizado del Ministerio de Ferrocarriles constataba que en 2020, el PIB de China duplicaría el de 2000, con una tasa de crecimiento anual superior al 7,2%. Según esta proyección, el tráfico ferroviario de mercancías crecería un 119% hasta los 4 mil millones de toneladas. El tráfico de pasajeros crecería un 200% a partir de 2003 hasta los 4 mil millones, casi cuatro veces los 1.050 millones de 2003. La capacidad de transporte ferroviario se enfrentaría a una mayor presión.

¿Qué debíamos hacer para desarrollar el ferrocarril?

Aprovechando la oportunidad, el periódico *Economic Daily* incentivó el debate sobre el tema con la interrogante "¿Rezagará el ferrocarril nuestro progreso hacia una vida mejor?". Se publicaron 14 artículos al respecto incluyendo el titulado "Las empresas buscan la forma de acabar con el cuello de botella en el transporte ferroviario", "El público general con la mirada puesta en un desarrollo ferroviario más rápido", "¿Cuántas vías férreas necesita China?", "¿Qué ha hecho el ferrocarril en Estados Unidos?", "El papel del ferrocarril en el crecimiento económico de Japón", "El ferrocarril francés vivió dos triunfos", y "La construcción de más líneas de pasajeros es inevitable".

El debate preparó a la opinión pública en general para el desarrollo de un ferrocarril mejorado.

De acuerdo con el Plan de la Red Ferroviaria a Mediano y Largo Plazos discutido y adoptado, se calculaba que, en 2020, se habrían construido 12.000 km de nuevas vías de pasajeros para trenes viajando a 200 o más km/h, y 16.000 km de vías nuevas de otras categorías. La longitud total del ferrocarril chino llegaría a los 100.000 km y el transporte de mercancías y pasajeros se separaría en las principales vías troncales. Las líneas de doble vías, así como vías eléctricas representarían cada una el 50% del total. En tanto la capacidad total satisfaría todas las necesidades del desarrollo económico y social del país.

La planeada red de líneas de pasajeros o la red HSR cubriría una superficie terrestre de 4,5 millones de kilómetros cuadrados y prestaría servicio a 800 millones de habitantes con sus cuatro vías Norte-Sur y sus cuatro, Este-Oeste.

Una de las cuatro líneas Norte-Sur es el ferrocarril de alta velocidad Beijing-Shenyang-Harbin (Dalian). Recorriendo 1.612 km en total, la vía comunica el Noreste de China y la zona en el Paso de Shanhai y pasa por Chengde en camino de Shenyang a Beijing. Otra de las cuatro vías es el ferrocarril de alta velocidad Beijing-Shanghai, de 1.318 km de longitud. Este ferrocarril comunica la región Bohai con la zona costera desarrollada en el delta del río Changjiang. El ferrocarril de alta velocidad Shanghai-Hangzhou-Ningbo-Fuzhou-Shenzhen, de 1.650 km de longitud, comunica al delta del río Changjiang, el litoral suroriental, y el delta del río Perla, y el ferrocarril de alta velocidad Beijing-Wuhan-Guangzhou-Shenzhen (Hong Kong), de 2.350 km de longitud, comunica el Norte con el centro y Sur del país.

Corriendo de Este a Oeste, el HSR Qingdao-Shijiazhuang-Taiyuan, de 906 km de longitud, une el Norte y el Este de China. La vía comienza en Taiyuan, se dirige al Este hasta Shijiazhuang, se encuentra con el HSR Beijing-Shanghai en Dezhou y continúa viaje mucho más al Este hasta la península Jiaodong. El HSR Xuzhou-Zhengzhou-Lanzhou, de 1.346 km de longitud, corre del Noroeste al Este de China. Cumple la ruta Zhengzhou- Xi'an, y sigue luego hasta Xuzhou, donde se encuentra con el HSR Beijing-Shanghai por donde prosigue su viaje al Oeste hasta llegar a Lanzhou. El HSR Shanghai-Nanjing-Wuhan-Chongqing-Chengdu, de 1.922

km de longitud, comunica el Suroeste con el Este de China. Enlazado al HSR Beijing-Shanghai en Nanjing, sigue rumbo Oeste, vía Wuhan, hasta Chongqing y Chengdu, formando el corredor Shanghai-Wuhan-Chengdu a lo largo del río Changjiang. El HSR Shanghai-Hangzhou-Nanchang-Changsha-Kunming, de 2.264 km de longitud, vincula el centro con el Este y el Suroeste de China. Pasando por el delta del río Changjiang hasta Nanchang se une al HSR Beijing-Guangzhou en Changsha para seguir camino a Kunming vía Guiyang, formando un corredor entre Shanghai y Kunming.

También se construirían ferrocarriles de alta velocidad interurbanos entre las principales ciudades y poblados en la región Bohai, los deltas de los ríos Changjiang y Perla, las zonas meridional y central de Liaoning, la península de Shandong, el centro del país, la llanura Jianghan, la parte oriental de Hunan, las regiones de Guanzhong, Chengdu y Chongqing, y la ribera occidental de los Estrechos, que son las zonas densamente pobladas y económicamente desarrolladas.

Como la economía se expandía rápidamente y se aplicaban estrategias de desarrollo regional, se aceleró el ritmo de industrialización y urbanización, así como el avance hacia la economía de mercado. Entonces, se realizaban arduos esfuerzos para construir una economía socialista armoniosa, ahorradora de recursos y respetuosa con el medio ambiente. Todo esto hizo exigencias diferentes al desarrollo del transporte. Como resultado, se dieron cambios titánicos en las demandas del transporte mientras el ferrocarril desempeñaría un papel más significativo en el sistema de transporte integrado.

En el XI Plan Quinquenal de China, patentizó claramente la promoción del desarrollo ferroviario. Los gobiernos locales de todos los niveles también solicitaron una construcción ferroviaria más rápida. La red de ferrocarril diseñada en el Plan de la Red Ferroviaria a Mediano y Largo Plazos ya no conseguía satisfacer las necesidades del desarrollo económico y social.

El 31 de octubre de 2008, el Consejo de Estado dio a conocer el Plan revisado de la Red Ferroviaria a Mediano y Largo Plazos. En la nueva planificación, la longitud total de vía férrea acordada aumentaba de 100.000 km a 120.000 km en 2020; el objetivo para las líneas de pasajeros contemplaba un aumento de 12.000 km a 16.000 km con 5.000 km de vías de 250 km/h y otros 8.000 km de líneas de 350 km/h, todas bien coordinadas con los esfuerzos para la mejora de la velocidad en las vías existentes. La proporción acordada para las líneas eléctricas aumentó del 50% al 60% del total.

En base a la red de líneas de pasajeros de las cuatro vías Norte-Sur y las cuatro vías Este-Oeste, la cobertura de la red se ampliaría con más rutas y mejor conectividad. Igualmente, circularían más trenes interurbanos en los grupos de ciudades. Específicamente, además de en la región Bohai, los deltas de los ríos Changjiang y Perla, se construirían vías interurbanas en otras áreas densamente pobladas y económicamente desarrolladas como el grupo Changsha-Zhuzhou-Xiangtan, la región Chengdu-Chongqing, el centro de China, Wuhan, la zona de Guanzhong, y la vasta ribera occidental de los Estrechos. En el futuro, una red de líneas de pasajeros de alta velocidad comunicaría a todas las capitales provinciales y las urbes con una población más de 500.000 habitantes, abarcando más del 90% de la población china y totalizando una longitud de 50.000 km, que recortaría sustancialmente la distancia percibida entre las ciudades y reduciría en más de la mitad el tiempo de viaje de una capital provincial a otra.

En 2020, el HSR tendrá a Beijing como centro, adonde se podrá llegar a través de sus distintas redes entre 1 y 8 horas. El entramado contará con conexiones hacia todas las capitales provinciales, exceptuando Urumqi, Lhasa y Haikou, así como a un gran número de ciudades centros regionales. Con urbes y pueblos mejor conectados que nunca, se fomentará fuertemente la eficiencia social y económica. El pueblo de más ciudades y regiones disfrutará de la conveniencia que ofrece una mejor conectividad y el desarrollo se impulsará en todos los aspectos.

Este es un mapa de nuestra red ferroviaria cuidadosamente diseñado, bien estructurado, absolutamente funcional y perfectamente conectado. Con el movimiento de pasajeros y mercancías separados en las transitadas líneas troncales, la capacidad de carga potencial se distribuirá en las líneas existentes. Una red de pasajeros rápida supondrá una mayor conveniencia para todos en los desplazamientos. De esta manera, nuestra capacidad de transporte satisfará las demandas de la economía y la sociedad, al tiempo que haremos realidad la meta de alcanzar o acercarnos a la barrera internacional del nivel tecnológico y el estándar del equipamiento.

La deslumbrante tarjeta de presentación de China

El 1 de agosto de 2008 fue un hermoso día en el que empezó a funcionar el ferrocarril interurbano Beijing-Tianjin.

Dos trenes CRH salieron de Beijing y Tianjin a la misma hora. El maquinista del tren de Beijing era el maquinista No. 1, Li Dongxiao, mientras el tren de Tianjin era conducido por el maquinista No. 2, Zhao Wei. Emocionados, hicieron sonar las bocinas de sus respectivos trenes a la hora de la partida y China entró en la era del HSR.

Al mediodía, la nueva estación Sur de Beijing estaba completamente iluminada por los rayos del radiante Sol que se reflejaban en su techo de cristal. Siguiendo las indicaciones que aparecían en la pizarra LED, los pasajeros abordaron el C2275, el primer tren bala interurbano comercial Beijing-Tianjin. A las 12:35 pm, el tren empezó a moverse y a acelerar rápidamente. El tren se desplazaba estable, sin que se escuchara el estruendoso clic-clac de las ruedas al tocar los raíles, sin prácticamente hacer ruido alguno del todo. El tren de alta velocidad era muy cómodo.

La pasajera Liu Huiwen fue entrevistada sobre su experiencia en el tren. Liu trabajaba en una firma IT en Beijing, pero vivía en Tianjin y, por lo tanto, viajaba de una ciudad a otra al menos una o dos veces por semana. La pasajera aseguró que tardaba 2 horas por carretera, 1 hora y 56 minutos en un tren regular, 1 hora y 10 minutos en un tren MU y que ahora, en el tren interurbano, apenas demoraba 30 minutos. Liu parecía extasiada por la novedad.

Un estudiante graduado de la carrera de Historia en la Universidad de Nankai afirmó que, en el pasado, el viaje en coche tirado por caballos entre las dos ciudades se hacía en dos días y medio. Cuando la antigua línea ferroviaria Beijing-Tianjin se puso en marcha en 1900, la velocidad máxima del tren sólo era de 30 km/h.

El tren arribó a la estación de Tianjin pasados 30 minutos, a su hora.

Este fue un día muy especial y de extraordinario regocijo para la ciudad de Tianjin que no solo vio correr el relevo de la antorcha olímpica por su nuevo distrito Binhai, sino que puso en operación el tren interurbano.

Dicen que en 2003 un dirigente de Tianjin había declarado que quería construir un HSR elevado que comunicara a Beijing y Tianjin para acelerar el desarrollo económico y social de la región Bohai y mejorar las comunicaciones entre las dos ciudades. Tianjin buscaba dinamismo en su cuota de inversión, en la identificación de un dominio soberano, etc. Su idea coincidía con la del Ministerio de Ferrocarriles.

La región Beijing-Tianjin, entre las de más rápido crecimiento económico de China, tiene el nivel más alto de urbanización del país.

Beijing y Tianjin, a 120 km de distancia, han tenido una complicada relación a lo largo de la historia. Antes de 1949, Tianjin era la salida al mar de Beijing. Con puertos y zonas de concesiones, la ciudad gozaba de gran prosperidad gracias a un consolidado comercio exterior y una industria muy desarrollada. Como resultado, tenía mejores condiciones económicas que Beijing. Posteriormente, cuando la República Popular China estuvo sitiada por las fuerzas enemigas, el comercio exterior se trasladó más a Shanghai y Guangzhou; mientras que Tianjin, por su cercanía a Beijing, se vio privada de sus ventajas en el comercio y la economía pasó a depender únicamente de la industria.

Luego de la aplicación de la política de reforma y apertura a finales de la década del 70 del siglo pasado, Beijing y Tianjin experimentaron un vertiginoso desarrollo. En las postrimerías de 2002, Beijing contaba con una población residente permanente de 14,23 millones y PIB per cápita de 28.449 yuanes mientras Tianjin daba hogar a 10,07 millones de habitantes y tenía un PIB per cápita de 22.380 yuanes. Entonces se pronosticó que la ruta Beijing-Tianjin tendría hasta 124 millones de viajeros en 2015.

Una mejor conectividad era por lo tanto una sincera esperanza para el pueblo de las dos ciudades.

El ferrocarril Beijing-Tianjin está conectado a muchas líneas troncales como Beijing-Yuanping, Beijing-Baotou, Beijing-Tongliao, Beijing-Shanhai-guan, Beijing-Shanghai, Beijing-Guangzhou, y Beijing-Kowloon. También es parte de las vías Beijing-Shanghai y Beijing-Harbin y una conexión clave de la red de ferrocarriles en la región Bohai. Además, es parte del puente terrestre Euroasiático que transporta tanto a los pasajeros de la región como a los viajeros de media y larga distancias allende sus fronteras.

Hoy, no obstante, el tráfico en el corredor Beijing-Tianjin ha crecido exponencialmente y la capacidad sigue estando por debajo de la demanda. En un corredor crucial como este, necesitamos más de un HSR. Es preciso contar con más vías férreas.

En el Plan de la Red Ferroviaria a Mediano y Largo Plazos quedó claramente plasmado que entre Beijing y Tianjin habría tres líneas de pasajeros. Las primeras dos, el ferrocarril de alta velocidad Beijing-Shanghai y el ferrocarril interurbano Beijing-Tianjin, se construirían durante el XI Plan Quinquenal. El 3 de diciembre de 2004, la Comisión Nacional de Desarrollo y Reforma aprobó el informe de factibilidad para la construcción del ferrocarril interurbano Beijing-Tianjin. La vía férrea sería parte del corredor Beijing-Shanghai y se conectaría con la línea de pasajeros Tianjin-Qinhuangdao para crear una vía entre el interior y el exterior del Paso de Shanhai. Así quedó constituida la red del ferrocarril interurbano del corredor

Beijing-Tianjin, rápida y a un coste mínimo.

Sin cuestionamiento alguno, la vía en placa de 350 km/h del ferrocarril interurbano Beijing-Tianjin fue un HSR del más alto calibre. Para construirlo, el sistema ferroviario lanzó varias campañas para superar las dificultades tecnológicas. Sobre la base de la construcción de infraestructura para la línea de pasajeros Qinhuangdao-Shenyang, la vía en placa de prueba del ferrocarril Suining-Chongqing y las vías de 250 km/h durante la sexta hornada de aceleración se propusieron 110 temas importantes de investigación sobre tecnologías innovadores en las vías férreas para el transporte de pasajeros.

El 28 de marzo de 2005, la Comisión Nacional de Desarrollo y Reforma hizo público el Plan de la Red de Transporte Ferroviario Interurbano para la región Beijing-Tianjin-Hebei de Bohai (2005-2020). Uno de los objetivos para 2010 era la construcción de la línea interurbana Beijing-Tianjin-Tanggu y la formación de la columna vertebral de la red ferroviaria de la región Beijing-Tianjin-Hebei. El número máximo de viajeros a corto plazo se calculó en el orden de los 23,2 millones y, a largo plazo, 32,8 millones de personas.

El 4 de julio de 2005, comenzó la construcción del ferrocarril interurbano Beijing-Tianjin en el pueblo de Dawanggu, línea divisoria de las dos urbes.

Tianjin es la cuna de Nezha, un personaje mitológico capaz de recorrer largas distancias en muy corto tiempo porque llevaba ruedas atadas a sus pies. Ahora, con el nuevo HSR, Tianjin está equipado con las ruedas de Nezha.

El ferrocarril interurbano Beijing-Tianjin comienza en la Estación Sur de la capital china, se dirige al Este por la existente vía Beijing-Shanhaiguan y sigue camino al Norte antes de llegar a Tianjin. A lo largo de los 120 km de longitud de la línea, solo hay cuatro paradas: Beijing Sur, Yizhuang, Wuqing y Tianjin. Sin embargo, en el futuro está prevista la construcción de las siguientes estaciones: Yongle, Aeropuerto Capital de Beijing, Tianjin Oeste, y Tanggu (en el Aeropuerto Internacional Binhai de Tianjin). El proyecto fue financiado conjuntamente por el Ministerio de Ferrocarriles, los gobiernos municipales de Tianjin y Beijing y la empresa china de exploración de petróleo y gas, CNOOC.

El ferrocarril interurbano Beijing-Tianjin atraviesa una zona altamente desarrollada con una compleja red de carreteras y preciosos recursos terrestres. Los puentes se utilizaban mucho más que las tradicionales vías férreas terrestres. El 87% de las líneas se había construido sobre puentes de manera que los trenes viajan mayormente por vías elevadas. Si por cada kilómetro de puente se ahorraban 3,67 hectáreas de tierra, este ferrocarril ahorró en total 367 hectáreas de tierra.

En el HSR, los márgenes de liquidación se miden en milímetros y la exigencia técnica es mucho mayor que en el caso de los circuitos de la Fórmula 1 (F1). Sin usar traviesas, el ferrocarril interurbano Beijing-Tianjin tenía vías en placa tipo losa CRTS-II patentadas y un total de 34.535 losas a lo largo de la vía con un nivel de precisión de 0,1 mm. Esto significaba que China dominaba plenamente las tecnologías de diseño y construcción de las vías en placa y había establecido sus propios estándares y especificaciones técnicas para las vías en placas. La vida útil de la vía férrea es de aproximadamente 60 años, lo que reduce ostensiblemente los costes de mantenimiento.

Los trenes CRH que viajan a 350 km/h, el mecanismo de suspensión tipo cadena ligero y sencillo OCS y otras tecnologías avanzadas permitieron a los trenes de diferentes velocidades compartir las mismas vías, continuar con la comunicación de señalización de seguridad tierra-vehículo y facilitar la supervisión a larga distancia y operación del equipamiento clave.

Durante tres años, los expertos de la Academia de Ciencias Ferroviarias de China, el Instituto N°. 3 de Investigación y Diseño, los miembros de la Academia de Ciencias de China y de la Academia de Ingeniería de China, así como muchos ingenieros y técnicos trabajando en los laboratorios y a pie de obra hicieron un buen uso de la experiencia acumulada en el pasado y resolvieron incontables dificultades técnicas clave.

El sistema ferroviario chino había triunfado.

El 25 de junio de 2008, Hu Jintao, entonces secretario general del Comité Central del PCCh, inspeccionó el ferrocarril interurbano Beijing-Tianjin, cuando estaba a prueba. Hu Jintao abordó entusiasmado un tren CRH hecho en China para experimentar la velocidad de China.

Hu enfatizó que además de las instalaciones de primera clase, teníamos que contar con una administración de primera clase y ofrecer servicios de primera clase. El ferrocarril interurbano Beijing-Tianjin recibió más de 200 delegaciones y un total de 10.000 personas, incluyendo jefes de Estado y/o Gobierno de más de 30 países, entre ellos Estados Unidos, Reino Unido, Rusia, Japón, Italia, Australia, India, Sudáfrica y Polonia, así como líderes de organizaciones internacionales, de la industria ferroviaria mundial y prensa extranjera. Todos quedaron impresionados por el vertiginoso desarrollo y la alta calidad del HSR chino.

Durante los Juegos Olímpicos y Paralímpicos de Beijing en 2008, el Ferrocarril Interurbano Beijing-Tianjin mostró los brillantes logros de la modernización de China a los visitantes nacionales y extranjeros.

En julio de 2008, 14 expertos japoneses en materia de ferrocarriles de alta velocidad viajaron en la referida línea y quedaron maravillados del rápido desarrollo de los HSR en China. "Nunca pensamos que podría darse un desarrollo tan vertiginoso del HSR en China. Muchas de las tecnologías aplicadas son más avanzadas que las existentes en Japón", aseguraron.

El 2 de agosto de 2008, el diario británico *The Times* publicó un artículo describiendo cómo la velocidad de 350 km/h de los trenes en la línea interurbana Beijing-Tianjin dejaba rezagados a los trenes de alta velocidad de Francia e, incluso, hacía ver a sus similares japoneses como locomotoras de vapor.

El éxito del Ferrocarril Interurbano Beijing-Tianjin ha servido indudablemente como una brillante tarjeta de presentación de China.

HSR: Historia de una ciudad

El debut del HSR no constituye únicamente una revolución económica y geográfica, pues también ha transformado nuestra percepción del tiempo y el espacio. Como un nuevo medio de viaje, el HSR provocó enormes cambios en la sociedad china y en la mentalidad y la forma de vida de las personas. El ferrocarril de alta velocidad ha hecho a China más pequeña al expandir el ámbito de vida de los ciudadanos. Ahora es posible trabajar, hacer compras y adquirir bienes raíces en otra ciudad. El HSR funciona como de forma mágica. Realmente ha cambiado la manera en que pensamos y vivimos.

Debido a su gran capacidad, elevada frecuencia y funcionalidad para los viajeros, el Ferrocarril Interurbano Beijing-Tianjin ha ampliado el ámbito de trabajo y vida de los residentes en Beijing y Tianjin. Viajar entre las dos ciudades es como hacerlo dentro de la misma ciudad. El ferrocarril opera con un estilo muy funcional para los viajeros y conecta a las dos urbes, cada una con una población superior a los 10 millones de habitantes, en un "círculo económico de media hora", mostrando el importante efecto de una ciudad. "La historia de dos ciudades" es ahora la "historia de una ciudad".

Para servir mejor a los viajeros, el intervalo mínimo entre los trenes del Ferrocarril Interurbano Beijing-Tianjin es de apenas tres minutos y el recorrido completo toma tan sólo media hora. Visto desde el cielo, la línea parece un dragón de acero blanco que se desliza hacia delante y atrás, conformando un corredor plateado en movimiento.

El menor intervalo de los trenes del metro de Beijing es de dos minutos y medio. En comparación, los trenes interurbanos Beijing-Tianjin se desempeñan realmente en un estilo suburbano. Además, las salidas están previstas de modo alternativo con cada tren parando en una sola estación para garantizar la alta velocidad.

La investigación demuestra que la congestión del tráfico cuesta a los residentes de Beijing 375 yuanes al mes, mientras que los residentes de Shanghai no toleran más de 48 minutos en un atasco. Comparativamente, viajar entre Beijing y Tianjin en apenas 30 minutos y con el precio del boleto dentro del rango de los dos dígitos es realmente un buen negocio que permite un gran ahorro en los costes de viaje.

Al mirar los apuntes del entonces ingeniero jefe He Huawu, vemos un tren de números interesantes. He realizó una comparación con los servicios expresos aeroportuarios para demostrar cuánto dinero se ahorrarían los viajeros de los trenes interurbanos Beijing-Tianjin: tomando el coste del expreso aeroportuario en 100 dólares hongkoneses por 34 km en Hong Kong, 50 yuanes por 30 km en Shanghai, y 25 yuanes por 26,1 km en Beijing. Por otra parte, podría recorrer 120 km con no más de 70 yuanes en el tren interurbano.

El ferrocarril interurbano Beijing-Tianjin ha reducido enormemente el tiempo de viaje entre las dos ciudades, impulsado los intercambios económicos y sociales y estimulado el desarrollo socioeconómico de la región Bohai. En agosto de 2008, mes en que entró en servicio el ferrocarril interurbano Beijing-Tianjin, las ventas detallistas de bienes de consumo alcanzaron los 17,14 mil millones de yuanes en Tianjin, lo que suponía un alza del 25% comparado con el mismo mes del año anterior.

Los trenes interurbanos de alta velocidad permitirían a las personas con mayor poder adquisitivo trabajar en una ciudad y vivir en otra. En 2008, aproximadamente el 30% de las compras de bienes raíces en Tianjin las hicieron compradores de todos los rincones del país, de ellos, casi la mitad era de Beijing.

Disfrutar de un fin de semana de mariscos y diálogos cómicos en Tianjin se ha convertido en un pasatiempo popular para los residentes en Beijing. En 2008, los turistas gastaron 75 mil millones de yuanes en Tianjin y el HSR interurbano contribuyó un 35% al crecimiento del turismo en la municipalidad especial ese año. Las ventas minoristas de bienes de consumo reportaron 117,6 mil millones de yuanes en el primer semestre de 2009, comportando una subida interanual del 20,7%, el segundo mayor margen de crecimiento en China.

En el primer año tras la entrada en operación de los trenes interurbanos, seis museos y monumentos en Tianjin, a los que se puede acceder libre de coste alguno, recibieron cerca de 800.000 turistas, con el 90% de los grupos de visitantes procedentes de Beijing, para un incremento del 30%. Los teatros de Tianjin dieron la bienvenida a unos 10 millones de espectadores, 70% más de los recibidos antes de la era del tren de alta velocidad. El centenario restaurante de ravioles al vapor "Go Believe Steamed Dumplings" (Goubuli), y todos los establecimientos de la franquicia experimentaron un crecimiento del 20-50%. Por su parte, las ventas de arte tradicional de comercios como "Clay Figurine Zhang" (Figurillas de Arcilla Zhang) y Pinturas de Año Nuevo Yangliuqing facturaron 5 y 6,4 millones de yuanes respectivamente, informando ambos un incremento interanual de casi el 50%.

Liao, estudiante del Conservatorio de Música de Tianjin, revisa asiduamente las carteleras de varios teatros de Beijing. El joven aseguró: "Hay muchos teatros en Beijing y conciertos, obras y diferentes espectáculos en escena a diario. Yo voy con frecuencia a Beijing a verlos". En el pasado, su viaje en un tren MU duraba 70 minutos, lo que sumado al tiempo adicional que necesitaba para ir de una estación a otra llevaba su tiempo de viaje a no menos de tres horas. Sin embargo, Liao realiza ahora todo el trayecto en una hora.

"Puedo ir de Beijing a Tianjin al mediodía por unos ravioles al vapor y regresar a mi trabajo en la tarde puntual". Yan Su, el extinto dramaturgo, describió el tren interurbano. Ahora la gente tiene más opciones que antes en cuanto a dónde vivir, trabajar, asistir al colegio y entretenerse. Las dos urbes pueden compartir sus recursos culturales y de la industria del ocio.

El tren de alta velocidad trajo importantes beneficios económicos. Las estadísticas revelan que, en 2009, el PIB de Beijing llegó a los 1.186 mil millones de yuanes, un alza interanual del 10,1% mientras que, en Tianjin, industrias tales como bienes raíces, logística, turismo y restauración se expandieron rápidamente y las ventas al detalle de bienes de consumo recaudaron 243 mil millones de yuanes, una subida del 21,5%.

"Además, el personal altamente cualificado de Beijing está más propenso a abandonar Zhongguancun para ir al Nuevo Distrito Binhai de Tianjin, que necesita fuerza laboral de su condición, así como información de la capital china", declaró Xie Siquan, subdirector del Instituto de Economía de la Universidad Nankai. Con el HSR prestando servicio, Beijing y Tianjin está a solo 30 minutos de viaje y el personal, la información, la tecnología y otros recursos se difunden mucho más fácil ahora que antes.

Como subrayó Gao Fei, director del Departamento de Consultoría Inversora de la inmobiliaria Centaline de Tianjin, a medida que el Nuevo Distrito Binhai crece, más hombres de negocio viajan entre las dos ciudades. Además, muchas compañías nacionales y extranjeras tienen sus fábricas en Tianjin y sedes en Beijing porque la línea facilita notablemente los viajes de una urbe a la otra. Incluso, algunas empresas establecidas en Beijing consideran invertir en Tianjin en su afán de ampliar su cadena industrial teniendo en cuenta los ricos recursos de tierra de la municipalidad vecina.

El efecto permite tanto a Beijing como a Tianjin ajustar posiciones: Beijing está posicionada como "ciudad capital, ciudad internacional, centro cultural y ciudad habitable" mientras que Tianjin es "una ciudad portuaria internacional, centro económico del Norte de China y ciudad ecológica".

La mejora industrial ha presenciado un continuo progreso en Beijing con la industria servicios representando el 70% del total mientras Tianjin marcha a toda máquina en el desarrollo del Nuevo Distrito Binhai, centrándose en las finanzas y la industria de alta tecnología.

Más importante aún, el ferrocarril interurbano Beijing-Tianjin fue un proyecto piloto y modelo de líneas férreas de pasajeros que aportó experiencias valiosas a la construcción futura del ferrocarril de alta velocidad Beijing-Shanghai.

Sección III
El tan anticipado debut

Los medios de comunicación pensaban que el ferrocarril interurbano Beijing-Tianjin era una mini versión de la vía férrea de alta velocidad Beijing-Shanghai.

Tras su comienzo en la línea Beijing-Tianjin, el HSR muy pronto se expandió por todo el país.

Según Yang Hao, profesor de la Escuela de Administración de Transporte de la Universidad Jiaotong de Beijing, el ferrocarril interurbano Beijing-Tianjin fue la prueba y la demostración para la construcción a gran escala del HSR en China. La vía ofreció toda la tecnología necesaria para más proyectos HSR, incluyendo la construcción de infraestructura, fabricación de MU y más.

A las 9:05 am del 18 de abril de 2008, el primer ministro chino, Wen Jiabao, anunció el inicio de la construcción del ferrocarril de alta velocidad Beijing-Shanghai.

Tras una larga espera, el ferrocarril Beijing-Shanghai finalmente hizo su debut.

Si tomamos 1990 como punto de partida, año en que el estudio de factibilidad del ferrocarril de alta velocidad Beijing-Tianjin se incluyó en la agenda, el proyecto estuvo sometido a 18 años de continuo debate, sistemáticos altibajos durante tres administraciones con Li Peng, Zhu Rongji y Wen Jiabao, respectivamente, como primer ministro. En el transcurso de todo este tiempo, los veteranos del ferrocarril chino pensaron y reflexionaron mucho, así como acumularon una valiosa experiencia.

La terminación del ferrocarril de alta velocidad Beijing-Shanghai

El 22 de febrero de 2006, en la CXXVI reunión del Consejo de Estado se discutió y aprobó el proyecto del ferrocarril de alta velocidad Beijing-Shanghai. Esta fue una decisión monumental del Comité Central del PCCh y el Consejo de Estado.

El 7 de marzo, la Comisión Nacional de Desarrollo y Reforma escribió en su respuesta a la propuesta del proyecto del HSR Beijing-Shanghai que, tras una exhaustiva demostración y comparación, se había alcanzado el consenso en las cuestiones clave, especialmente en las referentes a su plan tecnológico, y, por lo tanto, ya era hora de empezar el proyecto. Igualmente hacía énfasis en que el proyecto adoptaría la tecnología rueda/carril y se construiría básicamente paralelo al existente ferrocarril Beijing-Shanghai. La nueva vía férrea sería una línea de doble vía diseñada para una velocidad máxima de 350 km/h. Los 1.318 km de la vía se construirían de una vez con 23 estaciones a todo lo largo.

Así, el HSR Beijing-Shanghai pasó de la fase de toma de decisiones a la de construcción, poniendo fin a una década de debates entre las tecnologías rueda-carril y levitación magnética. La red de HSR de China, compuesta por cuatro líneas Norte-Sur e igual número Este-Oeste, será toda de ruedas y carriles. El prolongado debate fue realmente un proceso en que se profundi-

EMU "Armonía" cruzando el
Gran Canal Beijing-Hangzhou.

zó nuestro entendimiento sobre el HSR, los pensamientos se unificaron y las fortalezas se consolidaron.

Durante años, un gran número de expertos y académicos se dedicó al desarrollo de varios trenes de alta velocidad, entre los que se incluyen "Chinese Star", "Pioneer" y "Changbai Mountain", con el objetivo de que el país contara con sus propios medios de transporte y tecnologías relevantes en el HSR. Dominar la tecnología de la vía en placa constituyó un gran paso en nuestra marcha hacia la marca china y una mejor absorción y representación del conocimiento.

La Agencia de Noticias Xinhua anunció la buena noticia a la población de una manera muy oportuna bajo el título "Comenzará este año la construcción del Ferrocarril de Alta Velocidad Beijing-Shanghai: cubrirá la ruta en cinco horas". El artículo explicó que el transporte de pasajeros y mercancías se realizaría de forma separada en la línea Beijing-Shanghai, con los trenes de pasajeros alcanzando una velocidad de 300 km/h, y que las principales dos zonas económicas de China, la región Beijing-Tianjin-Tangshan y el delta del río Changjiang, disfrutarían de una mejor conectividad.

El 26 de enero de 2008 se aprobó la solicitud para comenzar la construcción, durante la CCV reunión ejecutiva del Consejo de Estado.

El 18 de abril de 2008, coloridas banderas ondeaban bajo el Sol resplandeciente. El entonces primer ministro, Wen Jiabao, ataviado con una chaqueta azul oscuro, declaró en el sitio de construcción de un gran puente en el distrito Daxing, Beijing: "Ahora comienza la construcción del Ferrocarril de Alta Velocidad Beijing-Shanghai". Seguidamente, acompañó a los constructores a palear la tierra y echar los primeros cimientos.

Al mismo tiempo, iniciaron las labores ocho grandes equipos rotatorios de perforación.

Después de casi 18 años de investigación y demostración y la finalización de más de 200 proyectos de investigación, la construcción del Ferrocarril de Alta Velocidad Beijing-Shanghai comenzó finalmente en una hermosa primavera.

El HSR Beijing-Shanghai empieza en la Estación Sur de Beijing y termina en la Estación Hongqiao de Shanghai, conectando a las dos municipalidades más desarrolladas con una inversión total de 220.940 millones de yuanes.

Este es el mayor proyecto de construcción con una inversión realizada de una sola vez desde la fundación de la República Popular China, y es comparable con los proyectos de las Tres Gargantas, el Ferrocarril Qinghai-Tíbet, el gasoducto Oeste-Este, el trasvase de agua Sur-Norte. Incluso, podría ser considerado un hito en la historia de la construcción de la sociedad humana.

Como el HSR de mayor longitud y más alto estándar construido de una vez, la línea férrea fue construida de manera totalmente independiente por fuerzas nacionales.

El proyecto atrajo rápidamente la atención de la población. El día de su inicio acaparó los titulares de la mayoría de los periódicos y sitios web del país.

Luego de que el primer ministro Wen anunciara el comienzo, los sitios de construcción a lo largo de la línea reunieron a más de 100.000 trabajadores, que se entregaron en cuerpo y alma para garantizar el progreso sin contratiempo. En las labores participaron más de 130.000 trabajadores y unas 30.000 máquinas. Durante las temporadas punta, se utilizaron diariamente más de 10.000 toneladas de vigas de acero, 35.000 toneladas de cemento y 110.000 metros cúbicos de concreto.

Tres meses después, la mañana del 20 de julio, se echaron los cimientos de la Estación Ferroviaria Hongqiao de Shanghai.

Ubicada al oeste del aeropuerto homónimo de Shanghai, la estación es una parte importante de un moderno centro integrado de transportación que combina el HSR, la aviación, el metro y el transporte público urbano. El extremo Norte conecta al HSR Beijing-Shanghai, el ferrocarril regular paralelo, y el Ferrocarril Interurbano Shanghai-Nanjing; mientras que el Sur conecta al Ferrocarril Shanghai-Kunming, la línea de pasajeros Shanghai-Hangzhou-Ningbo, y el Ferrocarril Interurbano Shanghai-Hangzhou.

El diseño de la estación está compuesto por simples líneas rectas, formas cuadradas, y un estilo solemne, incorporando elementos de las arquitecturas tradicional y moderna para dar una apariencia clásica, pero a la vez vívida. En el interior, las salas son espaciosas y los toldos carecen de columnas de apoyo. El sistema de aire acondicionado está basado en fuentes geotérmicas, en tanto el techo está parcialmente cubierto de paneles solares. Diversas tecnologías y equipos modernos se utilizan para el control del sonido. Los pasajeros pueden acceder a los servicios de aviación, metro, transporte público y taxis sin necesidad de salir de la estación.

El 15 de noviembre de 2010, todas las vías estaban colocadas a lo largo del ferrocarril.

El 25 de mayo de 2011, días antes de la puesta en operación del Ferrocarril de Alta Velocidad Beijing-Shanghai, Wan Gang, entonces vicepresidente del Comité Nacional de la Conferencia Consultiva Política del Pueblo Chino y ministro de Ciencia y Tecnología, lideró a 30 miembros de la Academia de Ingeniería de China y otros expertos en un viaje en el tren CRH380A para constatar su buen funcionamiento.

Los expertos coincidieron en que el ferrocarril transitaba de manera fluida y estable, mientras que el sistema de señalización y el sistema de alimentación de tracción eran fiables. El tren CRH380 cumplía con todas las exigencias para la alta velocidad y la comodidad, era seguro y estaba equipado con los mecanismos de protección apropiados. Con un itinerario razonable, mostraba un liderazgo mundial acorde con todos los indicadores.

El 30 de junio de 2011, el ferrocarril de alta velocidad Beijing-Shanghai entró en operación. Esta línea de alta velocidad era la más larga y de más alta calidad del mundo. Atravesando Beijing, Tianjin, Hebei, Shandong, Anhui, Jiangsu y Shanghai comunica a la región Bohai y el delta del río Changjiang.

El ferrocarril de alta velocidad Beijing-Shanghai exhibe los principales avances tecnológicos de China y la mejor calidad mundial. Además, se benefició de una serie de innovaciones tecnológicas en los ámbitos de ingeniería y construcción, fabricación del tren de alta velocidad, sistemas de control, construcción de estación, integración de sistema, mantenimiento y protección del medio ambiente.

A lo largo de la vía, hay tierras blandas y esponjosas e incluso una zona pantanosa de unos 38 metros de espesor que supusieron restos muy arduos de superar. Por lo tanto, fue difícil controlar la penetración de la placa y las deformaciones estructurales. En respuesta, los técnicos estudiaron los pilotes en 19 sitios característicos y entonces mejoraron el diseño de más de 300.000 pilotes. Tras su terminación, la penetración de la placa fue de apenas dos milímetros y la penetración de los pilares del puente no superó un milímetro, medición muy inferior a los 15 mm establecidos. Los estándares geométricos de la vía se cumplieron al 100% con el 98% de las líneas exhibiendo un rendimiento excelente.

Largo y con condiciones geográficas complejas, el proyecto del ferrocarril de alta velocidad Beijing-Shanghai tenía un total de 104 partes clave. Unos 1.298 km de la vía eran de balasto, cruzaba autopistas nacionales en 70 puntos, líneas férreas existentes en 59 puntos y ríos en 26 emplazamientos, además, compartía corredores con carreteras y ferrocarriles dondequiera que era posible. Por otra parte, tenía el mínimo radio de curva, el gradiente máximo, la menor distancia entre centros de las vías y la sección de altura libre en el túnel más difícil del mundo.

Wang Mengshu, miembro de la Academia de Ingeniería de China, aseveró en entrevista concedida a la página web ifeng.com: "El HSR chino ha alcanzado los estándares internacionales y su rendimiento es muy estable. Por ejemplo, la diferencia de temperatura entre Beijing y Shanghai es enorme por lo que los raíles de hierro pueden expandirse o encogerse durante varios kilómetros. Sin embargo, no solo hemos evitado esto, sino que nos la hemos arreglado para mantener las diferencias de ancho de vía y temperatura por debajo ambos de los 2 mm, algo jamás logrado por ningún otro país".

Trabajadores durante la construcción del puente Dashengguan sobre el río Changjiang en Nanjing.

A continuación, ofrecemos algunos datos:

El ferrocarril de alta velocidad Beijing-Shanghai tiene 32.000 pilares de puentes, 29.251 vigas cajón de 900 toneladas de peso, 400.000 traviesas de hormigón CRTS-II de precisión milimétrica y 4.066 km de líneas de contacto con error de rectitud inferior a los 0,05 mm por metro (muy por debajo del 0,1 mm exigido). Estas estadísticas demuestran la fortaleza nacional integral de China y la capacidad de innovación de los obreros ferroviarios. El proyecto pasó todas las pruebas de calidad en el primer intento.

El 20 de junio de 2011, antes de la entrada en operación del ferrocarril de alta velocidad Beijing-Shanghai, el Banco Popular de China emitió un juego de monedas conmemorativas especiales a propósito. El juego de monedas "Panda" incluía una moneda de oro y otra de plata, las dos de curso legal en el país.

Un arco iris sobre China

El cantante Cai Guoqing hizo de su canción "Puentes en Beijing" todo un éxito. La letra dice: "Los puentes de Beijing tienen diferentes formas. Los puentes de Beijing son hermosos…".

De hecho, hay muchos puentes llamativos en el ferrocarril de alta velocidad Beijing-Shanghai, 288 en total. Los puentes, de una longitud acumulada de los 1.074 km, representando el 81,5% de la vía total, como un arco iris gigante en la vasta pradera. Gracias a estos puentes, el ferrocarril ahorró 59.070 *mu* de tierra.

El puente Dashengguan sobre el río Changjiang en Nanjing, el puente Gran Río Huanghe en Jinan y el Gran Puente que comunica a Danyang y Kunshan son todos puentes de categoría mundial construidos para el ferrocarril de alta velocidad Beijing-Shanghai. El puente Dashengguan sobre el río Changjiang en Nanjing fue uno de los proyectos clave. Este puente es conocido por su "gran tamaño, gran longitud, carga pesada y gran velocidad", apartados en los que estableció varios récords mundiales.

Dashengguan se encuentra en la sección Nanjing del río Changjiang. Fue bautizado como "Dasheng" porque Zhu Yuanzhang derrotó aquí al rebelde Chen Youliang en el año 1360, en las postrimerías de la dinastía Yuan.

Aquí, el río es caudaloso, profundo y corriente fuerte. Construir un puente HSR de seis carriles en este lugar demostró la gran capacidad de China en la construcción de puentes y coronó a China como líder mundial en este apartado.

El puente es extremadamente largo con 9,27 km, longitud equivalente a dos veces el puente Nanjing sobre el río Changjiang más una vez el puente Wuhan también sobre el Changjiang. Tiene 11 pilares, cada uno del tamaño de siete terrenos de baloncesto juntos. En su construcción se utilizaron 82.000 toneladas de vigas de acero, cuatro veces más que en el puente Wuhan sobre el Changjiang y 1,22 millones de metros cúbicos de concreto, más de lo que consumieron los tres puentes en existencia juntos sobre el río Changjiang en Nanjing.

Como puente de seis vanos y vigas continuas de acero tiene un gran vano principal de 336 metros.

La distancia navegable libre del puente es de 32 metros lo que le hace accesible para embarcaciones de 10.000 toneladas de peso.

El puente Dashengguan sobre el Changjiang presta servicio tanto al ferrocarril de alta velocidad Beijing-Shanghai como a la vía férrea Shanghai-Wuhan-Chengdu con una plataforma de tres pares de líneas de doble sentido que permiten la circulación de seis trenes a la misma vez y le convierte en líder mundial en términos de carga. La reacción máxima del apoyo es de 18.000 toneladas, la mayor de todos los puentes construidos para el HSR en el planeta. El puente fue diseñado para trenes con velocidad de 300 km/h.

El 10 de mayo de 2006, comenzó la construcción del puente Dashengguan sobre el río Changjiang como parte clave de la obra del ferrocarril de alta velocidad Beijing-Shanghai. Poco después, cuando el proyecto del ferrocarril dio inicio oficialmente, los pilares principales y los de proximidad ya asomaban fuera del agua.

El 17 de octubre de 2007, el profesor John Fier de la Universidad de Lehigh de Estados Unidos visitó la obra en construcción del puente. Experto respetado miembro de la Asociación Internacional de Puentes e Ingeniería Estructural (IABSE, por sus siglas en inglés), Fier quedó impresionado por las dimensiones y el nivel de tecnología del mismo. Afirmó que este proyecto rivalizaría con el puente Akashi Kaikyō de Japón y agregó que era un gran proyecto del siglo XXI que tendría un impacto significativo en el desarrollo de los puentes en todo el mundo.

El 1 de agosto de 2008, Manabu Ito, experto japonés en puentes, expresidente de IABSE y profesor emérito de la Universidad de Tokio, encabezó la delegación de nueve especialistas en puentes que visitó también la obra. Emocionado con lo que vio, aseguró que, haciendo una retrospectiva en la historia de los puentes, Estados Unidos lideraba su construcción en las décadas del 20 y el 30 del siglo pasado, pero, en los años 40 y 50 de la misma centuria, muchos expertos en puentes de Europa dirigieron su atención a China, y ahora China se había convertido en líder de la construcción de puentes en

Puente Dashengguan de la línea de alta velocidad
Beijing-Shanghai sobre el río Changjiang en Nanjing.

cuanto a tamaño y tecnología, especialmente de puentes de vanos grandes.

En la mañana del 11 de enero de 2011, 44 trenes procedentes de Hongqiao, Shanghai en dirección a Hefei, provincia de Anhui, o a Wuhan, provincia de Hubei, pasaron el puente Dashengguan sobre el río Changjiang, marcando así la entrada en operación oficial de este puente de ferrocarril líder mundial. Entonces, no se celebró ninguna ceremonia, pero el río Changjiang que corría bajo él fue excepcional testigo.

A la medianoche de ese mismo día, apareció en el mapa por vez primera la ruta del puente Dashengguan sobre el Changjiang.

Once trenes de pasajeros de Hongqiao, Shanghai, con destino a Wuhan o Hefei tomaban un camino diferente gracias al puente que acortaba en gran medida el tiempo de viaje.

Las gigantescas vigas de acero se perfilaban contra el cielo azul, con olas sin fin impactando en ellas, produciendo un espectáculo capaz de despertar la imaginación de cualquiera. El director del Grupo de Ingeniería de Puentes Grandes del Ferrocarril de China sentenció con orgullo que China podía construir ahora el puente más grande del mundo sobre cualquier río. Previamente conocido como la Administración de Puentes del Ministerio de Ferrocarriles, el grupo fue el que construyó el puente Wuhan sobre el río Changjiang. Esta obra fue un hito por ser el primer gran puente sobre el río Changjiang de China.

Sin duda alguna, el puente Dashengguan, también sobre el Changjiang, es otro hito y símbolo de nuestra época.

El primer ministro está aquí

El 30 de junio de 2011 fue un día extraordinario en la historia del desarrollo ferroviario de China.

Tras 38 meses de enormes esfuerzos, el ferrocarril de alta velocidad Beijing-Shanghai entró finalmente en operación.

Esa tarde, la Estación de Ferrocarril Sur de Beijing vistió sus mejores galas. En caracteres rojos un letrero LED anunciaba: "Celebrando el Lanzamiento del Ferrocarril de Alta Velocidad Beijing-Shanghai". Este fue otro momento para recordar en la historia ferroviaria china.

A las 2:25 pm, el primer ministro, Wen Jiabao, y el vice premier, Zhang Dejiang, llegaron al espacioso y perfectamente iluminado salón de espera de la Estación de Ferrocarril Sur de Beijing en compañía de Sheng Guangzu, ministro de Ferrocarriles. El primer ministro Wen se aseguró de visitar a los pasajeros en la sección Norte del salón. Sonriente, les estrechó la mano y preguntó a uno de ellos: "¿Esta es la primera vez que viajan en el tren de alta velocidad? ¿Van a Shanghai?". "Sí". "Yo voy a Jinan". La gente estaba compartiendo su entusiasmo previo a la experiencia del viaje en tren de alta velocidad.

El salón transpiraba emoción. El premier Wen tardó unos siete minutos en recorrer ciento y tantos metros del salón. La atención que demostró conmovió a todos los presentes. Luego de decir adiós a los pasajeros que esperaban el tren, el primer ministro Wen visitó el cuarto de empleados. En la habitación había maquetas de la vía Beijing-Shanghai, del puente Dashengguan sobre el Changjiang y el tren CRH380. Colgadas en la pared había fotos de los logros de la innovación independiente en el desarrollo del ferrocarril chino.

Frente a las maquetas, el primer ministro Wen escuchó el informe de Sheng Guangzu sobre la construcción y operación de esta vía de alta velocidad.

Tras el lanzamiento de esta línea, el tiempo más corto de viaje entre Beijing y Shanghai era de sólo 4 horas y 48 minutos, cinco horas menos que antes. Ahora se podía llegar a la región Bohai y al delta del río Changjiang en un día.

Las maquetas y las fotos daban fe del enorme esfuerzo realizado por los profesionales del ferrocarril, así como de los grandes logros y el énfasis puesto por China en la innovación independiente y el respeto al medio ambiente.

Emocionado, el premier Wen declaró que la construcción de este ferrocarril era parte crucial de nuestros esfuerzos para seguir construyendo una red de transporte moderna, promover el desarrollo socioeconómico y satisfacer las necesidades de transporte del pueblo. Agregó que, pese a la entrada en servicio de esta vía de alta velocidad, aún teníamos un largo camino por recorrer en la garantía de una operación segura, científica, ordenada y eficiente y en la realización plena de este gran proyecto.

En la plataforma, un tren de la nueva generación CRH380 estaba listo para partir.

El primer ministro Wen fue a la sala de máquina, vio el moderno sistema de operación, y se interesó por los preparativos del tren.

El maquinista, Li Dongxiao, era el mejor de los maquinistas de trenes de alta velocidad en China y maquinista guía de MU en las vías urbanas de Beijing. El premier Wen estrechó la mano de Li y le dijo: "Ya nos hemos visto antes".

El 27 de septiembre de 2008, cuando el primer ministro Wen realizaba un recorrido de inspección en el ferrocarril interurbano Beijing-Tianjin, Li también era el maquinista. El alto funcionario chino quedó impresionado por sus excelentes habilidades de maquinista. "Eres muy habilidoso. Condujiste el tren perfectamente siguiendo al pie de la letra los comandos verbales y haciendo las respectivas señales con las manos".

A las 2:59 pm, Li anunció con la frente erguida: "El tren G1 está listo para partir".

A las 3:00 pm en punto, Sheng Guangzu ordenó la partida del tren.

El tren abandonó sin contratiempo la plataforma y empezó a acelerar rumbo a Shanghai.

Diez minutos después, el velocímetro indicaba 300 km/h.

"¿Cómo se siente a bordo del tren de alta velocidad?", preguntó el primer ministro Wen al anciano sentado a su lado. El pasajero respondió: "Tengo una historia con los trenes Beijing-Shanghai. Hace 50 años, cuando salí de Shanghai para ir a la Universidad de Nanjing, un tren expreso tardaba ocho horas. En 1968, cuando entró en operación el puente Nanjing sobre el río Changjiang, yo viajé en el primer tren también. Quería probar el nuevo tren de alta velocidad Beijing-Shanghai".

Un viajero más joven continuó la conversación. "Buenas tardes, primer ministro. Me llamo Lu Wei y soy estudiante de la Academia de Ciencias Agrícolas de China. En los últimos dos años, he tomado el primer tren de pasajeros Shijiazhuang-Taiyuan, el tren interurbano Beijing-Tianjin, el tren de alta velocidad Wuhan-Guangzhou, y el tren de alta velocidad Shanghai-Nanjing. El desarrollo del ferrocarril es tan rápido en China que estamos alucinando".

Entonces, el premier Wen le recordó: "Y ahora estás en el primer tren de alta velocidad Beijing-Shanghai", y todos rieron alegremente. Repentinamente, un joven gritó: "¡Esta es la velocidad de China!". El vagón estaba lleno de amantes del ferrocarril, quienes inmediatamente dirigieron la mirada a las pantallas digitales que mostraban la velocidad en los dos extremos del coche y se regocijaron.

Otro pasajero, apellidado Lü, dio un apretón de manos al premier Wen al tiempo que le pidió estampara su firma en su billete de tren. El primer ministro Wen aceptó y escribió su nombre en el billete.

Unos 21 minutos más tarde, el tren G1 llegaba a la estación de Langfang.

El premier Wen bajó del tren. A sus espaldas, los trenes de alta velocidad pasaban volando uno tras otro.

La leyenda del tren de alta velocidad Beijing-Shanghai

En la mañana del 8 de enero de 2016, el Comité Central del PCCh y el Consejo de Estado celebraron la Ceremonia Anual de los Premios Nacionales de Ciencia y Tecnología de 2015 en el Gran Palacio del Pueblo de Beijing. Los líderes chinos, Xi Jinping, Li Keqiang, Liu Yunshan, y Zhang Gaoli asistieron a la velada y premiaron a los ganadores. El proyecto del tren de alta velocidad Beijing-Shanghai recibió el laurel especial concedido al Logro Nacional de Ciencia y Tecnología.

El ferrocarril de alta velocidad Beijing-Shanghai es el HSR más largo del mundo construido según los más elevados estándares. El ferrocarril batió muchos registros mundialistas tales como: mayor velocidad con 486,1 km/h, mayor número de viajeros transportados en cuatro años y medio con 400 millones, y reporte de ganancias en apenas tres años. El 31 de diciembre de 2015, unos 367.556 trenes habían circulado por la vía, un promedio de 223 trenes/día; 402 millones de viajeros habían sido transportados, para un promedio de 244.000 personas al día. En 2015, el volumen diario de transporte de pasajeros fue de 335.000, con el volumen máximo registrado el 30 de abril con 489.000.

El ferrocarril de alta velocidad Beijing-Shanghai es un sistema enorme y complicado que incorporó cinco grandes innovaciones tecnológicas en los ámbitos de tecnologías para la construcción de HSR en entornos complejos: los trenes CRH380, el sistema de control de operación CTCS-3 para trenes de 350 km/h de velocidad, un juego completo de tecnologías de prueba e inspección del HSR y un modelo de desarrollo creativo del HSR propio, respectivamente. Las innovaciones afectaban a diversas disciplinas, entre ellas, la maquinaria, obras de ingeniería civil, electrónica, ingeniería eléctrica, ciencia de los materiales, tecnología de la información, medida y control, todo un auténtico museo de las tecnologías HSR.

Con el ferrocarril de alta velocidad Beijing-Shanghai, China estableció su propio marco de trabajo de las tecnologías HSR y sus propios estándares de diseño, fabricación, construcción, aceptación y operación. Grandes avances tecnológicos se alcanzaron en la industria ferroviaria. Los hallazgos de investigación fueron promovidos y aplicados en otras vías férreas de alta velocidad tales como Shijiazhuang-Wuhan, Shanghai-Kunming, Hefei-Fuzhou, y Nanjing-Hangzhou. El ferrocarril de alta velocidad Beijing-Shanghai puede considerarse como el proyecto modelo de la construcción del HSR en China.

En febrero de 2013, el ferrocarril de alta velocidad Beijing-Shanghai pasó las pruebas nacionales y fue aceptado por las autoridades relevantes. Las opiniones dadas tras la conclusión de las pruebas referían: "La vía en su totalidad es segura y estable para la operación, el rendimiento es estable en el nivel más alto de acuerdo con todos los indicadores y se cumplieron todos los objetivos propuestos". El proyecto produjo 53 patentes de inventos nacionales, 116 inscripciones de modelos registrados, 5 patentes de diseño, 8 derechos de propiedad de software, 9 métodos de construcción reconocidos nacionalmente, 14 monografías y 235 documentos.

"Con las innovaciones tecnológicas logradas en la construcción del ferrocarril de alta velocidad Beijing-Shanghai, China ha llegado a dominar cabalmente las tecnologías para la velocidad de 350 km/h mientras que las relativas a los 380 km/h están preliminarmente listas también, con el estatus tecnológico de líder mundial. China se enorgullece de contar con un MU diseñado para registrar la mayor velocidad posible, las vías de contacto de mayor fortaleza y conductividad y la mayor velocidad de viaje promedio", señaló He Huawu, ingeniero jefe de la Corporación Ferroviaria de China. La nueva generación del tren CRH380 es algo digno de contemplar. A 300 km/h, el tren se desplaza a 83 m/s, probablemente lo más rápido que uno es capaz de imaginar. A 350 km/h, el tren se desplaza a 97 m/s, alcanzando la velocidad de crucero de un avión de reacción.

Según los expertos, los trenes en la línea Beijing-Shanghai son capaces de circular a la velocidad comercial más alta del mundo, lo que significa que tanto el tren de alta velocidad, de fabricación china, como la calidad de la vía, son las mejores del mundo.

Con el ferrocarril de alta velocidad Beijing-Shanghai en servicio, el entorno inversor mejoró considerablemente en el oriente de China, algo sustancialmente beneficioso para la integración económica regional, la mejora industrial, la urbanización y los nuevos modelos de financiación para la construcción de los ferrocarriles. Además, ofreció un ímpetu ecológico y bajo en carbono al desarrollo económico y social, así como un entorno de viaje cómodo, seguro y conveniente para todos los residentes.

VELOCIDAD CHINA
—Desarrollo del ferrocarril de alta velocidad de China

Tren de alta velocidad circulando por la línea
Beijing-Shanghai cerca del lago Yangcheng.

Centro de clasificación de trenes de alta velocidad en Beijing

Capítulo III

El modelo chino del desarrollo del ferrocarril de alta velocidad

Con los pies firmes, salimos en busca de una solución que costara lo menos posible, consumiera menos tiempo y generara mejores frutos al desarrollo del ferrocarril de alta velocidad en China.

En 1981, la empresa Vehículos Ferroviarios Tangshan fabricó la primera locomotora de vapor de China bautizada con el nombre de "Cohete chino".

Llegado el siglo XXI, la velocidad de viaje de los trenes se convirtió en símbolo de desarrollo de una economía. Como resultado, el desarrollo del ferrocarril de alta velocidad impulsó el crecimiento económico en una docena de naciones desarrolladas. Sin embargo, China se quedó muy rezagado en comparación con otros países en este sentido. De hecho, no figuraba entre los primeros 60 países del mundo en cuanto a ratio ferrocarril-tierra y su nivel de fabricación de trenes de pasajeros era equiparable al de los Estados desarrollados en la década del 70 del siglo XX.

Comparado con los países desarrollados, la fabricación de trenes de pasajeros comenzó tarde en China. En 1881, para satisfacer las necesidades de transporte del ferrocarril Tangshan-Xugezhuang, la fábrica automotriz Xugezhuang ensambló una locomotora de vapor de tracción a dos ejes, bautizada como el "Cohete", bajo la guía de ingenieros británicos. Previo a la fundación de la República Popular China en 1949, China importaba locomotoras principalmente de Estados Unidos, Gran Bretaña, Japón y otros países. Por las vías chinas circulaban casi 200 modelos diferentes, rasgo que convertía al país en una suerte de expo mundial de trenes. Después de 1949, China diseñó independientemente tres tipos de locomotoras de vapor a las que dio los nombres de Jianshe (Construcción), Renmin (Pueblo), y Qianjin (Adelante).

A partir de los años 60 de la pasada centuria, China desarrolló independientemente unos 30 modelos de locomotoras eléctricas y de combustión interna y fabricó más de 10.000. Al mismo tiempo, ha creado una docena de modelos de trenes de metro. Con la experiencia acumulada y las lecciones aprendidas con el transcurso de los años, se sentaron sólidas bases para el desarrollo futuro.

¿Cómo puede China dar alcance a otros países en el desarrollo ferroviario? ¿Cómo puede China obtener las tecnologías avanzadas del mundo con el vasto mercado que posee? Tenemos un vasto mercado y una fuerte demanda nacional. Siempre que mantengamos una participación de mercado aceptable mientras construimos nuestra propia fortaleza tecnológica, la conservaremos cuando estemos listos.

¿Cómo construir nuestras propias fortalezas haciendo buen uso de la ventaja que supone ser el último en llegar, y tomando prestadas las tecnologías más adelantadas para crear las nuestras? Con los pies firmes en China, salimos en busca de una solución que costara lo menos posible, consumiera menos tiempo y generara mejores frutos al desarrollo del ferrocarril de alta velocidad en China.

Arriba: Locomotora de vapor "Jianshe".

En el centro: Locomotora "Qianjin" saliendo de Xilinhot.

Abajo: Locomotora de vapor "Renmin".

Sección I
Las tecnologías extranjeras y el mercado chino

En los últimos años, países como Alemania, Japón y Francia han liderado la tecnología del ferrocarril de alta velocidad. De hecho, fueron los primeros en comenzar la fabricación en gran escala. En actividades de intercambio con estas naciones, es difícil para China aprender algo de utilidad. Lo único que estos Estados realmente querían era que China abriera su mercado. Por ejemplo, previamente adoptamos el enfoque "mercado por tecnología" para promover el desarrollo de la industria automovilística y el resultado fue que perdimos el mercado sin haber adquirido ninguna tecnología en concreto. Esa es la razón por la que podemos ver Toyotas, Mercedes, y Fords circulando por nuestras calles mientras la fabricación nacional lucha por la supervivencia.

Teniendo en cuenta los errores del pasado, China se muestra prudente e indeciso a la hora de introducir tecnologías del extranjero.

Las barreras

Un día de verano de 1812, Francis Cabot Lowell y su familia atravesaban un tranquilo y sereno océano Atlántico rumbo a América a bordo de un crucero. De repente, una embarcación de la armada británica detuvo el navío, y todos los pasajeros y la tripulación fueron detenidos en la base militar británica de Halifax, Canadá. Entonces, les dijeron que Lowell era sospechoso de robo de los diseños del telar mecánico. Luego de revisar las pertenencias de Lowell exhaustivamente, no encontraron nada. Lowell había robado efectivamente todos los dibujos solo que los guardaba en su memoria.

Tras la revolución burguesa del siglo XVII, los talleres de trabajo manual capitalistas se desarrollaron rápidamente y a mediados del siglo XVIII, Inglaterra consiguió convertirse en el estado colonialista capitalista más grande del mundo. A medida que fue ampliando su mercado exterior, la industria del trabajo manual de los talleres dejó de poder satisfacer la creciente demanda. En la década de los 60 del siglo XVIII vieron la luz sucesivamente la máquina hiladora Jenny y la hiladora hidráulica. En la década de los 80, el telar hidráulico permitió aumentar notablemente la efectividad del tejido. Sin embargo, las máquinas hidráulicas estaban limitadas por las condiciones naturales y se hacía necesario encontrar formas más convenientes y efectivas para su potencia. Fue esto lo que impulsó a James Watt a inventar la máquina de vapor de agua. En 1785, una máquina de este tipo se usó por primera vez para impulsar las máquinas hiladoras.

Así fue cómo el diseño del telar mecánico llegó a ser conocido como tecnología de las grandes potencias. Cualquier tecnología de este tipo involucraría un número de secciones diferentes del sector industrial; por ejemplo, sistemas de potencia, tecnología metalúrgica, fabricación de maquinarias, etc., siempre generando cuantiosos beneficios. Por lo tanto, los países dueños de tales tecnologías siempre hacían todo lo posible por mantenerlas en su posesión y proteger así sus intereses nacionales.

Pese a los obstáculos, Estados Unidos se las ingenió para romper el monopolio británico y difundir la tecnología en todo el mundo, creando una oleada sin precedente de la revolución industrial. Poco después, las máquinas y los motores de vapor se empezaron a usar en las industrias metalúrgica y minera en todo el planeta. A mediados del siglo XIX, las máquinas habían sustituido al trabajo manual y la revolución industrial era un hecho consumado.

El ferrocarril de alta velocidad, combinando nuevas disciplinas, tecnologías, materiales y procesos, es una importante manifestación del progreso tecnológico en la era moderna y una poderosa tecnología por naturaleza. El ferrocarril de alta velocidad involucra los ámbitos de la metalurgia, comunicaciones, electrónica, ciencias de la computación y ciencias de las materias primas, así como aglutina los últimos adelantos de la aerodinámica, la dinámica rueda/carril de alta velocidad, las tecnologías de reducción del peso metal y no metal, control y motor de CA, frenos electroneumáticos, reducción de la resistencia y el ruido, aire acondicionado automático y estanqueidad del aire, control de la red computarizada, auto diagnóstico, y ergonomía, etc. Igualmente exige una potencia de tracción moderna avanzada, vehículos ligeros de alto rendimiento, vías de alta calidad, así como habilidades desarrolladas para el control de operación y mando, organización del transporte y gestión de la operación, involucrando disciplinas de alta tecnología como la electrónica, la tecnología de la información, las ciencias de los materiales, la aeronáutica, la astronáutica y la ciencia del medio ambiente.

Por ejemplo, un tren de alta velocidad normalmente tiene unas 45.000 piezas de casi todas las categorías de productos electromecánicos. A lo largo de la historia moderna, las principales divisiones se han hecho sobre la base de las revoluciones de las herramientas. Las tecnologías de gran potencia no solo son tecnologías avanzadas sino también indicaciones de la dirección de las futuras revoluciones de la tecnología. Predicen que en "la era del tren de alta velocidad" ocurrirá posiblemente una revolución en la forma tradicional del transporte y en la estructura económica existente.

Como sabemos, durante 200 años, China fue líder mundial. Antes del siglo XVI, los chinos rubricaron 175 de los 300 grandes inventos y descubrimientos importantes de la civilización humana. Asimismo, permanecimos al frente del desarrollo tecnológico en la agricultura, los textiles, la metalurgia y las manualidades por años.

Entonces, nos quedamos rezagados durante un tiempo y ahora volvemos a levantarnos de nuevo. En calidad de país en vías de desarrollo, China se encuentra en la etapa media de la industrialización, muy alejado de las naciones desarrolladas. Sin embargo, la historia del desarrollo económico ha demostrado que si un país menos desarrollado tiene como objetivo dar alcance a las naciones desarrolladas, aprender de ellas y seguir su camino, invertirá mucho menos dinero y tiempo en la introducción y creación de tecnologías adelantadas, planificación del futuro, creación de las estructuras organizacionales necesarias y como resultado se emparejará con los países desarrollados. Lo descrito anteriormente es lo que denominados "la ventaja del último que llega".

Tras la Segunda Guerra Mundial, la industria del automóvil y del acero de Japón alcanzaron un alto grado de internacionalización, pero la industria pesada no disponía en absoluto de ventajas comparativas. Según la teoría general de la economía, el automóvil y el acero no deben convertirse en los aspectos principales del desarrollo, mientras que, por su parte, el textil y las manufacturas poseen altas ventajas comparativas y deben convertirse en las principales industrias destinadas a la exportación. Sin embargo, el gobierno japonés consideró que, a largo plazo, el volumen total del textil en el comercio mundial tendía a disminuir mientras que el de los productos mecánicos aumentaba progresivamente. Esto implica que la industria pesada necesitaba entre 10 y 20 años de desarrollo para poner de manifiesto sus ventajas comparativas. Por esta razón, a partir de 1945 Japón centró su desarrollo en la industria pesada y no en la ligera y, tras adoptar una serie de medidas proteccionistas, finalmente consiguió un rápido despegue económico.

Sin embargo, no ha sido fácil para China acceder a la tecnología de las grandes potencias. Tomemos la industria automovilística como ejemplo. En los años 90, a China le urgía progresar en las tecnologías de fabricación de autos, pero no era capaz de alcanzar a los líderes mundiales con innovación independiente únicamente. Hasta el momento, la verdad es que los fabricantes de autos extranjeros se han enriquecido en el mercado automotriz chino fabricando y vendiendo autos en China.

Mientras tanto, los autos de fabricación nacional han estado luchando por la supervivencia durante todos estos años sin conseguir grandes avances en el sector tecnológico.

El ferrocarril de alta velocidad debutó en Japón en 1964, con una velocidad de 210 km/h y luego continuó desarrollándose en los países occidentales por 40 años, pero la velocidad siempre rondó los 250 km/h. Esto tuvo que ver con el elevado desarrollo del transporte aéreo y las autopistas, así como la falta de una demanda urgente en el mercado por el ferrocarril de alta velocidad en dichos países. Por el contrario, los ferrocarriles de alta velocidad presentan en China una elevada y urgente demanda debido a su vasto territorio, su gran mercado y las necesidades reales de su pueblo, y su economía de rápido crecimiento.

China abarca 5.000 km de Norte a Sur y de Este a Oeste. La distribución de los recursos y la industria exhiben un marcado desequilibrio en su territorio. Por ello resulta necesaria la transportación de carga masiva en todo el país. Además, como país densamente poblado, China presenta también un gran abismo en el desarrollo económico y un bajo promedio en el ingreso per cápita, y la mayoría de los viajeros a mediano y largo plazos utilizan el transporte ferroviario. Por si fuera poco, China cuenta con un escaso promedio de tierra cultivable per cápita y depende grandemente de las importaciones para el suministro de petróleo, de manera que el ferrocarril debe desempeñar un mayor papel si queremos lograr el desarrollo sostenible.

"Las condiciones nacionales de China requieren que se desarrollen lo más pronto posible ferrocarriles de alta velocidad de gran capacidad, bajo consumo de energía y limitado uso de la tierra", aseveró He Huawu, otrora ingeniero jefe del Ministerio de Ferrocarriles. El sistema ferroviario chino transporta el 50 por ciento del volumen total de carga con apenas el 20 por ciento del consumo total de energía. El ferrocarril de alta velocidad es una obligación de China para transformar su modelo de crecimiento y lograr el desarrollo sostenible.

El ferrocarril es un medio de transporte y existen solo dos vías para aprovechar al máximo su capacidad: una mayor frecuencia y una mayor velocidad. Para los pasajeros, la velocidad es más importante que la frecuencia. Sin embargo, era prácticamente imposible para China que eleve por sus propios medios la velocidad de sus trenes de 55 km/h a 300 km/h o 350 km/h debido a las limitaciones tecnológicas y de la fuerza nacional. Durante muchos años, los ferrocarriles, componente importante de la infraestructura pública nacional, dependieron exclusivamente de los fondos gubernamentales. Así se evitaban los problemas de diferentes inversores, pero a su vez se restringía de cierta manera el desarrollo ferroviario. Respecto a la introducción de tecnologías y la innovación, los debates siempre se centraron en cómo atraer las tecnologías avanzadas a nuestro vasto mercado, cómo hacerlas nuestras, y cómo realizar innovaciones independientes para desarrollar nuestra capacidad y asumir el liderazgo. Así surgió la estrategia de "mercado por tecnología".

"Mercado por tecnología" persigue en esencia hacer un mejor uso del inmenso mercado chino.

El gigantesco mercado nacional es una característica muy singular de China, una importante ventaja comparativa presente y futura, capaz de perdurar más que la referente al coste laboral. Dicho de forma sencilla, el mercado es algo en lo que China y los empresarios chinos pueden confiar ante la competencia internacional. Al hacer un buen uso del mercado, podríamos ganar tiempo, tecnologías y recursos, así como todas las demás cosas esenciales para construir nuestra capacidad de innovación independiente. Con el incremento del poderío de los proveedores nacionales, el mercado sería una buena baza de negociación cuando procuremos las tecnologías avanzadas de compañías foráneas, aunque solo sería en principio una transferencia parcial o condicional. Un inversor extranjero señaló que "China tiene una gran baza de negociación, pues es el único gran mercado del mundo que funciona actualmente con normalidad".

Indudablemente, las condiciones nacionales específicas de China y el entorno internacional determinaron conjuntamente que la estrategia "mercado por tecnología" siguiera siendo una opción en la búsqueda china de la innovación independiente. Este fue el caso de las industrias más atrasadas desde el punto de vista tecnológico, para las cuales era improbable lograr avances, grandes o pequeños, en un corto período de tiempo. Mientras tanto, el enfoque "mercado por tecnología" también podría aplicarse a la primera etapa de la innovación independiente y a la innovación basada en las tecnologías importadas. De cualquier manera, la clave está en adherirse a las condiciones nacionales específicas de China y abrir un camino con características chinas.

Aún quedan muchas interrogaciones por responder mientras transitamos por dicho camino. ¿Cómo garantizar la compatibilidad entre las tecnologías china y la foránea? ¿Cómo dominar las tecnologías esenciales aprendiendo de los demás? ¿Cómo preservar siempre nuestra posición mundial del desarrollo tecnológico a la cabeza?

Según Ding Sansan, jefe técnico de la Corporación Central de Ferrocarriles de China (CRRC, por sus siglas en inglés), desde el punto de vista del suministro, este impulsa el crecimiento económico y sustenta las estrategias nacionales; mientras que, en cuanto a la demanda, China cuenta con un vasto territorio, una numerosa población y frecuentes migraciones. La innovación independiente y la innovación basada en las tecnologías importadas son posibles vías a seguir en el desarrollo del ferrocarril de alta velocidad en China.

La historia de los "Tres Reinos"

El 9 de abril de 2004 es una fecha importante en la historia del desarrollo del ferrocarril de alta velocidad de China.

Era primavera en Beijing y el Consejo de Estado convocó una reunión para estudiar temas afines a las locomotoras de los trenes en la que se adoptó una nueva directriz: "importar tecnologías avanzadas, cooperar en el diseño y fabricación, crear una marca china". En cuanto a los trenes de alta velocidad, se decidió importar una pequeña cantidad de piezas extranjeras, realizar trabajos de ensamblajes en el país, así como fabricar algunas piezas en territorio nacional. Comenzando por los trenes de 200 km/h, China seguiría en el futuro este sendero para crear innovación independiente para los trenes con velocidades de 300 o más km/h.

Algunos medios de comunicación extranjeros aseveraron que, de cierta forma, la construcción y operación del ferrocarril de alta velocidad refleja el poderío tecnológico real de un país. La verdadera competencia no empezó hasta que la industria ferroviaria pasó todas las etapas de la locomotora de combustión interna, la locomotora eléctrica y finalmente alcanzó la era del ferrocarril de alta velocidad. Al tomar esta decisión en la reunión, el gobierno chino estaba determinado a impulsar el desarrollo del HSR en China.

A China, desarrollar el ferrocarril de alta velocidad sobre la base del esfuerzo propio, le tomaría mucho tiempo, lo que supondría un costoso desembolso, sin hablar de la posibilidad de sufrir un descalabro que le haría perder oportunidades de desarrollo y se quedaría atrasado a largo plazo. Por otra parte, la fuerte dependencia de las empresas extranjeras, significaría que China nunca tendría el control de los precios y perdería gradualmente todo el mercado. Además, la industria manufacturera china seguiría permaneciendo en la infancia durante mucho tiempo en el futuro.

Teniendo presente las exigencias generales del Consejo de Estado para la modernización de la red ferroviaria, el Ministerio de Ferrocarriles hizo un plan luego de concienzudas comparaciones y estudios. China se trazaría como meta dominar los aspectos clave de las tecnologías más avanzadas, maduras y confiables. Con el Ministerio de Ferrocarriles asumiendo el papel dominante, las empresas nacionales reunirían las fuerzas para investigar, diseñar y fabricar y se esforzarían al máximo para introducir las tecnologías necesarias avanzadas al menor coste posible, absorberlas e innovar sobre su base para materializar una producción nacional aprovechando el gran mercado interno. El objetivo final era crear una marca china de equipamiento en un plazo de tres a cinco años.

En esa época, los países pioneros de la tecnología del ferrocarril de alta velocidad eran Japón, Alemania y Francia.

El 5 de abril de 1959, empezó la construcción del primer ferrocarril de alta velocidad del mundo, el Tokaido Shinkansen de Japón. La vía entró en operación el 1 de octubre de 1964, inaugurando una nueva era para el ferrocarril de alta velocidad.

Poco después, Francia y Alemania comenzaron a construir sus propios ferrocarriles de alta velocidad. La firma alemana Siemens, la francesa Alstom y la japonesa Industria Pesada Kawasaki formaron el trípode de la tecnología mundial del ferrocarril de alta velocidad, construyendo sus respectivas redes para trenes balas en los alrededores de Tokio, París y Berlín. Cada uno tenía sus ventajas técnicas propias. El TGV de Francia era muy avanzado, el ICE de Alemania se enorgullecía de contar con el mejor sistema de transmisión mientras que Japón tenía mayor experiencia en la operación y gestión.

Una vez que el gobierno chino decidió desarrollar el ferrocarril de alta velocidad en los años 90, estas tres potencias del sector entablaron una tenaz competencia. Cada una de ellas hizo durante años todo lo que estuvo a su alcance en los ámbitos económico, diplomático, cultural o político. El más mínimo progreso en este sentido atraería la atención de los medios de comunicación de estas naciones.

En 1992, el Ministerio de Ferrocarriles creó la "Oficina del Ferrocarril de Alta Velocidad" en la que agrupó a los mejores expertos para que siguieran y estudiaran atentamente las tecnologías del ferrocarril de alta velocidad existentes en el mundo, especialmente las relacionadas con los trenes balas. Fabricantes chinos como las compañías limitadas CSR Qingdao Sifang Co., Ltd. (conocida también como CRRC Qingdao Sifang), CNR Changchun Railway Vehicles Co., Ltd., y Tangshan Railway Vehicle Co., Ltd. realizaron activos esfuerzos para cooperar con sus pares de estos tres países en la capacitación de personal y aprendizaje de la tecnología, propulsar las transformaciones industriales y obtener grandes avances.

China tenía como objetivo construir la red de ferrocarril de alta velocidad más grande del planeta. De acuerdo con el Plan de Desarrollo de la Red Ferroviaria a Mediano y Largo Plazos, China invertiría 2 billones de yuanes en los próximos 15 años en la construcción de 12.000 km de vías de alta velocidad para el transporte de pasajeros. La versión revisada del plan llevó la meta a 16.000 km en 2020, que sería como hacer un viaje de ida y vuelta de Beijing a Londres. Según algunos medios de comunicación extranjeros, el gobierno chino destinaría unos 100 mil millones de dólares anuales en los próximos años a la construcción de nuevas líneas férreas y la mejora de las vías obsoletas en existencia. Agregaban que el Banco Mundial consideraba que una inversión de esta naturaleza representaba más de la mitad de la inversión mundial total en el sector ferroviario. Un plan tan ambicioso atrajo a los principales grupos ferroviarios del orbe.

En julio de 2004, Lu Dongfu, viceministro de Ferrocarriles, anunció a la prensa que el mercado de consultoría ferroviaria de China estaba abierto y que las consultorías internacionales podrían colaborar con sus pares chinos en los proyectos para alcanzar una velocidad de 300 o más km/h, que incluían equipos de diseño y supervisión de construcción liderados por la parte extranjera. En el caso de los proyectos de 200 km/h, las empresas chinas liderarían la cooperación con los socios extranjeros y solo apelarían a la supervisión de la construcción y los servicios de consultoría foráneos en los segmentos de mayor complejidad.

En ese preciso momento, las compañías chinas solo eran capaces de asumir la construcción y fabricación de piezas básicas del ferrocarril, tales como las vías, puentes, raíles de acero, traviesas, fuentes suministradoras de energía, etc., aún sin tener posesión de tecnología clave. Los sistemas de comunicación, señalización, y suministro de energía se compraron todos en el extranjero. Asimismo, se necesitó la cooperación extranjera para servicios especiales tales como diseño y supervisión de construcción.

A juicio de los expertos, en cuanto a sistemas de frenado y dinámica, tecnología de vehículos ferroviarios y sistemas de control automático, las empresas de Alemania, Francia y Japón se encontraban al mismo nivel. Por lo tanto, dos factores serían los que decidirían quien ganaría la puja: el precio y la transferencia de tecnología. Atendiendo al desarrollo a largo plazo que China proponía para su ferrocarril de alta velocidad, el segundo factor tenía mayor poder de decisión.

Además, los expertos consideraban que la pregunta que China no podía ignorar era cómo concertar el mejor matrimonio entre la importación de tecnología y la fabricación nacional. ¿Cómo China podría evitar la incompatibilidad técnica cuando importara las tecnologías extranjeras de punta?

El debate sobre qué técnicas aplicar a la hora de construir el ferrocarril de alta velocidad de China definió la lucha por el mercado chino que libraron los tres países líderes de la industria y que dio comienzo el día que China tomó la decisión de construir un ferrocarril de alta velocidad.

El Proyecto del Ferrocarril de Alta Velocidad Beijing-Shanghai le reportaría 10 mil millones de dólares a quien se hiciera con él. De ahí que el gobierno japonés y la sociedad civil instituyeran el Comité de Colaboración para el Ferrocarril de Alta Velocidad Beijing-Shanghai en 1995 para venderle a China la tecnología Shinkansen.

Alemania se impuso en un determinado momento de la lucha por poseer tanto avanzada tecnología rueda-carril como de levitación magnética. Por lo tanto, era razonable que China estuviera más interesada en conversar sobre un paquete de las dos tecnologías con Alemania y hacer un plan integrador de cara al futuro, pero las cosas resultaron de una manera muy diferente.

En abril de 2004, cuando el Consejo de Estado decidió importar tecnología de punta, Alemania, Francia y Japón contaban con una tecnología rueda-carril relativamente madura y no había una gran diferencia entre ellos en cuanto a tecnología, precio, coste de operación, capacidad de diseño y velocidad como tampoco había una gran diferencia en las tecnologías principales de los sistemas de frenado y dinámica, tecnología de vehículos de ferrocarriles y sistema de control automático.

Por lo general se creía en la industria del ferrocarril de alta velocidad que la tecnología del TGV de Francia era más avanzada y que Francia tenía además más experiencia en la exportación de tecnologías del ferrocarril de alta velocidad, así como mayor participación de mercado con nueve países y regiones cubiertos. Para los proyectos de 270 km/h específicamente, su cuota de mercado era del 85 por ciento. Alemania, su rival más cercano, contaba con una avanzada tecnología de transmisión del ICE. Japón, por su parte, tenía más experiencia en la operación y gestión y menos experiencia en la exportación de tecnología con una sola venta al exterior, a Taiwan, en 2000.

En cuanto a transferencia de tecnología, Alstom de Francia estaba feliz con cualquier plan que China decidiera, ya fuera una importación completa o parcial. Japón, por el contrario, exigía la exportación del paquete completo de vías, trenes, sistemas de señalización y control.

Alstom tenía más experiencia en la transferencia de tecnología progresiva, al haber compartido tecnologías, experiencia industrial y sistemas de gestión del ferrocarril de alta velocidad con España, Gran Bretaña y la

República de Corea, y apoyado la construcción de fábricas y capacitación de personal de sus socios. Francia se comprometía a transferir toda su tecnología sin reservas.

En la competencia, Japón luchaba solo contra Francia y Alemania que habían unido filas. El consorcio de Alemania y Francia tenía tecnologías de primera clase plenamente aplicadas en el tren de alta velocidad del Canal inglés. Cuando Japón ofreció su paquete de concesión, sus dos rivales le siguieron los pasos. China tenía una decisión muy difícil que tomar pero lo que más le interesaba era la transferencia de tecnología. Aquel que permitiera la mayor transferencia de las tecnologías principales se haría con una gran cuota de mercado en China.

La batalla por el mercado chino

El 17 de junio de 2004, fue un agradable día de principio de verano en Beijing.

People's Railways, el periódico oficial del Ministerio de Ferrocarriles, y el sitio web chinabidding.com.cn publicaron que al Ministerio de Ferrocarriles de la República Popular China le gustaría adquirir un total de 200 unidades de EMU con una velocidad de 200 km/h en 10 contratos: 10 completamente ensamblados, 20 importados como piezas, y 170 a ser fabricados y ensamblados en China. Los artículos dejaban bien claro que solamente las empresas nacionales respaldadas por pares extranjeros con tecnologías de punta calificarían como licitadores.

El anuncio declaró la apertura oficial del mercado ferroviario chino. Esta fue una acción muy importante porque presentó el mercado ferroviario chino como un todo único, para nada fraccionado, lo que le permitía a China negociar con la fuerza de un puño cerrado, no con la fuerza de los dedos de la mano separados. La fuerza de los 35 fabricantes de locomotoras de China se cohesionó sin ningún tipo de lucha interna y el Ministerio de Ferrocarriles tomó la delantera en las negociaciones con las firmas foráneas y realizó los pedidos. De esta forma, para que una potencia extranjera entrara al mercado chino tenía que cumplir inevitablemente tres requisitos: transferir tecnología clave, ofrecer un buen precio y utilizar una marca china.

Todo el proceso de licitación se basó en la Ley de Licitación de la República Popular China y las regulaciones internacionales relevantes. Todas las partes extranjeras participantes en la licitación tenían que transferir sus tecnologías avanzadas y ofrecer servicios tecnológicos y de formación a sus socios chinos de la mejor manera posible en términos de diseño, fabricación y control de calidad. El objetivo final era permitir la participación de las compañías chinas en los proyectos de Líneas Dedicadas a los Pasajeros (PDL, por sus siglas en inglés) para acceder absoluta y sistemáticamente a las avanzadas tecnologías extranjeras.

El atractivo del enorme mercado chino era obviamente fuerte. Una vez que tuviera el pedido garantizado, vendería las locomotoras y continuamente recibiría pedidos de varias piezas. Siemens, Alstom, Kawasaki, y Bombardier de Canadá estaban listos para librar la batalla. Todos los participantes extranjeros eran empresas prestigiosas mientras que las compañías nacionales eran mucho más débiles. Era evidente que no sería fácil obtener la tecnología avanzada en una sola licitación. ¿Cómo un pez pequeño iba a negociar con un cocodrilo? Las firmas chinas formaron consorcios para construir su capacidad.

Sentados a la mesa, cada parte involucrada en la negociación tenía su propia agenda. Los educados japoneses asentían con la cabeza todo el tiempo cortésmente, los franceses desenfadados sonreían, los tranquilos canadienses parecían inmutables y los alemanes, filósofos sumidos en sus profundos pensamientos, creyendo que China estaba dispuesta a comprarles su tecnología.

Durante la negociación, China actuó como un comprador estratégico. Asumiendo que en la guerra todo vale, el equipo se las arregló para rebajar el precio de Alstom en 1.500 millones de la noche a la mañana.

Japón siempre estuvo dispuesto a hacerse con el mercado del ferrocarril de alta velocidad chino y muchas de sus empresas intentaron explorar este proyecto. Tanto Mitsui & Co. como Marubeni Corporation pusieron un gran empeño en la licitación con su gobierno como líder.

China estaba más interesada en la tecnología de 350 km/h de Siemens Velaro E, la más rápida, la de mayor potencia y más madura del mundo. Conscientes de ello, los alemanes ofrecieron un precio por las nubes al principio. Por ejemplo, 350 millones de yuanes por cada prototipo de tren y 390 millones de euros por la transferencia de tecnología o 3.900 millones de yuanes en total. Por si fuera poco, rechazaron más de 50 artículos del documento de licitación.

El negociador del Ministerio de Ferrocarriles respondió de manera enérgica: "Siemens quedará definitivamente fuera de la puja a menos que ofrezca un precio para el prototipo de tren por debajo de los 250 millones de yuanes y para la transferencia de tecnología de 150 millones de euros". Los alemanes se encogieron de hombros y Siemens se convirtió en la única compañía en no llegar a acuerdo con la parte china, resultado de su excesiva confianza.

Debido a la gran diferencia entre precio y presupuesto, las conversaciones con Siemens se estancaron y China volvió la mirada hacia otros candidatos: los franceses, los canadienses y los japoneses. Luego de varias rondas de negociaciones, China se decidió por la tecnología Shinkansen de 250 km/h respaldada por otras tecnologías o tecnología Shinkansen Noreste como la denominada Japón.

Kawasaki había adoptado una posición muy cooperativa desde el principio. China primero mantuvo conversaciones con Nippon Sharyo, Ltd. y Hitachi, Ltd., que tenían las últimas series de EMU 700 y 800. Las dos firmas niponas desecharon la oferta china. El Ministerio de Ferrocarriles entonces negoció con Kawasaki, otro gran fabricante y desarrollador de los ferrocarriles japoneses. Superados debates muy intensos, Kawasaki accedió a vender su EMU y tecnologías a China pese a la oposición de empresas como Nippon Sharyo, Hitachi, y la Compañía de Ferrocarriles Este de Japón.

Las razones podrían haber sido las siguientes: primero, Kawasaki estaba sometido a una creciente presión por la supervivencia y con la demanda nacional plenamente cubierta su única alternativa era salir de Japón. Kawasaki sabía perfectamente que la tecnología del ferrocarril de alta velocidad era un lujo inaccesible para cualquier país ordinario. China necesitaba la tecnología de Japón no sólo para el ferrocarril de alta velocidad sino también para los metros y sistemas de transporte urbano. La supervivencia de Kawasaki dependía del gigantesco mercado chino. Segundo, China ejercía una gran presión. La parte china exigía enérgicamente transferencia de tecnología y le recordaba a su par japonés una y otra vez que, si se negaba a hacerlo, optaría por Siemens o Bombardier. A Kawasaki no le quedó más alternativa que transferir toda la tecnología del ferrocarril de 250 km/h a China.

"Los alemanes, en una puerta giratoria, entraban y salían de China". Cuando algún medio se hacía eco de las negociaciones de Siemens con China, el precio de las acciones de la compañía alemana caía en los principales mercados bursátiles. Renunciar al mayor mercado mundial y el de más rápido crecimiento del ferrocarril de alta velocidad era aparentemente un fracaso estratégico. El responsable ejecutivo del proyecto en Siemens dimitió y todo el equipo de negociación fue despedido.

El gran ganador de la primera ronda de licitación fue Alstom. La firma francesa, muy endeudada, se había declarado en quiebra en París, en agosto de 2003. Sin embargo, el contrato de 620 millones de euros con China en 2004 le salvaba de la probable desintegración. Alstom transfirió a China siete tecnologías clave del ferrocarril de alta velocidad AGV.

En octubre de 2004, Kawasaki rubricó un contrato con el Ministerio de Ferrocarriles de China para exportar trenes y transferir tecnología a nombre del consorcio japonés. China hizo un pedido de 60 EMU con una velocidad de 200 km/h por 9.300 millones de yuanes. El contrato estipulaba que se transferiría un número importante de tecnologías. Tres de los trenes se fabricarían en su totalidad en Japón y se entregarían, seis se entregarían en piezas y se ensamblarían en China y los restantes 51 se fabricarían en la empresa china CSR Qingdao Sifang Co., Ltd. con las tecnologías relevantes transferidas y algunos componentes avanzados importados.

Posteriormente, en el invierno de ese año, China formó parte por vez primera del selecto club internacional del ferrocarril de alta velocidad.

Interesantemente, Siemens, que fracasó en la primera ronda, regresó a China al año siguiente para la licitación del EMU de 300 km/h, temiendo que con el contrato firmado con Kawasaki la tecnología japonesa se adueñara del mercado chino. El precio de Siemens sorprendentemente fue muy inferior al que había pedido por los EMU de 250 km/h tres años antes. Los prototipos tenían un precio cada uno de 250 millones de yuanes y el coste de la transferencia de tecnología era de apenas 80 millones de euros. Siemens aceptó todos los planes que China propuso para la transferencia y precio de la tecnología y se asoció con la firma china CNR Tangshan Railway Vehicle Co., Ltd. Siemens finalmente puso un pie en el mercado chino, pero esto solo fue posible después de hacer un gran recorte a su tarifa para la transferencia de tecnología.

Según la prensa extranjera, en noviembre de 2005, Siemens recibió un gran pedido de China de 60 trenes de alta velocidad por un valor de 669 millones de euros o 6.310 millones de yuanes en total. El contrato se firmó en Berlín durante la visita a Alemania del presidente chino, Hu Jintao. Alemania recuperó así el control de la competencia por el mercado chino del ferrocarril de alta velocidad. Ocho tecnologías de 300 km/h para ensamblaje, carrocería, "bogie", transformador de tracción, inversor de tracción, motor de tracción, sistema de control de tracción, y sistema de control de redes ferroviarias fueron transferidas condicionalmente o autorizadas para su uso en China. Estas eran prácticamente todas las tecnologías clave del ferrocarril de alta velocidad.

Comparado con la primera cotización de Alemania, China se ahorró 9.000 millones de yuanes mientras que la nación europea ganó un gran pedido y el acceso al mercado chino en plena expansión. Definitivamente fue una operación de beneficio mutuo. Los expertos consideraron que había mucho más interés asociado al considerar la transferencia de tecnología de Siemens y la compatibilidad de toda la red de ferrocarril.

China ganó mucho con el lanzamiento de la licitación internacional. Con las tecnologías importadas de Kawasaki, Alstom, y Siemens, CSR Qingdao Sifang Co., Ltd., CNR Changchun Railway Vehicles Co., Ltd., y CNR Tangshan Railway Vehicle Co., Ltd. unieron fuerzas en el diseño y fabricación de EMU de alta velocidad.

Particularmente, el prototipo Regina que Bombardier ofrecería al SJAB de Suecia fue sustituido por el Bombardier-Sifang-Power CRH1; el prototipo Shinkansen japonés E2-1000 fue reemplazado por el Sifang-Kawasaki CRH2, con un sistema de tracción eléctrica producido conjuntamente por Zhuzhou CRRC Times Electric Co., Ltd. y Mitsubishi; CNR Tangshan Railway Vehicle Co., Ltd. creó el CRH3 sobre la base del ICE3 importado de Siemens; y el CHR4 se reservó para un EMU desarrollado independientemente por China aunque el CRH5 ya estaba en operación.

El CRH5 se basaba en el EMU SM3 de Finlandia y su diseño de tracción se derivaba del Pendolino de Alstom, un tren basculante ancho. Según el contrato, Alstom transfirió siete tecnologías cruciales del ferrocarril de alta velocidad a China. El CRH5 era el único EMU que hizo muchas modificaciones al prototipo. Trabajaba en un rango de temperatura de -40 a 40℃, perfecto para el clima frío del Noreste de China. Los últimos modelos —CRH380A y CRH380B— fueron versiones mejoradas del CRH2 y el CRH3 a una velocidad de 380 km/h.

A principios de 2005, un equipo de CSR Qingdao Sifang Co., Ltd. partió rumbo a Industrias Kawasaki para aprender de la experiencia de gestión y habilidades de fabricación de Japón. En un año, cuatro equipos viajaron al exterior para recibir capacitación sobre adquisición, diseño y otras cuestiones. Todos los programas de formación se cumplieron como estaban estipulados en los contratos rubricados con las cuatro compañías extranjeras relevantes dirigidos a construir la capacidad del personal chino para el diseño, procesamiento, producción y gestión.

¿Cuánto pagó China por la importación sistemática de tecnologías del ferrocarril de alta velocidad? Jin Lüzhong, otrora miembro del centro de investigación del Ministerio de Ciencia y Tecnología, quien trabajó durante mucho tiempo en la gestión del transporte, instalaciones relevantes y maquinaria agrícola, hizo los siguientes cálculos: hasta finales de 2006, el Ministerio de Ferrocarriles había lanzado tres rondas de licitaciones y adquirido un total de 280 EMU de Francia, Alemania y Japón (160 de 200 km/h y 120 de 300 km/h) por valor de 55.300 millones de yuanes. Según estipulaba el contrato, estos gastos incluían la compra de EMU y los gastos de transferencia de diversas tecnologías clave.

Es necesario señalar que los gastos realizados posteriormente para la adquisición en el mercado internacional de locomotoras eléctricas de alta potencia y locomotoras de combustión interna, así como para la transferencia de tecnologías con el objetivo de elevar la capacidad de transporte en línea, no tenían nada que ver con los anteriores.

El fin de la unidad múltiple nacional

El primer MU entró en operación en Berlín, Alemania, el 8 de julio de 1903. El tren contaba con vagones de motor y vagones sin motor y era conducido por un sólo maquinista. El primer MU de combustión interna de China fue el "Dongfeng (Viento del Este)" fabricado en 1958 por CSR Qingdao Sifang Co., Ltd. Tenía dos coches motores de transmisión de presión hidráulica de 600 caballos de fuerza y cuatro coches de pasajeros de dos plantas.

El primer EMU de China, el modelo KDZI, lo fabricaron conjuntamente en 1988 CNR Changchun Railway Vehicles Co., Ltd., CSR Zhuzhou Electric Locomotive Research Institute Co., Ltd. y el Instituto de Investigación Científica del Ministerio de Ferrocarriles. Se componía de dos coches motores y dos coches remolques, y viajaba a 140 km/h. Como recuerda Fu Zhihuan, cuando el tren estaba a prueba en la línea circular de Beijing, el primer ministro, Li Peng, y el vice premier, Zou Jiahua, acudieron al lugar y abordaron el tren.

En las postrimerías de la década del 90, para satisfacer la creciente demanda de un transporte más conveniente, varias administraciones de ferrocarriles y fabricantes de locomotoras se unieron en la investigación y producción de diversos modelos de EMU para el traslado de pasajeros. A partir de 1999, los EMU nacionales tales como el "Chuncheng", el "Lanjian", el "Zhongyuan Star", y el "Changbaishan" fueron fabricados sucesivamente por Changchun Railway Vehicles Co., Ltd., Zhuzhou Electric Locomotive Works, y Qingdao Sifang Co., Ltd. con velocidades de 120, 160 y 200 km/h.

Los EMU de alta velocidad "Pioneer" y "China Star", diseñados especialmente para la vía de pasajeros Qinhuangdao-Shenyang son dignos de mención.

El tren "Pioneer" fue un proyecto clave del periodo del IX Plan Quinquenal. Conjuntamente creado en 2000 por CSR Nanjing Puzhen Rolling Stock Co., Ltd., Changchun Railway Vehicles, CNR Datong Electric Locomotive Co., Ltd., Yongji Xinshisu Electric Equipment Co., Ltd., y el Instituto de Investigación Científica del Ministerio de Ferrocarriles y la Universidad de Ferrocarriles de Shanghai, tenía una potencia de 4.800 kilowatts y velocidad de 200 km/h. Diseñado para ser un MU de distribución de potencia, estaba compuesto por seis coches y alcanzaba una velocidad de prueba máxima de 292 km/h. Ese mismo año, el Instituto de Investigación de Locomotoras Eléctricas Zhuzhou y la empresa Changchun Railway Vehicles Co., Ltd. también fabricaron el "Lanjian."

De todos estos trenes de prueba, el más estable fue el "Lanjian," que posteriormente devino en la base para el desarrollo del "China Star." El "China Star" tiene una potencia de 9.600 kilowatts, 11 coches, y velocidad diseñada de 270 km/h. Desarrollado conjuntamente por Zhuzhou Electric Locomotive Works, Datong Electric Locomotive Co., Changchun Railway Vehicles Co., Qingdao Sifang Co., y el Instituto de Investigación Científica del Ministerio de Ferrocarriles, en una ocasión impuso récord de 321,5 km/h en la vía de pasajeros Qinhuangdao-Shenyang.

Previo a esto, CNR Tangshan Railway Vehicle Co., Ltd. se había unido a otras compañías para fabricar un EMU de 200 km/h que bautizaron como "Great White Shark" (el gran tiburón blanco). La prueba fue en su totalidad exitosa pero el tren nunca se puso en operación comercial. Poco después, el "Changbaishan" fue un éxito también alcanzando una velocidad aún mayor. Indudablemente, estos EMU nacionales se crearon aglutinando la élite de la fuerza investigadora de toda

EMU "Lanjian" circulando entre Shaoguan y Pingshi.

EMU "China Star" circulando por
la línea Qinhuangdao-Shenyang.

China y se lograron grandes avances en los ámbitos del diseño del "bogie", vehículos de aleación de aluminio, aerodinámica, tracción y frenado, sistema de red ferroviaria, etc. No obstante, ninguno de estos modelos se usó en China como parte de la marca CRH. Las razones para no hacerlo eran un tanto complicadas.

Un sueño de la nación

Para muchos profesionales del ferrocarril, el "China Star" fue un sueño de la nación china.

Desde la aplicación de la política de reforma y apertura en 1978, China ha recorrido un largo camino hacia la prosperidad y el país ha conocido el auge en muchas esferas. La pobre capacidad ferroviaria, sin embargo, era el obstáculo que atraía gran atención. Luego de una meticulosa consideración, el Ministerio de Ferrocarriles se propuso desarrollar el ferrocarril de alta velocidad en el país, meta que muy pronto pasó a ser un importante tema de reflexión a medida que el limitado acceso al transporte ferroviario comenzó a generar muchas opiniones negativas en la sociedad.

Como recordó Fu Zhihuan: "Entonces, aviones Airbus y Boeing cursaban el cielo y coches Santana y Buick colmaban las calles y avenidas, pero lo que enorgullecía a los obreros del ferrocarril era que todas las locomotoras y trenes que circulaban por nuestras vías eran de la marca nacional Zhonghua".

A partir de 1992, las autoridades ferroviarias chinas lanzaron campañas de investigación y desarrollo independientes, así como proyectos de cooperación internacional para el desarrollo del ferrocarril de alta velocidad. El Banco Mundial estaba impresionado por la decisión de China de desarrollar el ferrocarril de alta velocidad, y ofreció préstamos para este fin e incluso envió equipos para los proyectos relevantes.

El "China Star" fue, de hecho, resultado de un acalorado debate sobre el desarrollo del ferrocarril de alta velocidad en el país.

En los años 90, cuando en la agenda nacional se incluyó la construcción del ferrocarril de alta velocidad Beijing-Shanghai, el Ministerio de Ferrocarriles prefirió el enfoque rueda-carril por la madurez de su tecnología mientras que la Academia de Ciencias se inclinó a favor de la tecnología maglev por su mejor perspectiva futura. Entonces se produjeron intensos debates y el Ministerio de Ferrocarriles llegó a la conclusión de que el "China Star" le ayudaría a conseguir el apoyo del gobierno central a la tecnología rueda-carril.

El "Lanjian," fabricado según la tecnología de Europa, cuenta con alimentación centralizada. En 1999, en cooperación con sus pares extranjeros, el proyecto promovió muy pronto el modelo cooperativo de investigación y desarrollo. En 2000, China importó el conversor de tracción, un componente clave del EMU gracias a la colaboración internacional tanto en importación de tecnología como en comercio y terminó el diseño y producción del tren Lanjian de 200 km/h que empezó a prestar servicio en la vía Guangzhou-Shenzhen al año siguiente.

Pocas personas recuerdan hoy el "China Star", pese a que fue una estrella que brilló en su momento. En 1992, el Ministerio de Ferrocarriles lanzó diferentes proyectos de investigación sobre las piezas clave de los trenes de alta velocidad con la publicación de un plan general que exigía que todas las piezas, incluyendo el sistema del conversor y otras, fueran de fabricación nacional.

A comienzos de 2000, el Ministerio de Ferrocarriles entregó a la Comisión Nacional de Planificación un informe para la industrialización de los trenes de 270 km/h, documento que fue aprobado como parte del nuevo programa nacional de industrialización de alta tecnología. Empresas como CSR Corporation Limited, Zhuzhou Electric Locomotive Works, Datong Electric Locomotive Co., y Changchun Railway Vehicles Co. unieron fuerzas para fabricar trenes de alta velocidad de propiedad china. El resultado de esta iniciativa fue el "China Star".

En abril de 2001, el Ministerio de Ferrocarriles instituyó una comisión para el diseño de trenes de alta velocidad de 270 km/h y se especificó el objetivo del "China Star": prestaría servicio en el ferrocarril de pasajeros expreso Beijing-Shenyang y se usaría en otras vías de corta y mediana distancias para operar en los viajes trans-líneas en el futuro. El "China Star" estaba destinado claramente a la fabricación en gran escala con una capacidad de producción de 15 unidades anuales dentro de dos años.

En la comisión, se aclaró que la inversión total para el "China Star" sería de 130 millones de yuanes, de ellos 40 millones los aportaría el gobierno, otros 40 millones correrían a cargo del Ministerio de Ferrocarriles y los restantes 50 millones los inyectarían las empresas participantes. La velocidad diseñada se fijó en 270 km/h.

Liu Youmei, miembro de la Academia de Ingeniería de China y director de CSR Zhuzhou Electric Locomotive Research Institute Co., Ltd., fue designado diseñador jefe del proyecto "China Star", muy apreciado por la industria ferroviaria china. Todo el mundo se sentía orgulloso y honrado de ser parte del equipo.

Tras el lanzamiento del proyecto, los cuatro grandes fabricantes de trenes de China se unieron en el esfuerzo, al igual que los cuatro institutos de investigación más importantes —el Instituto de Investigación de la Locomotora Eléctrica Zhuzhou, la Academia de Ciencias Ferroviarias de China, el Instituto de Investigación de Locomotoras Sifang de Qingdao y el Instituto de Investigación de Tecnología de Material Rodante y Locomotora Qishuyan—, así como las dos universidades más reconocidas en tecnología de vías —la Universidad Jiaotong del Suroeste y la Universidad Centro-Sur—. Apodado 442, el proyecto involucró a centenares de personas de las mejores entidades de la industria en todo el país.

Las compañías limitadas CSR Zhuzhou Electric Locomotive Research Institute Co., Ltd. y Datong Electric Locomotive Co., Ltd. trabajaban en el coche motor mientras CNR Changchun Railway Vehicles Co., Ltd. lo hacía en cuatro coches de remolque y CSR Qingdao Sifang Co., Ltd. en los restantes cinco coches de remolque.

Fu Zhihuan, entonces ministro de Ferrocarriles, era un acérrimo defensor de la investigación y desarrollo independientes de instalaciones para el ferrocarril de alta velocidad. Durante su mandato, de 1998 a 2002, aglutinó todos los recursos y personal de investigación para desarrollar coches motores más rápidos, obteniendo muy buenos resultados.

Tras un año de arduos esfuerzos, llegó el día de recibir buenas noticias una tras otra.

En agosto de 2001, el "China Star" superó la revisión del diseño técnico y pasó a la etapa de fabricación de prueba. En septiembre de 2002, se hizo un modelo del "China Star" y se puso a prueba su dinámica a 400 km/h en el Laboratorio Nacional de Potencia de Tracción de la Universidad Jiaotong del Suroeste. Luego, se llevó a la línea circular de la Academia de Ciencias Ferroviarias de China en la periferia oriental de Beijing y la vía de pasajeros Qinhuangdao-Shenyang para más ensayos y clasificación.

El 27 de noviembre, el "China Star" impuso récord de velocidad de 321,5 km/h en una prueba en la línea de pasajeros Qinhuangdao-Shenyang, la mayor velocidad registrada en China. Este registro marcó el inicio del tren de alta velocidad diseñado independientemente por China con todos los derechos de propiedad intelectual relevantes en su poder. La noticia voló como la pólvora.

Al escuchar la enhorabuena, Zeng Peiyan, por entonces miembro del Buró Político del Comité Central y vice premier, estaba extasiado. Acto seguido encabezó el grupo de funcionarios de la Comisión Nacional de Planificación que abordó el tren. Todos se congregaron en la cabina del maquinista mientras el tren aceleraba hasta los 300 km/h, dejando atrás al instante a todos los coches que circulaban por la autopista. Los estremecedores vítores colmaban el pequeño espacio.

Al reportar la noticia, los medios de comunicación japoneses aseguraron que la prueba del "China Star" en la vía de pasajeros Qinhuangdao-Shen-yang era muy provocativa para todos los presentes, pero a la misma vez muy preocupante porque oscurecía las perspectivas de mercado para su Shinkansen. Sencillamente, les preocupaba que una vez que China dominara las tecnologías para trenes de 200 km/h, Japón tuviera definitivamente menos oportunidad de exportar su tecnología Shinkansen.

El "China Star" era incluso una pregunta de examen para la ciencia política de la secundaria.

Un experto en ferrocarriles que trabajó en el "China Star" dijo una vez: "Importamos y estudiamos las tecnologías extranjeras, pero no las copiamos. Todo lo que hicimos, desde el diseño de los componentes mecánicos hasta el diseño de los circuitos eléctricos, los parámetros y los diagramas, todo es original".

Lo que el público no supo en ese momento fue que China transitó por los dos senderos en su afán de desarrollar su propio tren de alta velocidad. El Shinkansen japonés aplicaba un enfoque de energía distribuida (además de la locomotora, cada coche se auto propulsaba de alguna forma) mientras que los países europeos adoptaron una estructura de potencia concentrada (toda la energía la generaba la locomotora). En calidad de último invitado a la industria del ferrocarril de alta velocidad, China intentó el modelo francés en el "China Star" y el modelo japonés en el "Pioneer".

La investigación de desarrollo de los trenes de alta velocidad chinos (el proyecto EMU de alta velocidad iniciado en 1992) no fue un trabajo aislado. Las tecnologías se importaron de hecho, se estudiaron y mejoraron, pero solo en pequeña escala, con la atención puesta siempre en el desarrollo independiente. Estos son los rasgos que le distinguieron de los proyectos que le siguieron. En el proceso, los expertos chinos siguieron comunicándose con sus homólogos franceses y alemanes para abordar las realidades del transporte en China y expresar la esperanza de poder realizar alguna investigación en el modelo de energía distribuida también.

De acuerdo con los expertos de la Academia de Ciencias Ferroviarias de China, "más del 90 por ciento de las tecnologías de 'China Star' fue desarrollado independientemente". Existen tres tipos de patente en China: invento, modelo de utilidad y diseño. La mayor parte de las tecnologías desarrolladas independientemente del "China Star" correspondían a las primeras dos categorías.

El "China Star" tiene sus propios sistemas integrados y tecnologías, como, por ejemplo, los sistemas de freno, eléctrico y el "bogie", pero algunas piezas como los cojinetes del eje se importaban porque los nacionales no podían soportar la carga ni la velocidad de rotación de los trenes de alta velocidad por cuestiones relacionadas con el material.

Los expertos creían que tecnología de propiedad y diseño propio no significaban que todo tenía que ser de producción nacional y que era muy normal comprar piezas en todo el mundo. Los componentes electrónicos de mucha potencia, por ejemplo, son suministrados por varias compañías del planeta. Hasta Francia adquiría esas piezas de Suiza y Japón.

Altibajos del "Zhongyuan Star"

El "Zhongyuan Star" es hermano de "China Star," solo que un año mayor. El nacimiento y desarrollo del "Zhongyuan Star" dio a conocer todo lo que padeció el "China Star".

Xu Yifa, hombre robusto de las llanuras centrales de China, fue primero subdirector de la Administración de Ferrocarriles de Zhengzhou a cargo de los servicios de operación y mantenimiento y posteriormente promovido a director del ente y directamente involucrado en las pruebas de investigación y desarrollo, así como de operación del "Zhongyuan Star".

A juicio de Xu, el "Zhongyuan Star" era 100 por ciento chino. Su EMU de CA tenía un modelo de energía distribuida muy apropiado para los viajes de pasajeros de corta y larga distancias. Fabricado conjuntamente por la

Administración de Ferrocarriles de Zhengzhou, Zhuzhou Electric Locomotive Works, Qingdao Sifang Co., y el Instituto de Investigación de Locomotoras Eléctricas Zhuzhou, la primera y única unidad se terminó en octubre de 2001 y fue asignada a la Administración de Ferrocarriles de Zhengzhou.

Xu estaba muy ocupado esos días, viajaba con frecuencia a la vía circular de prueba de la Academia de Ciencias Ferroviarias de China en Beijing, al tramo de prueba Zhengzhou-Xiaoshangqiao del ferrocarril Beijing-Guangzhou y a los talleres de la estación Zhengzhou, emocionado y preocupado al mismo tiempo.

Previamente, la Administración de Ferrocarriles de Zhengzhou organizó una actividad interna para elegir el nombre de la nueva EMU. En ese momento, Zhuzhou Electric Locomotive Works ya había iniciado la fase de prueba del tren, por lo que solicitó a la administración que eligiera un nombre para la misma. Entonces, el Departamento de Publicidad del Comité del Partido de la Administración de Ferrocarriles de Zhengzhou organizó una actividad pública para seleccionar un nombre cuyo objetivo era, por un lado, ampliar la repercusión de la EMU y, por otro, poner en valor los derechos democráticos de su personal. Todos los funcionarios y trabajadores respondieron activamente, proponiendo al Departamento de Publicidad una lista de cerca de cien nombres como "Nuevo siglo", "Estrella del siglo", etc. Durante la reunión de estudio del grupo central del comité del Partido, el vicepresidente de la Administración de Ferrocarriles de Zhengzhou responsable del departamento de locomotoras, Xu Yifa, realizó un informe sobre la situación de la actividad de elección del nombre y dio inicio a un acalorado debate entre todos los presentes que participaron. Finalmente, todos estuvieron de acuerdo en la propuesta del presidente del sindicato Xing Herong, quien recomendó cambiar la palabra "siglo" por "llanura central" para destacar las características locales de la Administración de Ferrocarriles de Zhengzhou y poner de manifiesto la nueva tecnología utilizada en la EMU. A todos les pareció muy adecuado y elogiaron la decisión con un aplauso unánime. De esa forma, "Zhongyuan Star (Estrella de la llanura central)" se convirtió en un nuevo y sonoro nombre en el vasto territorio de la llanura central.

En el verano de 2001, se anunció la prueba del "Zhongyuan Star" en la línea circular de la Academia de Ciencias Ferroviarias de China en Beijing.

El "Zhongyuan Star", de 161 metros de longitud, tiene seis coches, dos de cama blanda y cuatro de día, y una capacidad de 548 pasajeros. Su diseño color verde oscuro y plateado es muy diferente al de los vehículos de pasajeros tradicionales, refrescantemente elegante y moderno. La velocidad máxima del tren es de 160 km/h. Cuando sube a los coches alineados, todo lo que ve es un espacioso interior con muebles de lujo. Tiene asientos, mesas plegables y cintas luminosas similares a las de los aviones. Las pantallas digitales de información se encuentran a la entrada y la salida de los coches. Cada coche tiene un mostrador, una zona para guardar el equipaje, y un baño bien acondicionado. El tren alcanzó los 170 km/h durante el ensayo.

A las 7 am del 23 de octubre de 2001, el "Zhongyuan Star" realizó su primera prueba de Zhengzhou a Xiaoshangqiao, Xuchang. Poco después de haber arrancado, empezaron los problemas, que hubo que solucionar antes de volver a echar a andar el tren. No había pasado mucho tiempo cuando falló de nuevo, hubo que dar la prueba por terminada y remolcarlo hasta la estación. En las siguientes pruebas ocurrió prácticamente lo mismo.

El 18 de noviembre, el tren entró en operación en el ferrocarril Zhengzhou-Wuchang. Su apariencia de tren bala despertó mucha atención y el rotativo el *Diario del Pueblo* (en su edición para el exterior) publicó una foto del tren en su portada, mostrando a todo el mundo el tren de alta velocidad chino. Sin embargo, una vez en servicio, las fallas eran frecuentes y el tren se quedaba parado a mitad de camino.

El 1 de octubre de 2002, el reparado "Zhongyuan Star" dio la bienvenida a su primer grupo de pasajeros en su viaje de Zhengzhou a Wuchang. Ese día, Xu Yifa se encontraba emocionado en el tren junto a un grupo de periodistas que había invitado. El tren funcionó sin problemas esa vez y no hubo ningún contratiempo durante el viaje. Unos días después, el tren se detuvo a medio camino. Los miembros de la tripulación sacudían la cabeza cada vez que se mencionaba la experiencia. "Ese tren hizo que los pasajeros se enojaran tanto con nosotros".

EMU de fabricación nacional "Zhongyuan Star" listo para partir de la Estación de Zhengzhou (18 de noviembre de 2001).

Un obrero que había trabajado en la Administración de Ferrocarriles de Zhengzhou subrayó que el "Zhongyuan Star" se quedaba a medio camino con frecuencia porque el material de sus piezas clave no estaba a la altura del estándar. Cada vez que el tren iba a mantenimiento, se encontraba un puñado de virutas en la caja de grasa.

Luego de medio año en operación, el "Zhongyuan Star" fue retirado de la vida por sus elevados costes de mantenimiento.

El declive del "China Star"

En el verano de 2011, justo antes de la inauguración del ferrocarril de alta velocidad Beijing-Shanghai, Liu Youmei, director del Instituto de Investigación de Locomotoras Eléctricas Zhuzhou CSR y miembro de la Academia de Ingeniería de China, fue invitado por el Ministerio de Ferrocarriles a asistir a la ceremonia. También acudieron en calidad de invitados un grupo de expertos veteranos del sector ferroviario. Esta era la primera reunión desde que el proyecto del "China Star" acabó con una opinión negativa.

Imperaba un ambiente festivo en la Plataforma 1 de la Estación de Ferrocarriles Sur de Beijing. El tren CRH380 estaba listo para partir. Liu Youmei estaba tranquilo, absorto en sus recuerdos. Diez años atrás, había sido una figura clave en el desarrollo del tren de alta velocidad chino de fabricación nacional.

En 2003, el Ministerio de Ferrocarriles puso punto final al proyecto del tren de alta velocidad de 10 años de duración y Liu y su equipo "China Star" se quedaron fuera de la iniciativa de desarrollo del tren de alta velocidad de China. El recuerdo aún era muy vívido. Pero lo que realmente le reconfortaba era cómo el talento cultivado en el trabajo por el "China Star" se había transformado en figura clave para entidades como Qingdao Sifang Co. y Changchun Railway Vehicles Co., que trabajaban en la absorción de las tecnologías importadas. El tren CRH380 era un producto de su arduo trabajo.

A Liu lo seguía atormentando un pensamiento: ¿Habría sido una sabia decisión haber acabado con el proyecto "China Star" entonces? ¿Cuál es la relación entre desarrollo independiente e importación de tecnología? ¿Qué tipo de productos deberían ser desarrollados independientemente y cuáles debían ser importados? "Mercado por tecnología" no es una estrategia errónea, pero ¿cómo obtener más al menor coste posible? ¿Cómo asegurarnos de qué la tecnología no nos esclavice?

El "China Star" fue víctima de constantes altibajos desde su nacimiento hasta su prematuro deceso. Las emociones de Liu Youmei también cambiaron con el destino del tren.

Una década después, Liu Youmei finalmente encontró la paz con el tren.

"El 'China Star' es ahora parte de la historia. Aunque yo lo diseñé y lideré a todo un equipo que se entregó plenamente a él, tengo que admitir que las tecnologías del ferrocarril de alta velocidad actual están a años luz de nuestra era. Revivir el 'China Star' y echarlo a andar de nuevo no es realista", sentenció Liu, ingeniero jefe del "China Star".

Quizás fue cosa del destino, al día siguiente que el "China Star" alcanzó los 312,5 km/h en una prueba, sobrevino el desastre.

El 28 de noviembre de 2002, cuatro funcionarios del Ministerio de Ferrocarriles, incluido el ministro Fu Zhihuan, arribaron al ferrocarril de pasajeros Qinhuangdao-Shenyang para ver funcionando con sus propios ojos al "China Star". El ingeniero jefe dispuso el rutinario calentamiento del tren. Cuando la velocidad llegó a los 285 km/h, se disparó una alarma indicando sobrecalentamiento (109 ℃) en los cojinetes del eje. Se trataba de una alarma nivel 1 y el tren se detuvo para la debida inspección. Entonces se detectó un sobrecalentamiento en uno de los ejes del pedestal de cojinetes del tren de fuerza B.

Liu Youmei explicó la situación al ministro Fu y le preguntó si debía proseguir la prueba. Fu señaló que, si había problemas, era preciso resolverlos cuanto antes. Las autoridades abordaron el tren "Pioneer" entonces y el viaje transcurrió sin ningún inconveniente a una velocidad de 270 km/h.

Luego se supo que el sobrecalentamiento fue causado por un cojinete de eje importado en mal estado.

Los rumores de que el "China Star" casi causa la muerte de cuatro ministros muy pronto comenzaron a correr.

Los detractores creían que el incidente era una prueba de la mala calidad y los elevados riesgos que se corrían. ¿Qué habría pasado si el eje se hubiese roto mientras el tren corría a gran velocidad? Descarrilamiento, destrucción y muerte.

Liu Youmei se sentía agraviado porque pensaba que el incidente probó la eficacia del sistema de alarma de seguridad del tren.

Algunos expertos contraatacaron su afirmación diciendo que los sistemas de alarma de temperatura del eje se usaban desde finales de los años 80 y que en la década del 90 ya era una tecnología madura y asequible. Todos los trenes nuevos contaban con esta alarma desde mediados de los 90, hasta los obsoletos trenes verdes. Si la temperatura del eje era 45 grados más alta que la temperatura ambiente, la alarma sonaba y el maquinista tomaba las medidas necesarias. Si la temperatura continuaba subiendo o si llegaba a los 90 grados, entonces el vehículo afectado se desacoplaba y no podía seguir en operación.

Luego de este incidente, el "China Star" recorrió otros 530.000 km de prueba.

En ese entonces, los trenes no llevaban pasajeros a bordo en sus viajes de prueba y se usaban sacos de arena para simular el peso humano. El "China Star" impuso récord nacional de mayor distancia recorrida y mayor velocidad en una prueba al superar con creces los 100.000 km exigidos.

El 1 de julio de 2003, la línea de pasajeros Qinhuangdao-Shenyang entró oficialmente en servicio, pero el "China Star" no debutó como estaba previsto.

En 2004, el Ministerio de Ferrocarriles dio inicio a la licitación de los trenes de velocidad máxima de 200 km/h y el "China Star" no aparecía entre las opciones. La cartera buscaba "compañías chinas con diseños de trenes y tecnología de fabricación maduros o respaldadas por tecnologías importadas". El "China Star" no era considerado un proyecto maduro por el ministerio. Además, tenía un diseño concentrado de energía y un máximo de ocho coches, por lo que no cumplía con el requisito de capacidad de pasajeros.

El 26 de junio de 2005, la Academia de Ingeniería de China celebró una reunión sobre la promoción de la innovación independiente en la industria manufacturera de equipos. Liu Youmei rindió un informe sobre la difícil situación del "China Star" que llamó la atención del presidente de la academia Xu Kuangdi, quien, junto a otros 52 académicos incluido el ministro de Ferrocarriles, Fu Zhihuan, escribió una carta que hizo llegar al Consejo de Estado en calidad de documento altamente priorizado. Se trataba de "la misiva firmada por los académicos sobre el 'China Star'".

De acuerdo con la epístola, al importar 140 EMU de 200 km/h de Japón, Francia y Canadá, el Ministerio de Ferrocarriles no accedía a las tecnologías de diseño, integración de sistemas y motores de accionamiento de CA, ni transferencia de tecnología de control de redes. Las empresas chinas solo se encargarían del ensamblaje y continuarían siendo el último eslabón de la cadena industrial. Consecuentemente, las industrias locales no sólo perdían la oportunidad de innovación, sino talentos muy valiosos también.

Entonces se sugirió que como el "China Star" estaba en óptimas condiciones de operación y cumplía todos los estándares técnicos establecidos por la Comisión, debía ser evaluado cuanto antes y fabricarse en gran escala. No debía perderse el fruto de una campaña nacional por el desarrollo independiente. Lamentablemente, la carta no funcionó.

En el informe titulado "El desarrollo de las tecnologías del ferrocarril de alta velocidad," elaborado por el grupo de trabajo de Planificación de la Investigación de la Ciencia Blanda de China en 2005, se afirmaba que, aunque el "China Star" tenía algunos problemas, no era muy confiable e iba a la zaga de sus homólogos extranjeros, podía aseverarse, atendiendo a su nivel tecnológico, que le había permitido a China crear su propia plataforma de desarrollo de tecnología del ferrocarril de alta velocidad.

El 2 de agosto de 2006, tras recorrer 800.000 km en viajes de prueba, el "China Star" fue confinado a la estación de Shenyang para nunca más volver a ser parte del sistema del ferrocarril de alta velocidad de China.

Los medios de prensa foráneos informaron: El "China Star", la otrora esperanza del tren de alta velocidad nacional está cubierto por una gruesa capa de polvo a la espera del desarme en un almacén, mientras los trenes CRH basados en las tecnologías de Japón, Francia y Alemania aceleran por las vías férreas chinas.

Al hablar sobre la relación entre el "China Star" y la serie "Harmony", los expertos destacaron que el primero se terminó en 2002, mientras que el trabajo en el caso del último no comenzó hasta 2004. Cuando el "China Star" pasó las rondas de revisiones, sin llegar nunca a alcanzar el estándar, aumentó la determinación del pueblo a favor del CRH. Con el "China Star" en la mano, fuimos capaces de regatear un precio más bajo cuando negociamos con las empresas extranjeras por el CRH. Ese es el gran logro atribuido al "China Star".

Haciendo un recorrido por el pasado, algunos expertos consideraron que no podían negar sencillamente la contribución del académico Liu Youmei y su equipo o pensar que el "China Star" era la mejor opción para el desarrollo del ferrocarril de alta velocidad en el país. El "China Star" no era solo cuestión de poseer la tecnología más avanzada, sino que se trataba también de los materiales, las instalaciones de fabricación, flujos de trabajo, destreza de los trabajadores y condiciones para el desarrollo de la tecnología de la información y la producción en gran escala. Las restricciones existían de hecho en todos estos aspectos.

Sin duda alguna, la extraordinaria velocidad del desarrollo del ferrocarril de alta velocidad de China debe atribuirse en primer lugar al vertiginoso
crecimiento de la fortaleza nacional integral gracias a los titánicos esfuerzos
de las distintas generaciones de profesionales del sector ferroviario, incluyendo el equipo del "China Star", que preparó el camino para la importación
de tecnología extranjera. El "China Star" fue estable en un sentido y alcanzó la velocidad de 320 km/h. Muchas fábricas participaron en el proyecto,
muchos trabajadores talentosos fueron capacitados y se acumuló una vasta
experiencia en la construcción del ferrocarril de alta velocidad. Asimismo,
el "China Star" devino en activo valioso durante las negociaciones para la
importación de tecnología, sin él el coste habría sido mucho más alto y el
proceso mucho más tortuoso.

Podemos decir que la capacidad de tecnología propia de China es una
importante fuente para la innovación en la tecnología del ferrocarril de alta
velocidad.

Sección III
Mercado y tecnología

Durante años, la tragedia "mercado por tecnología" se ha repetido una y otra vez.

En China, la aviación civil, la industria automotriz y otras áreas que requieren de mucha tecnología han experimentado en mayor o menor grado alguna chapuza mal calculada que propició que la tenaz crítica de académicos y expertos engullera la estrategia "mercado por tecnología". El Ministerio de Ferrocarriles al tomar ese mismo camino suscitó preocupaciones y dudas similares.

El ex ministro de Comercio, Lü Fuyuan, esclareció la connotación de la estrategia "mercado por tecnología" al afirmar: "China tiene que hacer que sus propias compañías exploren la posibilidad de concertar empresas conjuntas en un marco de beneficio mutuo y ganancias a largo plazo para el país. Al abrir nuestro mercado de forma masiva, estaremos en posición ventajosa para obtener tecnologías y beneficios que sirvan no a todas, sino únicamente a las firmas extranjeras pródigas en tecnología y evitar las amenazas para las empresas locales de China".

Obviamente, la estrategia funciona, pero no para todos ni únicamente en el tema de desarrollo.

Plataforma de prueba de trenes de alta velocidad de la Administración de Ferrocarriles de Beijing.

Las tres plataformas tecnológicas

Al llegar al nuevo milenio, China, a pesar de la tardía incursión en la comunidad de HSR, ha dirigido un episodio de reforma de la innovación científica-tecnológica impulsado por la investigación y desarrollo del ferrocarril de alta velocidad.

Se trata de una tarea inimaginable para una nación atrasada en pericia manufacturera en comparación con sus contrapartes los países desarrollados por llevar un producto tan masivo, de alta tecnología —el MU de alta velocidad— a su línea de producción nacional de no haber sido por su experiencia en el diseño, plataforma de prueba confiable y competencia de integración tecnológica.

Para la investigación y desarrollo del ferrocarril de alta velocidad, China adoptó estratégicamente un modelo innovador de originalidad, integración de las tecnologías nacionales y extranjeras y reinvención, apoyándose en los principales proyectos. Tácticamente, China cruzó las barreras institucionales entre departamentos, industrias, entidades académicas y empresas; explotó la ventaja institucional para movilizar los recursos necesarios para las grandes empresas y acopió recursos tales como equipamiento científico, fondos y personal en todo el país para crear una plataforma común para la innovación en las industrias estratégicas.

Durante años, excelentes trabajadores de la ciencia y la tecnología se embarcaron en la innovación tecnológica del HSR. El atractivo de la estrategia nacional del HSR, el patriotismo y el entusiasmo de la intelectualidad motivó positivamente su enorme potencial de creación.

He Huawu, miembro de la Academia de Ingeniería de China e ingeniero jefe del Ministerio de Ferrocarriles de China, es uno de esos intelectuales. Como jefe del proyecto HSR de China, participó exhaustivamente en la investigación y aplicación de la ingeniería ferroviaria, dirigió y tomó parte en seis rondas de aceleración de la velocidad, construcción de cruces de ferrocarriles y redes ferroviarias de alta velocidad, así como en obras de ingeniería. Desde que asumió el puesto de ingeniero jefe del Ministerio de Ferrocarriles de China en 2004, lideró a su equipo en la superación de las innumerables e importantes dificultades ingenieras que confrontó la construcción del HSR de China a través de la innovación integrada de las avanzadas tecnologías HSR chinas y extranjeras.

El proyecto del HSR finalmente condujo a la formación de un equipo nacional científico-técnico de renombre integrado por 68 académicos, 500 profesores y numerosos científicos e ingenieros de las 6 mayores empresas de propiedad estatal, 25 universidades, 11 institutos de investigación y 51 centros de ingenierías y laboratorios nacionales importantes. El éxito inicial redujo el riesgo y el precio de este proyecto de innovación, aceleró la transformación de los logros y acortó el tiempo de la investigación a la producción. De esta forma, se desarrolló un sistema de tecnología HSR de nivel mundial acorde a las condiciones nacionales de China y a su ferrocarril.

La plataforma tecnológica del tren HSR

El HSR es una de las industrias emergentes estratégicas de China. El MU del HSR, el CRH, es una obra icónica de la innovación de China.

La plataforma tecnológica del tren HSR se basa en la importación y la reinvención. Para el proyecto de transferencia de tecnología del tren EMU, el Ministerio de Ferrocarriles, en calidad de comprador, organizó a CRS y 35 fabricantes de material rodante en la CNR para formar las tres plataformas de transferencia de tecnología del tren EMU, díganse CSR Sifang Corporation Limited, CNR Changchun Railway Vehicles Co., Ltd., Tangshan Locomotive and Rolling Stock Works o la hoy CNR Tangshan Railway Vehicle Co. Ltd. Licitando en el mercado ferroviario de China, el Ministerio de Ferrocarriles y las cuatro empresas transnacionales alcanzaron un acuerdo de transferencia de tecnología que daría inicio a un proceso sin precedente de introducción, digestión, absorción y reinvención para el esfuerzo HSR del gigante asiático.

La Comisión Nacional de Desarrollo y Reforma y el Ministerio de Ciencia y Tecnología tomaron la delantera creando el Laboratorio Nacional de Ingeniería de Integración de Sistema para el EMU de Alta Velocidad y el Centro Nacional de Investigación de Ingeniería para el EMU de Alta Velocidad en CSR Sifang. Actualmente, el laboratorio y el centro de investigación tienen el equipamiento más integral de la industria del transporte ferroviario de China, desde plataforma de prueba para vehículos rodantes, plataforma de experimentación de la fatiga del "bogie", plataforma de prueba de compatibilidad electromagnética, banco de prueba de frenos hasta un centro de simulación del producto.

Los investigadores emprendieron una serie de pruebas en las líneas de Beijing-Tianjin, Wuhan-Guangdong, y Zhengzhou-Xi'an para así contar con un estudio integral de los sistemas de los trenes de alta velocidad, conducente a la mejora del rendimiento de la tracción, la fortaleza modal, del cuerpo y el "bogie" de los EMU. El esfuerzo conllevó a un paso de avance en la tecnología clave que había restringido la velocidad. Los EMU de 300-350 km/h, el modelo CRH2C, completaron su ciclo de investigación-desarrollo-producción en menos de dos años.

Con esfuerzo continuo en los años venideros, las principales compañías establecieron plataformas básicas de investigación, desarrollo y producción, así como

Tren de alta velocidad cruzando un valle de la meseta de Loess en la línea Zhengzhou-Xi'an.

plataformas conjuntas industria-academia. China avanzó a la fase de producción en gran escala de los EMU capaces de correr a 200 km/h y construyó una plataforma internacional de tecnología de punta para el CRH380 que facilitó la creación del primer lote de EMU de 350 km/h del país.

En el presente, se han construido tres plataformas de tecnología para los EMU "Harmony": una de 200 km/h para los EMU que corren a 200 y 250 km/h; otra de 300 km/h para los EMU con velocidades entre 300-350 km/h y la última es para los EMU que alcanzan velocidades superiores a los 350 km/h, llegando hasta los 380 km/h, y circulan a una velocidad constante de 350 km/h. Las dos primeras plataformas están destinadas a la introducción, digestión, absorción y reinvención o a la primera generación de EMU (entre los cuales el EMU de fabricación nacional "China Star" pertenece a otra serie). La tercera es una creación genuina de China de la segunda generación de EMU.

El 30 de junio de 2015, los "EMU China Standard" se convirtieron en la tercera generación que marcó el inicio de la era del diseño del EMU HSR Investigación y Desarrollo de China. El significado épico incluye cuatro puntos. El primero es la independencia de diseño de la plataforma de tecnología de los EMU HSR. El segundo es la independencia de sistema reflejada en los sistemas clave como el de potencia, flujo variable y control de redes. El tercero es la adquisición independiente a escala mundial en igualdad de condiciones. El último punto es el establecimiento de los estándares del EMU HSR de China.

Plataforma de tecnología de la vía HSR

Las vías ferroviarias tradicionales tienen balasto debajo de las traviesas de madera como parte del cimiento de ésta. Aquellas que no tienen balasto están pavimentadas con losas de cemento armado. Las líneas que usan balasto tienen un coste de construcción relativamente bajo, pero requieren de una fuerte inversión para su mantenimiento puesto que en ellas la estabilidad del tren decrece a medida que aumenta su velocidad. Las vías sin balasto son más estables, vibran menos y requieren de poco mantenimiento, pero involucran un alto coste constructivo inicial, entre 1,3 y 1,5 veces el de la vía con balasto. Pasados 10 años de explotación se equilibraría el tema coste.

Japón, Francia y Alemania son países pequeños, con fluctuaciones geológicas y climáticas moderadas. China, en cambio, tiene un vasto territorio con un perfil complejo que atraviesa regiones con variaciones marcadas del tiempo y la geología. Por lo tanto, copiar la tecnología de esos tres países en la construcción de las vías HSR de China no sería práctico. El aspecto técnico tiene que proceder con un enfoque factible.

China ha acumulado una rica experiencia en la construcción de puentes y túneles a lo largo de los años y se enorgullece de la ventaja técnica. El éxito en las vías HSR de los ferrocarriles de pasajeros Qinhuangdao-Shenyang y Chongqing-Suining confirma su competencia técnica. El Ministerio de Ferrocarriles promovió la idea de "emplear la fortaleza de la tecnología ferroviaria china y pedir prestada la tecnología avanzada de Japón y Alemania para construir una plataforma de tecnología libre de balasto para los HSR de corta distancia". Para tal propósito, envió personal técnico en viajes de investigación y estudio a esos países.

Los investigadores pasaron medio año en el enclave de prueba de la vía interurbana Beijing-Tianjin de 350 km/h y condujeron 1.800 tipos de estudios experimentales en 17 categorías sobre las condiciones operacionales. En el sitio de prueba del HSR Wuhan-Guangdong, se llevó a cabo un estudio experimental de 11 meses de duración sobre la aerodinámica de alta velocidad en los numerosos túneles de la línea, puentes y largo kilometraje. También se realizaron muchas pruebas intensivas en el ferrocarril de alta velocidad Beijing-Shanghai.

En la primavera de 2007, He Huawu, ingeniero jefe del Ministerio de Ferrocarriles y miembro de la Academia de Ingeniería de China, encabezó

el equipo élite de académicos que condujo el estudio conjunto en la obra en construcción de la línea de alta velocidad Zhengzhou-Xi'an de la cual el 90 por ciento atraviesa la región de loess que se derrumba y deforma en temporada de lluvia. Tras el estudio a pie de obra, el equipo adoptó la resolución de superar la adversidad. La vía es la única de alta velocidad construida sobre suelo de loess.

El cimiento de la estación del HSR Longmen de Luoyang tiene la peor capa de loess que exige una pila de compactación de suelo de cemento metro a metro. La estación ocupa una superficie de 2 millones de metros cuadrados. En su construcción se colocaron 500.000 pilas de 10 metros de longitud y 0,4 metros de diámetro. Una vez compactada, ni los clavos penetran la superficie, tan lisa como el mármol o una pista de patinaje.

EMU CRH1 listo para partir en la Estación Guangzhou Este.

EMU CRH2
circulando en la línea
Beijing-Guangzhou.

Con el esfuerzo extensivo de la plataforma de tecnología de vía HSR, los complicados problemas geológicos, incluyendo la formación kárstica en la línea Wuhan-Guangdong, los conglomerados de sedimentos en las vías Guangzhou-Shenzhen y Ningbo-Taizhou-Wenzhou, el movimiento del suelo en la línea Hefei-Nanjing, y el helado terreno blando de la línea Harbin-Dalian, fueron superados por los obreros ferroviarios chinos. La vía HSR "cero" hundimiento de China se hizo realidad.

Posteriormente, China venció otros problemas geológicos como el de los molisoles, hundimiento del loess, formaciones kársticas, suelos costeros blandos y suelos gélidos. Igualmente, superó relieves desafiantes como el cruce de caudalosos ríos y altas montañas; libró grandes batallas constructivas en las construccio-

nes en aguas profundas, prevención de deformación de los puentes con entramados de acero del HSR, diseño de grandes túneles seccionales técnicamente desafiantes en regiones de loess, túneles en aguas profundas, túneles de estrato sometidos a la fuerte presión del agua y el puente Dashengguan sobre el río Changjiang, el primero de su tipo e icono de la ingeniería civil mundial. El diseño, el análisis de riesgo y la ingeniería de construcción clave han resuelto exitosamente los problemas de hundimiento geológico y expansión y contracción de la vía, controlando eficazmente la irregularidad de la vía de acero.

En noviembre de 2012, la víspera del debut de la línea de alta velocidad Beijing-Guangzhou, el Ministerio de Ferrocarriles invitó a un grupo de expertos nacionales y extranjeros a ser parte del primer viaje. Cuando

EMU CRH3 saliendo de la Estación de Tianjin.

EMU CRH5 circulando en la línea Beijing-Harbin.

el tren alcanzó la velocidad de 350 km/h, el agua de la copa colocada en el interior del tren ni se movió. Acto seguido, los expertos internacionales se deshicieron en elogios por el HSR por su estabilidad y fluidez.

La tecnología de vía férrea patentiza que la competencia HSR de China ha llegado al nivel vanguardista mundial. Tras una década de ingentes esfuerzos, innumerables pruebas y experimentos ingenieros, China llegó a dominar la tecnología, incluido el diseño, fabricación y construcción, al hacer frente a todo tipo de inclementes condiciones del tiempo y perfiles geológicos complicados como loess, desiertos y suelos gélidos. Asimismo, acumuló conocimientos en la construcción de cimientos, puentes grandes y enormes túneles por secciones. De ahí que concederle a China la posición cimera del mundo no es una exageración. El estándar

EMU CRH380A circulando en la línea de alta velocidad Beijing-Shanghai.

técnico y la tecnología de ingeniería del HSR chino continúa siendo uno de los más avanzados del planeta.

La plataforma de tecnología de señalización del HSR

La señalización es el sistema de control y mando del HSR. El acuerdo para el proceso de introducción, digestión, absorción y reinvención se concentró en la producción nacional, sin abarcar la transferencia de tecnología clave. A principios del año 2000, el Ministerio de Ferrocarriles creó exitosamente el sistema de señalización de bloqueo automático por intervalos de 2000 A ZPW que mejora y actualiza el sistema de señalización centralizado de mando y control del tráfico de China. El sistema de señalización instalado y probado en la vía de pasajeros Qinhuangdao-Shenyang ha obtenido resultados positivos. Comenzando a finales de 2007, el Ministerio de Ferrocarriles integró al Cuerpo de Comunicación y Señal del Ferrocarril de China (CRSC, por sus siglas en inglés), el Instituto de Investigación de Vehículos y Locomotoras y la empresa Tecnologías de Automatización HollySys de Beijing en el equipo conjunto que construiría la plataforma experimental de señalización del HSR según el avanzado sistema extranjero de control de trenes y la adaptaría a la realidad de China. Los expertos trabajaron las 24 horas del día en los ensayos de simulación por turnos y en rondas, realizando más de 4.000 ensayos de simulación.

Sobre esta base, China consiguió desarrollar el sistema de señalización CTCS-3, el sistema chino de control de tráfico de trenes de alta velocidad. Este sistema utiliza el método de transmisión inalámbrica y es actualmente el sistema para el control de trenes de alta velocidad más avanzado del mundo. Ha sido puesto en marcha con éxito en la línea Beijing-Shanghai, y se ha probado en la línea Wuhan-Guangzhou y otras líneas de alta velocidad del país.

Tras varios años de trabajo, bajo la dirección del Ministerio de Ferrocarriles, el equipo conjunto desarrolló el sistema de control de tren centralizado y la plataforma de control de tráfico de China con derechos de propiedad intelectual absolutos o el sistema de señalización CTCS. Construida sobre la tecnología CTC (control de tráfico centralizado) y con el objetivo de la automatización, esta plataforma constituye el más moderno sistema de gestión y control de tráfico de la red de ferrocarriles china.

De esta forma, las empresas de fabricación de equipos ferroviarios de alta velocidad, las empresas de ingeniería civil y el resto de empresas relacionadas han impulsado el desarrollo de industrias como la metalúrgica, de maquinaria, de construcción, de caucho, eléctrica, de telecomunicaciones, informática y de instrumentos de precisión, entre otras. Según estadísticas no exhaustivas, en la actualidad China cuenta con más de 140 empresas fundamentales y 500 empresas complementarias dedicadas al diseño y fabricación de componentes para trenes de alta velocidad repartidas en más de 20 provincias del país, que configuran una enorme cadena industrial de investigación y fabricación de nuevas tecnologías.

China construyó una gigantesca plataforma de tecnología HSR de "señalización de líneas de trenes". En un ordenado proceso de introducción y digestión continua, el HSR de China creó su propia ventaja tecnológica. Obviamente, China se ha convertido en un excelente modelo para los rezagados en la ciencia y la tecnología debido a sus logros en el HSR independientemente de ser modelo de tecnología, en la toma de decisiones y la gestión.

Actualmente, el CRH es capaz de ofrecer un paquete de tecnología HSR que incluye el diseño, fabricación, integración y gestión de operación de las líneas HSR de 250-350 km/h, e incluso mayor velocidad. Partiendo de su éxito en la integración de ingeniería, señalización, tracción, potencia, control y servicio de pasajeros, el CRH puede ofrecer un paquete innovador y hecho a la medida. Además, la fabricación de su material rodante tiene cimientos muy fuertes. El estándar del HSR es de clase mundial con derechos de propiedad intelectual. China es el cuarto país del mundo con tecnología HSR para los 300 km/h de velocidad.

A comienzos de 2016, en reunión de trabajo en la Corporación de los Ferrocarriles de China, el gerente general, Sheng Guangzu, anunció que luego de 12 años de práctica y construcción del HSR, China ha dominado las tecnologías de tratamiento de los cimientos, ingeniería de puentes grandes, ingeniería de túneles grandes de sección transversales, ingeniería de vías, tracción y potencia, señalización, construcción de nuevas estaciones de pasajeros, gestión y mantenimiento. Las vías de 350 km/h Beijing-Tianjin, Shanghai-Nanjing, Beijing-Shanghai, Beijing-Guangzhou y Harbin-Dalian se han combinado en un sistema bien desarrollado y ha sido testigo de nuestra tecnología de punta del HSR.

Los EMU "Harmony"

Desde el segundo semestre de 2004, las empresas chinas CSR Qingdao Sifang, Changchun Railway Vehicles Company y CNR Tangshan Railway Vehicle empezaron a importar tecnología de las firmas Bombardier Transportation de Canadá, Kawasaki Heavy Industries (KHI) de Japón, Alstom SA de Francia y Siemens de Alemania y emprendieron el diseño y la fabricación conjuntos de la serie EMU.

En octubre del mismo año, Kawasaki lideró al "Japanese Consortium" en la rúbrica del acuerdo de transferencia de tecnología de trenes con el Ministerio de Ferrocarriles de China. De acuerdo con el convenio, la parte japonesa consentía transferir varias tecnologías clave a su vecino asiático. En agosto de 2005, el Ministerio de Ferrocarriles consiguió otro paso de avance al firmar un acuerdo a seis bandas para la transferencia de tecnología de 51 productos electromecánicos del EMU CRH2A con CSR Sifang, Kawasaki, Mitsubishi Electric, Instituto de Investigación de Locomotoras Eléctricas CSR Zhuzhou, CRRC Zhuzhou Electric y Shijiazhuang King Transportation Equipment. El 24 de enero de 2007, la versión japonesa original de los EMU inició su ensayo piloto en la línea Jinan-Qingdao.

En este formato, las empresas de China emprendieron la desafiante tarea de reinventar una versión china de los trenes HSR basada en la tecnología transferida por Japón.

Mientras tanto, el Ministerio de Ferrocarriles, dictó 110 proyectos importantes de investigación científica para la innovación de la tecnología HSR.

El 28 de septiembre de 2006, el primer CRH2 "Harmony" fabricado por CRRC Qingdao Sifang salió de la línea de producción listo para la operación.

Apodada la "cuna de las locomotoras de la Nueva China," la otrora conocida CSR Sifang Locomotive & Rolling Stock fundada en 1900, hoy CSR Qingdao Sifang, tiene una larga historia. Después de la fundación de la República Popular China en 1949, esta vieja fábrica floreció y fabricó la primera locomotora de vapor del país, la #81, una copia de una máquina estadounidense. Por así decirlo, CSR Qingdao Sifang se había embarcado en el camino de la transferencia de tecnología e innovación desde la era de la locomotora de vapor.

El 18 de abril de 2007, la "Harmony", una obra maestra moderna de la sabiduría china, captó la atención de la parte continental de China. La "Harmony" tiene 140 subsistemas fabricados por igual número de empresas de 12 provincias y ciudades.

Aquel día, en el marco de la sexta jornada de mejora de la velocidad del ferrocarril, China llegó a contar con vías para trenes de 200 km/h y trenes EMU "Harmony" de color blanco. Los dos hechos están registrados en la historia ferroviaria del país. El "Harmony", en forma de bala, devino en atracción y en noticia en todo el planeta.

El tiempo de viaje de muchas rutas interurbanas se había acortado repentinamente. Pese a que el precio del billete era dos veces más caro que el de los trenes expreso y regulares aún en operación, como los de la popular ruta Shanghai-Nanjing, era difícil de obtener un boleto debido al gran tráfico de pasajeros.

Al "Harmony" se le dio el nombre de marca "CRH", abreviatura de

Ferrocarril de Alta Velocidad de China en inglés. El nombre comercial revela que el tren CRH que viaja a 200 o más km/h tiene derechos de propiedad intelectual independientes del Ministerio de Ferrocarriles, lo cual es una práctica internacional común.

El 22 de diciembre de 2007, CSR Sifang Locomotive terminó el primer "Harmony" o CRH de 300 o más km/h de China y se convirtió en la base industrial de los EMU HSR chinos. Poco después, la serie CRH2 "Harmony" de 200-350 km/h y el primer tren-cama CRH más largo se desarrollaron exitosamente uno tras otro, conduciendo a la investigación, desarrollo y fabricación de la nueva generación de CRH380A.

El Ministerio de Ciencia y Tecnología y el Ministerio de Ferrocarriles firmaron el Acuerdo de Colaboración del Plan de Acción Conjunto para la Innovación Independiente de los Trenes de Alta Velocidad de China en la Residencia de Huéspedes de Estado Diaoyutai, en Beijing, el 26 de febrero de 2008. Esta fue la primera colaboración del Ministerio de Ciencia y Tecnología con una industria para construir una plataforma de innovación de nivel estatal. El objetivo del pacto era diseñar, fabricar y poner en operación a la nueva generación de vías HSR y EMU de 380 km/h. La velocidad máxima de operación es 60 km/h más rápida que la de los trenes de Alemania y Francia y 80 km/h más rápida que la del Shinkansen de Japón. Además, el CRH se enorgullece de tener excelentes características como conservación de la energía, protección del medio ambiente y comodidad.

Medio año después de la rúbrica del Plan de Acción Conjunto, el Ministerio de Ciencia y Tecnología dio inicio a los programas nacionales de Desarrollo e Investigación de Tecnología Clave "973" y "863" en aras a formular los esfuerzos de investigación y desarrollo para las próximas generaciones de EMU del HSR. El programa "973" se concentraba en la investigación básica de la aerodinámica mientras que el "863" tenía a su cargo la investigación y desarrollo de tecnologías de prueba y materiales de las ruedas. El programa de Desarrollo e Investigación de Tecnología Clave estaba orientado a los trenes de alta velocidad rueda/carril.

Con contribuciones exponenciales a la aeronáutica y la astronáutica de China, al Instituto de Mecánica de la Academia de Ciencias de China se le asignó la tarea de conducir la "Tecnología de Evaluación y Optimización Aerodinámica para los Trenes de Alta Velocidad", uno de los 10 programas conjuntos del Plan de Acción Conjunto. Luego de sumarse a la investigación y desarrollo del CRH380A, el instituto dirigió su atención a la reducción de la resistencia y el ruido, y la seguridad de operación. Empleando un clúster de CPUs de 2.836 núcleos, en cuatro meses, el instituto había obtenido una serie de resultados experimentales en sus análisis de simulación aerodinámica para 300 escenarios diferentes de operación.

Como labor sin precedente, el diseño del tren HSR de 380 km/h fue completamente un proyecto de investigación y desarrollo independiente de China. La cabeza del tren HSR es decisiva en su rendimiento aerodinámico. Al compararla con la instrumentación aeroespacial, la perturbación tierra-aire, el flujo aerodinámico inestable durante la travesía y en el interior del túnel añaden más desafíos al diseño de la cabeza de los trenes HSR.

Para tener un discernimiento total del tema, los investigadores sugirieron 20 diseños preliminares para la cabeza del CRH380A y modificaron cinco de los ocho seleccionados de los 20. Dos de los cinco eran de reserva. El perfil principal de la cabeza del CRH380A también era nuevo. La serie 380A consiguió un gran avance en la tecnología principal de la estructura. El patrón de la cabeza se diseñó pensando en reducir la carga de viento, aumentar la seguridad durante la operación a altas velocidades y lograr una mejor adaptación a las condiciones ambientales de los ferrocarriles de China.

De hecho, el "rendimiento" está por encima de la "apariencia". El perfil de la cabeza modificado y optimizado del CRH380A derrochó excelencia en todos los aspectos: la reducción aerodinámica cayó al 15,4 por ciento, la presión de cruce del túnel bajó un 20 por ciento, la presión de cruce se redujo un 18 por ciento y el ruido aerodinámico bajó un 7 por ciento. En tanto, el rendimiento general estuvo a la altura de los estándares internacionales. Por si fuera poco, se añadió "una zanja de desvío" lateral para generar presión a la baja y contrarrestar la fuerza de elevación en la cola del tren, de manera que éste permaneciera firme y estable sobre los raíles.

En opinión del experto jefe de CRRC, Ding Sansan, el perfil de la cabeza del CRH380A pasó por un proceso de investigación y desarrollo que abarcó desde el diseño conceptual, cálculo de emulación y prueba en el túnel aerodinámico hasta la producción del prototipo con la participación de la élite de los institutos de investigación de ciencia y tecnología del país. CSR Sifang se encargó de la organización general, diseño, optimización y producción. Las universidades

Base de fabricación del tren de alta velocidad CRRC.

Tsinghua y Beijing realizaron los cálculos sobre la estabilidad lateral. El Centro de Investigación y Desarrollo de Aerodinámica de China condujo las pruebas en el túnel aerodinámico. La Universidad Tongji trabajó en las pruebas de túnel de viento para reducir el ruido aerodinámico. Por su parte, la Academia de Ciencias Ferroviarias y la Universidad Jiaotong Suroeste asumieron los ensayos en el terreno.

La intensidad hermética de los trenes de alta velocidad es un tema muy complicado para la comunidad investigadora mundial que involucra la contaminación del polvo del tren y la molestia que siente el pasajero en su sistema auditivo cuando viaja a altas velocidades. Los ingenieros chinos optaron por el cierre hermético del modelo de control de la presión diferencial en los

habitáculos del tren de pasajeros para resolver el problema. La presión de aire en el interior del habitáculo se ajusta según la velocidad. La intensidad hermética puede controlarse en el rango de los 4.000-6.000 Pa.

Para medir la presión exterior de dos trenes en el momento que se encuentran, los japoneses utilizaron conexiones a presión en la carrocería. El enfoque no es ni rentable ni estético. Los investigadores chinos tomaron prestados los hallazgos vanguardistas de la ciencia aeroespacial china para crear un parche de presión del tamaño de una moneda que pudiera pegarse a la carrocería para medir las fluctuaciones de la presión durante el viaje y el encuentro del tren.

De conformidad con los informes de prueba y los datos digitales, CSR Sifang llevó a cabo una prueba en un tramo de 60.000 km, realizó 110 diseños de optimización del "Harmony", así como innovaciones audaces a la configuración de la potencia del tren, configuración del tren, interfaz de pasajeros y reducción del ruido y vibraciones. La compañía resolvió el conflicto entre la tecnología extranjera emergente y el ambiente ferroviario nacional y creó una plataforma de investigación y desarrollo del HSR de sinergia industria-academia.

El éxito del sistema de control de redes equipa al "Harmony" con un "microprocesador chino". El transistor bipolar de puerta aislada (IGBT, por sus siglas en inglés) le dota de "cerebro chino". La ampliada carrocería le da "un cuerpo chino". El nuevo perfil nariz-cabeza le da un "rostro chino".

El "Harmony" CRH380A se sometió a 2.800 pruebas en 152 categorías en las vías férreas de alta velocidad Beijing-Tianjin, Wuhan-Guangdong, Zhengzhou-Xi'an, Shanghai-Hangzhou y Beijing-Shanghai, recorriendo una distancia total de 2 millones de km, es decir, más de 50 viajes alrededor de la Tierra. La empresa sometió al CRH380A a una prueba de rendimiento técnico intensiva, todo incluido para garantizar su éxito.

El 3 de mayo de 2010, el Pabellón de los Ferrocarriles de China en la Expo Universal de Shanghai abrió sus puertas al público. El hermoso y nuevo modelo EMU que ocupaba el sitial de honor de la muestra acaparó la atención de los visitantes. Un mes antes, un CRH380A, la nueva generación del tren HSR, estaba listo en CSR Sifang. La noticia hizo titulares y la cabeza aerodinámica del CRH380A fue adoptada como la imagen oficial de la nueva generación de trenes HSR de China. El CRH380A es elogiado por ser "el medio rodante más rápido del mundo".

En el momento del evento, se cumplían dos años del inicio del proyecto de la nueva generación del CRH de 380 km/h.

Una revisión meticulosa del perfil del CRH380A revela que la ondulación de su parte superior es un paraboloide rotatorio redondo, comparado con el tren japonés Shinkansen en forma de bala. El diseño del CRH380A está inspirado en el cohete Larga Marcha de China con un perfil redondo, fluido, perfecto e inteligente.

El 3 de diciembre de 2010, durante otro ensayo integral en la línea Beijing-Shanghai, el CRH380A alcanzó los 486,1 km/h, registrando un nuevo récord de velocidad de operación para los EMU.

Actualmente, la máxima velocidad en vía férrea es de 574,8 km/h. Este récord fue conseguido por el modelo V150 del TGV francés en una prueba de circulación realizada el 3 de abril de 2007, superando su anterior récord de 515,3 km/h conseguido 17 años antes. Sin embargo, se trata de una velocidad máxima alcanzada en una prueba bajo determinadas condiciones. Por el contrario, la marca de velocidad de la línea Beijing-Shanghai fue conseguida en condiciones de operación, lo que obviamente posee una mayor importancia práctica.

Según informes, el TGV francés fue sometido a modificaciones para conseguir superar el récord de velocidad. Para ello, respecto a las condiciones normales de operación, la unidad de alta velocidad estaba formada por dos locomotoras y tres vagones, y utilizó un diámetro de ruedas de 1.092 mm (en vez de 920 mm), y la fuerza tractora fue aumentada al doble.

El nacimiento del CRH380A amparado en innovadores logros hizo a

CSR Sifang merecedor del premio equipo destacado del programa nacional de ciencia y tecnología. El estricto proceso de investigación y desarrollo, la plataforma eficiente para la innovación conjunta, el sistema de ensayo integral y verificación, y la estructura razonable del equipo de investigación vertical contribuyeron a la gran ventaja innovadora de CSR Sifang.

El punto más destacado es que China fue capaz de reunir su fuerza para lograr la producción en gran escala de trenes HSR en un corto periodo de tiempo introduciendo, digiriendo y absorbiendo la tecnología transferida y reinventando sobre la base de la investigación y desarrollo, prueba, producción y verificación.

El "Harmony" CRH380A, la nueva generación de trenes HSR de China, satisface las necesidades del transporte ferroviario y prepara el equipamiento y la ingeniería del HSR chino para futuros logros.

Premio nacional de primera categoría

El 11 de enero de 2010, se llevó a cabo en Beijing la ceremonia de entrega de premios de la Ciencia y la Tecnología otorgados por el Estado.

El proyecto de investigación "Aplicación y 'bogie' del tren HSR de 250 km/h" de CSR Sifang recibió el premio de primera categoría al Progreso Nacional en Ciencia y Tecnología 2009.

El comité de evaluación del Premio Estatal de Ciencia y Tecnología afirmó en su alocución en la velada que: "El éxito de la investigación, desarrollo y producción del 'bogie' CRH2 no solo ha estimulado el avance de las tecnologías de los materiales, mecánica, control, tracción, frenado, información y promovido la mejora industrial, sino que también ha acelerado la marcha del ferrocarril chino hacia la era del HSR".

El "bogie", también conocido en español como boje o carretón, es un chasis compuesto por ejes, ruedas, sistema de amortiguación y frenado muy similar al chasis de un automóvil. En calidad de subsistema clave decisivo para el rendimiento y la seguridad del vehículo, determina la velocidad operacional y la calidad de viaje de todo el tren.

Comparado con las autopistas, los ferrocarriles son supuestamente más fluidos, más suaves. Sin embargo, esta no es una comparación absoluta. Las vías de HSR tienen fallas imperceptibles que generan fuerzas longitudinales y laterales que causan vibraciones al tren de alta velocidad que se desplaza por ellas. Las corrientes de aire instantáneas producidas en la reunión o cruce de dos trenes empeoran las vibraciones, reducen la estabilidad de los trenes y en algunos casos provocan su descarrilamiento.

De acuerdo con los expertos, los trenes HSR de otros países normalmente toleran la vibración causada por la separación de 4-6 mm rueda/carril. China impuso un requisito HSR mucho más exigente y es que tenía que ser capaz de circular por las líneas existentes y transportar con absoluta seguridad a los pasajeros. Esto llevó a China a instituir sus propios estándares técnicos para el HSR.

Enfrentados a innumerables retos, los ingenieros de CSR Sifang decidieron construir un modelo cinético exacto y fijar el estándar técnico para los "bogie" y vías HSR de China. De aquí en adelante, los científicos condujeron una serie de reiteraciones de optimización para aumentar el umbral de la inestabilidad de la velocidad, reducir el coeficiente de descarrilamiento y mejorar la estabilidad realizando simulaciones y análisis sobre cinética, durabilidad estructural, pérdida de abrasión, incremento de la lubricación y la temperatura, etc.

Portador de la tecnología de ingeniería núcleo del tren HSR, el "bogie" para el CRH de 250 km/h hizo varios logros vanguardistas que se reflejan en su ligero peso, excelente rendimiento cinético, estructura duradera y segura, gran adaptabilidad y estándar avanzado.

En abril de 2007, durante la sexta jornada de aceleración del ferrocarril nacional, el "bogie" investigado y desarrollado por CSR Sifang prestó servicio en nueve arterias, incluyendo las líneas Beijing-Guangdong y Beijing-Shanghai, y recorrió más de 6.000 km. Posteriormente, se llevó a las vías Beijing-Tianjin y Wuhan-Guangzhou elevando el acumulado de distancia recorrida a 90 millones de km. El tiempo de viaje promedio se redujo en un 30-40 por ciento. Esta mejora significativa en el transporte de pasajeros impulsó la economía regional y la eficiencia social. Este modelo de "bogie" es reconocido como el mejor producto de su tipo.

El "bogie" del CRH2 de alta velocidad no solo revolucionó las suposiciones habituales de la carrocería rígida múltiple de la dinámica de los vehículos ferroviarios, lo que contribuyó a la evolución de la teoría de la dinámica de los sistemas, sino que hizo innovaciones sistemáticas a la tecnología de la suspensión para la absorción del impacto y la reducción de peso con garantizada seguridad estructural.

Estamos convencidos cuando decimos que el siguiente desarrollo del "bogie" del CRH380A sobre la base de la experiencia y la tecnología existentes es resultado de la innovación independiente. Durante la investigación y desarrollo del CRH380A, el equipo de diseño presentó una propuesta optimizada basándose en el "bogie" del CRH2 y el conjunto de datos de los ensayos en el millón de kilómetros recorridos en las vías de alta velocidad Beijing-Tianjin y Wuhan-Guangzhou. De acuerdo con las estadísticas, se realizaron 45 análisis y simulaciones de fortaleza estructural y cinética, 52 pruebas de "bogie" y 15 ensayos de ruta. Además, se añadieron al nuevo "bogie" vástagos y dispositivos de amortiguación para mejorar su estabilidad a velocidades más altas.

Por cada kilómetro que aumenta la velocidad por hora, la pérdida de fricción de tren HSR es importante. Los investigadores del CRH380A resolvieron el dilema partiendo de los materiales de las ruedas y sobrecargando el "bogie" para realizar decenas de millones de ensayos de fatiga. Los parámetros técnicos del "bogie" no se determinaron hasta que se hicieron incontables pruebas con el "bogie" piloto y el tren en las vías.

Para evitar el "bloqueo" como en los automóviles a causa del incremento de la temperatura, el diseñador instaló sensores de temperatura en

Sala de espera de la Estación Hongqiao de Shanghai.

los ejes, el motor y la caja de cambios del "bogie". El sistema de control del tren limita automáticamente la velocidad de operación una vez que reciba una lectura de alta temperatura. Este dispositivo adicional garantiza la seguridad y la fiabilidad del "bogie".

Los resultados de los ensayos desvelaron que el CRH380A de China, circulando a 380 km/h, tiene un coeficiente de descarrilamiento de menos del 0,1, muy por debajo de 0,8, un excelente estándar de rendimiento; una vibración en el habitáculo inferior al 1,5, una medida impresionante; el estrés por contacto es un 10-12 por ciento más bajo que el estándar europeo; el coeficiente de seguridad está al altísimo nivel de 2,7; y los componentes de resistencia a la fatiga cumplen con el requisito de 20 años. Además, a una mayor velocidad, el rendimiento del "bogie" ha comportado enorme progreso, superando el nivel avanzado internacional.

El 27 de junio de 2010, la víspera del viaje de prueba del ferrocarril de alta velocidad Beijing-Shanghai, unos 100 reporteros nacionales y extranjeros se congregaron para abordar el tren y experimentar la "velocidad de China". La prensa foránea era la más interesada en el viaje. Una gran cantidad de periodistas extranjeros acudió bien preparado para cubrir el evento. Según las estadísticas, 205 reporteros de 113 medios del exterior asistieron a la prueba organizada conjuntamente por la Oficina de Información del Consejo de Estado de la República Popular China, el Ministerio de Relaciones Exteriores, la Oficina para los Asuntos de Taiwan del Consejo de Estado y el Ministerio de Ferrocarriles.

Los periodistas quedaron impresionados por la velocidad y la estabilidad del viaje de prueba. Marije,

Tren de alta velocidad en la Estación de Wuhan de la línea Beijing-Guangzhou.

reportera de RTL, declaró que además de su experiencia en el TGV de Francia y el Shinkansen de Japón, esta era la tercera vez que abordaba un tren HSR y que disfrutaba nuevamente de la sensación de ser muy eficiente "aprovechando el tiempo". Agregó que viajar en el tren de alta tecnología CRH Beijing-Shanghai era tan cómodo como hacerlo en un avión. Muchos reporteros reflejaron en sus informaciones su sorpresa al ver que el agua de los vasos no se derramó durante el recorrido de prueba del CRH380A. Aseguraban que no era fácil ser merecedor de tantos elogios y que había que darle el crédito a la innovación independiente del "'bogie' de alta velocidad".

Según manifestó un responsable de la empresa nacional de ferrocarriles CRRC, las unidades de tren de alta velocidad chinas utilizaron "bogies" de alta velocidad con buenas prestaciones de amortiguación que redujeron las vibraciones y el nivel de ruido en el interior de los vagones, todos ellos desarrollados de forma independiente y de primer nivel mundial.

Los desafíos de la innovación

A medida que los logros del HSR de China fueron centro de atención mundial, surgió una preocupación común sobre la autenticidad de China como incubadora de la tecnología clave del HSR.

En la fase de introducción de la tecnología, las tecnologías importantes de los trenes HSR extranjeros relativas al "bogie", redes de control, dispositivo de conversión y frenos de aire, así como otros componentes clave, no formaron parte del acuerdo de transferencia, o fueron transferidos de forma condicionada porque las contrapartes foráneas tomaron medidas de precaución contra la ya capacidad madura de China de fabricar material rodante. Los algoritmos y análisis clave, datos de prueba y software afines quedaron muy bien protegidos. Un miembro de Siemens llegó a decir: "No transferiremos tecnología clave en absoluto". A propósito de esta afirmación, un experimentado ingeniero de CNR Changchun Railway Vehicles aseguró: "En cuanto a las tecnologías clave, cada vez que nos acerquemos al resultado, los extranjeros serán más sensibles a resguardarlas con una tapa de hierro".

Las firmas HSR japonesas y europeas estaban dispuestas a exportar a China sus avanzadas tecnologías del tren por dinero y reconocimiento. El floreciente emergente mercado chino es lo suficientemente lucrativo para un contrato multimillonario teniendo en cuenta que el país se propone construir el sistema HSR más largo y más grande en la historia de la construcción ferroviaria. Definitivamente, no deseaban crear un competidor.

Revelado por un ingeniero de Siemens en una entrevista con los medios de comunicación, en el sistema de tracción, el núcleo y las piezas técnicas más pesadas son el software, que no es transferible. A su juicio, la tecnología clave del tren se dividía en tres partes —tracción, "bogie" y freno— de las cuales la tracción es la más importante por ser "el corazón del tren".

Como es sabido por todos, las naciones occidentales mantendrían en estricto secreto su tecnología núcleo. Por ejemplo, Estados Unidos ha bloqueado a China por su tecnología espacial. En las postrimerías de 2000, China expresó su interés de unirse al programa de la estación espacial internacional. En octubre de 2007, China transmitió su deseo de empezar una relación de colaboración con Estados Unidos en la esfera espacial para convertirse en el décimo séptimo socio. Sin embargo, Estado Unidos permaneció atento al surgir de la tecnología espacial de China. Para evitar una filtración de su tecnología espacial, Estados Unidos siguió objetando la participación de China en el programa de la estación espacial internacional.

Dependiendo de su propio poder y capacidad de investigación y desarrollo independientes, China anunció el comienzo de su programa de la estación espacial tripulada en octubre de 2010, tras el lanzamiento exitoso de las naves espaciales Shenzhou 1 a la 7. En noviembre de 2011, Shenzhou 8 y Tiangong 1 realizaron con éxito la misión de acoplamiento, convirtiendo a China en el tercer Estado del mundo que domina la tecnología de acoplamiento espacial, después de Estados Unidos y Rusia.

La cruda realidad despierta a los fabricantes chinos de equipamiento llamándoles a pasar de la dependencia de recursos a la independencia innovadora para hacerse con tecnologías clave y derechos de propiedad intelectual en industrias de especial relevancia. Impulsar la economía con los avances de la ciencia y la tecnología redunda en beneficios para la sociedad.

En 2010, el Ministerio de Ferrocarriles subrayó: "Más del 70 por ciento de los EMU HSR de 200 km/h son hechos en China".

Los CRH etiquetados "Hecho en China" ya conocen el camino de la mundialización. Suramérica y Europa están a dos paradas de recibir los productos y la tecnología HSR exportados por China, lo que supone una amenaza para otros países fabricantes del HSR.

El 17 de noviembre de 2010, la compañía nipona Kawasaki hizo declaraciones que ponían en duda el reclamo de innovación independiente del Ministerio de Ferrocarriles de China en una entrevista con el rotativo estadounidense *The Wall Street Journal*, un criterio del que no solo Kawasaki sino otras firmas japonesas fabricantes de HSR se hacían eco, alegando "algún que otro retoque al esquema de la pintura exterior y los embellecedores interiores de muchos trenes, así como un sistema de propulsión más fuerte para aumentar la velocidad".

El Ministerio de Ferrocarriles respondió reconociendo que los trenes HSR entonces vendidos fueron fabricados con criterios de investigación y desarrollo internos de las tecnologías extranjeras transferidas. Sin embargo, CSR Sifang, China CNR Corporation y otras empresas nacionales inyectaron elementos de investigación y desarrollo independientes durante el proceso de fabricación. Los productos finales eran "hechos en China". Especialmente, la nueva generación de CRH era resultado de los novedosos frutos de la investigación, desarrollo e innovación de las tecnologías extranjeras adquiridas.

Wang Mengshu, miembro de la Academia de Ingeniería china, consideraba que China había desmantelado y diseñado inversamente las pocas importaciones extranjeras que fueron reensambladas y mejoradas por los ingenieros chinos antes de la integración y sinización final con innovaciones.

Ciertas empresas de propiedad extranjera no coincidían con la opinión sobre el incumplimiento del acuerdo por parte de China, pero tampoco estaban felices con la competencia de China en las licitaciones internacionales del HSR.

De hecho, las dos tecnologías clave, tracción y redes de control, o, lo que es lo mismo, el corazón y el cerebro de un tren HSR, no figuraron nunca en la transferencia. Además, estas requerían mucho tiempo y un largo proceso de digestión y absorción antes de poder pasar a la sinización.

La supuesta tecnología clave era el código fuente del corazón y el cerebro del tren HSR o el código de los programas clave. No obstante, el código transferido a China fue el código fuente ensamblado o compilado en un formato binario ilegible, inaccesible para los humanos.

Sin el código fuente clave, las capacidades para la detección de las lagunas tecnológicas y para la anti-intrusión quedan fuera de alcance. Tomemos, por ejemplo, las instalaciones nucleares de Irán que quedaron paralizadas por el ataque de un virus y las revelaciones sobre "Prism" de Snowden. Ahora, Estados Unidos está mucho más alerta al mantenimiento de la seguridad en la red. El intento previo de la estadounidense GE de cooperar con CSR Sifang concluyó en debates sobre las preocupaciones de China de que el código fuente publicado tuviera que pasar el escrutinio de la Casa Blanca por razones de seguridad.

Algunos pudieran preguntar por el porcentaje del sistema de tracción en el precio total del tren. Según los cálculos, ronda el 20-30 por ciento, del cual el sistema de control automático representa el 50 por ciento del total por lo que es considerado como el más rentable. El sistema de control está dominado por el grupo alemán Knorr-Bremse AG. A finales de 2004, Knorr-Bremse Far East creó una compañía en la Zona de Alta Tecnología de Suzhou. A finales de 2010, la empresa reportó ganancias por 3.500 millones de yuanes y beneficios netos por valor de 770 millones de yuanes.

Al igual que el sistema de tracción, el de frenado, elemento altamente competitivo a la vista de los ofertantes de tecnología extranjera, no era parte del acuerdo de transferencia de tecnología sino producido por una fábrica de una empresa mixta en China. La fábrica JV no permitió el más mínimo intento de trasferencia de tecnología, ni la filtración de un solo folio del dibujo a la contraparte china. Este ha sido el modelo de colaboración preferido por las compañías extranjeras que no desean ofrecer tecnología clave.

El único de los tres grandes sistemas abierto a la transferencia de tecnología fue el del "bogie". Sin embargo, solo se pusieron en venta los folios de dibujo, no los principios del diseño. Se trataba de una transferencia de fabricación lista que no incluía los saberes específicos. "Esto es común en las tecnologías de trenes HSR actuales". Liu Youmei, el ingeniero que fabricó exitosamente el CRH "China Star", manifestó que los dibujos de los diseños disponibles solo servían para ser copiados. Los componentes del núcleo y el software o las cuestiones invisibles estaban muy bien resguardados.

En 2011, el Ministerio de Ferrocarriles realizó un estudio sobre la digestión de la tecnología y concluyó que las tecnologías clave estaban monopolizadas por las firmas extranjeras. Incluso eran muchos los que pensaban, hasta hace muy poco, exactamente hasta la celebración del XVIII Congreso Nacional del PCCh, que China no tenía dominio de la tecnología clave del HSR.

Los ingenieros de Alstom y Siemens, quienes habían participado en la transferencia de tecnología, consideraban que el supuesto acuerdo no contemplaba la tecnología de diseño de los componentes clave transferidos sino solo el proceso de fabricación —los dibujos de instalación y consultas sobre el proceso de instalación—. "Se trata del típico contrato de adquisición de componentes clave, de la importación de grandes cantidades de piezas originales", reveló un ingeniero subjefe de CSR Sifang.

Zhuzhou Shiling Transportation Equipment Company Ltd., empresa de participación mixta concertada entre JV Zhuzhou CSR Times Electric Company Limited y Mitsubishi Electric de Japón, fabrica convertidores de tracción para metros urbanos, convertidores auxiliares y sistemas de control para trenes HSR, según la información aportada por Yao Yuan, ingeniero de Zhuzhou CSR Times Electric Company Limited de CSR Sifang. De acuerdo con Yao Yuan, los componentes clave del tránsito había que comprárselos a Mitsubishi Electric, y la parte japonesa se encargaba de la calibración programable. Las piezas importantes del software y los procesos son controlados por los japoneses. Mitsubishi Electric se siguió negando a darle el código de fuente a la parte china, incluso después de que esta expresara su intención de modificar los parámetros técnicos internos.

Mitsubishi Electric también se llevó una gran parte de las utilidades de Shiling. Yao Yuan, explicó que los ingresos de Mitsubishi Electric procedían de tres fuentes. La primera era la adquisición de los componentes clave, la segunda, la comisión por servicio de reparación de las piezas defectuosas y, la tercera, el 50 por ciento de las utilidades generadas por las ventas.

Tomemos por ejemplo el MU de Mitsubishi importado. Muchas de las piezas se le compraron a Japón, piezas que se averiaban con frecuencia. La vida útil originalmente acordada de 400.000 km no se cumplió y fue necesario reparar las piezas cuando apenas habían trabajado la mitad de la distancia. Además, el precio era exagerado. Las piezas del último CRH380A se compraron a proveedores europeos primero a sus producciones adaptadas disponibles, aunque también a JV, pero de manera más controlable.

Yao Yuan subrayó que la cruda realidad nos obligó a acelerar nuestra innovación independiente porque no era cuestión de patriotismo sino de sobrevivir y desarrollarse. De ahí la necesidad de escalar en el proceso de sinización. El elevado coste de utilizar los componentes clave extranjeros atenta contra la competitividad de las empresas nacionales.

Por eso, muchos expertos aseguran que debido a la importancia fundamental y estratégica del HSR para el país, tanto el gobierno como la comunidad científica-tecnológica tienen necesidad urgente de la innovación independiente para dominar la tecnología principal. La presión del coste, como estímulo adicional, despierta el interés de los fabricantes de MU por el camino de la sinización.

Liu Youmei reconoció que la plataforma de tecnología HSR construida tras el proceso de introducción, digestión y reinvención es indudablemente mucho mejor que la del "China Star", que debe pertenecer a un museo de historia. No obstante, exhortó a la tecnología MU de China a empezar desde el "corazón" y no a comprar simplemente las piezas.

El análisis de los expertos sugiere incluso que la tecnología principal debe desarrollarse de antemano. El propósito de la introducción de las tecnologías es digerirlas y reinventarlas. Los japoneses aceleraron su desarrollo en las décadas del 60 y el 70 del siglo pasado invirtiendo 7 dólares en la digestión, absorción y reinvención por cada dólar que gastaban en tecnología emergente. La República de Corea había convertido en ley que la misma tecnología debía estar sujeta a una sola introducción y el esfuerzo restante debía dedicarse a la digestión, absorción y reinvención.

Igualmente, otros entendidos del sector, manifestaban que China poseía la capacidad de fabricación a escala de trenes HSR en los próximos años, luego de años de aprendizaje del proceso de fabricación avanzado de la tecnología emergente. Un simple hecho es el salto en su precisión de soldadura, al igual que su capacidad para fabricar trenes. Por ejemplo, la sinización del modelo CRH3 es importante. La producción nacional significa que la tecnología, en principio, viene de Siemens normalmente a través de JV y se transfiere. Sin embargo, el proceso de sinización lo hace en su totalidad China. Los parámetros técnicos que incluyen los parabrisas y la reducción de la resistencia del CRH3 muestran una gran mejora.

Por lo tanto, debemos reconocer que, aun cuando el sacrificio de mercado por tecnología no garantiza la adquisición de las tecnologías principales, China se ha beneficiado del efecto derrame de tecnología y se ha hecho de tecnologías maduras y avanzadas de las compañías extranjeras a través del diseño, producción y venta de derivados creados o imitados. Al acortar la distancia, China dijo adiós a la era de fabricación encortinada del tren.

El académico Fu Zhihuan piensa que la tecnología puede comprarse, pero no la capacidad de innovación. La innovación debe transitar por dos caminos: introducción de la tecnología e innovación independiente. A través de la introducción-digestión, imitación-descifrado e innovación final con plena comprensión del código fuente, China puede cambiar su estatus de usuario de tecnología clave al de propietario de tecnología clave y cambiar además la etiqueta de "Hecho en China" por la de "Inventado en China". Desde esta perspectiva, no puede comprarse no significa lo mismo que no puede adquirirse.

Japón, país desarrollado, experimentó un proceso similar de cliente de tecnología extranjera a dueño de tecnología reinventada. La iniciativa japonesa de la retro ingeniería de las tecnologías extranjeras, contribuyó en cierta medida a la transformación de Japón, así como a la cultivación de un grupo de compañías científicas-tecnológicas, siderúrgicas, fabricantes de barcos y automóviles después de la Segunda Guerra Mundial, como Honda y Toyota. Algo muy parecido ocurrió en la República de Corea.

Sun Zhang, profesor de la Universidad Tongji, plantea que es imposible saltarse la sinización. El hardware se puede importar, pero antes de la absoluta sinización es preciso digerir el software. Producción nacional quiere decir producción en China y no es lo mismo que sinización. El HSR de China, en la etapa actual, es líder mundial, pero China no posee las tecnologías principales del software y el hardware integrados. Como las tecnologías principales no están en nuestras manos, no podemos decir que lideramos la tecnología HSR mundial.

En general, las tecnologías principales avanzadas de las naciones occidentales no son transferibles por la vía financiera por ser su medio de supervivencia, pero toda regla tiene su excepción, hasta en el mundo comercial. Una parte está deseosa de comprar y la otra está feliz de vender. En los casos más relevantes de transferencia de tecnología, se han dado situaciones de total hermetismo de la tecnología dorada y de venta de tecnología por dinero, como por ejemplo cuando KHI de Japón y Alstom de Francia cerraron acuerdos de pago contra entrega condicionados, pero de bencficio mutuo.

Partiendo de nuestra comprensión y práctica de la transferencia de tecnología HSR, es factible abordar el fenómeno desde otras dos perspectivas. Desde el punto de vista de sistema tecnológico, debemos introducir, digerir y absorber de un gran diapasón para materializar la innovación independiente y construir nuestra propia plataforma de tecnología. Desde el criterio de producto de alta tecnología, no tiene que venir directamente de nosotros puesto que resolveríamos el problema con una adquisición internacional.

Por ejemplo, el corazón del sistema de potencia de tracción del HSR es el interruptor de potencia al vacío de 27,5 kw de Siemens que trabaja 100.000 veces sin fallar. Siemens se niega a la transferencia de tecnología porque la acción provocaría la caída del precio de sus valores en la bolsa, así como un conflicto de intereses económicos nacionales. El suministro de potencia del HSR se realiza por segmentos. Cuando el tren va de un segmento a otro, los interruptores de potencia al vacío son los encargados de suministrar la energía y mantener una alimentación continua. La calidad de los interruptores de potencia al vacío determina la calidad del suministro de energía de un HSR de tráfico intenso. Para garantizar la calidad, muchas empresas HSR de países extranjeros utilizan los productos de Siemens, lo que le da al conglomerado alemán una cuota de mercado mundial del 75 por ciento.

Desde otra perspectiva, el HSR es un proyecto de ingeniería de sistema que exige más de una tecnología. Un teléfono móvil de baja gama involucra varias tecnologías patentadas, que la empresa más grande no posee y tiene que comprar, introducir e intercambiar. La cantidad de patentes involucradas en un HSR es mucho mayor. Especialmente, como la mayoría de las patentes HSR están en manos de firmas extranjeras, el enfoque de transferencia de tecnología es una opción razonable. El éxito de este tipo de ingeniería sistemática no depende de una sola tecnología sino de la integración de diversas tecnologías, nuevos estándares de tecnología y derechos de propiedad intelectual de integración independiente.

En calidad de modelo que integra lo mejor del líder en cada sector, el HSR de China es un sistema desarrollado independientemente que agrupa múltiples tecnologías. Los injertos y la integración tecnológicos son una gran innovación que selecciona las mejores y más avanzadas tecnologías de las mejores compañías de cada país y las integra en el HSR de China. El resultado de este proceso es un nuevo sistema de "lo mejor de lo mejor", mucho mejor que el original. El injerto, la integración y la reinvención son los valores medulares del HSR de China. La plataforma de innovación compartida para esta industria estratégica se creó superando las barreras del sistema entre departamentos, industrias, universidades y empresas e integrando los recursos nacionales de la ciencia y la tecnología. La confianza depositada en el HSR de China es testimonio de la confianza de China en su institución y camino.

Resumir el statu quo de la innovación de la tecnología principal del HSR de China es abarcar las creaciones genuinas del 90 por ciento de la infraestructura HSR, incluidas las líneas, puentes, túneles y alcantarillas; la innovación sistema-integración de los sistemas de suministro de potencia de tracción y señalización o la innovación de la plataforma; la innovación independiente de los sistemas de servicio de pasajeros y operación; los proyectos de innovación independiente de introducción, digestión, absorción e invención conducidos para hacernos con las tecnologías clave de la fabricación del tren en el marco de la iniciativa de "mercado por tecnología".

Las perlas en el hilo de plata

Históricamente, una estación de ferrocarril es conocida como una "perla" en el sistema del ferrocarril. Comparando la línea de ferrocarril con un hilo de plata, las estaciones como las perlas de un collar de plata. Las estaciones son las instalaciones más importantes del ferrocarril y constituyen importantes hitos urbanos representantes de las características de las ciudades.

Con la puesta en servicio de las líneas férreas de alta velocidad, China construyó un gran número de modernas estaciones. Como expresó el famoso poeta Lin Mang, "las nuevas estaciones de pasajeros del ferrocarril de alta velocidad no son el punto final para llegar a una ciudad, sino un punto de partida para entrar en ellas". Una parada es un escenario con características propias. La originalidad del diseño y la armonía entre el hombre y la naturaleza hacen que cada estación de pasajeros del ferrocarril de alta velocidad sea como una obra de arte preciosa tallada en la tierra de China y una perla cultural brillante incrustada en su antigua civilización.

Las estaciones de pasajeros del ferrocarril de alta velocidad de China proporcionan a los viajeros cómodos servicios para el acceso, un agradable entorno de espera e instalaciones de servicio adaptadas a las personas, y al mismo tiempo abren una ventana a los ciudadanos para conocer la ciudad. Las nuevas estaciones tienen una relación más estrecha y armoniosa con las ciudades, desempeñan un importante papel en el transporte integral y el desarrollo económico y social y constituyen el nuevo símbolo de su imagen.

Según el Plan de la Red Ferroviaria a Mediano y Largo Plazos, hasta finales de 2015 China llevó a cabo la construcción de 628 estaciones de pasajeros del ferrocarril de alta velocidad, conformando un sistema moderno de estaciones adaptadas a las características del flujo de viajeros para satisfacer las necesidades de los pasajeros y facilitar la organización del transporte y el desarrollo urbano.

Las nuevas estaciones de tren de pasajeros de alta velocidad han conseguido grandes innovaciones y avances en comparación con las estaciones tradicionales en cuanto al diseño, función, transporte, construcción, tecnología clave y concepto e instalaciones de servicio. Tomando la estación como centro, el ferrocarril conecta directamente con las redes de metro, autobús, taxi y otros medios de transporte, lo que garantiza una adecuada capacidad, funciones completas y una transferencia conveniente.

Mirando hacia atrás en la historia, la construcción de estaciones de tren en China de forma general ha experimentado tres etapas de desarrollo. Las estaciones de la primera etapa se construyeron antes de principios de los 80 del siglo pasado y su función principal se refleja en el transporte ferroviario simple. Las estaciones de ferrocarril de la segunda fase se construyeron a partir de la reforma y apertura hasta principios de este siglo, y realizaron la expansión de las estaciones, ampliando sus funciones de servicio y añadiendo nuevas instalaciones con el fin de satisfacer las necesidades de desarrollo social. Las estaciones de la tercera etapa son las estaciones de ferrocarril de las líneas de alta velocidad para el transporte exclusivo de pasajeros, siendo las más representativas la estación Beijing Sur, la de Wuhan, la de Guangzhou Sur y la estación Hongqiao de Shanghai. Estas estaciones de pasajeros del ferrocarril de alta velocidad suponen un cambio revolucionario en la historia de la construcción de estaciones ferroviarias de China. Basándose en un alto punto de partida, un alto estándar y un alto nivel, se han construido un gran número de estaciones de gran escala de clase mundial para adaptarse al cambio de la forma de espera de los pasajeros y los requisitos de tráfico, satisfacer las necesidades del rápido desarrollo de las ciudades, y adecuarse al desarrollo del suelo urbano, la expansión funcional y la optimización de la estructura espacial.

Sobre la base del estudio completo de la evolución y el desarrollo de las estaciones de ferrocarril en los países desarrollados y resumiendo las lecciones aprendidas y el desarrollo del proceso de construcción de estaciones de ferrocarril en China, la construcción de las estaciones de ferrocarril de alta velocidad sigue un concepto de diseño orientado a las personas y ha establecido un concepto de construcción "funcional, sistemático, avanzado, cultural y económico".

Funcionales para hacer hincapié en el servicio orientado al pasajero con el objetivo de proporcionar a los pasajeros un ambiente cómodo, condiciones de transferencia rápida y conveniente y servicios de calidad humana; sistemáticas para situar las estaciones como centros de tráfico moderno para las ciudades; avanzadas para garantizar las necesidades de los servicios de transporte en el futuro durante un largo período de tiempo, considerar plenamente el ahorro energético de los edificios y los requisitos de protección del medio ambiente y mejorar el nivel de calidad de las instalaciones; culturales para lograr la combinación perfecta de su diseño con las características de los tiempos y la cultura local y crear hitos culturales urbanos; y económicas teniendo en cuenta los costes a lo largo de toda la vida útil de las mismas para garantizar la adecuación de su escala y las normas de construcción y conseguir el ahorro de recursos y el respeto al medio ambiente.

De acuerdo con los requisitos de las estaciones de pasajeros del ferrocarril de alta velocidad de forma que puedan soportar la presión causada por la alta velocidad de los trenes, a través del progreso científico y tecnológico y la innovación, su construcción ha resuelto una serie de problemas técnicos tales como la gran estructura espacial, el ahorro de energía, el control ambiental y la seguridad contra incendios.

En cuanto a su estructura, a través de la disposición tridimensional del espacio se ha logrado el ahorro de valiosos recursos de suelo urbano. Se ha adoptado un concepto de diseño de estructura espacial tipo "estación y puente" en el que, sobre la base de "entrada por arriba y salida por abajo", la estación se divide en planta baja, nivel de plataforma y nivel superior. La primera planta es la estructura del puente de ferrocarril y el nivel superior es un gran espacio de estructura metálica de grandes luces. Los vehículos entran y salen por el viaducto y los pasajeros entran en la estación a través del segundo nivel, de forma que no se producen ningún conflicto entre ambos.

En cuanto a la función integral, las estaciones aplican activamente el concepto de "transferencia de distancia cero" y mejoran notablemente la multifuncionalidad del tráfico integrado de la ciudad para lograr el acoplamiento sin problemas con las redes de metro, autobús y taxi, e incluso un "contacto íntimo" de integración con los aeropuertos, convirtiéndose en centros de tránsito de pasajeros modernos que satisfacen la conveniencia y la comodidad de las transferencias. La estación de ferrocarril de Guangzhou Sur es un centro de transporte que integra la transferencia entre las líneas de alta velocidad Beijing-Guangzhou, Guangzhou-Shenzhen y la línea interurbana Guangzhou-Zhuhai y el metro y los vehículos de pasajeros. La estación de Xi'an Norte es el centro de la red ferroviaria de las líneas de alta velocidad Xuzhou-Lanzhou, Xi'an-Chengdu, Datong-Xi'an, Xi'an-Yinchuan, etc. La estación Hongqiao de Shanghai se encuentra en la intersección de las líneas de alta velocidad Shanghai-Hangzhou, Shanghai-Nanjing y Beijing-Shanghai, y constituye una parte importante del nodo integral de transporte Hongqiao, pudiendo llegar a albergar 10.000 pasajeros al mismo tiempo. Además, la estación se conecta directamente con la Terminal T2 del Aeropuerto Internacional Hongqiao de la ciudad.

En cuanto a la protección del medio ambiente y el ahorro de energía, las estaciones de pasajeros del ferrocarril de alta velocidad de China aplican una gran cantidad de tecnologías de ahorro energético. Los cerramientos y cubiertas utilizan nuevos materiales de ahorro de energía, y se hace un pleno uso de la luz natural para la iluminación y tecnología de control de calidad del aire para mejorar la calidad del medio ambiente en las salas de espera. La estación Beijing Sur es la primera estación que hace uso de la energía solar. En el techo de la sala de espera se han instalado paneles solares con una potencia total de 350 kilovatios para el suministro de electricidad. La estación de Hongqiao de Shanghai ha instalado 23.885 paneles solares sobre sus 70.000 m^2 de techo sin columnas para generar un promedio anual de 6,3 millones de kilovatio-hora de electricidad, lo que permite la reducción de más de 1.900 toneladas de emisiones de dióxido de carbono y el ahorro de casi 8.000 toneladas de carbón estándar. Asimismo, las estaciones aprovechan el calor de las aguas residuales para la calefacción en invierno y en verano eliminan dicho calor para generar frío, logrando de esta forma un ciclo ecológico de calefacción y refrigeración.

En cuanto a la estética arquitectónica, las estaciones de pasajeros del ferrocarril de alta velocidad representan los logros de China y poseen un hermoso estilo chino fresco y al mismo tiempo moderno y adaptado a los tiempos. Sobre la base de la cultura tradicional, se adhieren a la integración de la cultura regional y la ciencia y tecnología moderna, encarnando las características de la innovación científica y tecnológica y un estilo armonioso y humanista, convirtiéndose en nuevos hitos de la cultura urbana.

Tomando como ejemplo la línea férrea de alta velocidad Beijing-Shanghai bautizada como "corredor cultural", esta línea está compuesta por un total de 24 estaciones que conforman dos círculos de tráfico rápido comunica las ciudades del entorno del "Mar de Bohai" y el delta del río Changjiang en menos de cinco horas. A lo largo de ella, la cultura arquitectónica de las estaciones de pasajeros caracterizada por diferentes estilos permite a los pasajeros disfrutar de un recorrido cultural y una agradable experiencia de los trenes de alta velocidad chinos.

La estación ferroviaria Beijing Sur es la primera parada del ferrocarril de alta velocidad de China y el punto de partida de las líneas de Beijing-Shanghai y Beijing-Tianjin. Conformada por tres niveles en su parte central, su forma ovalada como una vista aérea del Templo del Cielo es la metáfora de la arquitectura imperial de la antigua China.

La estación de Jinan Oeste representa "montañas, fuentes, lagos, ríos y murallas", los cinco elementos característicos de la ciudad y muestra los paisajes pintorescos de la montaña Lashan y los lagos Longshan y Lashan.

La estación de Qufu Este en la ciudad natal de Confucio, exhibe el encanto tradicional y la modernidad entrelazados en un edificio en el que se representan los caracteres chinos tradicionales de "rito, música, arco, gobierno, libro y número", con un marcado estilo cultural.

La estación Tengzhou Este en la ciudad natal de Lu Ban, uno de los arquitectos más famoso en la historia china, destaca el espíritu de los artesanos chinos mediante el uso de los símbolos de la arquitectura clásica china para fortalecer sus contornos y líneas arquitectónicas.

La estación de Nanjing Sur es un ejemplo arquitectónico moderno que aúna la ciencia y la tecnología, la civilización humana y el paisaje y representa el encanto de la antigua capital china destacando los elementos de una secuencia de espacio triple, los aleros de los palacios, la piedra de colores y las puertas de su histórica muralla.

Por último, la estación Hongqiao de Shanghai es una construcción rectangular de líneas claras y estilo contundente que pone en valor el romántico estilo marino de la metrópolis señorial de la moda, como un "portaaviones" del transporte estacionado en el mar de la China Oriental.

A través del recorrido a lo largo de esta línea de ferrocarril de alta velocidad es posible observar increíbles y variadas culturas.

Asimismo, la estación Guangzhou Sur representa la forma de la hoja de plátano y contiene numerosas características de la región de Lingnan; la estación Zhengzhou Este tiene forma trípode y muestra la solemnidad, la calma y la grandiosidad de la cultura de las llanuras centrales; por último, la Estación de Wuhan como las alas de un pájaro representa la grúa amarilla en pleno vuelo y se hace eco de la famosa pagoda Huanghelou de la ciudad. Esta estación fue premiada por el museo internacional de arquitectura y diseño Chicago Athenaeum con el premio internacional de arquitectura al "edificio más hermoso".

Las opiniones del profesor Lu

En una edición de diciembre de 2013, el semanario *Outlook Weekly News*, el periodista Wang Jianjun publicó un artículo bajo el título "La falla teórica del HSR de China tras una década de 'mercado por tecnología'". El artículo parecía resolver el rompecabezas del programa HSR chino al exaltar la capacidad de innovación independiente del país. En el momento álgido del frenesí nacional, la prensa se peleaba por reimprimir el artículo.

Definitivamente, el escrito sacó a relucir un fenómeno paradójico. El canal de televisión por cable de Estados Unidos, Discovery Channel, aplaudió la tecnología HSR de China en su documental sobre el ferrocarril de alta velocidad Beijing-Shanghai. Los medios de comunicación alemanes se hicieron eco del acontecimiento al referir: "Los asiáticos han aprendido la tecnología de construcción de HSR de Occidente. Ahora son capaces de realizar investigación y desarrollo independientes". Las reacciones de China fueron intrigantes. Algunos economistas escribieron reprimendas para refutar la idea tanto de un reclamo falso de auto vanagloria como de presunto embuste.

Todos los argumentos del artículo de Wang eran parte de la tesis de investigación del académico, Lu Feng, profesor de la Escuela de Administración Gubernamental de la Universidad de Beijing.

Entre las postrimerías de 2012 y principios de 2013, el desarrollo del HSR de China se sumió en un lento progreso. El profesor Lu, entusiasta y seguidor durante mucho tiempo de la evolución de la economía empresarial del país, empezó a prestarle atención y a estudiar el HSR chino. Lu terminó su informe en marzo de 2013. Wang seleccionó el trabajo de Lu y confirmó los logros de China en el HSR. Especialmente, el punto de vista único de Lu sobre el sendero de desarrollo del HSR de China ilustrado por Wang fue lo que atrajo a muchos lectores.

El estudio de Lu indicaba: "China tiene que insistir en su camino de innovación independiente no porque solo se puede comprar la estrategia de tecnología medular pero la capacidad de innovación no adquirible. El papel de las empresas y las industrias chinas en el avance tecnológico del país no es reemplazable por la empresa de financiación extrajera JV. El gobierno y las industrias chinos tienen que controlar su desarrollo tecnológico".

Como es sabido por todos, el surgimiento de las tecnologías HSR a escala importante en China ha suscitado interrogantes y el debate sobre la veracidad de "las tecnologías clave" transferidas. Como participante y testigo del HSR de China, al escribir este libro, el autor sufrió el descontento provocado por las incontables dudas y experimentó la motivación de la urgencia de ofrecer una respuesta.

El análisis del profesor Lu sugiere que China tiene dominio de la tecnología mundial más avanzada del HSR, pero el éxito de la tecnología HSR china es resultado de la competencia tecnológica de la industria ferroviaria nacional y no de la "introducción, digestión, absorción y reinvención". China era poseedora de competencia tecnológica antes de la transferencia de tecnología. La asombrosa conclusión constituyó una contundente aprobación a la competencia y la confianza chinas.

La conclusión de Lu afectó también a dos temas cruciales del desarrollo del HSR en China, motivo de gran orgullo para los chinos.

Primero, está la interrogante: ¿Logró algún tipo de progreso el HSR de China con la iniciativa de "mercado por tecnología"?

El vertiginoso progreso de la tecnología HSR de China ha sido alabada como modelo exitoso de "mercado por tecnología". Sin embargo, el profesor Lu asume una posición contraria a este parecer al considerar que el HSR de China nunca tomó el camino de "mercado por tecnología", teniendo en cuenta que el mercado nacional siempre estuvo bajo el control de la propia China. Incluso durante el gran periodo del surgimiento del HSR de 2004 a 2006, la práctica "mercado por tecnología" nunca fue el modelo porque se adoptó el modelo de "dinero por tecnología" como el comercio tecnológico por excelencia.

Lu argumentó: "Primero, ningún país es capaz de controlar el mercado ferroviario de China. Los trenes no son productos de consumo (como los automóviles). Las compañías extranjeras no tienen oportunidad de formar directamente hábitos o concepciones en el consumidor chino ni de ejercer presión en el consumidor sobre la unidad comercial del HSR de China. Segundo, ninguna compañía extranjera es capaz de controlar el proceso de aprendizaje de las empresas chinas por carecer de participación. Una vez que se realiza el comercio tecnológico, las entidades extranjeras no tienen derecho a opinar sobre el uso de esas tecnologías".

Lu hizo énfasis en la naturaleza del ferrocarril y en que el sistema nacional vetaba la inversión extranjera en el mercado ferroviario nacional. Mientras China no sea un país colonial o semicolonial, jamás permitirá que un sistema tecnológico tan complicado y extenso que atañe a la soberanía nacional como el mercado ferroviario sea compartido con ninguna entidad foránea.

Es conocido que después de que China ingresó a la OMC, el Ministerio de Ferrocarriles chino, como entidad económica tiene que cumplir con sus obligaciones, entre ellas la apertura del mercado de equipamiento ferroviario.

Un mercado abierto no es un tema de soberanía nacional. De hecho, tanto la importación de trenes completos como la adquisición de tecnología avanzada del tren de alta velocidad son conductas comerciales. La licitación de trenes HSR para entidades nacionales y extrajeras organizada por el Ministerio de Ferrocarriles es para abrir el mercado de equipamiento HSR de China.

Otra pregunta importante: ¿Es la tecnología HSR de China un producto de la "introducción, digestión, absorción y reinvención"?

La competencia tecnológica nacional es el núcleo de la innovación, a juicio del profesor Lu. Esta competencia tecnológica significa "el control" de tecnología y variantes tecnológicas, la verdadera competencia de tecnología que China ha perseguido a través del programa de modernización industrial durante más de un siglo. Lu consideró que el HSR de China comenzó su "reinvención" durante la etapa de digestión y absorción del prototipo. Lo que involucró "la transferencia de tecnología" fue "la capacidad de fabricación" no la competencia tecnológica. Lu explicó también que la tecnología comprada era la tecnología de fabricación que venía con el producto, no la "idea del diseño".

El profesor Lu concluyó que el expedito progreso del HSR de China es atribuible a las imperfecciones del modelo de "introducción, digestión, absorción y reinvención".

La tecnología HSR de China proviene de tres fuentes: la primera, las tecnologías avanzadas del extranjero; la segunda, la capacidad de desarrollo y la acumulación de tecnología de China, y la tercera, la innovación integrada de múltiples tecnologías en el proceso de construcción de la capacidad de fabricación. Tenemos que reconocer el prerrequisito de "introducción, digestión, absorción y reinvención" como el motor fundamental de la innovación tecnológica nacional.

Trate de imaginar, sin el proceso de "introducción, digestión, absorción y reinvención", ¿es posible reinventar y conseguir tan importantes avances tecnológicos? La respuesta es definitivamente no. Por supuesto, no podemos negar que la fortaleza tecnológica nacional ha demostrado su papel firme en calidad de último que llega al proceso de reinvención.

Podemos seguir hurgando, ¿por qué China no tiene aún su marca de automóviles? Desde la aplicación de la reforma y apertura en 1978, la industria del automóvil de China ha introducido muchas tecnologías extranjeras que han impulsado rápidamente su desarrollo. Todavía hoy en día, los coches de marcas extranjeras circulan por todo el país. ¿No puede la tecnología china respaldar su industria automovilística? o ¿prefiere China únicamente el HSR? También como último invitado, el segundo triunfó y el primero fracasó. En la cáscara de la nuez, el éxito depende del dominio de la tecnología clave o de la capacidad para absorber, digerir y reinventar. Dominar la tecnología medular es la clave para crear nuestra propia marca. De lo contrario, no será mucho mejor que "cambiar una placa".

También es necesario que admitamos que el vasto mercado ofrece una ventaja de coste. El HSR de China tiene un elevado radio de rendimiento-precio dado por el control de la cadena de suministro, fuerte gestión del coste y capacidad de producción en gran escala. Todos sabemos que, para un mismo producto, mientras mayor sea el volumen de producción, menor será el coste por unidad. Respaldado por el inmenso mercado chino, la producción en gran escala nunca será un problema de comparación con la operación inestable de las fábricas extranjeras. Nosotros tenemos una mejor ventaja en cuanto a coste. La ventaja de bajo coste del mercado permite que nuestra licitación obtenga la tecnología punta mundial. Seguramente, el profesor Lu solo expresaba su opinión personal sobre el camino de desarrollo de la tecnología HSR de China.

Obras de construcción de la línea de alta
velocidad Hefei-Fuzhou

Capítulo IV

La diplomacia del ferrocarril de alta velocidad

El primer ministro, Li Keqiang, afirmó que el CRH se había convertido en uno de los medios de transporte más convenientes y expeditos para el viaje y el turismo, así como en una "tarjeta de presentación dorada" de China.

Siguiendo el fundamento de la estrategia de "internacionalización" del CRH, China lanzó un nuevo llamamiento con formato diplomático: "la diplomacia del ferrocarril de alta velocidad", la sucesora de "la diplomacia del ping pong" y "la diplomacia del panda". Esta es claramente una nueva tarjeta de presentación para los actores curiosos de la comunidad internacional. Ignorando la reacción de la pérdida de la ventaja que afectaba a los japoneses o la preocupación inicial de los estadounidenses, "la fiebre del ferrocarril de alta velocidad" crece por la catálisis de la "diplomacia CRH" de China.

El primer ministro chino, Li Keqiang, sentenció en una ocasión: "La tecnología del ferrocarril de alta velocidad de China es avanzada, confiable, con una competencia de coste significativa".

Como resultado, estas declaraciones casi se convierten en la sinopsis más concisa de la competitividad del ferrocarril de alta velocidad de China.

Con la escalada del reconocimiento de la marca CRH a nivel mundial, cada vez más países y regiones descansaron su mirada en el moderno ferrocarril de alta velocidad chino. La ingeniería civil debajo de los raíles como los puentes, túneles y cimientos, las tecnologías de la estructura del carril y material rodante, el diseño en general, ingeniería, operación y rápida construcción, evaluados para los cinco indicadores de seguridad, confiabilidad, aplicación, economía y avance han alcanzado la máxima sofisticación internacional.

"La tecnología del ferrocarril de alta velocidad de China ha sido reconocida por muchos países como resultado de su formulación de la estrategia de internacionalización para su exportación, la personificación del gran logro de la ciencia y la tecnología de China y su mayor orgullo", aseguró Wang Mengshu, miembro de la Academia de Ingeniería de China y experto en el ferrocarril de alta velocidad.

"El ferrocarril de alta velocidad de China" es la nueva tarjeta de presentación diplomática en las visitas de Estado de los líderes chinos desde 2013.

La Iniciativa de "la Franja y la Ruta" propuesta por el presidente chino Xi Jinping y la fundación del Banco Asiático de Inversión en Infraestructura (BAII) han llevado el énfasis en la conectividad de infraestructura con nuestros países vecinos a un nuevo nivel.

El 22 de abril de 2015, el presidente Xi Jinping se reunió con su homólogo indonesio, Joko Widodo, en Yakarta. Ambos líderes presenciaron la firma del documento de cooperación para el proyecto del ferrocarril de alta velocidad entre las dos naciones. El mandatario Xi exhortó a las empresas chinas competentes a participar activamente en la construcción y la operación de los proyectos de infraestructura en Indonesia. Al presentar el HSR de China a la comunidad internacional, explorar e impulsar los proyectos de cooperación del HSR, aplicar activamente la estrategia de internacionalización, el presidente Xi Jinping ha incluido el paquete del ferrocarril de alta velocidad chino en su agenda de las visitas de Estado y reuniones con líderes de otros países.

Por su parte, el primer ministro, Li Keqiang, apodado el "súper vendedor del CRH" y el "director de mercadotecnia más reconocido", ha hecho de la recomendación del paquete del HSR de China uno de los puntos obligados de su agenda, demostrando la determinación y la confianza del gobierno chino en la estrategia de internacionalización del HSR.

El 25 de noviembre de 2015, el primer ministro, Li Keqiang, invitó a 16 líderes de Europa Central y Oriental (CEE, por sus siglas en inglés) a abordar un tren CRH.

El CRH se ha convertido en uno de los medios de transporte más convenientes y expeditos para el viaje y el turismo, así como en una "tarjeta de presentación dorada" de China, afirmó Li, que añadió que el gigante asiático está en la mejor disposición de compartir su logro con los países que lo soliciten y comenzar una colaboración con las naciones CEE en la construcción de infraestructura del transporte con programas y productos del HSR y construcción y diseños ferroviarios adaptados a las realidades de todos, lo que contribuirá a promover la industrialización y facilitará el progreso de la integración regional.

El logro del ferrocarril de alta velocidad de China ha atraído la atención de muchos países. A finales de 2015, unos 50 países se habían puesto en contacto con la empresa china Railway Corp. para programas de colaboración en el ferrocarril de alta velocidad. De ellos, más de 20 habían pasado a la fase de pedir más información. En este grupo se incluían Estados Unidos, Brasil, Rusia, Reino Unido, Malasia, Singapur, Rumania y otros mercados potenciales para el HSR.

El ferrocarril de alta velocidad y el mundo

A principios de 1985, Chris Van Allsburg, escritor estadounidense de libros de cuentos para niños, publicó su "bestseller" *The Polar Express*. En 2004, el libro fue llevado al cine. El pequeño héroe de la historia, Billy (interpretado por Hayden McFarland), quien creía fervientemente en la existencia de Papá Noel, subió al tren junto a un selecto grupo de pequeños para hacer realidad su sueño de visitarlo la víspera de Navidad. El interminable ferrocarril, que se pierde en los nevados campos, lleva al niño y sus compañeros en un tren expedito e imponente a un viaje divertido al Polo Norte.

El argumento de la película fantasea con el ferrocarril del futuro al describirlo como las arterias que comunican a todas las aldeas en la Tierra y convierten al mundo en un parque de atracciones donde se desarrolla la trama.

Desde la construcción del primer ferrocarril del orbe en Inglaterra, en 1825, la historia del ferrocarril ya cumple casi dos siglos. Desde que el Tokaido Shinkansen, la línea japonesa de alta velocidad que comunica a Tokio y Shin-Osaka, entró en operación el 1 de octubre de 1964, el ferrocarril de alta velocidad ha evolucionado durante medio siglo.

La construcción ferroviaria mundial tuvo sus altibajos. El surgimiento del HSR presenta otra oportunidad para modernizar el ferrocarril. Como nación pionera del HSR a finales de la década del 50 recuperándose de un descalabro económico, el gobierno japonés tomó la sabia decisión de construir el ferrocarril de alta velocidad, el Tokaido Shinkansen, para comunicar a las regiones industriales del país. El ferrocarril de alta velocidad se transformó en las alas que hicieron volar a Japón hacia la prosperidad al término de la Segunda Guerra Mundial.

La idea del HSR es apropiada para la nueva necesidad de capacidad de transporte y de calidad de la economía moderna y estilo de vida de la sociedad, lo que ayuda a la gente a redescubrir el valor del ferrocarril. Siguieron los pasos de Japón, Alemania, Francia, Italia y España con fuertes inversiones en la construcción de sus propias redes de ferrocarril de alta velocidad. El HSR es elogiado por su gran velocidad, capacidad, seguridad y bajo consumo de energía, cualidades extraordinarias muy superiores a las de cualquier otro medio de trasporte y con un increíble impacto en el paisaje del transporte mundial.

Una perspectiva mundial

El Media Center Hotel de Beijing, acogió en junio de 1991, el Simposio Internacional sobre el Ferrocarril de Alta Velocidad en el que contó con la participación exigua de solo dos países: la del anfitrión, China, y la de un importante orador, Francia. El tema central a debatir por los expertos de ambas naciones era "El aumento de la velocidad de los trenes de pasajeros".

Ese año, el ferrocarril de alta velocidad de Francia con sus escasos 700 km de longitud era la envidia de los ferroviarios chinos. El TGV de Francia gozaba de una bien ganada reputación por su "gran velocidad". El 18 de mayo de 1990, el TGV alcanzó una velocidad de prueba de 515,3 km/h.

Francia aprovechó el momento del desarrollo del ferrocarril de alta velocidad y lideró al mundo en la diversificación de los medios de transporte. Pese a tener condiciones nacionales distintas y etapas de desarrollo económico-social diferentes, tanto China como Francia expusieron la centralización del tráfico de mercancías y pasajeros resultante de la cinética de la conducción

Tren de alta velocidad en la isla de Hainan.

concentrada en las principales arterias de las grandes ciudades y regiones. Los trabajadores ferroviarios chinos deseaban aprender de sus pares franceses.

Los expertos coincidieron unánimemente en que la maduración del ferrocarril de alta velocidad se había convertido en tendencia histórica indetenible. Sin un mecanismo de transporte que ofrezca una fuerte capacidad de traslado como columna vertebral, sea económica, ahorradora de energía, limpia y ordenada, sería casi imposible concebir un canal de transporte

interurbano de nuevo tipo y la expansión económica perdería un rápido motor de crecimiento.

Tras la conclusión del simposio chino-francés, China celebró conferencias técnicas con la participación de especialistas de Japón, Alemania, Francia, España y Suecia. Los expertos del Banco Mundial también hicieron varios viajes a China para estudios conjuntos sobre la aspiración china de construir el ferrocarril de alta velocidad.

Como es sabido por todos, el transporte consume mucha energía. Aproximadamente el 40% del petróleo mundial lo consume el transporte.

Previo a los años 40 del siglo XX, el ferrocarril era exaltado por su gran capacidad de transporte, bajo consumo energético y operabilidad en todo tipo de clima. En calidad de primer medio de transporte terrestre, el ferrocarril disfrutó de una posición absolutamente dominante sobre todos los medios de transporte durante más de una centuria.

Ante la continua mejora de la tecnología del automóvil, la formación de redes de autopistas y el surgir de la aviación civil, el ferrocarril, considerado "la industria en declive", se sumió en un envejecimiento general hasta la llegada del primer ferrocarril de alta velocidad del mundo, el Shinkansen japonés, en octubre de 1964, que se encargó de recuperar la atención del planeta.

En las siguientes tres décadas, el HSR fue ampliamente reconocido y acogido por la población por su seguridad, velocidad, puntualidad, comodidad, bajo consumo de energía y bajo índice de contaminación, una serie de ventajas tecnológicas y económicas que condujeron a la segunda culminación del ferrocarril a nivel mundial. Particularmente por sus bajas emisiones de carbono, el HSR gana la carrera de la nueva tecnología de los medios de transporte.

Expedita velocidad: Sobre la base de la velocidad máxima por hora de 300 km —dos veces la de un sedán, 1/3 la de un avión subsónico, 1/2 la de un avión de corta distancia— para ahorrar tiempo de viaje en un perímetro de 100 a 700 km, su velocidad es muy superior a la que puede alcanzarse por carretera o aire.

Gran capacidad de transporte: El mayor volumen de transporte anual del Shinkansen japonés llegó a ser de 170 millones de personas. Su capacidad de transporte es 10 veces la de avión y cinco veces la capacidad por carretera, pero el coste es 3/4 el de la aviación y 2/5 el del traslado por carretera. La separación de las vías del transporte de pasajeros y mercancías ha redundado en más ventajas al incrementar la capacidad de movimiento de la carga y la velocidad, lo que tiene doble mérito.

Buena seguridad: El HSR tiene una tasa de incidencia inferior a la de los trenes que marchan a una velocidad regular y otros medios de transporte. Las estadísticas del Shinkansen japonés en 29 años sirviendo a 3.400 millones de pasajeros contemplan cero muertes por accidente.

Los automóviles y los aviones ocupan un área relativamente grande y ofrecen una menor capacidad de transporte. El área utilizada por una autopista de cuatro carriles de doble sentido es 1,6 veces la de una línea de ferrocarril de alta velocidad de doble sentido. La superficie que ocupa un aeropuerto grande es equivalente a una línea de ferrocarril de alta velocidad de doble sentido de 1.000 km de longitud.

Francia fue el primer país de Europa en tener un ferrocarril de alta velocidad. En 1972, su TGV estableció en una operación de prueba una velocidad récord de 318 km/h. En 1978, el primer ferrocarril de alta velocidad de Francia, la línea suroriental París-Lyon, entró en operación, estableciendo otro registro de velocidad de 270 km/h. Acto seguido, el TGV francés pasó a liderar el HSR mundial en varios aspectos tecnológicos que avalaban su "alta velocidad". El 3 de abril de 2007, otro tren de prueba batió el récord mundial de velocidad al alcanzar los 574,8 km/h.

Actualmente, Francia tiene el único ferrocarril de alta velocidad de 1.000 km de longitud —el TGV Calais-Marsella— de Europa continental, que ofrece trenes que viajan a una velocidad promedio de 300 km/h y operan establemente. Se trata de la red ferroviaria que conecta a las ciudades de la periferia y los países en los alrededores de París.

Comparado con Japón y Francia, Alemania tuvo una tardía incursión en el HSR; su ICE no pasó a la fase de investigación hasta 1979 y no entró en operación, con solo una línea de pasajeros-mercancías colineal, hasta 1991.

El tardío inicio y lento progreso del ICE alemán se atribuyen a su propio debate "Dos Frentes" sobre el HSR y maglev. El último no tiene tecnológicamente una sólida fricción y por eso es el centro de atención de la investigación y desarrollo de Alemania. Sin embargo, no fue hasta que Francia demostró el éxito de su tecnología TGV al alcanzar una velocidad comparable a la ofrecida por la maglev, que los alemanes se percataron de la importancia del HSR. En 1988, el HSR ICE de Alemania estableció récord de velocidad de 406,9 km/h. El ICE tiene mejor reputación mundial por su tecnología HSR, de ahí que haya sido adoptada por Bélgica, Holanda, Suiza, Austria y China.

Con la adición de unas cuantas secciones, la red del ICE es una renovación de las viejas vías que técnicamente estaban fuertes. Ahora, la longitud total del corredor de transporte de alta velocidad ronda los 1.500 km. Su modelo de operación es un arreglo temporal de compartición pasajeros-mercancías. Los trenes de pasajeros de alta velocidad corren a una velocidad entre los 200 y 250 km/h durante el día y los de mercancías, a 120 km/h por la noche. Desde que el ICE entró en servicio en junio de 1991, la alta velocidad, comodidad y conveniencia ha satisfecho a un gran número, siempre creciente, de pasajeros, lo que le ha permitido al ferrocarril una generación continua de ingresos anuales.

En abril de 1992, la víspera de la inauguración de los Juegos Olímpicos de Barcelona, la línea española Madrid-Sevilla, la primera HSR del país, entró en operación sumando el nombre de España a la comunidad HSR. Este HSR, construido con tecnología de Francia y Alemania, circula a una velocidad máxima de 300 km/h. Tras su inauguración, España avanzó en su desarrollo del HSR con nuevos planes para la red ferroviaria.

En junio de 1992, la República de Corea empezó a construir la línea

Seúl-Busan con diseño propio, pero los trenes de tecnología TGV se fabricaron en suelo coreano gracias al acuerdo de colaboración alcanzado en una licitación internacional. El HSR surcoreano puede operar a más de 300 km/h en una vía de 420 km. El 31 de marzo de 2004, el país asiático concluyó su proyecto HSR tras 12 años de arduo trabajo.

El resumen del desarrollo del HSR mundial revela que su éxito depende de dos condiciones básicas. La primera es una densa población y ciudades o regiones con potencial económico que garanticen un flujo suficiente de pasajeros, gran demanda de puntualidad,

Tren de alta velocidad HSR y el mundo

seguridad y comodidad, así como una gran capacidad de sufragar un coste de transporte relativamente elevado. Estos criterios satisfacen el equilibrio económico entre la construcción, operación y mantenimiento del HSR, lo que a su vez garantiza su financiación sostenible. La segunda es reunir el talento científico-técnico necesario para cumplir los requisitos técnicos del HSR.

El HSR es la solución correcta para la situación de China, a la vez que China es el lugar idóneo para que el HSR realce sus ventajas tecnológicas y económicas. China se enfrenta con una gran escasez de recursos per cápita. La cantidad de tierra cultivable por persona en el país es de apenas 1/3 el promedio mundial, mientras en el aparto recursos energéticos es de tan solo 1/2. Los problemas ecológicos y medioambientales y la falta de capacidad de transporte son prominentes debido a su enorme población. Con el HSR construido, estos problemas pueden resolverse utilizando su gran capacidad.

Las masas aceptan mejor al HSR que a las aerolíneas por su económica tarifa, según el actual nivel de consumo de China. Por lo tanto, de acuerdo con la situación económica y social de China de principios del siglo XXI, las ventajas económicas y tecnológicas del HSR se imponen. Particularmente en las regiones a lo largo del canal de transporte Beijing-Shanghai con una pujante economía, densa población y concentrados flujos de pasajeros, el HSR es la mejor opción. Como resultado, es de vital importancia construir un sistema de transporte en China capaz de satisfacer las demandas de su gigantesca población y las características de sus recursos.

Así, podemos identificar tres grandes momentos constructivos en la retrospectiva de la evolución del HSR mundial.

El primero es la etapa inicial con el surgimiento del HSR entre las postrimerías de los años 50 y principios de los 90, con la primera generación del Shinkansen japonés de alta velocidad, que redujo ostensiblemente la distancia tiempo-espacio de las personas e impulsó la economía regional, específicamente la de los enclaves a lo largo de la vía. Los sectores más beneficiados fueron los de bienes raíces, mecánica industrial, siderúrgica y metalúrgica. El nacimiento del HSR reanimó el ralentizado mercado ferroviario y promovió la eficiencia económica de las empresas del transporte ferroviario, haciendo un cambio radical a la imagen negativa de "la industria en declive". Según las estadísticas, el ferrocarril TGV París-Lyon de Francia era rentable en su segundo año de operación con una rentabilidad de la inversión de más del 12%.

El segundo gran momento es el de la culminación del HSR en Europa, que se extiende desde inicios hasta finales de la década del 90. Beneficiándose de su desarrollo a saltos y tecnología avanzada, el HSR ha demostrado un gran conjunto de ventajas. Los países desarrollados de Europa con limitados recursos terrestres, tales como Francia, Alemania, Italia, España, Holanda, Suecia y el Reino Unido se dejaron llevar por el entusiasmo y el resultado fue una red HSR que abarca a todo el continente, construida con la voluntad de la mayoría de las naciones de invertir en la construcción a gran escala de un ferrocarril de alta velocidad que las comunicara a todas.

La culminación del HSR en Europa reflejó no solo la demanda del desarrollo del ferrocarril y el aumento de la eficiencia interna sino además las necesidades en general de recursos energéticos y ambientales de los distintos países y regiones.

El tercer gran momento es la etapa de la "internacionalización" del HSR que dio comienzo a finales de los 90 hasta el presente. Los inmensos beneficios económicos y sociales reportados por el HSR a finales de la década del 90 han sido reconocidos por la comunidad internacional. El 12 de octubre de 2003, el primer ferrocarril de pasajeros HSR de China, el Qinhuangdao-Shenyang, empezó a prestar servicio. En enero de 2006, entró en operación el primer HSR de 300 km/h de China en la región de Taiwan. En agosto de 2008, el primer ferrocarril interurbano HSR de China, el Beijing-Tianjin con una velocidad de 350 km/h, entró en circulación. La vertiginosa adaptación de China al HSR llevó el progreso del ferrocarril mundial de alta velocidad a un nuevo nivel.

Visto desde otra perspectiva, el tercer momento ha sido liderado por el HSR chino. Algunos describieron el HSR de China como una revolución geográfica y económica. Se dijo que el HSR de China era una transformación tiempo-espacio. Hoy en día, Estados Unidos, Rusia, Australia, Arabia Saudí y Brasil, entre otros, han diseñado planes para desarrollar el HSR en una escala sin precedente. Francia y España, "los veteranos del HSR" en Europa, se muestran particularmente ambiciosos en este sentido. El mundo muy pronto experimentará la ya predecible "Era Dorada" de la marea de la "internacionalización" del HSR.

El postulado "Isla-Mundial"

Elena Carson, investigadora sueca del Instituto de Investigación de la Unión Europea, escribió en uno de sus artículos: "Es muy inteligente por parte de China haberse decantado por el HSR. Además de haber descubierto un nuevo pilar económico, China ha alcanzado una posición dominante en el uso de las nuevas energías en el futuro…".

Como rama teórica importante de la política internacional, la geopolítica mantiene argumentos reconocidos sobre la Teoría del Heartland, también conocida como Isla-Mundial, desarrollada por Halford John Mackinder, otrora director del departamento de Geografía de la Universidad de Oxford y autor también del concepto "Geopolítica". Según el geógrafo y político inglés la "Isla-Mundial" comprende a Eurasia y África. Asimismo, denominó las zonas remotas de la Isla-Mundial "islas exteriores". Visto en el mapamundi, el área está rodeada por los océanos y un gran grupo de islas.

Mackinder introdujo el concepto de "pivote geográfico" en este tratado en el que "Europa del Este" parece incluir a "Asia Central". Más fundamentos apoyan la explicación de la inmensa zona pivote de Eurasia desprovista de puerto de mar. Esta teoría le recuerda a la gente la vasta y escasamente poblada zona del centro de Eurasia que divide al Este del Oeste. Dibuja una línea roja desde el Mar Blanco en el Norte de Rusia hasta Moscú y atraviesa Caucasia entre el Mar Negro y el Mar Caspio hasta llegar al interior de Irán antes de girar al Noreste para entrar en territorio de China y deslizarse por las regiones chinas de Xinjiang y de Mongolia Interior o incluso el Tíbet de China, hasta llegar al Mar de Siberia Oriental, luego de conquistar el macizo montañoso del Gran Khingan. Según la descripción de Mackinder, esta línea y el litoral septentrional de Rusia rodean un área cerrada que bautizó como el "Área Pivote" en la primera etapa de desarrollo de su Teoría del Heartland.

Trace otra línea a lo largo de la periferia del "Área Pivote" para encerrar o atravesar los siguientes países y regiones: Europa, el Norte del desierto africano del Sahara, Turquía, Irak, Arabia Saudí, Irán, Paquistán, India, la Península Indo-China, el litoral oriental y meridional de China y la Península Coreana. La zona marcada entre el "Área Pivote" y esta línea parece una Luna nueva a la que Mackinder dio el nombre de "creciente interior o marginal".

Según el postulado de la "Isla-Mundial", China se encuentra en la periferia, dentro del Creciente Interior. Mientras bordea una gran parte del Área Pivote, China disfruta de una ubicación estratégica extremadamente importante. Según Mackinder, la movilidad marítima es una amenaza natural al centro que descansa en la movilidad que ofrecen los caballos y los camellos.

El 3 de agosto de 1492, Colón lideró a su flota en un viaje desde Palos de la Frontera, España, y llegó a Cuba el 27 de octubre, que a su juicio era parte de la China gobernada por el Gran Khan. Colón entregó la carta credencial de Isabel II la Católica y Fernando II de Aragón el Católico.

El 15 de marzo de 1493, Colón regresó a España y fue aclamado por el pueblo, que pensaba había descubierto Asia. Los reyes de España estaban tan felices que empezaron a llorar de la emoción. Agradecían a Dios por haberles dado riqueza infinita. De acuerdo con Marco Polo, China era una tierra bañada en oro.

El hermoso error perduró hasta que Vasco da Gama rodeó el cabo de Buena Esperanza, llegó a la India en 1497 y descubrió la verdadera ruta oceánica a Asia. No fue hasta que Ferdinando de Magallanes rodeó Sudamérica y dio la vuelta al mundo en su flota de 1519 a 1522, que los habitantes de este planeta supieron finalmente que la Tierra era redonda. Desde entonces los océanos considerados durante mucho tiempo interminables empezaron a ser vistos como el vínculo del mundo.

En la era post-Colón, las agresiones organizadas por la Rusia moderna sustituyeron a la barbarie mongola. El control de los cosacos ayudó al país a proclamar la hegemonía sobre la pradera interior de los euroasiáticos. Poco después, la locomotora de vapor y el ferrocarril de Eurasia reemplazaron a los caballos como el principal medio de traslado. El recorrido del ferrocarril redefinió la posición de los países. El ferrocarril creó grandes maravillas en el corazón de Eurasia llegando a arrebatar a los caballos y camellos la posición de líderes del transporte. En otras palabras, la aparición del ferrocarril trajo la unidad de Eurasia y consecuentemente la concertación de alianzas entre las diferentes naciones y la formación de una confederación.

El Oeste, Norte y Suroeste de China fue considerado parte del "Área Pivote". Sin embargo, el "Área Pivote" de Mackinder estaba definida desde la perspectiva del Imperio Británico. Según las dimensiones geográficas de China, esta vasta zona del país ha sido catalogada históricamente como un pilar geográfico por haber sido el centro de varias civilizaciones inigualables por otras regiones del planeta. De hecho, es percibida como la fuente del poder que puede hacer maravillas por el mundo.

Es sabido por todo aquel familiarizado con la geopolítica occidental que la historia de la civilización es la historia de la tierra y el mar. El portador del poder de la tierra es el ferrocarril y el amo de la hegemonía marítima es la flota de barcos. El flujo de mercancías, personas y recursos transcurre por tierra, ferrocarril, o mar.

Imagine una red de ferrocarril de alta velocidad construida por China y sus aliados de Eurasia a Asia Central, Asia Occidental, Europa Occidental, Sureste de Asia, que podría llegar incluso al Norte de África en el futuro. Para un país continental respaldado por mares es una decisión inteligente, materializar tan buena perspectiva. Visto desde otro ángulo, construir una red de ferrocarril de alta velocidad que comunique a Asia, Europa y África indudablemente presenta una inmensa "oportunidad comercial" que cumple la meta del CRH de la estrategia de "la internacionalización" y promueve el desarrollo de los países a lo largo de la red.

Tenemos razones más que suficientes para creer que el transporte del futuro dependerá mayormente de la seguridad del HSR para la reciprocidad intra e inter-países, con excepción de los aviones grandes por sus largos viajes atravesando los océanos. Hablamos de un mercado mundial enorme para el CRH, una vez que sea una realidad. Este avance sin precedente le granjea al país que cuenta con la tecnología avanzada del ferrocarril de alta velocidad el título de creador de un estándar industrial internacional.

El sueño de comunicar a Eurasia

El ferrocarril que comunique a toda Eurasia podemos bautizarlo como la " Ruta de la Seda del Acero".

El "Puente Terrestre Euroasiático" existe desde las postrimerías del siglo XIX, se refiere al Ferrocarril Transiberiano ruso.

Durante el Imperio Ruso, para comunicar a las regiones oriental y occidental, el gobierno del zar ordenó la construcción del Ferrocarril Transiberiano (TSR, por sus siglas en inglés), cubriendo una distancia de 9.288 km desde Vladivostok en el Este, adyacente a la zona del Pacífico, hasta Ekaterinburgo en la ladera oriental de los Urales. En 1891 comenzó la construcción del ferrocarril en los dos extremos simultáneamente y terminó en 1905. La línea se convirtió en la arteria del transporte, atravesando Eurasia. A raíz de la floreciente economía que legó la terminación de la obra, para acele-

Tren de alta velocidad circulando por la línea
Harbin-Dalian construido sobre terrenos helados.

rar la exploración de la Siberia y el Lejano Oriente ruso, el gobierno de la entonces Unión Soviética añadió el segundo TSR, la vía Baikal-Amur (BAM, por sus siglas en inglés). El ferrocarril BAM, que iba de Tayshet, al Oeste del primer TSR, hasta Sovetskaya Gavan en el litoral del mar de Japón, tiene una longitud total de 4.275 km. La construcción del BAM por la corporación de Ferrocarriles Soviéticos concluyó en 1984 y al año siguiente, 1985, entró en operación.

El "Nuevo Puente Terrestre Euroasiático" debe su nombre al viejo Puente Terrestre Euroasiático. El vínculo terrestre va desde Lianyungang, en la costa oriental de China, hasta Rotterdam, Holanda, y Amberes, Bélgica, a todo lo largo del litoral oriental del Atlántico, atravesando la franja central de los continentes de Asia y Europa. Su extremo oriental conecta directamente a los países de Asia del Este y el Sureste de Asia. La estación ferroviaria Alashankou (Paso Alataw) de Xinjiang, su destino en el occidente de China, es la parada para el cambio físico a los vehículos ferroviarios kazajos desarrollados por los rusos antes de que el tren entre a Asia Central para conectar con Druzhba (Dostyk), Kazajistán, y continuar rumbo Oeste hasta llegar a Shevchenko (Aktou). Luego, el vínculo se divide en tres líneas, la Norte, la Central y la Sur para comunicarse con la red férrea europea.

En 2004, año en que el ferrocarril kazajo celebró su centenario, el gobierno de Kazajistán intensificó sus planes para construir el "Ferrocarril Pan-Euroasiático", que se dirige al Oeste hasta las principales ciudades de Europa y luego al Este hasta la costa Pacífica de China.

De acuerdo con la propuesta de Kazajistán, el "Ferrocarril Pan-Eurasiático" entra en su territorio después de cruzar el Paso Alataw, en Xinjiang, procedente de la costa oriental china antes de seguir rumbo occidente por todo suelo kazajo hasta Aktou, adyacente al mar Caspio, donde gira al Sur hasta Turkmenistán. Luego el "Ferrocarril Pan-Eurasiático" atraviesa Turkmenistán, Irán y Turquía y la nueva vía de 14 km de longitud por construir, el ferrocarril de Bósforo, que se conectará con la red ferroviaria europea antes de alcanzar su destino final Bruselas, la sede de la Unión Europea. La longitud total es de 8.000 km. El enfoque es utilizar las vías férreas de cada país con 3.923 km a construirse (incluyendo 3.083 km en Kazajistán, 770 km en Turkmenistán y 70 km en Irán).

Europa sueña con la construcción de un ferrocarril pan-europeo desde la aparición del HSR. Durante años, muchos países europeos han instalado sus propios HSR, investigados y desarrollados independientemente y tecnológicamente diferentes unos de otros. La situación ha creado dificultades enormes a la idea del HSR transnacional.

El 25 de mayo de 2007, Alemania lanzó dos trenes HSR que cruzaban la frontera germana-francesa y llegaban a la capital de Francia. Para un tren que corre a 320 km/h, el tiempo de viaje de Frankfurt a París se redujo de 6 a 3 horas. El rotativo estadounidense *Chicago Tribune* publicó entonces que el TGV en dirección Este comunicaría a Francia, Alemania, Luxemburgo y Suiza, específicamente, 20 ciudades de Francia y 10 estaciones de ferrocarriles de las restantes tres naciones. Este HSR transnacional es el sueño, tan deseado durante muchos años, de que la red de ferrocarril de alta velocidad pan-europea comience a dar frutos finalmente, informó la Prensa Asociada.

En todo el vertiginoso desarrollo del HSR por los grandes países del mundo, la tecnología HSR de Europa es en general sofisticada en términos de serialización, estandarización, integración y madurez. Las rutas del HSR pan-europeo ya han sido anunciadas. Según los reportes de la Prensa Asociada, en un plan a largo plazo, se construirán dos rutas principales del HSR: una conectará a París (Francia), Múnich (Alemania), Viena (Austria) y Budapest (Hungría) y la otra comunicará a las ciudades alemanas de Hamburgo y Frankfurt, la urbe francesa de Lyon y la española de Barcelona.

Además del proyecto de Kazajistán ya en marcha, China promueve activamente la construcción del ferrocarril China-Kirguistán-Ucrania con el objetivo de hacer realidad su aspiración al Corredor Internacional de Asia

Central. El interés de cooperación de China está en el diseño del ferrocarril, construcción y fabricación de equipamiento. Rusia y Belarús también convocan la participación de China en la licitación seccional del proyecto piloto Baranavitchy-Brest. China avanza en la construcción del corredor de transporte de mercancías con Rusia para terminar así el Corredor Internacional del Noreste de Asia.

En el mundo existen dos grandes vínculos terrestres. Uno es la famosa vía Nueva York-San Francisco en Estados Unidos, el primer vínculo terrestre que redujo a la mitad la distancia de viaje por mar desde el Canal de Panamá, que comunica al Atlántico con el Pacífico, Rusia, Alemania, Francia y el Reino Unido. El segundo es el que parte del puerto Lianyungang en la costa oriental de China en dirección del puerto interior de Alashankou, y después se adentra en Europa recorriendo más de 10.000 km hasta la ciudad de Rotterdam en Holanda. En 1990, la finalización de la construcción de la línea de 465 km entre Urumqi y Alashankou en la frontera norte del país y la conexión con la red ferroviaria de Kazajistán permitió conformar el segundo puente continental entre Asia y Europa, conocido como "Nuevo puente continental de Euroasia". Las mercancías de las regiones occidentales chinas se transportan a Europa a través de esta vía que redujo a la mitad el coste y el tiempo del recorrido al compararla con otras líneas. Una vez que se termine el ferrocarril pan-Asia, éste se convertirá en el tercer puente terrestre euroasiático. Su significado, función y kilometraje será mucho más importante que el de las líneas en existencia, teniendo en cuenta que parte de Shanghai, Guangdong o Hong Kong en China o de Singapur o Vietnam y atraviesa las ciudades chinas de Kunming, Dali y Ruili para llegar a Myanmar antes de pasar por India y Paquistán para arribar a Irán, donde se divide en dos líneas: una que se dirige al Noroeste en dirección a Estambul para integrarse a la red ferroviaria europea y otra al Suroeste hasta Irak para luego continuar camino a Puerto Said, Egipto, y unirse a la red ferroviaria de África o acceder al mar Mediterráneo. Si comienza en Shanghai y va hasta Estambul o Puerto Said, la distancia es de 11.000 km, superior a la del segundo vínculo terrestre.

La colaboración internacional del HSR se rige por el principio de igualdad y libertad de derechos de mercado e intereses. Si el logro del HSR de China es un beneficio mundial, manteniendo esa noción, la cooperación entre China y sus socios en la construcción del HSR internacional persigue compartir los intereses globales.

Visto desde el ángulo de derroche de economía y tecnología intrínseca del HSR, la construcción del HSR internacional por parte de China ampliará definitivamente su función de compresor de espacio y tiempo para agrupar a los países vecinos en sus fronteras occidental, nororiental y suroriental, y convertirse en una comunidad de tecnología, economía y comercio, que distribuye los beneficios comunes entre todos los participantes. El efecto es encomiable.

Atracción de la Iniciativa de la Franja y la Ruta

Durante la dinastía Han Oeste, un funcionario chino llamado Zhang Qian viajó en dos ocasiones hacia las regiones occidentales, dando inicio a una nueva época de intercambio entre China y los países extranjeros. A partir de entonces, a lo largo de la vía explorada por él, los embajadores de los distintos países y los camellos de los comerciantes unieron las llanuras centrales de China con las regiones occidentales, Arabia, el golfo Pérsico y el Mediterráneo, estableciendo un gran corredor terrestre de nivel mundial. Entre las mercancías que se transportaban destacaban los productos relacionados con la seda, por lo que desde antiguo fue conocida como la "Ruta de la Seda".

En las dinastías Tang y Sui, grandes barcos cargados de seda china partían de las costeras ciudades chinas de Guangzhou, Quanzhou, Hangzhou y Yangzhou hacia el mar Meridional y el mar Arábigo, e incluso hasta las costas orientales de África. La Ruta de la Seda Marítima conformada entre las dinastías Qin y Han llegó a su apogeo entonces. Durante las dinastías Song y Yuan, los productos de porcelana y perfumes ocuparon la mayor parte de las exportaciones chinas a través

Tren de alta velocidad atravesando las montañas de la meseta Yunnan-Guizhou.

de esta vía marítima, por lo que fue bautizada como la "Ruta de la Porcelana" o la "Ruta de los Perfumes".

Durante más de mil años, la Ruta de la Seda y la Ruta de la Seda Marítima se convirtieron en corredores de intercambio económico y cultural entre
la antigua China y el resto del mundo, impulsando enormemente el avance

Tren de alta velocidad circulando por la región autónoma de etnia zhuang de Guangxi.

de la civilización humana.

Durante sus visitas a Kazajistán e Indonesia en septiembre y octubre de 2013, respectivamente, el presidente chino Xi Jinping presentó las iniciativas de la construcción conjunta de la Franja Económica de la Ruta de la Seda y la Ruta de la Seda Marítima del Siglo XXI.

La Franja Económica de la Ruta de la Seda parte de China y atraviesa Asia Occidental hasta llegar a Europa. Por su parte, la Ruta de la Seda Marítima del Siglo XXI tiene su origen en China y se extiende hacia el sureste asiático hasta el océano Índico, el mar Arábigo y la región del golfo Pérsico. La iniciativa de la Franja y la Ruta presentada por China tiene como objetivo transmitir y promover el espíritu de la antigua Ruta de la Seda añadiendo nuevos elementos de la época para desarrollar nueva riqueza material y espiritual para la humanidad.

La Franja y la Ruta abarca los países y regiones de Asia Oriental, Asia Central, Asia del Sur, Asia Occidental, Sureste de Asia, así como de Europa Central y Oriental, África Oriental y África del Norte, con una población total de 4.400 millones, y una economía de 21 billones de dólares, representando el 63% de la población mundial y el 29% de la economía global, respectivamente. Frente a una economía y población tan grande, el ferrocarril de alta velocidad y gran volumen es la opción de transporte más práctica, económica y fiable para que la comunicación de mercancías y de personas fluya a lo largo de la Franja y la Ruta.

Por lo tanto, China explora con los países correspondientes la mejora de las infraestructuras de transporte transfronterizo con el fin de formar una red de transporte que conecte las diferentes subregiones asiáticas, así como Asia, Europa y África, y resuelva los problemas de comunicación y conectividad. Sin duda alguna, el ferrocarril de alta velocidad desempeñará un papel muy importante en el desarrollo de la Franja y la Ruta.

Ya se han elaborado los planes y solo faltarían los nombres de tres redes HSR, incluidas las que atraviesan Asia Central, Rusia y el Sureste Asiático.

China negocia con 17 países fronterizos, entre ellos Rusia, Laos y Myanmar, y ha alcanzado memorandos de intención con muchos otros para explorar el aspecto técnico. Se anticipa que para 2030, estén terminadas dos vías férreas de alta velocidad que parten de China con destino a Europa y una al Sudeste Asiático.

De acuerdo con la planificación, la línea de Asia Central parte de Urumqi, capital de la región autónoma china uigur de Xinjiang pasa por Kirguistán, Kazajistán e Irán y sigue hasta Europa del Este. La vía del Sureste Asiático sale de Kunming, Sur de China, rumbo a Vietnam, Camboya y Tailandia (o de Kunming a Myanmar y Tailandia) hasta arribar a Singapur. Se espera que la tercera comience en Heilongjiang, Noreste de China, a través de la Siberia para comunicarse con Europa Occidental. Esta línea correría paralela al ferrocarril regular China-Rusia y llevaría por nombre "el segundo puente terrestre euroasiático".

El periódico británico *The Independent* describió el gran cambio de China como un sueño. El tren expreso Beijing-Shanghai es el nuevo hito del surgir de China. El gigante asiático tiene la red de ferrocarril de alta velocidad más grande del mundo. Este proyecto se ampliará en el futuro hasta convertirse en la "Ruta de la Seda del Acero". De conocer el éxito, en 2025, podría emprender un viaje épico en el tren CRH desde Harbin, atravesando Rusia para llegar al Este y el Sur de Europa y finalmente, a Londres.

El 17 de junio de 2014, el primer ministro chino, Li Keqiang, y su homólogo británico, David Cameron, mantuvieron la reunión anual en el número 10 de Downing Street, Londres. En 2003, el Reino Unido inauguró su primer ferrocarril de alta velocidad transnacional (HS1) que va de Londres a París, Francia, pasando el Canal de la Mancha. El famoso "Eurostar" corre por el HS1. Casi una década después, en 2012, Cameron anunció el lanzamiento del segundo proyecto del ferrocarril bala británico (HS2). Durante la visita de Estado de Li Keqiang al Reino Unido, los gobiernos británico y chino dieron a conocer en declaración conjunta el acuerdo alcan-

zado para promover la colaboración bilateral sustantiva en el diseño, ingeniería, construcción, suministro de equipamiento, operación y mantenimiento del tránsito ferroviario (incluido el HSR) en cada país. Los departamentos concernientes de ambas partes rubricaron un memorando de entendimiento sobre el ferrocarril, que explicaba el marco de la política de colaboración.

Pasajeros extranjeros a bordo del tren internacional Beijing-Moscú.

Aunque sin un documento de cooperación más sólido, se anticipó que China ampliaría su oferta en la licitación para los derechos de operación del HS2 o invertiría en el desarrollo de proyectos periféricos a lo largo de la vía férrea.

El periódico canadiense *The Edmonton Journal* publicó que China estaba en negociaciones con países europeos para construir una red férrea de alta velocidad que incluye el Túnel del Canal, una ambición que llevará a los pasajeros directamente de Londres a Beijing y a Singapur por otra ruta.

El artículo aseguraba que "la nueva red HSR podía ser mejor que su contraparte por aire". Los pasajeros pueden subir al tren en Londres y bajarse en Beijing tras recorrer 8.100 km en dos días y luego tomar otro tren HSR para llegar a Singapur, llevando la distancia recorrida a 10.800 km y tiempo a 72 horas, si así lo desean. Un viaje en avión Londres-Beijing demora aproximadamente 10 horas.

El 13 de octubre de 2014, el premier chino, Li Keqiang, y su par ruso, Dmitri Medvedev, copresidieron la XIX reunión regular y firmaron un comunicado conjunto. Entonces, Li expresó la voluntad de China de fortalecer la cooperación económica y comercial con Rusia para alcanzar el objetivo del comercio bilateral en 2015 de facturar 100 mil millones de dólares. El fomento del comercio bilateral no solo se traduciría en cantidad sino también en mejorar la calidad de los proyectos inversores a gran escala en la minería, ingeniería química, agricultura y construcción de infraestructura. Además del acuerdo comercial, China impulsaría la construcción de la sección Beijing-Moscú del corredor HSR Eurasia, al concederle mayor prioridad al proyecto del HSR Moscú-Kazán. La inversión bilateral se incrementó para promover tanto el comercio como la inversión.

Bajo la atenta mirada de los primeros ministros de China y de Rusia, Li Keqiang y Dmitri Medvedev, respectivamente, la Comisión Nacional de Desarrollo y Reforma de la República Popular China, el Ministerio de Transporte de Rusia, la Corporación de Ferrocarriles de China y los Ferrocarriles Rusos JSC firmaron un memorando de entendimiento para la colaboración con

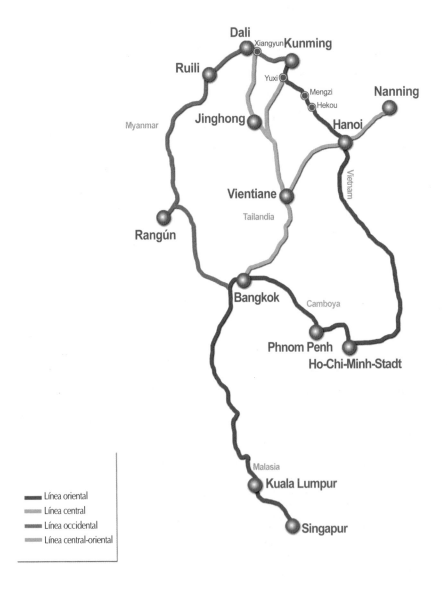

HSR en el que plasmaron que la llegada del CRH a Rusia y la construcción del corredor HSR Moscú-Beijing ha empezado a dar sus primeros pasos.

El 1 de diciembre de 2012, la línea Harbin-Dalian, la primera de China y el mundo de alta velocidad en suelo gélido, entró en operación. Se trata de un trazado de 921 km de longitud y velocidad de operación de 350 km/h. La vía, que tiene 23 paradas, pasa por Liaoning, Jilin y Heilongjiang. De acuerdo con las estadísticas meteorológicas de las últimas tres décadas, las tres provincias del Noreste de China están en una región que registra las temperaturas más bajas del país y una diferencia de temperatura anual de 80 grados Celsius. La operación exitosa del HSR demuestra la capacidad del ferrocarril de alta velocidad de China de soportar entornos muy exigentes y sirve de referencia a otras regiones heladas.

El presidente chino, Xi Jinping, asistió a las celebraciones en Rusia por el aniversario 70 de la victoria en la Gran Guerra Patria el 8 de mayo de 2015, y se reunió con su homólogo, Vladimir Putin, en el Kremlin. El encuentro fue considerado por ambas partes como una reunión cumbre en la que los dos países rubricaron docenas de acuerdos, incluyendo la compartición en GLONASS, el Sistema Satelital de Navegación Beidou (BDS o Brújula), seguridad de la información, el HSR Moscú-Kazán, etc. Sheng Guangzu, gerente general de la Corporación Ferroviaria de China, y Vladimir Ivanovich Yakunin, entonces presidente de los Ferrocarriles Rusos, respectivamente, plasmaron sus respectivas firmas en el acuerdo del HSR.

El HSR Moscú-Beijing tiene 7.000 km de longitud y va desde Rusia, pasando por Kazajistán, hasta China. Como proyecto piloto del corredor HSR de Eurasia, la línea Moscú-Kazán conecta a varias ciudades importantes como las capitales homónimas de los estados Vladimir y Nizhny Novgorod y la capital de la República Chuvash, Cheboksary, desde su terminal en el Oeste de Moscú hasta el Sureste de Kazán, en la República de Tartastán. Diseñada para la circulación de trenes bala de 400 km/h, esta sección tiene 770 km de largo. Tras su terminación, el tiempo de viaje de Moscú a Kazán se reducirá de 11,5 horas a tan solo 3,5 horas. El proyecto está previsto comience en 2018 antes de que Rusia acoja la Copa Mundial de Fútbol de la FIFA. Esta vía HSR se ampliará hasta Beijing para que forme parte del corredor HSR Eurasia "Moscú-Beijing", lo que reducirá el tiempo de viaje de Beijing a Moscú de seis días y cinco noches a dos días y una noche. Se sabe que el coste de construcción será de 21.300 millones de dólares. China aportará una parte de los fondos.

El 31 de enero de 1954, partió de Moscú el primer tren rumbo a Beijing de la historia. A lo largo de varias décadas, este tren fue portador de innumerables recuerdos de una época. La fotografía en blanco y negro de dos pequeñas niñas sonrientes, una china y otra rusa, en un vagón de este tren internacional fue ampliamente divulgada y se convirtió en testigo de esta entrañable amistad.

Este tren transnacional que recorre una distancia aproximada de 9.050 km circula entre Moscú y Beijing desde hace 62 años. Este tren, otrora llamado "Símbolo de la Amistad China-Rusia" es el tren transnacional con la mayor historia de circulación de todo Rusia.

El 18 de junio de 2015, en el marco de trabajo de la II Reunión de Inversión Cooperativa China-Rusia, la firma limitada, China Railway Eryuan Engineering Group Co. Ltd. (CREEC) obtuvo y rubricó el contrato para el diseño y planificación de la primera oferta de licitación para el HSR ruso en San Petersburgo. El contrato se convierte en otra licitación ganadora en los esfuerzos para internacionalizar el CRH y en importante hito de la colaboración China-Rusia en la construcción de la Franja Económica de la Ruta de la Seda.

Marchando hacia el "ferrocarril pan-asiático"

Derivada del "ferrocarril pan-europeo", la idea del "ferrocarril pan-asiático" surgió en la década del 60 del siglo XX. Los países asiáticos involucrados realizaron un estudio de factibilidad sobre el ferrocarril Singapur-Turquía, una línea de 14.000 km que va directamente desde la Península Indo-China hasta Singapur y luego a Estambul, Turquía. Un plan ampliado contemplaba también el trazado de vínculos a Europa y África. Sin embargo, el plan general se estancó por las consiguientes complicaciones de la incertidumbre política y económica de la comunidad internacional.

En 1976, la idea del ferrocarril pan-asiático salió a colación nuevamente, pero ampliaba sus conexiones a algunas regiones no urbanas y puertos. El nombre del ferrocarril pan-asiático se propuso en 1995. En diciembre de ese mismo año, durante una sesión de la V Cumbre de la Asociación de Naciones del Sudeste Asiático (ASEAN, por sus siglas en inglés) el entonces primer ministro de Malasia, Mahathir Bin Mohamad, propuso otro trazado para el ferrocarril pan-asiático que partía desde el valle del Mekong en Singapur, en el extremo meridional de la Península Malaya, atravesaba Tailandia, Vietnam, Myanmar y Camboya hasta llegar a la ciudad china de Kunming.

La propuesta recibió el respaldo unánime de los líderes de la ASEAN y el gobierno chino. En ese momento, Europa había demostrado el éxito económico y social del ferrocarril pan-europeo. Si se lograba conformar una red de ferrocarril capaz de conectar todas las vías férreas en el Sureste Asiático o incluso todas las líneas en Asia, estaríamos sin duda ante el tercer puente terrestre euroasiático.

Hace varios siglos, el Oriente suministraba a Europa maravillosas y lujosas joyas, seda y jade a través de la polvorienta ruta de las caravanas comerciales o la famosa Ruta de la Seda. En el presente, China es la fábrica del mundo y Europa tiene una demanda inagotable de mercancías chinas. No obstante, los abarrotados puertos y la apretada agenda de entregas han llevado a China y sus vecinos a descansar la mirada una vez más en la antigua Ruta de la Seda terrestre.

El 10 de abril de 2010, representantes de 18 países asiáticos firmaron el Acuerdo Intergubernamental sobre la Red Ferroviaria Trans-Asia en Pusan, la República de Corea. De acuerdo con el pacto, se construirían cuatro corredores dorados que atravesarían Asia para conectarla con Europa. La "Ruta de la Seda del Acero" comunicaría a 28 naciones y regiones de Asia con un trazado de 81.000 km de longitud.

En enero de 2004, el ferrocarril pan-asiático se incluyó formalmente en el Plan de la Red Ferroviaria a Mediano y Largo Plazos 2003-2020 de China. La sección Yunnan del ferrocarril pan-asiático tendría lugar en la sección Kunming-Hekou de la vía férrea Yunnan-Vietnam. Se planificó la construcción de tres rutas: la Oriental que correría de Singapur a Kuala Lumpur, Bangkok, Phnom Penh, Hanoi, y Ciudad Ho Chi Minh hasta llegar a Kunming. La "Línea Oriental" comenzaría en la localidad china de Yuxi, Yunnan, y conectaría a Vietnam a través del puerto Hekou en Yunnan y tendría una longitud total de 5.500 km. La segunda vía era la Central, que empezaba en Singapur y pasaba por Kuala Lumpur, Bangkok, Vientiane, Shangyong, Xiangyun (Yuxi) y terminaba en Kunming. La tercera era la Occidental, desde Singapur, Kuala Lumpur, Bangkok, y Ruili hasta Kunming. Una vez que el mega plan se haga realidad, los países y pueblos a lo largo de la red recibirán enormes beneficios económicos.

Evidentemente, la sección en dirección Sureste del ferrocarril pan-asiático incluye las líneas oriental, central y occidental, todas partiendo de Kunming, Yunnan, China, pasando por Vietnam, Camboya, Laos y Myanmar y convergiendo en Bangkok, Tailandia, para alcanzar su destino final, Singapur, vía Kuala Lumpur. Las secciones Yuxi-Hekou y Kunming-Dali en China ya están en operación y la sección Dali-Ruili está en construcción. El vínculo de la sección Yuxi-Mohan que comunica a los ferrocarriles China-Laos y China-Tailandia se construirá en 2016.

Ya sea visto desde la perspectiva del ferrocarril pan-asiático o del tercer corredor HSR Eurasia, la localidad china de Kunming es un eje central. Esto significa que el fin —ferrocarriles Yunnan— de la red ferroviaria de China tendrá la oportunidad de redefinir su papel en la futura red de ferrocarril y convertirse en nuevo centro de la Iniciativa de "la Franja y la Ruta" y, a su vez, profundizar nuestro entendimiento del ferrocarril pan asiático.

Por lo tanto, la nueva "Ruta de la Seda" o la "Antigua Ruta del Té y los Caballos" se transformará en el portal del occidente de China. Recursos como el gas natural que tanto necesita China no dependerán más de las importaciones por mar y el tiempo de envío se reducirá. Esta Ruta de la Seda del Acero ofrecerá una inmensa oportunidad de desarrollo al occidente de China y mejorará ostensiblemente el formato de transporte de la cultura, la tecnología y las mercancías entre China y Europa del Este. Es sabido que los países a lo largo de la ruta están llevando a cabo planes muy serios e investigaciones sobre el modelo de financiación, entre muchas otras cosas.

Desde el paisaje estratégico del Sureste Asiático y China, las naciones con vínculos más cercanos con Beijing son Brunei, Filipinas y Malasia. Para China, la ruta terrestre a través de Tailandia comunica el Sur con el Norte y desde allí, la vía marítima se dirige al Este y el Oeste. Por lo tanto, para China, la ubicación geográfica de Tailandia es de importancia estratégica.

De hecho, el ferrocarril China-Tailandia es de vital significación para el ferrocarril pan-asiático. Para Tailandia, el ferrocarril pan-asiático reducirá el tiempo de viaje a cualquiera de sus destinos. Tailandia tiene puertos buenos, sin embargo, la capacidad de estos se ha visto desafiada por los grandes volúmenes de exportación. Muchas mercancías son transferidas al puerto malasio de Penang antes de emprender el transporte marítimo. La ruta HSR puede ser el intermediario del transporte de bienes al exterior, lo que mejoraría sustancialmente el flujo logístico entre Tailandia y Malasia.

China tiene dos opciones para conectarse al sistema ferroviario tailandés. Una es a través de la ciudad tailandesa de Chiang Mai y la otra a través de la provincia, también tailandesa, de Nong Khai. Según el acuerdo intergubernamental sobre la Red de Ferrocarriles Trans-Asia firmado el 10 de noviembre de 2006 en Pusan, la línea central del plan llega a Tailandia a través de Vientiane, la capital laosiana, o de la vía en la provincia Nong Khai.

En el plan del ferrocarril pan-asiático, Tailandia se encuentra en la línea central. Tailandia es la sección clave del ferrocarril que atraviesa la Península Indo-China. Como se especificó en el memorando de entendimiento rubricado por China y Tailandia, Beijing construirá dos secciones del ferrocarril. Una sección va de la provincia Nong Khai, en el Norte de Tailandia hasta el puerto de la provincia Rayong pasando por la provincia Nakhon Ratchasima y la localidad de Kaeng Khoi en la provincia Saraburi. La longitud de esta sección es de 734 km y la del tramo Kaeng Khoi-Bangkok, de 133 km.

Según un reportaje del rotativo indio *The Times of India*, las autoridades ferroviarias de este país estudian una propuesta HSR para conectarse finalmente al ferrocarril de China. Beijing ha expresado su gran interés en la proposición para construir una vía férrea que pase por Manipur, en India. Un funcionario del comité ferroviario indio reveló que su país ha determinado una sección de ferrocarril de Jiribam, Suroeste de Manipur, hasta Morley, en la frontera con Myanmar, que se conectará al futuro ferrocarril a lo largo de la frontera India-Myanmar para facilitar el transporte de bienes a China.

En el mismo reportaje, se mencionaba la intención de China de construir un ferrocarril HSR que comunique a la mayoría de las ciudades suroccidentales, incluyendo la capital Nueva Delhi. Recientemente, China concertó acuerdos con varias naciones de Asia Central para impulsar la ambición de la construcción del ferrocarril Trans-Asia que comunicará a India, Paquistán, Irak, Singapur, Rusia y otros Estados. No obstante, la sugerencia más destacable es la construcción de la ruta Kunming-Nueva Delhi.

El gobierno chino prevé la construcción de la primera línea Kunming-Singapur, un recorrido que tendrá 10 horas de duración. La vía partirá de Kunming, pasará la frontera china-laosiana por Mohan, seguirá al afamado pueblo turístico de Vang Vieng y llegará a Vientiane, la capital de Laos, antes de arribar a su destino final, Singapur.

Actualmente, ya concluyó el trabajo investigativo en Myanmar. Debido al complicado relieve, el tren HSR en esta sección solo podrá viajar a una velocidad máxima de 170 km/h, más rápido que los trenes regulares, pero más lento que un tren HSR normal. En calidad de extremo meridional de la vía pan asiática, el HSR de la capital malasia, Kuala Lumpur, hasta Singapur ya está contemplado en la agenda.

El Acuerdo Intergubernamental sobre la Red de Ferrocarril Trans Asiático firmado en 2006 permanece en la mesa de trabajo por discrepancias sobre el estándar técnico y la escasez de fondos a invertir. El Fondo de la Ruta de la Seda y la fundación del BAII crearon una nueva plataforma de financiación para la construcción de infraestructura en las naciones a lo largo de la Franja y la Ruta. Los estándares del HSR nacional de China contemplan especificidades técnicas muy estrictas para la conectividad ferroviaria transnacional.

La visión y las acciones sugeridas sobre la Iniciativa de la Franja y la Ruta, conjuntamente propuestas por tres ministerios y comisiones chinos, incluyendo la Comisión Nacional de Desarrollo y Reforma y que promueven "la mejora de la infraestructura y el estándar técnico de los países a lo largo de la ruta para una mejor compatibilidad transnacional y llevar adelante la construcción del corredor internacional", redundarán en una escalada de las construcciones ferroviarias internacionales. El movimiento añade un fuerte impulso a la aplicación del Acuerdo Intergubernamental sobre la Red del Ferrocarril Trans-Asiático que ya celebra sus 10 años de vida.

Los *big data* de IZP revelan que los países del Sureste de Asia, Asia Central y Asia Meridional ocupan los tres primeros escaños de la lista de naciones para una escalada en la construcción de infraestructura. Las estadísticas plasman además que mientras más cercanos están a China, mayor es el deseo del país por la conectividad. De los Estados vecinos de China, Rusia, Mongolia, Kazajistán, República Popular Democrática de Corea y Vietnam ya cuentan con un vínculo ferroviario directo a territorio chino. En tanto, Laos, Myanmar, Nepal, India, Kirguistán y Paquistán están construyendo sus vías férreas directas a China.

De acuerdo con la distribución plasmada en el Acuerdo Intergubernamental sobre la Red del Ferrocarril Trans-Asiático, ya se ha formado una red ferroviaria en Eurasia de cuatro líneas que contempla la línea Norte (Península Coreana-Rusia-China-Mongolia-Kazajstán-Europa), la línea Sur (Sur de China-Myanmar-Tailandia-Malasia), la línea Sur-Norte (Rusia-Asia Central-Golfo Pérsico) y la línea China-ASEAN (China-ASEAN-Península Indo-China). Las cuatro líneas conectan a 28 países y regiones y cubren una distancia total de 80.000 km.

El ferrocarril se construye por tramos que van al Norte hasta India y Paquistán antes de cruzarse con la Ruta de la Seda del Acero en Irán. También existe la red ferroviaria Europa del Este-Sudeste de Asia, que desempeña un papel significativo en la promoción de los vínculos China-Sudeste Asiático.

Con la conclusión del ferrocarril pan-asiático, los países del Este como Vietnam y Camboya se comunicarán con Tailandia y Myanmar en el Oeste de la Península Indo-China. La parte continental de China y el valle del Mekong con una población de 300 millones de personas disfrutarán de relaciones políticas y económicas mucho más estrechas. El ferrocarril es un corredor mundial intrínseco, muy conveniente para el transporte de mercancías y personas, que mejora la eficiencia económica y propicia un entorno geopolítico más pacífico y estable.

El antiguo reino del ferrocarril

El sistema ferroviario de Estados Unidos con una longitud total de 283.000 km es el primero del mundo en términos de kilometraje en operación. Sin embargo, Estados Unidos es actualmente la única nación desarrollada que no tiene un ferrocarril de alta velocidad.

El 3 de febrero de 2014, un tren de alta velocidad CRH380 hecho en China fue visto por vez primera en la gran pantalla NASDAQ (Twitter) de Times Square, en la ciudad de Nueva York. La publicidad de alto perfil del último equipamiento sofisticado de China en esta "famosa intersección mundial" fue indudablemente una magnífica oportunidad para la exposición de China en el mercado estadounidense.

En la década del 40 del siglo XIX, Estados Unidos prosiguió con su expansión al Oeste hasta ocupar casi todo el continente americano —por el Este hasta el océano Atlántico y por el Oeste hasta el Pacífico—. El 24 de mayo de 1830, empezó a prestar servicio al público la primera vía férrea del país, de 21 km de longitud, y ruta de Baltimore a Ellicott. Inmediatamente después se produjo el auge de la construcción ferroviaria. En el año 1916, el kilometraje en operación del ferrocarril estadounidense llegó a su punto más álgido al alcanzar la distancia sin precedente de 408.700 km.

Desde la invención del sistema ferroviario, "los principales actores" del transporte mundial han visto una espiral ascendente del "ferrocarril a la autopista primero y luego al ferrocarril de alta velocidad". Después de que el Reino Unido construyó su primera vía férrea en 1825, la industria ferroviaria atravesó por un siglo de crecimiento exponencial. En 1930, el sistema ferroviario estadounidense asumía el transporte de más del 60 por ciento de los viajeros y el 80 por ciento de las mercancías en todo el país. Posteriormente, las autopistas sustituyeron gradualmente al ferrocarril para convertirse en el principal medio de transporte y el mundo entró en la era del automóvil.

En los años 40 del siglo XX, con el desarrollo de las autopistas interestatales, Estados Unidos inició la demolición vertiginosa de las vías férreas, reduciendo, en un momento dado, la longitud total de su ferrocarril hasta los 273.000 km. Desde entonces, la industria del ferrocarril pasó a ser conocida como la "industria en declive".

La estructura típica del transporte de pasajeros en Estados Unidos es "coche+avión". De acuerdo con las estadísticas del Departamento de Transporte de Estados Unidos, de los estadounidenses que viajaron más de 80 km en 2001, el 56 por ciento lo hizo en su propio coche, el 41 por ciento prefirió el avión, el 2 por ciento tomó autobuses de larga distancia y el 1 por ciento subió a un tren. Los expertos consideran que la estructura irracional del transporte explica perfectamente por qué un país como Estados Unidos con apenas el 5 por ciento de la población global consume el 26 por ciento de la energía mundial.

El ACELA Express, apodado el "tren del parque" por CNN y operado por Amtrak (Corporación Nacional del Transporte Ferroviario de Estados Unidos) circula a lo largo del "Corredor Nororiental" entre Washington DC y Boston a una velocidad promedio de 109 km/h y velocidad máxima de 240 km/h. Esta es la única vía en el actual Estados Unidos que podría clasificarse como "ferrocarril de alta velocidad".

La revista *Time* publicaba en un artículo que China tenía un gran portafolio de trenes balas y Estados Unidos, trenes que corrían a una velocidad promedio de apenas 116 km/h por lo que consideraba era hora de que el sistema ferroviario estadounidense aprendiera de la experiencia china.

La mano de obra china y el ferrocarril del Pacífico

En 1784, el "Emperatriz de China," buque mercante estadounidense, levó ancla rumbo a China y desveló el inicio de las relaciones chinas-estadounidenses en la era moderna.

Poco después, llegó a Estados Unidos un reducido número de navegantes chinos y niños de las escuelas de las misiones.

En 1820, muchos obreros chinos de la meridional provincia Guangdong cruzaron el océano para ir a Estados Unidos en busca de sustento y empezaron a trabajar en las minas de oro.

Con el estallido de la Guerra del Opio en 1840, los barcos y los cañones del Imperio Británico derribaron la puerta cerrada de China. El pueblo chino, pese a ser esclavizado, empezó a ver el mundo exterior y marchó en masa a Estados Unidos en busca de nuevas aventuras.

Las minas de oro de California, al otro lado del Pacífico, eran tan atractivas que los campesinos sin tierra de Guangdong se lanzaron a la conquista de un suelo totalmente desconocido. Sólo en 1852, 30.000 obreros chinos llegaron a San Francisco. A mediados del siglo XIX, había en Estados Unidos 100.000 obreros chinos.

En 1863, año crítico en la Guerra Civil, el entonces presidente, Abraham Lincoln, decidió construir un ferrocarril que comunicara el litoral oriental del océano Atlántico con la costa occidental del océano Pacífico. Previamente, Lincoln había aprobado un proyecto de ley para construir el ferrocarril del Pacífico. La sección oriental de la vía férrea la construiría la empresa ferroviaria "Union Pacific" y la occidental, la también corporación ferroviaria "Central Pacific".

El 8 de enero de 1863, comenzó la construcción de la sección occidental en la intersección de dos calles en Sacramento, la capital de California. No obstante, en los dos años que siguieron, se construyeron menos de 50 millas de vía. El avance fue extremadamente lento porque los obreros blancos involucrados en la obra no pudieron soportar las inclementes condiciones del "lejano Oeste".

En ese entonces, aproximadamente 50.000 chinos habían emigrado a California, el 90 por ciento de ellos eran hombres jóvenes. Desafortunadamente, las minas de oro del Oeste estaban prácticamente agotadas y dejaban a decenas de miles de obreros chinos en el limbo. Un día de febrero de 1865, la administración de la corporación "Central Pacific" estaba tan preocupada por la escasez de mano de obra que contrató a 50 obreros chinos. Al principio el supervisor de la obra y los obreros blancos adoptaron una aptitud muy hostil hacia los chinos, pensando que por su baja estatura y delgadez no soportarían el rigor de la ardua tarea. Sin embargo, el contratista general Kroc pensaba de otra manera. "Si sus ancestros pudieron construir la Gran Muralla, esta gente puede construir un ferrocarril", manifestó.

Tal y como se esperaba, cada uno de los 50 obreros chinos fue valiente y muy trabajador. Eran una fuerza muy disciplinada, inteligente, que aprendía rápido y con extraordinarias dotes de artesano. Trabajaban 12 horas al día, compraban su comida y ganaban mucho menos que los blancos. Muy pronto, los entusiasmados reclutadores comenzaron a contratar mano de obra china. Así fue como la empresa Central Pacific se mantuvo firme. Los contratistas del ferrocarril, que habían probado el fruto de la contratación de mano de obra china apoyaron con todas sus fuerzas la inmigración china. Incluso fueron hasta el mismo Guangdong a reclutar mano de obra y regatearon con las navieras buscando jugosos acuerdos que les permitieran llevar obreros chinos a suelo estadounidense.

Mientras tanto, las máximas instancias de la gerencia corporativa presionaban a los diplomáticos chinos y estadounidenses para facilitar la inmigración de obreros chinos a Estados Unidos. El 28 de julio de 1868, Anson Burlingame, plenipotenciario de la dinastía Qing, y el secretario de Estado estadounidense, William Seward, rubricaron el acuerdo Burlingame-Seward, en el que se comprometían a garantizar el derecho recíproco de los nacionales de ambos países a emigrar al otro país, ofreciendo un marco legal para que las firmas estadounidenses contrataran obreros de China y abriendo la puerta para que los obreros chinos migraran a Estados Unidos.

Los Estados Unidos Occidentales son una zona deshabitada de valles y picos, extenso desierto y lagos salados. La Sierra Nevada es una cadena montañosa peligrosa. Los precarios precipicios del Cañón del Fraser hacían de esta sección del ferrocarril una muy difícil de construir. Para cavar las calzadas de doble vía desde el interior de los abruptos barrancos, los obreros chinos los escalaron en góndolas que colgaban desde la cima de la montaña, cincelaron agujeros en las rocas suspendidas en el aire y los llenaron de explosivos que detonarían antes de volver a la cima nuevamente. Las rocas eran tan duras que la pólvora en muchos casos salía a chorros y escaldaba a los obreros. La labor contemplaba trabajar en montañas de hasta unos 3.000 metros, en zonas con una diferencia de temperatura muy marcada entre el verano y el invierno y azotadas por fuertes tormentas invernales. Muchos obreros chinos murieron en accidentes causados por los explosivos o cuerdas raídas que se rompían.

Unos 15.000 obreros, 9.000 de ellos chinos, tardaron siete años en construir este segmento de la línea de 615 km de longitud.

Los registros revelan que en los cuatro años comprendidos de 1865 a 1869, más de 16.000 obreros chinos o, lo que es igual, el 90 por ciento de los trabajadores del ferrocarril, en su mayoría de las provincias de Guangdong y Fujian, participaron en la construcción del ferrocarril Pacífico.

El 10 de mayo de 1869, la sección oriental y la occidental del ferrocarril pacífico se conectaron, lo que se convirtió en el primer ferrocarril transcontinental del mundo que recorrería 3.000 km por todo el continente americano y llegaría a ser conocido como la "joya arquitectónica del siglo XIX". A continuación, se produjo una intensa ola de inversión en el sector ferroviario que terminó en una crisis financiera global. Con este telón de fondo, Mark Twain escribió *La edad dorada*, su primera novela, en 1873.

Pequeña estación del ferrocarril del Pacífico de Estados Unidos (pintura al óleo en el Museo Metropolitano de Arte de Nueva York).

El ferrocarril Pacífico comunicó a las principales zonas económicas en Estados Unidos y derivó en el inicio de una floreciente economía y una nación verdaderamente unificada.

Incontables inmigrantes de China e Irlanda perecieron víctimas de la naturaleza de América del Norte por el bien de las vías férreas estadounidenses. Como dijera Henry David Thoreau, debajo de esos durmientes descansan las almas de los primeros inmigrantes estadounidenses.

En el año del centenario de la condición de estado de Nevada, 1964, el

24 de octubre fue designado oficialmente como el "Día del Saludo a los Pioneros Chinos". El vigésimo noveno monumento sobre la impronta de "los chinos en Nevada" porta la siguiente inscripción: "Esto es para honrar a las decenas de miles de chinos que dedicaron su heroísmo y fortaleza a la historia de Nevada".

El ferrocarril Pacífico transformó a Estados Unidos e hizo posible que el país emergiera en poco más de un siglo en una gran potencia mundial.

La historia del ferrocarril estadounidense es también la historia del sufrimiento de los obreros chinos. Debajo de casi cada milla del ferrocarril Pacífico descansan los

Obreros chinos y de otros países trabajando arduamente en la construcción del ferrocarril del Pacífico de Estados Unidos.

restos de un trabajador chino. Alegóricamente, el ferrocarril Pacífico se pavimentó con los esqueletos de los obreros chinos. Entonces, el obrero chino no solo era mal pagado sino víctima también de la discriminación racial, la exclusión y otros tipos de tratamiento injusto. En esas circunstancias, los obreros ferroviarios chinos lo toleraron todo, siguieron avanzando y escribieron con sudor y sangre un capítulo galvanizante de esta parte de la historia.

Sin embargo, en un extraño giro de los acontecimientos, la mano de obra china barata fue la justificación de su exclusión. En 1882, el Congreso estadounidense aprobó la Ley de Exclusión de los Chinos, la única contra el pueblo de una nación específica en la historia de Estados Unidos y que pasó a ser uno de los registros más lamentables de su desarrollo socio-económico, migratorio, político y de los derechos humanos.

El hecho causó la indignación tanto de la comunidad internacional como de los ciudadanos estadounidenses de buena conciencia. Con el transcurso de los años, esta parte de la historia ganó en transparencia y esos constructores chinos anónimos del ferrocarril de Estados Unidos son cada vez más reconocidos y respetados.

La presidencia estadounidense, a partir de la administración de Richard Nixon, ha elogiado la contribución del inmigrante chino a Estados Unidos, posición de la que se han hecho eco los dirigentes chinos. El ex mandatario chino, Jiang Zemin, apuntó en cierta ocasión: "El inmigrante chino que fue a Estados Unidos hace muchos años hizo grandes aportes al desarrollo del Oeste estadounidense". Por su parte, el también ex presidente chino, Hu Jintao, aseveró: "A mediados del siglo XIX, decenas de miles de obreros chinos trabajaron hombro con hombro con los estadounidenses en la construcción del ferrocarril transcontinental que corre de Este a Oeste".

En 1991, el estado de Illinois donó a la ciudad de Shanghai un monumento hecho con más de 3.000 raíles de línea en honor a la contribución de los chinos inmigrantes. La inscripción en el monumento dice: "El factor más

significativo que comunicó el litoral oriental y occidental de Estados Unidos y que lo unificó en una gran nación fue la contribución realizada por los obreros ferroviarios chinos".

Quizás estas palabras consuelen a "los silenciosos raíles" que sacrificaron sus vidas en la construcción del ferrocarril Pacífico.

Obras de construcción del ferrocarril del Pacífico de Estados Unidos.

La posición de Obama sobre el ferrocarril de alta velocidad

El 30 de junio de 2011, el tren bala D87 de Beijing a Shanghai llegó en hora a la estación shanghainesa de Hongqiao. Una hermosa azafata le preguntó a un reportero del *Wall Street Journal* que visitaba China: "¿Hay trenes balas en Estados Unidos?". El reportero sacudió la cabeza y respondió: "Básicamente, no". "¿En serio?", dijo la azafata disfrazando la afectada sonrisa que se le dibujó en la cara.

El reportero incluyó este breve intercambio en su cobertura. Para un país que usaba locomotoras de vapor desde hacía tres décadas, su red HSR era indudablemente motivo de orgullo, pese a cualquier otro problema que pudiera tener, escribió el periodista. Ese orgullo fue revelado inadvertidamente por la azafata del tren. Su afectada y disfrazada sonrisa parecía estar preguntando: ¿Llevará China su HSR a Estados Unidos?

Un funcionario del ferrocarril chino sentenció: "En cuanto a la internacionalización del HSR de China, priorizaremos la entrada al mercado estadounidense antes que al ruso. En el pasado, los nacionales chinos contribuyeron con trabajo servil a la construcción del ferrocarril transcontinental Pacífico, en cambio, hoy exportamos la tecnología HSR más avanzada del mundo".

De hecho, la ambición estadounidense de construir una red HSR empezó en 1991, pese a no haber recibido el suficiente apoyo.

El corredor nororiental de Washington a Boston caracterizado por una densa población y economía muy desarrollada es la línea troncal más importante del Amtrak. A pesar de su gran flujo de pasajeros, los trenes de esta vía solo pueden viajar a una velocidad de entre 96 km/h y 112 km/h. Muchos pasajeros creen que más personas tomarían el tren a lo largo del corredor si hubiese una línea de alta velocidad en operación.

En la primavera de 2007, ante la estresante escasez de recursos energéticos a nivel mundial y el deterioro del medio ambiente, el Congreso estadounidense invitó a los departamentos HSR de China, Francia, Alemania y Japón a visitar Estados Unidos para una audiencia sobre el desarrollo del HSR.

Tras la crisis financiera mundial, la agenda para acelerar la construcción de las redes ferroviarias de Estados Unidos recibió un fuerte impulso. En mayo de 2009, en esfuerzo dirigido a obtener el reconocimiento para su plan de revitalización del ferrocarril de alta velocidad en el Congreso, el presidente Barack Obama solicitó específicamente a Nancy Pelosi, la portavoz de la Cámara de Representantes, inspeccionar el sistema ferroviario de alta velocidad de China en su visita al gigante asiático. La acérrima posición anti-China de la vocera se cambió después de abordar el tren bala interurbano Beijing-Tianjin, al punto de deshacerse en elogios por el sistema ferroviario de alta velocidad chino.

En noviembre de ese mismo año, el presidente Obama realizó una visita de Estado a China, durante la cual las partes estadounidense y china emitieron una declaración conjunta en la que "daban la bienvenida a los sectores público y privado para que cooperaran en la construcción de infraestructura ferroviaria de alta velocidad". Con esta finalidad, el Ministerio chino de Ferrocarriles y el gigante estadounidense General Electric rubricaron un memorando de entendimiento.

El 16 de abril del mismo año, Obama reavivó la pasión estadounidense por el HSR con el lanzamiento de un plan para construir una red de tren bala en el país, que supondría la mayor inversión en el ámbito del transporte desde la era de Eisenhower. La administración Obama creía que el proyecto no solo crearía empleos y beneficios económicos, sino que sentaría las bases para un proyecto de ampliación de la infraestructura nacional, fomentaría el desarrollo comunitario, ofrecería un medio de transporte ahorrador de energía más conveniente y daría paso a una nueva industria en Estados Unidos.

Los registros públicos revelan que el gobierno federal ha recaudado casi 11 mil millones de dólares para financiar la construcción de una vía férrea de pasajeros más rápida, de los cuales 8 mil millones provienen del paquete de estímulo económico aprobado en 2009. Asimismo, en los siguientes cinco años, se recaudarán otros mil millones anuales.

El secretario del Transporte, Ray LaHood, sugirió que en años venideros se daría una situación en la que el capital privado financiaría los proyectos HSR en Estados Unidos. En tanto, las compañías extranjeras, incluyendo las de Europa y Asia, participarían activamente en la construcción de la red ferroviaria de alta velocidad de la nación. Esto significa que los 11 mil millones de dólares serán capaces de apalancar al menos una inversión de 100 mil millones de dólares.

En Estados Unidos, los legisladores no son los únicos apasionados por el ferrocarril de alta velocidad. Una gran parte del estadounidense promedio acaricia la idea también.

Durante un viaje de negocios a China, un abogado estadounidense declaró al rotativo *Diario del Pueblo* que estaba muy impresionado por el vertiginoso desarrollo de China, luego de su primer viaje en un tren bala. A su regreso a su país natal, este abogado se convirtió en "admirador de China" y empezó a aprender chino.

En el siglo XIX, la construcción ferroviaria impulsó el crecimiento de Estados Unidos. Hoy en día, sin embargo, el transporte ferroviario ha sido sustituido por los automóviles y los aviones. En el ferrocarril de alta velocidad, Estados Unidos está muy rezagado en comparación con otras naciones desarrolladas, pese a que el HSR es más seguro, más conveniente y más ahorrador de energía en el transporte de larga distancia que otros medios de desplazamiento.

El 27 de enero de 2010, el presidente Obama pronunció su primer discurso sobre el Estado de la Unión, en el que repasó el Sueño Americano y exhortó a todos los estadounidenses a luchar por él. Obama apuntó: "Desde el primer ferrocarril hasta el sistema de autopistas interestatales, nuestra nación siempre ha sido construida para competir. No hay razón para que Europa o China deban tener los trenes más rápidos…".

Al día siguiente, comenzó la construcción del proyecto pionero de la vía interurbana HSR Tampa-Orlando. Obama anunció en Florida que el gobierno federal destinaría 8 mil millones de dólares a la construcción de vías férreas de alta velocidad en el país. Las estadísticas públicas constatan que 31 estados y 13 "corredores ferroviarios" serán financiados por el gobierno y que los mayores receptores de ese capital serán California y Florida.

Obviamente, la cantidad dista mucho de ser suficiente y la Casa Blanca es consciente de ello. La Administración Federal de Ferrocarriles señaló en una entrevista que el gobierno estadounidense sabía que no podía contar solamente con los 8 mil millones de dólares para construir la red nacional HSR. La autoridad mantuvo que únicamente integrando estratégicamente la inversión pública, privada y extranjera sería posible terminar la construcción de una red nacional para el transporte de pasajeros.

Un comentarista de noticias internacionales aseguró que era un acontecimiento sin precedente que una industria china hubiese sido mencionada en la alocución del Estado de la Unión de un presidente estadounidense y eso significaba que la industria HSR china se había granjeado su respeto. Ni el lanzamiento de la nave espacial ni los avances obtenidos en la tecnología ABM por China habían sido objeto de ese "privilegio". La razón es que el nuevo logro de China dio paso a un novedoso concepto industrial: el transporte terrestre de alta velocidad, como alternativa a los vuelos a elevadas altitudes y altas velocidades, es más seguro, más barato y más ecológico.

De hecho, China se enorgullece de contar con el sistema HSR más rápido y sofisticado del mundo. Pese al hecho de que la tecnología HSR nació en Japón y otros países europeos, fue China quien la mejoró al punto de convertirla en una industria estrella. La innovación es comparable con la invención de la pólvora, descubierta por China, pero adaptada y extendido su uso por los europeos que condujeron al mundo a la era de las armas de fuego.

De acuerdo con el periódico coreano *Chosun Ilbo*, tras la conclusión de la Cumbre China-Estados Unidos, el 21 de enero de 2010, la industria de la aviación de la República de Corea cayó en picada luego de que GE alcanzara un acuerdo marco de trasferencia de tecnología con la Corporación de la Industria de la Aviación China para la fabricación de aviones a cambio de la tecnología china del HSR.

Cada una de las partes de la empresa mixta con sede en Shanghai tendría una cuota de participación del 50%.

Tan solo dos semanas antes de la cumbre, el 6 de enero, el rotativo español *Rebelión* publicó un artículo de un escritor estadounidense titulado "Estados Unidos y China: el perdedor y el ganador", en el que alegaba que los servicios del transporte ferroviario de China habían superado a los de Estados Unidos. Un tren bala necesita tres horas para cubrir la distancia de 1.068 km de Wuhan a Guangzhou. En contraste, el tren más rápido de Nueva York a Boston puede tardar más de 3 horas en recorrer los 300 km que separan a estas urbes. En el momento en que el sistema ferroviario de pasajeros estadounidense estaba deteriorado, arruinado, China gastó 17 mil millones de dólares en la construcción de la vía HSR Wuhan-Guangzhou. Por su parte, Estados Unidos gastó casi la misma cantidad de dinero en las guerras de Afganistán y Paquistán y en la apertura de un nuevo frente en Yemen.

El 7 de diciembre de 2010, GE dio a conocer en Beijing que firmaría un acuerdo marco cooperativo con la compañía limitada CSR para la creación de una empresa mixta en los Estados Unidos para promover conjuntamente la tecnología HSR china en el mercado estadounidense.

Xinhua.net informó asimismo que el convenio marco de colaboración significaba que las dos empresas fabricarían trenes balas en suelo estadounidense que se utilizarían en su sistema ferroviario de alta velocidad. En otras palabras, la tecnología del ferrocarril HSR de China entraría oficialmente al mercado de Estados Unidos.

"GE Transportation", con sede en Erie, Pensilvania, es una subsidiaria de GE con más de un siglo de historia. Con 8.000 empleados en el mundo, GE es el mayor suministrador mundial de energía marítima, motores de excavación, etc. En tanto, CSR es el mayor fabricante de transporte ferroviario de China y además una de las mayores compañías de equipamiento del transporte ferroviario del planeta. CSR cuenta también con vasta experiencia y avanzada tecnología en el diseño, fabricación, prueba, reparación y mantenimiento de trenes de velocidades media y alta y trenes interurbanos. El tren

"Harmony" CRH380A, desarrollado por CSR, ha impuesto un nuevo récord mundial de velocidad. De hecho, la mitad de las locomotoras, vagones, vehículos de carga y trenes de alta velocidad que corren por las vías férreas tradicionales y de alta velocidad de China son hechos por CSR.

Al definirlo como una colaboración entre dos equipos fuertes, el vicepresidente de GE, John Rice, afirmó que la compañía mixta formada por las dos empresas se convertiría en el primer fabricante de Estados Unidos en suministrar tecnología HSR a los dos proyectos del ferrocarril bala en Florida y California. "El acuerdo serviría de apoyo al desarrollo del sistema de transporte de pasajeros de Estados Unidos con la fabricación de trenes de mediana velocidad y vehículos para el transporte ferroviario urbano", subrayó Rice.

Respaldada por la rica experiencia de CSR en el desarrollo y uso de trenes de velocidad media/alta e instalaciones para el transporte ferroviario urbano, con el área panamericana de GE y su profundo conocimiento del mercado ferroviario estadounidense, la cooperación bilateral redundará en la creación de una compañía de equipamiento del transporte ferroviario de punta en Estados Unidos, sentenció el presidente de CSR, Zhao Xiaogang.

De acuerdo con el periódico *Shanghai Security News*, el Ministerio de Ferrocarriles de China llegó al acuerdo con GE de respaldar la empresa mixta CSR-GE con sede en Estados Unidos, en esfuerzo dirigido a aplicar la tecnología HSR china en suelo estadounidense. Los productos de la compañía mixta no solo incluyen trenes de velocidad media/alta sino también trenes de metro, trenes ligeros y trenes balas de combustión interna.

En enero de 2010, una delegación de mercadotecnia y promoción del HSR encabezada por He Huawu, ingeniero jefe del Ministerio de Ferrocarriles de China, emprendió el viaje a Estados Unidos para una campaña publicitaria de una semana de duración, que impulsó de inmediato el furor en Estados Unidos por el HSR chino.

El 19 de enero de 2011, el entonces presidente chino, Hu Jintao, y su homólogo estadounidense, Barack Obama, mantuvieron conversaciones en

Washington DC, en las que las dos partes alcanzaron un "acuerdo de cooperación tecnológica". La Casa Blanca indicó que el Ministerio de Ferrocarriles de China había acordado ofrecer a Estados Unidos su tecnología del ferrocarril de alta velocidad. Como parte del trato, a cambio de la tecnología de la aviación estadounidense, China suministraría al país americano la tecnología del tren de alta velocidad. Según el convenio, se crearía una empresa mixta en cada país para transferir las respectivas tecnologías.

Lamentablemente, el sueño HSR de Obama fue presa del dilema. Como publicaron los medios de comunicación estadounidenses, los grandes proyectos lanzados en tiempos de paz son muy propensos a generar controversia y los proyectos HSR no son la excepción.

Un experto en estudios de infraestructura urbana de "Brookings Institution" aseveró que Estados Unidos enfrenta a grandes obstáculos políticos y económicos, así como la oposición de las comunidades sobre el uso de la tierra y preocupaciones ambientalistas que ralentizarán significativamente el progreso del HSR. Igualmente, subrayó que el gobierno debería invertir inteligente y estratégicamente, concentrándose en una o dos vías principales del ferrocarril de alta velocidad.

El 18 de agosto de 2014, el *New York Times* publicó un editorial alegando que el plan del ferrocarril de alta velocidad, un programa insignia de la administración Obama, no había visto mucho progreso a mediados de su segundo mandato. Los expertos consideran que el sueño del ferrocarril de alta velocidad de Obama no es más que una fantasía porque realmente no hay mucho que pueda hacer en una era de "gobierno fraccionado".

En 2008, cuando Obama se postulaba al máximo puesto, dedicó mucho tiempo y esfuerzo, y recurrió a la crema y nata de su capital política para ensalzar los méritos del ferrocarril de alta velocidad, como si en él estuviera la cura de los males económicos de Estados Unidos. En 2011, con la victoria de los republicanos en la Cámara de Representantes, la ambición de Obama de construir un ferrocarril de alta velocidad entre las costas oriental y occidental se evaporó gradualmente. Obviamente, hay múltiples razones ocultas, sin embargo, estas no consiguieron que Obama renunciara a su sueño HSR.

El 17 de septiembre de 2015, la víspera de las conversaciones del presidente Xi Jinping con Obama en Estados Unidos, se desvelaron tres proyectos importantes de la cooperación china-estadounidense. Ese día, Shu Guozeng, subdirector de la Oficina del Grupo Dirigente Central para los Asuntos Económicos y Financieros, declaró en conferencia de prensa en Beijing que China y Estados Unidos habían conseguido progreso concreto en su cooperación en tres grandes

La comunidad china del estado de Utah celebrando el 145° aniversario de la terminación del ferrocarril del Pacífico (10 de mayo de 2014).

proyectos: el HSR de la costa occidental de Estados Unidos, el plan para el desarrollo conjunto de energía limpia en África y el programa de financiación conjunta para la construcción de la eficiencia energética.

En opinión de Yang Zhongmin, sub-ingeniero jefe de la Corporación de Ferrocarriles de China, seis empresas chinas se habían registrado en Estados Unidos como China Railway International USA CO., LTD. El 13 de septiembre de 2015, la firma rubricó un acuerdo con XpressWest en Las Vegas para la constitución de una empresa de colaboración mixta en Estados Unidos. "Fue el primer esquema de cooperación HSR de naturaleza sistemática y uno de los principales proyectos de colaboración en la construcción de infraestructura China-Estados Unidos, lo que supone un paso importante en la estrategia de internacionalización del ferrocarril chino", aseguró Yang.

A juicio de la prensa, la línea férrea de alta velocidad XpressWest con una longitud de 370 km comunicará el Sur de Nevada y el Sur de California. XpressWest apuntó que la vía, respaldada por un capital inicial de 100 millones de dólares. Las partes ya dieron luz verde al proceso de financiación, según fuentes de XpressWest.

El afecto de Schwarzenegger a China

A las 8:00 pm del 7 de octubre de 2003, California era presa de los vítores. El gobernador demócrata de turno, Gray Davis, había sido destituido y Arnold Schwarzenegger, la estrella de cine de Hollywood, se había impuesto a 134 oponentes fácilmente y convertido en el gobernador 38 del estado.

Nacido en una remota aldea montañosa en Austria, Schwarzenegger hizo su carrera en Estados Unidos como inmigrante. De chico enjuto sin hablar inglés a rey del fisiculturismo devenido en estrella de Hollywood y mucho más, Schwarzenegger era el mismísimo icono del éxito. Como hombre de gran perseverancia que cree en lo imposible es un portavoz inigualable del sueño americano.

Schwarzenegger visitó China dos veces cuando era gobernador.

El 14 de noviembre de 2005, inició su viaje de una semana al gigante asiático durante el cual visitó las ciudades de Beijing, Shanghai y Hong Kong para promover el comercio entre China y California.

El 10 de septiembre de 2010, volvió a Asia al frente de una delegación empresarial y comercial.

Además de China, esa vez visitó Japón y la República de Corea. Schwarzenegger vio cómo funcionaba el ferrocarril de alta velocidad en estos países asiáticos y los exhortó a invertir en el programa de la vía HSR de California.

En 2008, el estado de California decidió construir una vía HSR de 800 millas de longitud a un coste de 45 mil millones de dólares. Schwarzenegger deseaba que China participara ya fuera como inversor o constructor o en calidad de los dos. Esta sería una "gran oportunidad comercial" para el fortalecimiento del comercio y los negocios entre China y California.

Como parte del paquete de estímulo federal, el gobierno de Estados Unidos destinó 8 mil millones de dólares para los proyectos del ferrocarril de alta velocidad y California recibió a principios de ese año los primeros 2 mil 250 millones de esa partida. El ferrocarril de alta velocidad, con un coste de 45 mil millones de dólares y una longitud de 800 millas, comenzaría en San Diego, la segunda ciudad más grande de California, pasaría por Los Ángeles y llegaría a San Francisco. La terminación de la obra se fijó en el año 2020. Una vez que entre en operación, la vía comunicará a Los Ángeles y San Francisco a 200 millas por hora, lo que significa que un viaje de ida entre las dos urbes apenas demoraría 2 horas y 40 minutos. Actualmente, el periplo por carretera entre las dos ciudades consume 7 horas.

El presupuesto del proyecto proviene principalmente de la financiación del gobierno local y estatal, privada, así como de bonos gubernamentales. En noviembre de 2009, el electorado de California aprobó bonos por valor de 9 mil 950 millones de dólares para ayudar a financiar la línea. Ante un déficit de 19 mil millones de dólares, Schwarzenegger esperaba atraer fondos de Asia para reducir los costes y acelerar el proceso.

El 12 de septiembre de 2010, Schwarzenegger llegó al Centro de Transporte Integral Hongqiao de Shanghai, donde tomó un tren bala "Harmony" e inspeccionó la vía férrea de alta velocidad de Shanghai a Nanjing. Aunque Schwarzenegger estaba acostumbrado a las grandes escenas del futuro como en la saga del *Exterminador*, el entonces gobernador de California quedó fascinado por el encanto del sistema HSR de China y se deshizo en elogios a los dirigentes chinos por su asombrosa visión. Acto seguido, Schwarzenegger invitó a las autoridades y empresas chinas a invertir en el proyecto HSR de California. Como gesto especial de buena voluntad, se tomó una foto parado al lado del tren "Harmony" hecho en China que acababa de abordar.

Este fue un momento histórico de simbolismo y drama. El "Gobernador" "se fue de compras" en Asia, buscando trenes, tecnologías, así como los fondos necesarios para mejorar la red ferroviaria de California y construir líneas férreas de alta velocidad.

Al día siguiente, se celebró una conferencia para la promoción de la cooperación estratégica integral entre los distritos Yangpu de Shanghai y San Francisco Bay de California en la Comunidad de Innovación y Conocimiento enclavada en el subcentro de Wujiaochang. Schwarzenegger señaló en la reunión que deseaba ampliar la cooperación y el comercio con China, haciendo mención especial al programa del ferrocarril de alta velocidad de California. "Esperamos que China invierta o financie nuestro programa del ferrocarril de alta velocidad y que las compañías chinas liciten por el proyecto y nos ayuden a construirlo", sentenció el gobernador.

Schwarzenegger agregó que las empresas de California colaborarían estrechamente con las chinas particularmente en los intercambios técnicos e inversión. Ese mismo día, California firmó una serie de acuerdos con autoridades relevantes chinas y líderes corporativos.

Schwarzenegger aseveró que los documentos rubricados entre Shanghai y California ya habían comenzado y que su cooperación se ampliaría a nuevas áreas en la promoción de tecnología y la inversión de capital.

El gobernador californiano quedó profundamente impresionado por la extraordinaria visión de los dirigentes chinos.

"Como líder y diseñador, no puedes pensar con uno, dos o tres años de antelación, sino que debes pensar en lo que pasará dentro de 10, 20 ó 50 años. Los dirigentes de China son gente de una gran visión. Su sistema de ferrocarril de alta velocidad se construyó con una perspectiva de 100 años", aseguró un Schwarzenegger impresionado por las características mundiales del sistema. "Lo que veo no es solo un cerebro chino sino un cerebro mundial que ha absorbido la experiencia y la sabiduría de otros países. Yo quiero ver esas características en la vía de ferrocarril de alta velocidad de California también", concluyó.

Cinco años después, Schwarzenegger vio una China cambiada, mucho más desarrollada. "Los rascacielos aquí son impresionantes y las calles están impresionantemente limpias", dijo sobre Shanghai.

El viaje de Schwarzenegger a Asia duró seis días. En la noche del 13 de septiembre abandonó Shanghai rumbo a Japón, donde se reunió con el primer ministro, Naoto Kan. El 15 de septiembre, Schwarzenegger se entrevistó con el presidente de la República de Corea, Lee Myung-bak, y abordó el tren de alta velocidad surcoreano.

Volviendo a abril de 2010, el Ministerio de Ferrocarriles de China había firmado un acuerdo preliminar con el estado de California y GE sobre la construcción del ferrocarril californiano de alta velocidad. Una de las misiones importantes de la visita de Schwarzenegger a China era debatir el contenido del convenio con las autoridades relevantes chinas.

El 3 de enero de 2011, a sus 63 años de edad, Schwarzenegger legó una gobernación a su sucesor con un déficit presupuestario de 28 mil millones de dólares. Absolutamente consciente de que no había podido mantener el compromiso pactado hacía seis años, declaró en una entrevista concedida a *The Wall Street Journal*: "El trabajo fue mucho más difícil de lo que había pensado".

El 6 de julio de 2012, los principales medios de comunicación estadounidenses informaron de la construcción en California de la primera línea de ferrocarril de alta velocidad. Esa tarde, el senado del estado de California aprobó con 21 votos a favor y 16 en contra una medida de financiación para dar inicio a la primera fase de la vía férrea HSR, superando así el último obstáculo para la aplicación del programa valorado en 68 mil millones de dólares.

El ferrocarril de alta velocidad de California cuenta con 24 estaciones de Norte a Sur a través de la zona agrícola central cubriendo una distancia de 800 millas (1.287 km). La línea comunicará a Los Ángeles, San José, San Francisco y otras grandes ciudades durante la primera fase y llegará hasta San Diego en el Sur y a Sacramento, la capital estatal, en el Norte. Los trenes balas viajando a 220 millas por hora acortarán el viaje de ida de Los Ángeles a San Francisco de las actuales 9 a 2 horas y 40 minutos.

En enero de 2015 se celebró en California la ceremonia de inicio de las obras de la línea. Desde ese momento, 35 empresas presentaron su intención de participar en su construcción, incluyendo entre ellas empresas chinas.

Según informaciones, la Autoridad de Ferrocarril de Alta Velocidad de California y XpressWest han firmado un memorando de entendimiento para garantizar que ambos proyectos se lleven a cabo de forma coordinada.

La Autoridad del Ferrocarril de Alta Velocidad de California calculó que el programa crearía 100.000 empleos anuales o 450.000 puestos de trabajo permanentes en 25 años. Esto sería una insignificante fracción del enorme plan estadounidense del ferrocarril de alta velocidad. Con el respaldo de Obama, quien no permitiría que China fuera más rápido que Estados Unidos, el gobierno estadounidense propuso el plan de la red de ferrocarril de alta velocidad panamericano a un coste de 35 mil millones de dólares y que tiene como objetivo que el 80% de la población aborde los trenes dentro de 25 años.

De acuerdo con los reportes de prensa, el secretario del Transporte, Ray LaHood, indicó en Colorado que Estados Unidos se había quedado muy rezagado en comparación con China en cuanto a desarrollo de infraestructura y añadió que las principales instalaciones del transporte chino, tales como el ferrocarril de alta velocidad, eran mucho más avanzadas que las estadounidenses. LaHood criticó a los republicanos por bloquear el progreso de la construcción del ferrocarril de alta velocidad y expresó su preocupación de que a la actual generación se le impidiera bendecir su posteridad de la misma forma que hicieron sus ancestros.

El conflicto de alta velocidad entre China y Japón

Japón siempre ha sido ambivalente y titubeante sobre el desarrollo del ferrocarril de alta velocidad en China.

Los japoneses tenían sentimientos complejos hacia el plan de China de construir vías férreas de alta velocidad —estaban preocupados y felices a la misma vez—. Primero estaban felices porque tendrían la oportunidad de exportar el Shinkansen a China y ganar contratos millonarios y, luego, preocupados porque en el futuro se enfrentarían a un nuevo competidor. Tadaharu Ohashi, presidente de la limitada Kawasaki Heavy Industries, le dijo al personal del sector tecnológico de China que lo tomarán con calma pues tardarían 8 años para dominar la tecnología de los 200 km/h y otros 8 para la tecnología de los 350 km/h. Agregó que Japón había necesitado 30 años para mejorar el Shinkansen de 210 km/h a 300 km/h.

Unos años después, la preocupación de los japoneses fue confirmada. China se convirtió en su rival y las compañías chinas pusieron las reglas del juego.

En años recientes, Japón siempre ha visto a China como un competidor del ferrocarril de alta velocidad en el escenario de la "diplomacia del ferrocarril de alta velocidad". Durante su visita al Sureste de Asia en octubre de 2013, el primer ministro chino, Li Keqiang, aprovechó cada oportunidad que se presentó para promover la tecnología china del ferrocarril de alta velocidad en Tailandia, Vietnam y otras naciones. El primer ministro nipón, Shinzo Abe, quiere vender la tecnología japonesa al Sudeste Asiático también, específicamente a Vietnam e India. Durante su visita a Nueva Delhi en mayo de 2013, Li Keqiang promovió la tecnología china del ferrocarril interurbano de alta velocidad y se comprometió a ofrecer asistencia técnica y financiera. Japón también ambiciona el mercado indio. Durante su licitación por el mercado de Vietnam, Japón fue rechazado debido al elevado coste de su sistema. Como resultado, Japón intensificó su campaña de relaciones públicas manipulando sus medios de comunicación para acusar a China de imitar la tecnología japonesa para disuadir a los intimidados clientes potenciales y preparar así el camino para la arremetida de la tecnología japonesa.

Japón busca la supremacía del ferrocarril de alta velocidad

El consorcio japonés siempre ha tratado de tenderle una trampa a China.

El consorcio japonés antes de la Segunda Guerra Mundial era conocido como los chaebols, que no son más que grandes conglomerados patrocinados por el gobierno al estilo monopolio que surgió tras la Restauración Meiji. El consorcio japonés es tanto el pilar de la economía de Japón como su gobierno tras bambalinas, con una gran influencia en las decisiones gubernamentales y especialmente en las económicas. Debido a su ventaja absoluta en términos de recursos de información y económicos, actúa como grupo de reflexión del gobierno nipón en muchos de los temas políticos y de inteligencia.

Los registros muestran que los accionistas financieros representados por el consorcio japonés empezaron a contemplar toda la economía del Este de Asia hace más de 10 años.

En 1994, el gobierno japonés publicó un plan para construir una red Shinkansen en el Este de Asia. Según el plan, Japón esperaba construir en el futuro cercano una red de ferrocarril de alta velocidad en el Este de Asia que tendría su punto de partida en Tokio, se conectaría con la República de Corea a través de un túnel submarino y luego se dirigiría al Norte por la Península Coreana, China y finalmente tomaría rumbo Sur hasta llegar a Hong Kong.

El plan revela que la sección de China era una parte importante de la red Shinkansen del Este de Asia. Sin embargo, el proyecto japonés enfrentó diversos escollos.

A principios de la década del 90 del siglo XX, el primer ministro nipón, Yoshiro Mori, propuso al presidente de la República de Corea, Kim Dae-jung, el proyecto del túnel submarino Japón-República de Corea, a lo que Seúl respondió con poco entusiasmo. Previo a esto, Japón se había auto involucrado en los proyectos coreanos del ferrocarril de alta velocidad. A principios de 1970, un equipo de ingenieros del Ferrocarril Nacional japonés realizó una encuesta sobre cómo la construcción del Corredor Seúl-Busan mejoraría el sistema ferroviario. Poco después, Japón perdió la licitación para construir los proyectos del ferrocarril de alta velocidad en la República de Corea, el ganador fue la compañía francesa, Alstom.

En 2004 entró en operación la línea del ferrocarril de alta velocidad de la República de Corea y el país afirmó que sus trenes habían sido construidos mayoritariamente con su propia tecnología, con la excepción de las partes clave que fueron fabricadas por Alstom y Hyundai Heavy Industries Co. Ltd.

Ante el boicot de la República de Corea y la falta de iniciativa de la parte continental china, el consorcio japonés eligió la región de Taiwan como el primer campo de prueba de su plan Shinkansen. A partir de 1996, Mitsui promovió activamente su programa del ferrocarril de alta velocidad en Taiwan y fundó en Japón el Consorcio Shinkansen Taiwan (TSC, por sus siglas en inglés).

En septiembre de 1997, la Alianza Ferroviaria Europea (cuyos principales fabricantes eran Siemens de Alemania y Alstom de Francia) venció a TSC, pero Taiwan les concedió a las compañías niponas una oportunidad para regresar. Con el objetivo de evitar ofender a Europa, la Corporación del Ferrocarril de Alta Velocidad de Taiwan utilizó tanto el sistema Shinkansen japonés como el sistema europeo, lo que derivó en incompatibilidad técnica y sembró la discordia en la operación del sistema ferroviario de alta velocidad de Taiwan.

En enero de 2003, en la licitación del proyecto Shinkansen Taiwan (Taibei-Kaohsiung), un conglomerado de siete empresas japonesas, entre ellas Mitsubishi Heavy Industries Ltd. y Mitsui & Co., ganó los pedidos de pavimentación de las vías en dos distritos de trabajo. Como consecuencia, el conglomerado nipón obtuvo peticiones de trabajo en cuatro de un total de cinco distritos. De esta forma, la mayor parte del proyecto de construcción del sistema Shinkansen Taiwan, incluyendo los sistemas de señalización y vehículos ferroviarios, recayó en las firmas japonesas. El valor total de la contratación fue de 537 mil millones de yenes.

Los proyectos del ferrocarril de alta velocidad de Taiwan y Beijing-Shanghai son parte del plan asiático general trazado por el consorcio japonés, que iría adonde corriera el dinero. Ahora que Taiwan había seguido el plan, el éxito o el fracaso de la Red del Shinkansen de Asia del Este descansaba en si la parte continental china elegía o no la tecnología Shinkansen.

En 1997, para licitar en el proyecto del ferrocarril de alta velocidad Beijing-Shanghai, el gobierno japonés creó el Consorcio Japonés para el Ferrocarril de Alta Velocidad de China integrado en su mayoría por casi todo el otrora personal de TSC. La única diferencia era que esta vez Mitsubishi Corporation era quien tomaba la delantera en la parte continental china.

Mitsubishi Corporation es miembro de la Fundación Mitsubishi, conglomerado japonés de máximo nivel creado en 1954 e integrado por 28 grandes corporaciones. El grupo principalmente comercializa automóviles, juegos completos de equipos, municiones, electrónica, petroquímica, aviones, ferrocarriles, construcción de barcos, energía nuclear, etc. La Fundación Mitsubishi empezó a involucrarse comercialmente con China en 1977.

Japón nunca olvidó promover el Shinkansen en la parte continental china.

En 1997, 14 grupos de negocio japoneses, incluyendo Mitsubishi Corporation y Kawasaki Heavy Industries Ltd., fundaron conjuntamente el Consejo para la Promoción de la Amistad Ferroviaria Japón-China liderado por el ex primer ministro japonés, Noboru Takeshita. El consejo tenía 70 miembros corporativos, 44 de ellos unieron fuerzas en la creación del Consorcio de las Empresas Japonesas para el Ferrocarril de Alta Velocidad de China. Kawasaki Heavy Industries Ltd. y otras cinco firmas niponas se asociaron con Sifang Locomotive & Rolling Stock Co., Ltd. en la licitación para locomotoras organizada por el Ministerio de Ferrocarriles de China. Las empresas japonesas iban a transferir a China la tecnología rueda-carril.

Cada vez que los dirigentes chinos visitaban Japón, las dos partes abordaban el tema del Shinkansen y los anfitriones japoneses organizaban viajes en el tren. En 1978, Deng Xiaoping subió al tren durante su visita. Posteriormente, lo hicieron Jiang Zemin, Li Peng, Zhu Rongji y muchos otros. Aparte de ser un medio de transporte conveniente y seguro, el Shinkansen es un excelente instrumento de mercadotecnia para exhibir la tecnología ferroviaria del país.

De abril a noviembre de 1998, el entonces vicepresidente Hu Jintao y el presidente, Jiang Zemin, hicieron sendas visitas a Japón. El Ministerio de Tierra, Infraestructura, Transporte y Turismo de Japón tomó las disposiciones pertinentes para que los dos altos cargos chinos subieran a los trenes de las series 500 y 700 y vivieran la experiencia del Shinkansen. El premier, Keizo Obuchi, dijo a Jiang Zemin: "Los sectores público y privado de Japón no escatimarán esfuerzos en ayudar a China a desarrollar sus proyectos ferroviarios de alta velocidad".

Durante su visita a China en julio de 1999, el primer ministro japonés, Keizo Obuchi, entregó una propuesta al presidente Jiang Zemin sobre la asistencia a China para construir su sistema ferroviario de alta velocidad. La proposición esclarecía que Japón estaba dispuesto a ofrecer a China tanto financiación como la tecnología Shinkansen más avanzada. En abril de 2000, funcionarios del Ministerio de Tierra, Infraestructura, Transporte y Turismo de Japón afirmaron que cuando China lanzó el proyecto del ferrocarril de alta velocidad Beijing-Shanghai, Japón no solo exportaría sus vehículos ferroviarios, sino que transferiría también su última tecnología Shinkansen a China.

Durante el banquete de bienvenida ofrecido en honor al visitante primer ministro chino, Zhu Rongji, el 14 de octubre de 2000, Takashi Imai, presidente de la Federación de Organizaciones Económicas de Japón (Keidanren), sentenció: "Japón no tiene Boeing o Airbus, pero sí tiene Shinkansen. Esperamos que China considere seriamente utilizar la tecnología japonesa para construir el ferrocarril de alta velocidad Beijing-Shanghai". Entonces, el premier Zhu dio una diplomática respuesta: "¡Bienvenidos a participar en la licitación y en la competencia internacional!".

La construcción de la línea maglev de demostración en Shanghai dio inicio el 1 de marzo de 2001. En abril, Japón sugirió la imposición de una cuota de importación temporal a las toallas chinas. Luego, debido a las tensas relaciones comerciales causadas por la producción agrícola, la ayuda anual de Japón a China continuó disminuyendo.

También en 2001, el 13 de agosto, el premier Junichiro Koizumi visitó voluntariamente el santuario Yasukuni. Al día siguiente, en protesta, Feng Jinhua, nacional chino residente en Japón, escribió en japonés y con tinta roja en la base de una escultura de piedra en la puerta lateral del santuario la palabra "maldito". La visita de Koizumi al santuario provocó la ira del pueblo y el gobierno chinos que mandaron las relaciones chinas-japonesas a la hoguera.

Entonces, para mayor decepción de Japón, el llamamiento de China a favor de la tecnología maglev alemana cobró cada vez más fuerza. De hecho, en Japón siempre había habido opiniones mixtas sobre la venta de la tecnología Shinkansen a China.

Por un lado, los políticos y hombres de negocio japoneses no escatimaban esfuerzos recomendando la tecnología Shinkansen a China. Incluso habían diseñado una estrategia con consideraciones políticas y técnicas para penetrar el proyecto del ferrocarril de alta velocidad chino. Buscando la forma de cómo exportar la tecnología Shinkansen a China, las diferentes fuerzas políticas de Japón formaron grupos rivales para hacer prosperar sus respectivas ideas.

Por el otro lado, se escuchaban en Japón fuertes voces opuestas a la exportación de la tecnología Shinkansen a China porque temían tanto una filtración de tecnología como la competencia potencial futura de China. Por ejemplo, la compañía Ferrocarril Central de Japón declaró que no cooperaría con China, si el país no planeaba la compra de todo el equipamiento y se concentraba únicamente en la transferencia parcial de la tecnología.

En julio de 2003, Yoshiyuki Kasai, presidente de la compañía Ferrocarril Central de Japón, expresó públicamente su oposición a las intenciones del Ministerio de Tierra, Infraestructura, Transporte y Turismo de ayudar a China a construir su sistema ferroviario de alta velocidad. En marzo de 2005, Kasai publicó un artículo en el rotativo *Yomiuri Shimbun* titulado "China intenta dividir a Japón y a Estados Unidos". En el escrito, Kasai hacía énfasis en "la amenaza china", citando el tema del Shinkansen. Gran parte de la derecha en Japón también mantenía el mismo punto de vista y se hacía eco de que el Shinkansen nipón era tan exclusivo que no podían entregarlo a un "país rival".

En septiembre de 2002, cuando el consejero de Estado, Song Jian, visitó Japón, los medios de comunicación japoneses reportaron que el gobierno chino mostraba un interés renovado en el uso de la tecnología Shinkansen en la vía férrea de 1.300 km Beijing-Shanghai.

Como resultado surgió en diferentes círculos de Japón una nueva ola de interés por la exportación del Shinkansen. En agosto de 2003, el ministro de Tierra, Infraestructura, Transporte y Turismo de Japón, Chikage Ogi, trajo un regalo de préstamos con una baja tasa de interés a Beijing para su reunión con dirigentes estatales y funcionarios del Ministerio chino de Ferrocarriles.

Sin embargo, la posición del gobierno chino seguía siendo la misma: "Los expertos chinos están valorando qué tipo de tecnología usar". Más allá de lo que Japón hiciera para intentar influir en el resultado final, China nunca mostró ningún tipo de preferencia por el país vecino.

El 23 de noviembre de 2003, la delegación Keidanren, encabezada por el presidente Hiroshi Okuda, hizo un viaje a China con grandes esperanzas que fue visto como el primero de la diplomacia económica no gubernamental con China. Antes de partir de Japón, Okuda había declinado a aquellos que se oponían a la exportación del Shinkansen a China. "El plan del ferrocarril de alta velocidad de China no se limita únicamente a la línea Beijing-Shanghai, sino que involucra la construcción de un número de vías futuras. Además, Japón puede fomentar la exportación corporativa a China mostrando su avanzada tecnología. Esta es una causa que Japón necesita conquistar", aseveró.

En la lucha por los proyectos del ferrocarril de alta velocidad chino y en la gran campaña por el dominio del mercado ferroviario de alta velocidad, especialmente del mercado chino, Japón hizo todo lo que estuvo a su alcance para avanzar en su objetivo.

Debido a una serie de factores, Japón superó a Francia y Alemania y permaneció en la cima.

Los expertos alegaban que la cooperación integral entre los círculos políticos y económicos de Japón y la ventaja competitiva de la fortaleza consolidada del consorcio japonés eran fuerzas invaluables en la diplomacia del ferrocarril de alta velocidad, que se traducirían en grandes beneficios procedentes de la inversión tecnológica por su consorcio de negocio y una mejora continua en la industria de fabricación de equipamiento.

Actualmente, el ferrocarril de alta velocidad de China está haciendo grandes avances en el mundo. En la licitación por el mercado, el Shinkansen japonés perseguía a China como una sombra. Cuando el primer ministro indio, Narendra Modi, propuso "un proyecto diamante para la red de ferrocarril de alta velocidad", fue imposible ignorar la competencia de Japón. India, con grandes perspectivas de ser el mercado más importante de la construcción del transporte ferroviario de Asia, se espera construya siete vías férreas de alta velocidad que conectarán a las principales ciudades del país con una longitud total de 4.600 km.

Japón opera activamente a través de varios canales e intenta hacerse con la mayor cantidad de pedidos que sea posible.

Estados Unidos, que planea la construcción de 11 vías nuevas de ferrocarril con una longitud de 13.700 km, es el mercado del ferrocarril de alta velocidad más atractivo del orbe. Japón tomó la iniciativa de sugerir a Estados Unidos usar la tecnología de levitación magnética en la vía del ferrocarril bala Baltimore-Washington D.C. Ante la creciente competencia, Japón nunca desistió en sus esfuerzos para "avanzar en su meta". El 21 de abril de 2015, el tren maglev de súper conductividad de última generación L0, lleno de pasajeros alcanzó un nuevo registro mundialista con velocidad de 603 km/h en un viaje de prueba cerca del monte Fuji.

Por otra parte, el ferrocarril de alta velocidad Malasia-Singapur con 350 km de longitud partiendo desde Kuala Lumpur muy pronto saldrá a la licitación internacional. Las empresas japonesas están muy comprometidas con el proceso de competencia. Además, Japón está en la puja con China por el ferrocarril de Tailandia y ofrece Ayuda al Desarrollo Oficial (ODA, por sus siglas en inglés) para apoyar la construcción de vías férreas.

Comparan el ferrocarril de alta velocidad de China con el de Japón

Desde la inauguración de la vía HSR interurbana Beijing-Tianjin (la primera en China diseñada para una velocidad de 350 km/h) en agosto de 2008, en menos de dos años se han construido y puesto en servicio muchas más líneas HSR, tales como las de Wuhan-Guangzhou, Zhengzhou-Xi'an, Shanghai-Nanjing, Shanghai-Hangzhou y Shijiazhuang-Taiyuan. El logro

HSR de China ha tenido un gran impacto en la comunidad internacional.

Yoshiyuki Kasai, presidente de la compañía Ferrocarril Central de Japón, declaró al *Financial Times* que China había "robado" la tecnología extranjera para desarrollar su red HSR y había comprometido la seguridad.

Obviamente, la presión de la competencia internacional es la razón principal detrás de tamaña acusación.

Como es sabido por todos, China ha pagado el precio establecido por la transferencia de tecnología extranjera relevante. Sin embargo, en los años 50 del siglo XX, cuando Japón estaba en pleno auge económico, nunca pagó nada por la transferencia de tecnología. Todo lo que necesitó hacer fue copiar directamente, un auténtico acto de "hurto".

En los últimos años, los ejecutivos de algunas compañías ferroviarias japonesas han difamado sobre la seguridad y el rendimiento de la industria HSR de China e incluso han acusado a China de plagio.

¿Qué ventajas tiene el HSR de China en comparación con el de otros países? A continuación, las resumimos:

Mayor velocidad de operación que las piezas originales importadas. Los creadores de la tecnología HSR son Japón, Alemania y Francia. La obra representativa de Japón es el Shinkansen y la de Francia, la vía del Mediterráneo. Todos los sistemas HSR de estos tres países tienen una velocidad de operación de 300 km/h. En cuanto a las vías, Japón usa vías sin balasto con excepción de las zonas de desvío; Francia usa vías de balasto y Alemania utiliza vías sin balasto en sus nuevas líneas. China, en tanto, usa vías sin balasto con una velocidad diseñada de 350 km/h (cercana a la velocidad de seguridad máxima) en la mayoría de sus vías HSR. China tomó la vanguardia en la solución de una serie de problemas técnicos clave que ocurrían cuando la velocidad de operación llegaba a los 350 km/h, como fallas aerodinámicas, en la relación rueda-carril, permeabilidad de gas en el tren, control de la vibración y el ruido y el problema del tren con una gran sección transversal, logrando mantener la velocidad dentro de un cierto rango de estabilidad y conservando un margen de seguridad de entre el 30% y el 35%. La tecnología de China es más complicada y avanzada que las invenciones originales de Japón, Alemania y Francia.

Mayor estabilidad en la línea. Al extenderse por territorios en diferentes zonas climáticas y distintas condiciones geológicas, el sistema del ferrocarril de alta velocidad de China se enorgullece de contar con más experiencia práctica en el diseño de rutas y mayores ventajas tecnológicas comparado con el de Japón. Las tecnologías de puente y túnel, incluyendo el tendido de vía sin juntas visibles, son una creación china. China tuvo que superar obstáculos en la construcción de vías HSR en múltiples condiciones geológicas y climáticas comprometidas, tales como los suelos blandos del ferrocarril HSR interurbano Beijing-Tianjin, el relieve kárstico en el ferrocarril HSR Wuhan-Guangzhou, el inestable suelo loess de la vía HSR Zhengzhou-Xi'an y el gélido clima en la línea HSR Harbin-Dalian. Para construir estas líneas es indispensable contar con una tecnología adecuada de llenado de subsuelo y vía. Pero en Japón, Francia y Alemania no existen prácticamente esas dificultades geológicas. Fue un gran reto resolver los problemas de expansión y contracción de los raíles de acero en la línea HSR Beijing-Guangzhou que recorre 2.298 km de Norte a Sur, pero lo hicimos con la tecnología más avanzada del mundo. ¿Por qué China hizo que los trenes HSR fueran más rápido? Una razón importante es la estacionalidad óptima del grado de la vía y los buenos sistemas de correspondencia. Por las buenas condiciones de las líneas, el HSR de China tiene el coeficiente de descarrilamiento y desbordamiento de carga más bajo.

Actualmente, contamos con la vía HSR Harbin-Dalian que atraviesa zonas heladas con temperaturas de menos 40 grados Celsius, la línea HSR de la isla de Hainan blanco frecuente de los tifones, la vía HSR Lanzhou-Xinjiang que atraviesa por zonas ventosas y desérticas y el ferrocarril HSR Guiyang-Guangzhou conocido como "el metro súper sónico" porque la longitud total de sus túneles ocupa más de la mitad de la longitud total de la línea en sí. La construcción de estas vías HSR sometidas a una variedad impresionante de condiciones geológicas y climáticas redundó en la acumulación de una rica experiencia para los constructores HSR de todo el mundo.

Mayor velocidad en los túneles. China también solucionó los problemas relacionados con la tecnología de los túneles en zonas loess e hizo posible que dos trenes se dieran cruce en el mismo túnel a 350 km/h. Esta tecnología no está disponible en otros países. La línea HSR Wuhan-Guangzhou, que atraviesa un grupo de túneles Dayaoshan en las montañas Nanling de la provincia de Guangdong y túneles que penetran el centro de Changsha y el río Liuyang en la provincia de Hunan, tiene un área transversal excavada de 160 metros cuadrados.

Según datos, los trenes HSR japoneses producen un impulso obvio e incrementan la resistencia al aire cuando atraviesan los túneles. Los trenes HSR chinos tienen un mejor desempeño y no enfrentan dichos problemas porque contamos con túneles de costes más elevados y nuestras líneas y puentes de arcos están fabricados acorde a especificaciones de alta precisión.

Entonces, ¿cuáles son las ventajas del HSR de Japón? "La diferencia entre el HSR de China y de Japón es la ventaja del ferrocarril HSR del segundo en el pronóstico y la gestión de terremotos. Como país con una elevada actividad sísmica, Japón está muy avanzado en la tecnología de aislamiento sísmico. Tokio es capaz de detectar ondas sísmicas a 100 km del tren de alta velocidad y automáticamente interrumpir el suministro de energía al sistema del ferrocarril para garantizar la seguridad. Pero China tiene un gran territorio que hace poco práctica la creación de centros de detección de densa actividad sísmica como en Japón", sostuvo He Huawu, miembro de la Academia de Ingeniería de China e ingeniero jefe de la Corporación Ferrocarriles de China. Por si fuera poco, el ferrocarril HSR japonés no es compatible con otros ferrocarriles existentes. Las vías HSR de China, sin embargo, son compatibles con las líneas existentes y pueden superponerse con estas, manteniendo así una red de ferrocarril completa que maximiza los beneficios.

La disputa por los derechos de propiedad intelectual entre China y Japón

El 30 de junio de 2011, el ferrocarril de alta velocidad Beijing-Shanghai, el más largo, el más rápido y el de mejor calidad de China, despertó la atención mundial una vez abierto el tráfico. En su primer día de operación, la tasa de ocupación fue del 98%. Con la subida de las acciones ferroviarias a cifras récord, las perspectivas del sistema en el mercado internacional se vislumbraban brillantes.

Por tal motivo, He Huawu, ingeniero jefe del Ministerio de Ferrocarriles, declaró que China ha dominado la tecnología clave de los sistemas HSR con una velocidad de 300 o más km/h. Más destacable era el hecho de que China había localizado la fabricación de piezas y componentes clave de la catenaria del equipo principal del sistema de suministro de energía de tracción para las vías HSR electrificadas.

Entonces se anunció que China solicitaría 21 patentes relacionadas con la vía HSR Beijing-Shanghai en Estados Unidos, Europa, Japón, Rusia y Brasil. Las autoridades ferroviarias chinas reafirmaron que la tecnología núcleo del sistema de ferrocarril de alta velocidad de China no estaba involucrada en ninguna disputa por derechos de propiedad intelectual con ninguna de las partes extranjeras.

La reacción de Japón a esta declaración fue susceptible y nerviosa. El éxito de la vía Beijing-Shanghai le había hecho acreedora a la propia vía del título de "la versión china del Shinkansen" en los medios de comunicación nipones. Un presentador de noticias de Asahi TV había calificado a China como "desvergüenza" al dar la información sobre su ferrocarril de alta velocidad.

El 28 de junio de 2011, el Ministerio de Tierra, Infraestructura, Transporte y Turismo de Japón dio a conocer el nombramiento de un nuevo funcionario el 1 de julio, quien se encargaría de la exportación del Shinkansen y otras instalaciones de infraestructura. Subrayando el acelerado ritmo del avance de

China en el mercado mundial de proyectos de ferrocarriles y el hecho·de que el precio de los trenes chinos era un 20 por ciento inferior al de los trenes de otros países, los japoneses temían que el ferrocarril de alta velocidad de China fuera mucho más competitivo tras la adquisición de patentes extranjeras.

Tras la prueba de puesta en marcha de la línea de alta velocidad Beijing-Shanghai realizada entre el 9 y el 19 de junio, el 29 de junio, el periódico nipón Yomiuri Shimbun publicó un artículo titulado: "Japón receloso por réplica ferroviaria china", en el que aseguraba que Tokio estaba en alerta máxima ante la exportación de China de "su versión del Shinkansen desarrollada sobre la base de la tecnología nipona". El escrito mencionaba que China había comenzado a mostrar interés en la tecnología Shinkansen de Japón hacía 10 años pero que Japón se había negado a ofrecer esa tecnología punta a China hasta 2004-2005, cuando seis compañías japonesas, entre ellas Kawasaki Heavy Industries Ltd., como parte de una empresa mixta de cooperación con fabricantes chinos, dieron a China 120 trenes con 960 vagones ferroviarios como prototipo de los trenes balas Hayate nipones. Japón también ofrecía esta asistencia tecnológica como muestra de la amistad china-japonesa. Haciendo énfasis en que los trenes bala de China eran "exactamente iguales a los trenes Shinkansen de Japón", el artículo expresaba el descontento de Japón por "la copia de la tecnología importada del tren realizada por China". El fabricante del Shinkansen, Kawasaki Heavy Industries Ltd., se preguntaba qué tipo de patente de tecnología HSR solicitaría China.

El 1 de julio, la televisión nipona informó que el "Shinkansen chino" iba a solicitar patentes internacionales únicamente en el aspecto de velocidad de operación, que difería de la del Shinkansen de Japón. El medio de comunicación citó a un abogado especializado en derechos de propiedad intelectual diciendo que era "muy difícil" solicitar una patente internacional sobre la base de la diferencia de velocidad solamente. La televisora nipona afirmaba además que Estados Unidos y Rusia "no aprobarían las solicitudes de patentes HSR de China".

El presidente Yamada Yoshiomi de Japón JR East (la compañía operadora del Shinkansen) estaba "evidentemente enojado". Al referirse a la tecnología Shinkansen como la cristalización "del sudor y las lágrimas japonesas", exigió una investigación de "la violación de patente" en que había incurrido el HSR de China. Los medios japoneses manifestaron que en el momento en que Japón, Alemania, Francia y Canadá vendieron sus tecnologías HSR a China, había cláusulas en el contrato que exigían que esas tecnologías se usaran únicamente en China. "La solicitud de China de patente en el extranjero para su ferrocarril de alta velocidad incitaba la confrontación entre las diferentes partes".

El 4 de julio, Tadaharu Ohashi, presidente de Kawasaki Heavy Industries Ltd., la compañía que desarrolló el Shinkansen, sentenció: "Si el contenido de las patentes HSR que China está solicitando suscita conflicto de intereses con el acuerdo de exportación del Shinkansen firmado por China y Kawasaki Heavy Industries Ltd., Kawasaki considerará iniciar los trámites por violación contra China". Agregó que le gustaría ver a China actuar con responsabilidad. Las declaraciones fueron interpretadas por algunos medios japoneses como indicio de que la empresa demandaría al HSR de China. Al día siguiente, Tomo Seino, gerente general de Japón JR East, dio a conocer "su gran preocupación por la solicitud de patente internacional del Shinkansen de China", asegurando que "seguiría muy de cerca el desenvolvimiento de los acontecimientos".

El 5 de julio, el *Yomiuri Shimbun* publicó que en una reunión bilateral de ministros de Relaciones Exteriores el día antes, el canciller japonés, Takeaki Matsumoto, transmitió a su contraparte chino su preocupación por "la violación china de los derechos de propiedad intelectual de Japón". Previamente, un funcionario del Ministerio de RR.EE. japonés declaró en entrevista con el rotativo chino *Global Times* que de confirmarse que China había solicitado una patente en Japón por tecnología que no era originalmente china sino una copia de la tecnología de Japón, su ministerio entablaría una protesta diplomática con China.

Temiendo que no fuera lo suficientemente fuerte para enfrentar a China solo, Japón intentó aliarse con Alemania. Un sitio web de emergencia comercial con China en Japón publicó un artículo que afirmaba que la solicitud de patente HSR de China había provocado un revuelo de consecuencias mayores. Sugería que Japón debía abandonar su mentalidad de "víctima" y unir fuerzas en la "protección de los derechos" con Alemania, que también había exportado tecnología HSR a China. El artículo abundaba que a China no podía importarle Japón y que Japón "debía unirse con Alemania" en la lucha contra China. El autor creía que Japón podría obtener un fallo beneficioso, si el caso se llevaba al Tribunal Internacional. Todo lo que Japón necesitaba era esperar pacientemente por el veredicto, que llevaría a suelo chino el concepto de derechos de propiedad intelectual.

Sin embargo, Alemania no cayó en la trampa nipona. Siemens no tenía intenciones de discutir con el HSR de China. En contraposición a los medios japoneses, los alemanes fueron mucho más razonables. El 5 de julio, un reportero del *Global Times* compiló todas las informaciones que se habían publicado el mes previo en los principales medios de comunicación de Alemania sobre el ferrocarril HSR Beijing-Shanghai. El reportero no encontró un solo artículo en el que se acusara a China de copiar la tecnología HSR alemana. *Bild*, el periódico alemán de mayor circulación en Europa, informó que el ferrocarril HSR Beijing-Shanghai había batido todos los récords mundiales para las vías de alta velocidad y exhibido lo mejor de los trenes chinos. Aunque China se benefició de la tecnología alemana, el 90% de los trenes los hizo Beijing.

Pese al asombro de las empresas japonesas y la irresponsable cobertura de prensa de los medios nipones, las autoridades ferroviarias chinas confiaban en la posición asumida. De acuerdo con el protocolo internacional, se recurre a tres elementos básicos de propiedad para demostrar si un producto es elegible para los derechos de propiedad intelectual:

1) Originalidad o diferencia apreciable.

2) Creatividad, que exige que el inventor haya elaborado independientemente el invento.

3) Patentabilidad o habilidad para obtener la patente.

El 7 de julio de 2011, Wang Yongping, subdirector de Asuntos Políticos del Ministerio de Ferrocarriles, se unió a los cibernautas en Xinhua.net para un debate en línea sobre "los derechos de propiedad intelectual del HSR chino e innovación tecnológica".

Wang apuntó que los Ministros de RR.EE de China y Japón mantuvieron una reunión el 4 de julio y adicionó que cuando el canciller nipón tocó el tema, el ministro chino de Exteriores, Yang Jiechi, inmediatamente esclareció que China había desarrollado el sistema sobre la base de su propia innovación. Incluso señaló que el pueblo chino "jamás reclamaría como suyo lo que le pertenece a otro pueblo" y mucho menos renunciaría a solicitar la patente de una tecnología obtenida con mucho esfuerzo por las declaraciones irresponsables de alguien.

Wang indicó que apreciaba a Japón como una nación que es buena aprendiendo y absorbiendo las culturas y las tecnologías extranjeras. Durante la Restauración Meiji, Japón estudió la ciencia y la tecnología occidental a escala nacional y construyó un sistema ferroviario basado en el modelo británico. La aptitud abierta de Japón hacia el aprendizaje podía verse también en su proceso de construcción del HSR. En la década del 50 del siglo XX, Japón comenzó a estudiar los "trenes de tracción distribuida", una tecnología nueva de tren eléctrico inspirada en las tecnologías de los trenes europeos y fuerza motriz de lo que fue Hideo Shima. Podemos decir que fueron las excelentes habilidades de aprendizaje de la nación nipona las que propiciaron el avance de la civilización japonesa y trazaron el camino para el desarrollo nacional. Partiendo del hecho de que la ciencia y la tecnología son una riqueza común de la humanidad, solo las naciones buenas en el aprendizaje y la innovación pueden alcanzar el progreso y desarrollarse en todas las épocas.

Tren de alta velocidad HSR en la exposición "Ferrocarril de alta velocidad de China" organizada en Yakarta, Indonesia (13 de agosto de 2015).

La vía HSR Beijing-Shanghai es superior al Shinkansen en muchos aspectos. "Existen diferencias sustantivas en cuanto a velocidad, comodidad y tecnología", aseveró Wang. Por ejemplo, comparado con el tren CRH2 fabricado conjuntamente por China y Japón utilizando la tecnología importada de Kawasaki Heavy Industries Ltd., los trenes de la serie CRH380A fabricados por China corren con una capacidad energética de 9.600 kilowatios, que duplica la de los trenes CRH2. El CRH380A también supera al CRH2 con una velocidad de operación de 380 km/h cotejada con sus 200-250 km/h. Otras ventajas del CRH380A son un nivel de seguridad mucho más elevado y un coeficiente de descarrilamiento inferior (0,13 contra 0,73). Siguiendo con el listado, comparado con el CRH2, el CRH380A tiene una locomotora con una resistencia aerodinámica más baja del 15,4%, vagones de ferrocarril con una elevación aerodinámica cercana a cero y cuyo ruido aerodinámico baja hasta el 7%. El logro en la tecnología del "bogie" para rueda-carril hizo posible que el estrés por contacto del rodamiento del tren fuera del 10-12%, por debajo del umbral del estándar europeo. Por último, pero no por ello menos importante, la permeabilidad del aire del tren aumentó un 50%. Estos indicadores tecnológicos hicieron posible el paso de los trenes a una velocidad de 350 km/h por los túneles estructuralmente seguro y confiable. Wang apuntó que "una demanda verbal" no significaba nada y que los hechos y los datos siempre hablaban más alto.

Al día siguiente de las declaraciones de Wang a Xinhua.net, el ministro japonés de Tierra, Infraestructura, Transporte y Turismo, Akihiro Ohata, se refirió a la solicitud de patente internacional del HSR de China en conferencia de prensa. "Ambas partes deben calmarse y dialogar porque las acusaciones no son la mejor manera de encontrar una solución… La clave está en alcanzar acuerdos mutuos y regirse por las leyes internacionales", sentenció Ohata, "agregando que Japón no tenía intenciones de pelearse ojo por ojo".

Acto seguido, Japón TV comentó que es natural que nuevas tecnologías surjan a partir de una existente. Citando a un abogado especialista en derechos de propiedad intelectual, el comentarista afirmó que "ahora es muy importante ver las disposiciones contractuales que las partes firmaron en el momento de la exportación del Shinkansen".

Muy pronto, los medios japoneses revelaron el contenido del acuerdo del HSR entre China y Japón.

En 2004, China y Japón rubricaron un pacto conviniendo la adquisición por el Ministerio de Ferrocarriles de China de trenes por valor de 760 millones de dólares a Kawasaki Heavy Industries Ltd. El convenio contemplaba que Kawasaki transferiría toda la tecnología y conocimiento sobre sus icónicos trenes balas Hayate a Qingdao Sifang Locomotive and Rolling Stock Co., Ltd. de CRS.

Altos ejecutivos de Siemens y Kawasaki aseguraron que querían firmar el contrato porque sabían que si se retractaban sus competidores harían negocio con China. Asimismo, plantearon que no anticipaban ninguna competencia de China hasta dentro de muchos años o incluso décadas.

Sin embargo, jamás imaginó Japón que China desarrollaría tan rápido un tren de 350 km/h, el competidor del Shinkansen en el mercado internacional. Por lo tanto, no es de extrañar que Japón sintiera tamaña frustración. El japonés que siempre ha alardeado de tecnología de primer nivel y superioridad sobre el chino obviamente estaba descontento por perder con el chino en el mercado internacional del HSR. Las compañías niponas, contando a Kawasaki Heavy Industries Ltd., comenzaron a lamentarse.

Tren de alta velocidad circulando por el tramo Shaoguan de la línea Beijing-Guangzhou.

Presumiblemente, Japón ganó el mercado de China y China obtuvo la tecnología japonesa. Cada uno consiguió lo que quería en un acuerdo muy justo. China ciertamente no solo tomó prestadas las tecnologías de Japón, sino que le hizo muchos reajustes y mejoras que no habría sido posible realizarlos en el reducido territorio japonés. Como resultado de los propios esfuerzos de China, su tecnología HSR resultó mucho más avanzada y sus trenes más rápidos y más cómodos.

El 22 de noviembre de 2011, Tian Lipu, comisionado de la Oficina Estatal de Derechos de Propiedad Intelectual, reafirmó que la tecnología HSR de China hizo innovaciones a la tecnología original.

Se trata de una nueva tecnología que clasifica para la protección de los derechos de propiedad intelectual y cualquier supuesto "plagio" es impensable. Tian argumentó que toda innovación tecnológica necesariamente consta de dos partes: la tecnología existente y la tecnología innovada. "El uso legal no es plagio. No hay problema siempre y cuando haya pagado por lo que está usando", mantuvo Tian, añadiendo que China pagó muchos derechos al importar la tecnología existente y todas las innovaciones de los países desarrollados han seguido esta misma práctica.

Como todos sabemos, la tecnología del ferrocarril de alta velocidad de China es una historia de éxito de la importación, absorción y reinvención. Su importación legal de tecnología extranjera se basó en los acuerdos para la transferencia de tecnología firmados con las compañías foráneas. Hasta la fecha, el sistema ferroviario de China jamás se ha visto involucrado en disputas de derechos de propiedad intelectual con ninguna compañía extranjera. Además, China ha solicitado 946 patentes HSR. A partir de 2005, las solicitudes de patentes acumulativas de China en el sector tecnología ferroviaria han superado gradualmente a las de Japón, ocupando el sitial de honor a nivel mundial. El desarrollo del HSR chino puede soportar la prueba de las leyes de derechos de propiedad intelectual.

De hecho, la comunidad internacional ha reconocido los derechos de propiedad intelectual del ferrocarril de alta velocidad de China. El CRH380A, desarrollado por la empresa China Sifang Locomotive Company, ya pasó la evaluación de los derechos de propiedad intelectual en Estados Unidos. En el seguimiento del mercado del ferrocarril de alta velocidad en California, China Sifang Locomotive Company ofreció sus condiciones técnicas y diseños propios a la parte estadounidense para resolver todas las patentes chinas relevantes que eran más de 900. Tras la debida valoración de

Tren de alta velocidad atravesando una intersección de vías de alta velocidad en Zhengzhou.

los especialistas, la parte estadounidense concluyó que la empresa china no había cometido ninguna violación. El resultado demostró que toda la tecnología del CRH380A era elegible para obtener plenos derechos de propiedad independiente y muy superior a la del Shinkansen japonés.

Como creadores de la tecnología HSR, evidentemente, Japón, Alemania y Francia tienen más historia haciendo uso de ésta, pero eso no significa que Japón siempre tendrá la tecnología HSR más avanzada y mucho menos que siempre será el más exitoso. Es erróneo tildar la tecnología china de inmadura y, al mismo tiempo, es insultante catalogarla de producto de la piratería solo porque hemos sido capaces de realizar logros extraordinarios en un período de tiempo relativamente corto. Reconocemos que nuestro progreso en tecnología HSR está directamente vinculado a nuestro intercambio tecnológico con diferentes países desarrollados, incluido Japón. Igualmente reconocemos que hemos recibido mucha ayuda de Japón en este ámbito, pero esa ayuda se ha basado en el principio de beneficio recíproco.

Yang Zhi, profesor de Economía de la Universidad Renmin de China, puntualizó en entrevista concedida al noticiario de temas económicos e industriales *China Industry and Economy News* que tanto el entorno en el que se desarrollaban la tecnología, la economía y el comercio de los distintos países, China incluido, como el trasfondo en el que se desarrollaban el HSR de China y la globalización son resultados directos de la globalización acordada por todas las naciones del planeta en los últimos 50 años. China ha transitado un largo camino en el desarrollo del HSR desde 2004, cuando concertó los acuerdos comerciales correspondientes con compañías de Canadá, Japón, Francia, Alemania y otros países extranjeros y compró avanzada tecnología foránea que utilizó su conglomerado de fabricación de trenes. Cuando la localización de esa tecnología llegó a determinado nivel, los fabricantes chinos empezaron a elaborar sus propios productos a través de la innovación independiente.

Ma Xiaofei, Doctor en Economía de la Escuela de Economía de la

Universidad de Telecomunicaciones de Beijing, cree que el más mínimo desarrollo de la ciencia y la tecnología no es más que el progreso continuo sobre los cimientos existentes o, en otras palabras, es un proceso de construcción constante de una sólida base de ciencia y tecnología. Esta es la forma en que siguen surgiendo nuevos inventos. No podemos esperar que todo comience de cero ni que sea necesario hacerlo. Si observamos el camino de desarrollo que tomaron Japón, la República de Corea y Singapur podemos percatarnos claramente de que estas naciones transitaron por el mismo sendero de la importación, digestión, absorción e integración de la innovación. Japón fue el caso más típico y Europa y Estados Unidos no fueron las excepciones.

Conscientes del advenimiento y vertiginoso desarrollo del HSR de China, los funcionarios y medios de comunicación nipones se mantuvieron diciendo que esa tecnología procedía de Japón.

Curiosamente, después del accidente del tren de alta velocidad en Wenzhou, Japón dejó de hablar sobre el origen de la tecnología china hasta hace muy poco, cuando China anunció que solicitaría patentes para su tecnología HSR. El camino para solución del problema es más bien sencillo. Si la tecnología del ferrocarril de alta velocidad de China no es más que un uso no autorizado de la tecnología de Japón, la parte japonesa podría iniciar fácilmente un proceso de arbitraje. No obstante, en vez de hacerlo, Japón sencillamente manipuló sus organizaciones mediáticas para acusar a China de plagiar la tecnología japonesa. De esta manera, el japonés sabe perfectamente quien tiene la razón y quien, no.

Aunque las compañías HSR Japón y los medios de comunicación nipones fueron muy ambivalentes al referir el desarrollo del HSR de China, muchos periodistas japoneses fueron justos y objetivos en sus evaluaciones y reportajes sobre las exitosas inauguración y entrada en operación de la vía HSR Beijing-Shanghai. Jun Mashita de la Corporación NHK de Tokio señaló en una entrevista que mientras viajaba en el tren, "el ferrocarril HSR

Beijing-Shanghai hizo alarde de alta tecnología, además de contar con instalaciones de lujo en su interior, algo ausente en el Shinkansen japonés. Los trenes Shinkansen generalmente corren por vías serpenteantes que les impiden circular tan rápido como los trenes de alta velocidad de China".

Por su parte, la televisión nipona FNN (Red de Noticias Fuji) reportó que, considerando los factores de eficiencia y seguridad, China había reducido la velocidad máxima en su nueva línea HSR Beijing-Shanghai, pero que, pese a ello, el tren corría "muy rápido" y estable.

La estrategia de la "internacionalización"

Creciendo a pasos agigantados, el HSR de China se ha hecho de un gran nombre o convertido en tarjeta de presentación nacional muy influyente en la comunidad internacional.

De acuerdo con el profesor Su Hao del departamento de Diplomacia del Colegio de Relaciones Exteriores de China, el ferrocarril de alta velocidad, como importante canal de la diplomacia, es vital para promover la colaboración entre China y el resto del mundo.

China comenzó a construir ferrocarriles en el extranjero en los años 70 del siglo XX y su primer programa de ayuda ferroviaria en el exterior fue la vía Tazara (del ferrocarril Tanzania-Zambia) construida en un momento en que China atravesaba por grandes dificultades. La línea Tazara marcó el inicio de la exportación de tecnología ferroviaria china. Como proyecto prototipo del sistema de ferrocarriles de China, la vía ha llamado la atención de África y el mundo en general por su arduo proceso de construcción, excelente calidad y gran influencia.

Actualmente, con el sistema de ferrocarril más moderno del planeta desarrollado con su sabiduría colectiva, el pueblo chino una vez más ha sido centro de la atención global. La demanda presente de ferrocarriles de alta velocidad en el planeta Tierra ha creado oportunidades sin precedente para la internacionalización de la tecnología HSR de China.

Chen Juemin, director del departamento de Cooperación Internacional de CRC, piensa que de todos los países que desean colaborar con China en la construcción de vías HSR, así como compartir su experiencia en el desarrollo de éstas, el Reino Unido, Estados Unidos y Rusia son los más representativos. El Reino Unido fue el padre del ferrocarril, Estados Unidos, "el hermano mayor" de la industria ferroviaria y Rusia solía ser el maestro de China en el desarrollo ferroviario.

"No sentirá la velocidad de los ferrocarriles de China ni el ritmo de la economía china, si no sube al tren interurbano Beijing-Tianjin," afirmó Nancy Pelosi, portavoz de la Cámara de Representantes de Estados Unidos. Por su parte, el ministro británico de Transporte, Lord Adonis, subrayó: "China está más avanzado que el Reino Unido en la construcción de HSR y para el Reino Unido, la experiencia de China es digna de pedir prestada". Por su parte, Rusia tiene mucho más interés en el ferrocarril de alta velocidad.

El 14 de octubre de 2009, en el Gran Palacio del Pueblo de Beijing, el premier chino, Wen Jiabao, y su homólogo ruso, Vladimir Putin, firmaron un comunicado conjunto en la XIV Reunión Regular de Primeros Ministros de los dos países y presidieron la firma de 12 documentos de cooperación bilateral. Uno de esos documentos fue el memorando de entendimiento sobre la organización y desarrollo del transporte ferroviario de alta velocidad en Rusia rubricado por el Ministerio chino de Ferrocarriles, el Ministerio ruso de Transporte y la compañía de Ferrocarriles de Rusia, que supuso un paso de avance histórico. China probablemente construye el ferrocarril de alta velocidad más moderno del mundo en un país desarrollado sobre la base de transferencia de tecnología bajo la modalidad de "llave en mano". Poco después, el Ministerio de Ferrocarriles de China firmó un memorando de cooperación con General Electric de Estados Unidos en Beijing, en el que las partes se comprometieron a fortalecer la colaboración en la construcción de una vía HSR de más de 350 km/h.

El 12 de enero de 2011, el entonces vice primer ministro chino, Li Keqiang, realizó una visita al Reino Unido acompañado por el viceministro de Ferrocarriles, Wang Zhiguo. El primer ministro británico, David Cameron, expresó la voluntad de colaborar con China en la construcción de instalaciones de infraestructura en Gran Bretaña, incluyendo líneas HSR, ante lo cual China reaccionó positivamente.

En marzo de 2011, durante las sesiones de la APN y la CCPPCh, Estados Unidos, Rusia, Brasil, Arabia Saudí y otros países transmitieron el deseo de que China coopere con ellos en la construcción de sus respectivas redes HSR. Mientras tanto, el proyecto HSR Ankara-Estambul en Turquía, contratado por la Corporación de Ferrocarriles de China, ya entró en la fase de aplicación.

El 25 de noviembre de 2013, el premier Li Keqiang visitó Rumania, donde llegó al consenso con su par rumano de que sus respectivos países colaborarían en la construcción del ferrocarril de alta velocidad de la nación europea, así como en otras áreas. En la posterior conferencia de prensa, los altos cargos revelaron que habían mantenido conversaciones exhaustivas sobre cómo llevar la tecnología HSR china a Rumania.

En los últimos años, más de 100 jefes de Estado, dignatarios y delegaciones han estudiado el ferrocarril de alta velocidad de China. En estos momentos, China tiene proyectos de construcción tanto de ferrocarriles tradicionales como de alta velocidad en Libia, Nigeria, los Emiratos Árabes Unidos, Omán, Irán, Armenia, Tayikistán, Kazajstán, Kirguistán, Paquistán, Camboya, Tailandia, Malasia, Filipinas, Australia, Venezuela, etc.

En octubre de 2013, el primer ministro Li promovió personalmente el ferrocarril de alta velocidad de China durante su visita a Tailandia. Después, rubricó un acuerdo con la entonces primera ministra tailandesa, Yingluck Shinawatra, que posteriormente fue bautizado como "el proyecto ferrocarril de alta velocidad por arroz". Lamentablemente, dado los disturbios políticos y el resultante derrocamiento del gobierno de Yingluck, el proyecto fue archivado hasta principios de 2015, cuando la junta militar tailandesa comenzó a considerar la cooperación con China y cambió el proyecto HSR original por un ferrocarril tradicional.

En diciembre de 2015, China y Tailandia lanzaron el proyecto de cooperación para la construcción de una vía ferroviaria de 900 km de longitud. Según lo planeado, el ferrocarril bifurcado se dividía en cuatro secciones: Bangkok-Kaeng Khoi, Kaeng Khoi-Map Ta Phut, Kaeng Khoi-Nakhon Ratchasima y Nakhon Ratchasima-Nong Khai. La red pasaría por 10 provincias tailandesas, se comunicaría con el recién iniciado ferrocarril China-Laos en la ciudad nororiental de Nong Khai, y seguiría hasta las ciudades Boten de Laos y Mohan de China antes de llegar a la también urbe china de Kunming en Yunnan. El proyecto será el primer sistema ferroviario de vía estándar de Tailandia que utilizará exclusivamente tecnología y equipamiento chinos.

Mientras tanto, el vice primer ministro laosiano, Somsavat, esclareció que el ferrocarril Laos-China empezaría tan pronto como fuera posible y adicionó que las dos vías férreas convergerían en Nong Khai, la línea media del ferrocarril pan asiático.

El 26 de abril de 2015, la Televisión Central China informó que el ferrocarril Kunming-Yuxi, la sección china de la vía férrea pan-asiática que conecta con los ferrocarriles China-Laos y China-Vietnam, se encontraba en plena escala constructiva y anunció el inicio de la construcción de la línea China-Tailandia el año siguiente. Actualmente, se construyen el túnel Baofeng de 7 km de longitud, el proyecto predominante del ferrocarril Kunming-Yuxi y el punto de conexión entre los ferrocarriles China-Laos y China-Vietnam en suelo chino.

El 13 de noviembre de 2015, China y Laos firmaron un acuerdo de cooperación intergubernamental en el sector ferrocarriles, que significó el inicio oficial de la vía férrea China-Laos, el primer programa ferroviario en el extranjero que está directamente conectado a la red ferroviaria china. El mismo es financiado, construido y operado por China que utiliza su tecnología y equipamiento. Con trenes que viajan a 160 km/h, la vía férrea con una longitud total de 418 km se dirige al Sur hasta Vientiane, capital de Laos, después de pasar por las ciudades fronterizas de Mohan y Boten. En el futuro, se espera que el ferrocarril China-Laos se comunique con los ferrocarriles de Tailandia, Malasia y otros países permitiendo al turista chino visitar todas esas naciones por tren.

El 21 de enero de 2016, tuvo lugar la ceremonia de inauguración de la construcción del HSR Yakarta-Bandung en la estación Walini, a 120 km de la capital indonesia de Yakarta, evidenciando el gran progreso logrado en la colaboración ferroviaria China-Indonesia y patentizando el buen comienzo de la estrategia china de internacionalizar su HSR. El presidente Xi Jinping envió una misiva de felicitación por el lanzamiento del proyecto y su contraparte indonesio, Joko Widodo, hizo uso de la palabra en la ocasión.

La vía HSR Yakarta-Bandung cubre 150 km desde Yakarta hasta Bandung, la cuarta ciudad más grande de Indonesia, y deberá estar lista para prestar servicio en 2019 con una velocidad máxima de diseño de 350 km/h. Para ese entonces, el tiempo de viaje de Yakarta a Bandung se reducirá de las actuales 3 horas a tan solo 40 minutos. El proyecto HSR Yakarta-Bandung constituye un salto integral adelante en la estrategia de exportación de China, ya sea en términos de tecnología, manufactura, diseño o modelo de beneficio.

La construcción conjunta del ferrocarril HSR Yakarta-Bandung por China e Indonesia reafirma la visión china de la Ruta Marítima de la Seda del Siglo XXI compatible con la visión indonesia de un Eje Marítimo Global. Además, es una perfecta vitrina de la iniciativa de la Franja y la Ruta, que muy pronto conocerá su aplicación en países relevantes.

Anteriormente, un grupo de empresas chinas participó en la construcción de la fase dos del ferrocarril de alta velocidad Ankara-Estambul, el primer episodio de la internacionalización del HSR chino. El consorcio integrado por China Railway Construction Corporation y China National Machinery Import & Export (Group) Co., Ltd. ganó la licitación por 1.270

millones de dólares de la sección de la línea con 158 km de longitud. La vía tiene una longitud total de 533 km, velocidad de operación de 250 km/h y entró en servicio el 25 de julio de 2014.

Hasta el momento, China colabora o mantiene conversaciones sobre proyectos de colaboración del ferrocarril de alta velocidad con varias naciones, díganse Turquía, Venezuela, Arabia Saudí, Libia, Irán, Tailandia, Myanmar, Laos, Vietnam, Camboya, Malasia, Singapur, Rumania, Brasil, Polonia, Estados Unidos y Rusia. Algunos de los proyectos ya están en fase de ejecución.

De acuerdo con los planes desvelados por los distintos países, se pronostica que, en 2024, el kilometraje total de las vías HSR en el mundo llegue a los 42.000 km, lo que significa que los programas de construcción del HSR en el extranjero alcanzarán los 19.000 km entre 2010 y 2024.

Igualmente, se prevé que, en 2020, la inversión en proyectos HSR en el extranjero supere los 800 mil millones de dólares, de ellos 165 mil millones serán invertidos por países desarrollados en Europa y América del Norte. Esta mayúscula inversión dará lugar a la creación de un mercado por otras industrias por un valor aproximado de 7 billones de dólares. Las cifras indican que el HSR de China será bendecido por un potencial de exportación sin precedente y que está encontrando su camino al mercado internacional. Pero, sobre todo, a medida que la industria ferroviaria china se adentra en las profundas aguas de la reforma, la expansión de su competitivo ferrocarril de alta velocidad en el mercado mundial se convertirá sin lugar a dudas en el mejor propulsor de la reforma.

El sistema HSR de China atrae la atención universal por su fortaleza dimensional.

El surgimiento del sistema HSR de China, en la década del 80 del siglo pasado, consumió un largo período de tiempo. El enfoque adoptado por China fue uno de carácter integral que absorbió las ventajas de todas las partes concernientes. China puede exportar paquetes de proyectos "llave en mano" que involucran tecnología de obras públicas, señales de comunicación, suministro de potencia de tracción y fabricación de vehículos ferroviarios, algo difícil de lograr para otros Estados porque sus tecnologías pertenecen a diferentes compañías.

Los ferrocarriles de alta velocidad Beijing-Guangzhou y Beijing-Shanghai, eran dos de las vías más largas del mundo y de la mejor calidad. Además, China construye los puentes más modernos del planeta.

El 26 de diciembre de 2014, la red HSR Lanzhou-Xinjiang entró en servicio. La vía, con una longitud de 1.776 km, constituye el sistema HSR más largo del orbe terminado como un solo proyecto. Esta es una obra exclusiva de muchas maneras: 1) Atraviesa cuatro zonas de viento: Yandun, Baili, Sanshili y Dabancheng, así como varios desiertos como el Taklimakán y el Gurbantünggüt. Por lo tanto, es el primer ferrocarril HSR que pasa por zonas desérticas expuestas a fuertes vientos. 2) Cruza la cuenca más baja del Turpan y el túnel de montaña más alto en Qilian. El túnel de 16,3 km de longitud, conocido como el túnel No. 1 del mundo, se encuentra a 3.607,4 metros por encima del nivel del mar. Por lo tanto, las condiciones geográficas, geológicas y climáticas de China son mucho más complicadas que las de Japón y Europa. Como consecuencia, China se vio obligado a adaptar el HSR a sus disímiles entornos.

El HSR de China también disfruta de la ventaja de precio. Según la administración de la Corporación de Ferrocarriles de China, el HSR de China no solo dispone de tecnología confiable, sino que su coste de construcción es de apenas 33 millones de dólares por km, un tercio más bajo que el importe de sus competidores foráneos (promedian 50 millones de dólares por km). El precio de los trenes chinos CRH "Harmony" es equivalente a entre la mitad y las tres cuartas partes de productos similares fabricados por sus competidores extranjeros. Mientras tanto, China ostenta además una gran ventaja competitiva en cuanto a mano de obra y precio de la materia prima. El coeficiente rendimiento-precio elevado se ajusta a los países en vías de desarrollo perfectamente.

Estas ventajas le permiten a China participar en la competencia internacional del HSR. El profesor Sun Zhang de la Universidad Tongji sugirió que China debía adoptar una estrategia de tres pasos para promover su sistema HSR a nivel mundial: ingeniería civil seguida de vehículos ferroviarios, 250 km/h seguido por 350 km/h, asociaciones mixtas chinas-extranjeras seguidas por empresas de propiedad estatal exclusivamente. Esta es una forma estable y segura de hacer las cosas. Podría parecer lenta al principio, pero cobrará fuerza a la larga después de que China adquiriera experiencia suficiente.

La velocidad es el alma del transporte. El vertiginoso desarrollo del HSR que generalmente gana la apuesta por su velocidad está cambiando el mapa del transporte de China y convirtiéndose en una "estrella brillante" de la industria del ferrocarril mundial. La estrategia de "la internacionalización" del HSR de China puede seguir dos direcciones: la exportación de equipamiento del transporte ferroviario, que estaría en la categoría de comercio de bienes, y la exportación del sistema de vía férrea que abarcaría material rodante, locomotoras, vehículos ferroviarios, sistemas de señalización y pavimentación de vías férreas y constituye una combinación de comercio de mercancías y servicios. China ha acumulado una rica experiencia en la exportación de equipamiento del transporte ferroviario en un largo periodo de tiempo.

Las estadísticas revelan que, en algunos países, el equipamiento del transporte ferroviario chino ocupa una parte importante del mercado local, llegando a establecer una credibilidad de mercado relativamente sólida. En Turkmenistán, país rico en petróleo y gas y con un excelente sistema de bienestar social, el 80 por ciento de sus vehículos ferroviarios son hechos en China, tras la entrega de los dos cargamentos de vehículos ferroviarios realizados por China International Trust and Investment Corporation.

El 30 de diciembre de 2014, China South Locomotive and Rolling Stock Industry (Group) Corporation (CSR) y China North Locomotive and Rolling Stock Industry (Group) Corporation (CNR) emitieron un comunicado conjunto declarando que las dos empresas se fusionarían bajo el principio de "fusión entre iguales de cara al futuro" y el nuevo ente formado pasaría a llamarse CRRC Corporation Limited (CRRC). De esta forma nació un gigante HSR de nivel mundial. CNR y CSR solían ser una compañía bajo el nombre de China Railway Locomotive & Rolling Stock Industry Corporation antes de separarse en el año 2000. CNR y CSR tenían en principio más de 30 fábricas produciendo locomotoras y otros equipamientos ferroviarios que satisfacían el 80 por ciento de la demanda del mercado nacional. Además, exportaban productos a más de 80 naciones. En 2014, satisfacían el 10 por ciento de la demanda del mercado global. Actualmente, tanto CSR como CNR son fabricantes de equipamiento ferroviario con el mayor volumen de negocio del mundo, muy superior al de Siemens, Alstom, Bombardier y las firmas japonesas.

La opinión pública asegura que con la fusión de CSR y CNR, China mejorará sustancialmente la competitividad de su industria manufacturera de ferrocarriles, reorientará la competencia del HSR y promoverá la exportación del equipamiento ferroviario chino en el mercado internacional. En el futuro, la recién formada compañía CRRC será parte de la creciente competencia con Japón, Estados Unidos y los gigantes europeos por los mercados del Sureste de Asia y América del Sur. Mientras tanto, la iniciativa de la Franja y la Ruta estimulará igualmente la elevada demanda de construcción de ferrocarriles en los países en vías de desarrollo a nivel mundial y la industria de fabricación de equipamiento ferroviario disfrutará de una amplia gama de beneficios.

El ferrocarril de alta velocidad se ha transformado en una industria estratégica en la que China ha logrado exitosamente la industrialización sustituyendo la importación (ISI, por sus siglas en inglés). En estos momentos, el HSR afronta el reto de consumar la transición a industria orientada a la exportación e impulsar así industrias estratégicas como la pesada y la de gama alta de China. Los expertos apuntan que el ferrocarril de alta velocidad de China deberá hacerse con una parte importante del mercado extranjero y promover sustancialmente la mejora de la estructura exportadora del país apoyándose en su velocidad, tecnología de alto nivel, más bajo coste de construcción y mayor kilometraje construido y en operación.

La combinación de construcción de ferrocarril de alta velocidad, bienes y exportación de capital puede mejorar ostensiblemente el estatus de China en el sistema industrial mundial, así como la imagen de los productos hechos en China.

El 5 de marzo de 2016, el primer ministro, Li Keqiang, resaltó en su informe sobre la labor del gobierno: "China ha logrado avanzar en la estrategia de 'la internacionalización' gracias a su ferrocarril de alta velocidad y equipamiento de energía nuclear". El mensaje conciso tiene un gran significado. La palabra "avanzar" muestra el logro exponencial de la "internacionalización" del HSR y la cobertura en plena expansión de la tecnología HSR de China en el planeta.

Algunos medios de comunicación informaron que 2016 sería el primer año favorable para la "internacionalización" del HSR chino. La exportación del HSR chino está madurando como constata el hecho de que ha llegado a docenas de países en los cinco continentes. China se encuentra ahora en posición de competir con potencias establecidas del sector como Japón. En cuanto a proyectos de cooperación, las empresas chinas también han ganado en métodos localizados y más flexibles.

Miembros de la tripulación de un tren de alta velocidad trabajando en la Estación Beijing Sur.

Capítulo V
La vuelta de sentido común

Sheng Guangzu creía que la industria ferroviaria debía priorizar la seguridad y afrontar todo lo demás con verdadero sentido de la realidad y adherirse al desarrollo integral y científico. Aseguraba que la tarea primaria que enfrentaba el ministerio era analizar calmada y objetivamente los problemas existentes en la industria HSR de China, así como resolverlos de forma científica y eficaz.

Una tragedia en la historia de la industria ferroviaria de China.

A las 8:30 pm del 23 de julio de 2011, el tren No. D301 que partió de la Estación Sur de Beijing con destino a Fuzhou, en la provincia de Fujian, chocó con otro tren de alta velocidad, el D3115, que cumplía la ruta Hangzhou-Fuzhou Sur. El accidente ocurrió en la periferia de Wenzhou, provincia de Zhejiang, en el tramo Shuangyu, entre Yongjia y la Estación Sur de Wenzhou en la vía férrea Ningbo-Wenzhou, en la jurisdicción de la Administración de Ferrocarriles de Shanghai. Los vagones números 1, 2 y 3 del D301 cayeron hacia un lado y se salieron del viaducto y el número 4 quedó colgando. Los vagones 15 y 16 de D3115 sufrieron daños de consideración. El fatal accidente se cobró la vida de 40 pasajeros (incluidos tres extranjeros) y causó heridas a 172 personas. El tráfico se interrumpió durante 32 horas y 35 minutos y las pérdidas directas ascendieron a los 193 millones 716 mil 500 yuanes.

El 10 de agosto de 2011, el entonces primer ministro, Wen Jiabao, presidió la Reunión Ejecutiva del Consejo de Estado en la que se tomó la decisión de ralentizar la velocidad de operación de las vías férreas HSR y frenar el aumento de la deuda del Ministerio de Ferrocarriles.

En el cónclave se adoptaron una serie de medidas correctivas, entre ellas la realización de revisiones de seguridad integral en las vías HSR y los proyectos en construcción, disminución de las velocidades de operación de las líneas HSR recién construidas, reevaluaciones sistemáticas de los parámetros de seguridad de los proyectos ferroviarios en construcción pendientes que ya habían sido aprobados, suspensión de la aprobación de cualquier nuevo proyecto de construcción ferroviaria, conducción de estudios de factibilidad exhaustivos de los proyectos aceptados y determinación razonable de los estándares técnicos y los esquemas de construcción de todos los proyectos. Ese mismo día, el ministro Sheng Guangzu declaró en entrevista con la agencia estatal china de noticias Xinhua que, para aumentar el margen de seguridad del sistema HSR de China y acumular experiencia en la garantía de seguridad, reducirían las velocidades de operación de todos los trenes bala en la primera fase de operación.

A partir de entonces, el desarrollo del HSR chino transitó por el camino del desarrollo estable y razonable.

Reajuste a gran escala de la velocidad

El choque del tren de Wenzhou el 23 de julio de 2011 fue la causa directa del reajuste a gran escala de la velocidad del HSR.

Además de la velocidad de operación, ¿qué otros aspectos necesitaban también "un reajuste de la velocidad"? ¿Cuál sería la velocidad de desarrollo razonable para el HSR de China? ¿Cuál es la dirección de su desarrollo futuro? Ahora era el momento correcto de replantearse esas cuestiones y analizarlas detalladamente. Algunos expertos cuestionaban si la velocidad tuvo algo que ver con el accidente de Wenzhou del todo. ¿Sería realmente una cuestión de velocidad o de administración? Algunos académicos sugirieron que "el gran salto adelante" de la construcción del HSR había provocado serios problemas o secuelas que tomarían mucho tiempo erradicar.

El nuevo equipo de dirección del Ministerio de Ferrocarriles liderado por Sheng Guangzu se enfrentaba a una difícil tarea. Sheng creía que la industria ferroviaria debía priorizar la seguridad y repasar todos los puntos con auténtico sentido de la realidad y abrazar el desarrollo científico e integral. Entonces, aseveró que la tarea primaria que enfrentaba el ministerio era analizar calmada y objetivamente los problemas que existían en la industria HSR de China y resolverlos de forma científica y eficiente.

Electricistas de la Administración de Ferrocarriles de Beijing prueban y reparan la catenaria del ferrocarril de alta velocidad.

"Las lecciones de la recuperación" del HSR

Dieciocho días después de la catastrófica colisión de Wenzhou, el Ministerio de Ferrocarriles tomó medidas decisivas para reducir la velocidad de los trenes. Tales ajustes se producían luego de las seis rondas consecutivas para acelerar la velocidad de los trenes en los últimos años y tras reiterados récords de velocidad del HSR. La disposición suponía también la primera "lección de recuperación" del HSR tras la tragedia de Wenzhou.

El 28 de julio de 2011, el premier Wen Jiabao dejó muy claro a la prensa congregada en el lugar del accidente de Wenzhou que el público merecía "una explicación sincera y responsable". Al referirse al desarrollo del HSR de China, Wen sentenció: "la construcción del HSR tiene que medirse integralmente en términos de diseño, equipamiento, tecnología, construcción y administración, y, sobre todo, seguridad. Sin seguridad, el sistema HSR perderá su credibilidad. En los últimos años, el desarrollo del HSR de China ha progresado significativamente. El accidente fue un buen recordatorio de la mayor atención que hay que prestar a la seguridad en la construcción del HSR. Tiene que existir un equilibrio entre velocidad, calidad, eficiencia y seguridad, en el que la seguridad tiene la máxima prioridad. Considero que los departamentos relevantes deben aprender de las lecciones de este accidente, mejorar su trabajo por todos los medios, fortalecer la administración, y avanzar en las tecnologías clave para que las redes HSR de China sean seguras y confiables y conquisten la credibilidad mundial".

El 11 de agosto, Sheng Guangzu indicó en entrevista con Xinhua que después del accidente, las autoridades ferroviarias actuaron inmediatamente y tomaron una serie de medidas para fortalecer y mejorar la seguridad del ferrocarril. Entre las disposiciones principales destacan: 1) rectificación y solución inmediata de los problemas de seguridad. Desde el 25 de julio hasta finales de septiembre, se realizó una labor concentrada e integral de rectificación y solución de problemas en todas las instalaciones, operaciones del personal, leyes y regulaciones, conducción en condiciones anormales, respuesta a la emergencia y construcción de proyecto; 2) garantía de seguridad por parte de las autoridades de todos los niveles del ministerio. Las autoridades del Ministerio de Ferrocarriles movilizaron a 180 funcionarios especializados en 47 equipos de inspección de seguridad en la primera línea del transporte para conducir revisiones integrales de seguridad en algunos enclaves importantes; 3) cursos de capacitación sobre concienciación y medidas de seguridad para el personal ferroviario para lograr un mejor entendimiento de la situación crítica a la que se enfrentaron, extrayendo las lecciones del accidente, construyendo su confianza, levantando su moral y mejorando eficazmente la labor de seguridad, y 4) tratamiento apropiado de las secuelas del accidente, ayuda en situación de desastre y mantenimiento de la estabilidad, así como cooperación activa con el gobierno local en sus esfuerzos para ofrecer el tratamiento adecuado a los heridos y consolar a las familias afligidas.

Luego de una consideración e investigación adecuadas, el Ministerio de Ferrocarriles decidió reajustar las velocidades de operación y el horario de las redes HSR en las primeras etapas de la entrada en operación, explicó Sheng Guangzu. Específicamente, las líneas HSR con velocidad máxima de diseño de 350 km/h mantendría una velocidad de operación de 300 km/h. Los trenes con velocidad máxima de diseño de 250 km/h operarían a una

velocidad de 200 km/h. Igualmente, las vías mejoradas con velocidad de operación máxima de 200 km/h operarían a 160 km/h. Asimismo, se cobrarían tarifas más económicas a los trenes que circularan a menor velocidad. Con la finalidad de controlar la densidad de los trenes, en las etapas iniciales de operación, todos los trenes balas seguirían una tabla de operación confeccionada de una sola vez pero que se aplicaría por etapas. La densidad de operación del tren aumentaría gradualmente para que el nuevo equipamiento pudiera ajustarse mejor.

Mientras tanto, el Ministerio de Ferrocarriles llevaría a cabo una inspección integral de todos los proyectos de construcción del HSR, concentrándose en la planificación de la construcción razonable y científica, la prohibición estricta de la aceleración desenfrenada para cumplir los plazos, la intensificación de la administración y control de la seguridad y la calidad y la estricta aprobación de los proyectos. Otras de las iniciativas adoptadas contemplaban reajustes a la evaluación sistemática de seguridad de los proyectos de construcción ferro-viaria aprobados aún pendientes, suspensión de la aprobación de cualquier nuevo proyecto de construcción ferroviaria, estudios exhaustivos de factibilidad de los proyectos aceptados y determinación razonable de los estándares técnicos y esquemas de construcción de tales proyectos. Un

Estación Shenyang
Sur, centro de la red
ferroviaria de alta
velocidad del Nores-
te de China, en plena
remodelación.

sinnúmero de proyectos de construcción aprobados pero pendientes de ejecución vislumbraba un futuro incierto como resultado del accidente de Wenzhou.

Por entonces, el ministro de Ferrocarriles, Sheng Guangzu, llevaba medio año en el puesto. Sheng empezó a trabajar en 1968 y ocupó cargos de poca relevancia en el sector ferroviario. Fungió como secretario del partido de las administraciones del Ferrocarril de Nanjing, Hangzhou y Jinan sucesivamente. En 1994 fue miembro del grupo directivo del partido y economista jefe del Ministerio de Ferrocarriles. A continuación, se desempeñó como director del departamento de Política y viceministro de Ferrocarriles. En 2000, fue nombrado subdirector de la Administración General de Aduanas y posteriormente, director. En febrero de 2011 fue nombrado secretario del grupo directivo del partido y ministro de Ferrocarriles en un momento crítico.

Sheng Guangzu era conocido por su eficiencia y pragmatismo cuando trabajaba en el sector ferroviario. Sheng pudo sentir el peso de la responsabilidad al principio de su mandato enfrentado a la situación crítica del momento.

Previo a la reforma, las velocidades de diseño del ferrocarril de alta velocidad Beijing-Shanghai y los interurbanos Beijing-Tianjin y Shanghai-Hangzhou eran de 350 km/h (el ferrocarril HSR Beijing-Shanghai se regía por dos velocidades de operación 300 km/h y 250 km/h). Tras el reajuste de la velocidad, como disposición uniforme del Ministerio de Ferrocarriles, las vías HSR con velocidades máximas de diseño de 350 km/h operarían a 300 km/h. La reducción de velocidad uniforme significaba que ningún tren circularía nuevamente a 350 km/h. Esas dos vías HSR operarían a una velocidad reducida de 300 km/h luego de los cambios realizados al diagrama de operación. El ferrocarril de alta velocidad Nanjing-Hangzhou, que en principio debía prestar servicio a finales de año, tuvo que postergar su debut y su velocidad máxima no superaría tampoco los 300 km/h.

También hubo cambios en los trenes HSR con velocidades máximas de diseño de 250 km/h, que correrían a 200 km/h. En este caso se encontraban las vías férreas HSR de Hefei-Wuhan, Fuzhou-Xiamen, Ningbo-Taizhou-Wenzhou, Shijiazhuang-Taiyuan, Changchun-Jilin, la circunvalación Este de Hainan y la interurbana Guangzhou-Zhuhai.

Tras los debidos cálculos, el viceministro de Ferrocarriles, Hu Yadong, aseguró que el funcionamiento en modo mixto de 350 km/h y 250 km/h era un 20% menos eficiente que el de 300 km/h y 250 km/h. La elección de una diferencia de velocidad inferior es buena para el itinerario del tren.

Los expertos creían que las denominadas "lecciones de recuperación" del HSR eran una medida de habilitación para las líneas HSR recién construidas. Por un lado, habilitaban el período de transición para las vías nuevas de forma tal que se establecieran y estabilizaran y, por el otro, autorizaban el periodo de operación para que el equipamiento nuevo se adaptara mejor.

El Plan de la Red Ferroviaria a Mediano y Largo Plazos contemplaba que la velocidad de las cuatro vías Norte-Sur y las cuatro Este-Oeste, designadas para el transporte de pasajeros, tiene por objetivo llegar hasta los 200 km/h y más. Esta descripción infinita preparó el camino para el aumento del rasero de la velocidad del HSR en el futuro. De hecho, luego de 2008, las líneas terminadas o en construcción en las recién citadas ocho vías designadas para el transporte de pasajeros se construyeron con la velocidad de diseño y de operación de 300 o más km/h. De ellas, el ferrocarril de alta velocidad Beijing-Shanghai se construyó con una velocidad de diseño de 350 km/h, si bien una sección de 220 km de longitud entre Zaozhuang en la provincia de Shandong y Bengbu en la provincia de Anhui se diseñó con una velocidad de 380 km/h, récord mundial para la construcción del HSR.

El ajuste al alza de la velocidad objetivo se traduciría en un aumento de la inversión.

Cuando el Consejo de Estado aprobó el proyecto ferroviario de alta velocidad Beijing-Shanghai en 2006, el presupuesto era de aproximadamente 170 mil millones de yuanes. En 2007, se aumentó la velocidad de fabricación de 300 a 380 km/h en algunas secciones y el Ministerio de Ferrocarriles llevó el presupuesto hasta los 220 mil millones de yuanes y obtuvo la aprobación de la Comisión Nacional de Desarrollo y Reforma. La inversión total del ferrocarril superó el presupuesto del proyecto hidráulico las Tres Gargantas.

Con el incremento de la velocidad de fabricación, la inversión final de las líneas HSR Beijing-Tianjin y Wuhan-Guangzhou sobrepasó el presupuesto inicial.

Para el entonces nombrado ministro, Sheng Guangzu, la tarea inminente fue controlar el tamaño de la deuda, lo que involucraría reajustes al plan original de las vías HSR, incluyendo la determinación de las nuevas líneas y la velocidad objetivo según las necesidades reales del desarrollo económico y social. Esta tarea también formó parte de las "lecciones de recuperación" del HSR.

Sheng Guangzu enfatizó en entrevista exclusiva con el *Diario del Pueblo* que la "escala de la construcción ferroviaria debía ser moderada en vez de excesivamente grande. En cuanto a los ajustes específicos en los proyectos futuros, la política era garantizar la terminación de los proyectos en marcha, seguir adelante con los proyectos obligatorios y apoyar las mejores insta-

Trenes de alta velocidad de diferentes velocidades en la Estación de Yuhang.

laciones". Garantizar la terminación de los proyectos en marcha significa la culminación y entrada en operación de los proyectos ya empezados tal y como estaba previsto. Seguir adelante con los proyectos obligatorios no es más que promover el comienzo cuanto antes de los proyectos más necesitados para el desarrollo social y económico, incluyendo los requeridos para la conclusión del principal marco de trabajo de la red ferroviaria y las líneas troncales del transporte de carbón. Respaldar las mejores instalaciones no es más que ofrecer instalaciones de apoyo para los proyectos acabados, concentrarse en el paso por los puntos y líneas clave y

en la compatibilidad del equipamiento móvil y fijo para mejorar la capacidad de transporte integrado de las redes ferroviarias.

A la misma vez, los estándares de construcción de las líneas HSR Beijing-Shanghai, Harbin-Dalian, Beijing-Shijiazhuang, Shijiazhuang-Wuhan, Guangzhou-Shenzhen, Tianjin-Qinhuangdao, y Nanjing-Hangzhou no sufrieron cambios significativos. Los más afectados por la política de "garantizar la terminación de los proyectos en marcha, seguir adelante con los proyectos obligatorios y apoyar las mejores instalaciones" fueron los proyectos que estaban planificados, pero aún por ejecutarse. El ferrocarril interurbano que comunicaba a Wuhan y Yichang era parte del corredor Shanghai-Wuhan-Chengdu de las ocho vías HSR designadas para el transporte de pasajeros. Muy pronto, se les comunicó a los contratistas de la construcción de las líneas que tenían que reducir la velocidad de 250 a 200 km/h.

Luo Renjian, investigador del Instituto de Transporte Integral de la Comisión Nacional de Desarrollo y Reforma, apuntó que tras el nombramiento de Sheng Guangzu como ministro de Ferrocarriles, la industria ferroviaria china vio un crecimiento estable al lograr que la inversión principal en el ferrocarril de alta velocidad respondiera a las necesidades del mercado y detener la búsqueda a ciegas de mayor velocidad. Desde que Sheng asumió el cargo, los conceptos de reajuste de la velocidad, seguridad y cero lujos se esclarecieron y se reforzaron más que nunca.

"Nuestro ferrocarril de alta velocidad tiene una velocidad de fabricación máxima de 350 km/h, pero en realidad nuestros trenes circulan al 80% de esta. Hemos escuchado ciertos informes erróneos al respecto. Por ejemplo, un coche puede circular a 200 km/h, pero ¿quién mantendría esa velocidad mientras conduce?", indicó Wang Mengshu a un reportero del *Semanario Económico China*.

El profesor Zhao Jian de la Escuela de Economía y Administración de la Universidad Jiaotong de Beijing explicó que cuando un tren en circulación aumenta la velocidad de 200 a 300 km/h, el consumo de energía se duplica.

Una mayor aceleración es directamente proporcional a un mayor consumo de energía, lo que no tiene sentido económico.

Por el momento, el HSR de China ha retomado finalmente su crecimiento estable luego de ocho años de avance ininterrumpido.

El reajuste de la velocidad y el concepto de "mayor eficiencia a menor coste"

Sheng Guangzu reveló su carta de triunfo del reajuste de la velocidad del HSR en 2011, durante las dos sesiones políticas más importantes del país.

Durante mucho tiempo, cada vez que el Ministerio de Ferrocarriles resumió sus logros utilizaba dos palabras clave: kilometraje y velocidad. La velocidad es por lo general una reflexión directa del nivel de tecnología ferroviaria de un país. A partir de 1997, el Ministerio de Ferrocarriles incrementó la velocidad de los trenes en seis ocasiones. En 2010, la velocidad máxima del tren había aumentado a más del doble, pasando de 140 a 350 km/h.

La velocidad ha sido sin duda alguna un gran testigo del desarrollo y progreso de la industria ferroviaria de China. Sin embargo, con el incremento geométrico del kilometraje del HSR en 2010, la presión sobre el tema seguridad fue aumentando día tras día. Los funcionarios del Ministerio de Ferrocarriles sentían como si caminaran sobre una fina capa de hielo. En las distintas reuniones mantenidas se aumentaba el énfasis en la seguridad.

El 5 de marzo de 2011, Sheng Guangzu afirmó en un debate con la delegación de Ningxia a la Asamblea Popular Nacional (APN): "El plan de Ningxia para que la velocidad de su ferrocarril sea de 200 km/h es razonable porque es seguro, económico, cómodo y aceptable para los pasajeros. Anteriormente, algunas regiones del centro y occidente del país habían previsto construir líneas HSR de 350 km/h para equipararse a la región oriental, pero yo creo que es mejor tomar decisiones según las circunstancias".

Esto tiene todo el sentido del mundo cuando miramos a Japón, Alema-

nia y otras potencias de la tecnología HSR. La velocidad máxima de los trenes HSR en estos países no supera los 300 km/h. La vía Shinkansen de Japón, de 1.000 km de longitud que inició la construcción en los años 80, se construyó en siete tramos en un lapso de 10 años. Su velocidad máxima también aumentó en cuatro etapas: de 210 km/h a 240 km/h y luego hasta 260 km/h y de 275 km/h hasta llegar a los 300 km/h en 1997.

Luego de una dosis fuerte de capacitación sobre seguridad, los dirigentes y el personal del Ministerio de Ferrocarriles se percataron de que una reducción de la velocidad redundaría posiblemente en un mayor margen de seguridad, razonamiento que encontró el apoyo inmediato de los trabajadores ferroviarios.

Finalmente, en marzo de 2011, en una reunión de máximo nivel del Ministerio de Ferrocarriles, la cartera decidió reducir la velocidad máxima de operación del HSR de 380 a 300 km/h. El 12 de abril, Sheng Guangzu comunicó la noticia entrevistado por el *Diario del Pueblo*.

Tren de alta velocidad circulando por la exuberante meseta de Qinghai.

En la conversación señaló que los trenes del ferrocarril de alta velocidad Beijing-Shanghai, que estaba a punto de empezar a prestar servicio, correrían a 300 km/h y 250 km/h y añadió que se aplicarían tarifas diferentes a las distintas velocidades. Se trataba efectivamente de una "mayor eficiencia a un menor coste", criterio posteriormente muy encomiado por la prensa china. "Tener trenes circulando a 300 km/h en las vías con velocidades de diseño de 350 km/h significaba mayor margen de seguridad y billetes más baratos, cuestiones en sintonía con la ley de mercado", esclareció Sheng Guangzu.

En una video conferencia nacional el 23 de abril de 2011, Sheng ilustró su nuevo concepto de operación ferroviaria a todo el personal de la industria. El contenido de su discurso fue muy similar al de la entrevista concedida al rotativo. Aunque sin hacer alusión directa a la "reducción de velocidad", su público pudo inferir que se reduciría la velocidad del HSR de China.

Otro concepto nuevo que Sheng introdujo en la teleconferencia fue la idea de una red ferroviaria expresa. Al referirse a los planes de la construcción de ferrocarriles contemplados en el XII Plan Quinquenal, acotó que el ministerio planeaba construir una red ferroviaria expresa de tres rangos de velocidad con el HSR como columna vertebral. Específicamente, como parte de los corredores de las ocho vías ferroviarias para el transporte de pasajeros, la velocidad de fabricación sería de 300 km/h; en las líneas HSR de ampliación, conexión e interurbanas, la velocidad de fabricación oscilaría entre los 200 y 250 km/h, y en las vías expresas utilizadas tanto para el traslado de pasajeros como de mercancías y en la mayoría de las líneas en las zonas central y occidental, la velocidad de fabricación sería inferior a los 200 km/h.

Sobre la base de este plan, las líneas HSR, en su condición de columna vertebral del sistema ferroviario expreso de 45.000 km de longitud, adoptarían distintos niveles de velocidad de operación y la velocidad máxima se reduciría de 380 a 300 km/h.

El investigador Luo Renjian de la Comisión Nacional de Desarrollo y Reforma aseveró que el concepto recién elaborado por el Ministerio de Ferrocarriles de "mayor eficiencia a menor coste" hizo posible que las vías HSR ajustaran la velocidad de sus trenes balas en el rango de los 200 km/h hasta los 300 km/h. El concepto tenía los dobles beneficios de la reducción de coste y satisfacción de las demandas del mercado, agregó, al subrayar que el concepto desencadenaría inevitablemente una transformación del desarrollo tecnológico del HSR y en sus modelos de operación y organización.

En cuanto a la disminución de la velocidad, las tarifas más baratas son una buena noticia para el público viajero. La reducción de la velocidad y la sustitución de los lujosos asientos por unos más sencillos redundó en el correspondiente recorte de la tarifa. Las dos medidas harían que los billetes fueran mucho más asequibles para los pasajeros, confirmaron las autoridades del Ministerio de Ferrocarriles.

El Ministerio de Ferrocarriles publicó en su sitio web, el 1 de junio de 2011, un nuevo Diagrama de Operación de los Trenes Nacionales. Según este, a partir del 1 de julio de ese año, las vías interurbanas HSR Wuhan-Guangzhou, Zhengzhou-Xi'an y Shanghai-Nanjing reducirían su velocidad de operación estable de 350 km/h y adoptarían dos velocidades de funcionamiento: 300 km/h y 250 km/h. Por dichas líneas corrían 80, 22 y 110 pares de trenes balas, respectivamente, que duplicaban la cantidad de trenes en servicio hasta ese momento.

Luego del reajuste de la velocidad, la capacidad de transporte de pasajeros del ferrocarril nacional, incluyendo la capacidad del HSR, incrementó el 9,6%. El 1 de julio de 2011, la gran pantalla del centro de despacho de la Administración de Ferrocarriles de Shanghai anunció la reducción de la velocidad de circulación en las vías HSR Shanghai-Hangzhou, Hefei-Nanjing, Hefei-Wuhan y el tramo Ningbo-Xiamen del ferrocarril Hangzhou-Shenzhen. La velocidad de operación de la línea HSR Shanghai-Hangzhou bajó de 350 km/h a 300 km/h, y la de las restantes vías se redujo de 250 km/h a 200 km/h.

Así fue como empezó la ralentización de los trenes HSR de China.

El 13 de junio de 2011, el viceministro de Ferrocarriles, Hu Yadong, desveló en la conferencia de prensa a propósito de la inauguración del ferrocarril HSR Beijing-Shanghai, que la citada vía había pasado la fase de aprobación preliminar y evaluación de seguridad después de cumplir todos los requisitos de operación y estaría lista para prestar servicio comercial a finales de ese mes. Basado en la política de reducción de la velocidad y "mayor eficiencia a menor coste" se hicieron todos los arreglos pertinentes para equipar la línea con 90 pares de trenes balas, de los cuales 63 circularían a 300 km/h y 27 a 250 km/h. Teniendo en cuenta que la velocidad de operación había bajado de 350 a 300 km/h, las compañías HSR de las líneas interurbanas Wuhan-Guangzhou, Zhengzhou-Xi'an y Shanghai-Nanjing reducirían la tarifa de sus trenes circulando a 300 km/h un 5% aproximadamente.

Los expertos habían sugerido que el consumo de energía del tren bala era proporcional a su velocidad al cuadrado, lo que significaba que, con el aumento de la velocidad, subía el consumo de energía de las vías HSR. Los trenes balas de elevada velocidad de fabricación y numerosas paradas, debido al hecho de que aceleraban y frenaban en recorridos largos, tenían que reducir la velocidad tan pronto alcanzaban su registro máximo. En consecuencia, la rápida velocidad alcanzada en un breve lapso de tiempo no se traducía en una reducción importante del tiempo de viaje sino en un exponencial consumo de energía.

Un trabajador de la sección del HSR de la Administración de Ferrocarriles de Beijing comentó a un medio de comunicación que la reducción de la velocidad había disminuido claramente el desgaste de las piezas y componentes y adicionó que la administración y los técnicos de la sección se dieron cuenta de que les habían tranquilizado mucho. De acuerdo con las estadísticas, cuando los trenes balas corren a velocidades superiores a los 270 km/h, más del 90% de su tracción se pone en función de vencer la resistencia del aire y cuando sus velocidades superan los 300 km/h, utiliza más del 95%. Cuando la velocidad sobrepasa los 300 km/h, ocurren una serie de problemas como patinazos, pérdida de potencia y acelerado desgaste. Por ejemplo, el ferrocarril interurbano HSR Beijing-Tianjin redujo la velocidad de 330 a 300 km/h, y el tiempo total del recorrido apenas aumentó poco más de tres minutos y el desgaste de las piezas y componentes disminuyó evidentemente. Previo a la reducción de la velocidad, los frenos de zapatillas de los trenes había que cambiarlos cada cinco meses y ahora se cambian cada ocho. Igualmente se alivió en gran medida el daño causado a las barras de los pantógrafos de las locomotoras.

Hacia una "velocidad china" más pura

En seis meses, el Ministerio de Ferrocarriles redujo la velocidad del HSR en dos ocasiones seguidas, provocando un encendido debate en la sociedad.

La reacción era natural porque el dilema de la reducción de la velocidad llegó en un momento en que la industria ferroviaria había sido testigo de una década de desarrollo impresionante caracterizada por el aumento de la velocidad, sostenía la prensa.

El semanario *China News* informó que una de las misiones principales del ferrocarril de alta velocidad Beijing-Shanghai era batir el récord de velocidad de operación del HSR mundial con 350 km/h. La desaceleración demuestra que al plantearse el comienzo de la "normalización" del HSR, el Ministerio de Ferrocarriles estaba listo para terminar con su misión no vinculada al transporte y el ferrocarril de alta velocidad de China, para desempeñar su papel como medio ordinario de transporte y alcanzar el equilibrio entre seguridad y velocidad.

Un grupo de académicos sugirió que cualquier error que la industria ferroviaria de China hubiese cometido en el pasado tenía mucho que ver con el desorden obsesivo compulsivo de poner la tecnología, la velocidad y la escala por encima de todo lo demás. La velocidad a costa de la seguridad no es velocidad verdadera, aseguraron los estudiosos, subrayando que ya era hora de reducir la velocidad para ganar en mayor seguridad y mejor administración.

El profesor Ou Guoli del Departamento de Economía y Administración de la Universidad Jiaotong de Beijing, veía la reducción de la velocidad como la vuelta del HSR a la operación respetuosa de las leyes intrínsecas de su desarrollo. Como el ferrocarril de alta velocidad llegó tarde a China, aún estábamos distantes de los niveles avanzados del mundo, teníamos mucha más experiencia por ganar y necesitábamos mucho más tiempo para ponernos al día. La disminución de la velocidad ofrecía una buena oportunidad para calmarse y ver el desarrollo del HSR con lentes objetivos.

Por supuesto, también había voces que dudaban o estaban en desacuerdo.

Zhao Guangfa, miembro de la CCPPCh, calificó el plan de derroche deliberado de recursos en una de las sesiones del máximo ente asesor, asegurando que el diseño, la planificación y la construcción del HSR de China se basaba esencialmente en los 350 km/h establecidos por el Consejo de

Estado y aprobados por la APN.

Sheng Guangzu mantenía que el reajuste apropiado de la velocidad del HSR no era algo negativo y agregaba que la desaceleración no suponía un retroceso, sino que más bien era una valiosa medida de seguridad que no afectaría los planes de China de desarrollar una industria ferroviaria moderna. Explicó además que China debía ser más valiente y tener un mayor sentido de responsabilidad para dejar a un lado el orgullo y la vanidad y reconocer "nuestras debilidades administrativas" y "las violaciones irresponsables de las reglas para cumplir en el plazo previsto", enfrentar los conflictos directa y correctamente más allá de lo que estuviera mal. De cierta forma, llevar el HSR a una velocidad segura era como una operación por el bien del paciente. La medida no lastraría la velocidad de China, por el contrario, haría la velocidad de China más convincente.

Otros expertos mantenían que el desarrollo del HSR debía ser gradual y marchar a la par del desarrollo económico y social. Señalaban que los trenes balas de los países extranjeros no eran tan rápidos como los imaginábamos. Por ejemplo, la línea del Tokaido japonés tenía una velocidad de circulación máxima de 270 km/h. Aunque muchos creían que la mayor velocidad de las vías HSR no comprometían la inseguridad, una menor velocidad ciertamente ofrecía mejor garantía de seguridad.

Por su parte, algunos comentaristas de noticias manifestaban que el desarrollo del HSR era la opción de las condiciones nacionales y del mercado de China. El HSR ofrecía una nueva perspectiva no solo zapatos, medias y juguetes para que el mundo entendiera mejor a China. El HSR no solo había tenido un gran papel en la reanimación económica del gigante asiático, sino que había cambiado verdaderamente la vida del ciudadano chino promedio.

Ya fuera por la formación de un circuito megalópolis o la conveniencia del pasajero de salir en la mañana de su casa y volver en la noche gracias a las "vías doradas", incluida la del ferrocarril Beijing-Shanghai, los beneficios no tenían precedente. Para mejorar considerablemente el sistema HSR y su funcionamiento seguro, necesitamos concentrarnos más en las lagunas y debilidades de nuestros conceptos de operación y administración. Por todas las críticas y quejas que escuchamos, podemos estar seguros de algo: en la preocupación del público general por la industria del HSR descansa el sólido fundamento social de la industria ferroviaria china y su fuerza impulsora para acelerar la reforma y la mejora.

En marzo de 2012, en un debate con los diputados de la delegación de Anhui a la IV sesión de la XI Asamblea Popular Nacional, un periodista le preguntó a Sheng Guangzu si se había subido a un tren de alta velocidad. "Por supuesto que sí", respondió y continuó, "¿cómo podría ser ministro de Ferrocarriles si no me subiera a un tren bala?". Su respuesta directa evidenció cuánto confiaba en la seguridad del sistema HSR.

Muy pocos años han transcurrido y el reajuste de la velocidad ha dado pruebas de haber sido un remedio eficaz insustituible y una medida de seguridad de carácter preventivo y científico dirigidos a buscar una velocidad china más segura y saludable. El reajuste de la velocidad fue la vuelta de sentido común. No había nada de malo en ello. China es más capaz ahora y confía más que nunca en la construcción de la red de transporte HSR más moderna del planeta.

A principios de 2016, Fu Zhihuan, famoso experto en material rodante y miembro de la Academia de Ingeniería de China, sentenció en una entrevista que la decisión de reducir la velocidad máxima del HSR de 350 a 300 km/h fue polémica al principio, pero demostró ser lo correcto porque han disminuido los accidentes y las averías y el sistema HSR es mucho más seguro y más confiable.

Sección II

La reducción de la velocidad y la tarifa de los trenes balas

Si la velocidad se había reducido, ¿bajaría la tarifa del tren también?

En cierto momento, el término HSR fue sinónimo de "alto coste", a medida que cada vez más personas se quejaban de su exorbitante precio.

En ese momento, hubo quienes dijeron que los trenes de alta velocidad eran una patente para los ricos porque el pueblo trabajador promedio apenas podía darse el lujo. Con la apertura de más y más ferrocarriles de alta velocidad y la cada vez menos disponibilidad de trenes lentos y baratos, muchos viajeros no tuvieron más alternativa que viajar en los trenes balas. Los cibernautas se preguntaban que, si los ricos podían elegir entre el avión o el tren bala, ¿cuáles serían las opciones en el futuro del asalariado promedio? El HSR se supone que sirva al público general y permita que la mayoría disfrute de los servicios convenientes y eficientes. El gobierno habla mucho sobre permitir el acceso de todos a los frutos del desarrollo económico y el HSR es uno de esos frutos, pero este fruto ha resultado ser muy caro para el ciudadano promedio.

¿Son realmente los billetes del tren de alta velocidad tan caros?

El HSR y "los trenes para los ricos"

El 26 de diciembre de 2012, en la plataforma de la Estación Oeste de Beijing, un grupo de jóvenes estaba muy activo, posando de diversas formas y haciéndose fotos con un tren. Eran los miembros de una asociación ferroviaria que habían venido a vivir la experiencia del viaje inaugural del ferrocarril de alta velocidad Beijing-Guangzhou. El grupo había recorrido más de 10.000 km por toda China por los ferrocarriles de alta velocidad Wuhan-Guangzhou, Beijing-Shanghai y Harbin-Dalian.

Zhang, miembro de la asociación, señaló que habían seguido atentamente el desarrollo del ferrocarril HSR Beijing-Guangzhou durante más de un mes. Luego de haber comprado el billete con varios días de antelación, estaba ahí para experimentar el ferrocarril más largo del mundo por kilometraje. "Un asiento de segunda clase en un tren de 300 km/h de Beijing a Guangzhou por un precio de 865 yuanes era aceptable", le comentó al reportero. Durante el viaje, estuvo ocupado haciendo fotos en distintos vagones e incluso publicó siete microbloggings para compartir lo que sentía con sus amigos.

El ferrocarril HSR Beijing-Guangzhou de 2.298 km es uno de los cuatro Norte-Sur contemplados en el Plan Ferroviario de Mediano y Largo Plazos de China. Yendo en dirección Sur de Beijing a Guangzhou pasando por grandes ciudades como Shijiazhuang, Zhengzhou, Wuhan y Changsha, la vía tiene una velocidad de diseño de 350 km/h y velocidad de operación inicial de 300 km/h.

El asiento más caro en la clase ejecutiva del tren G, que circula a 300 km/h de la Estación Oeste de Beijing hasta la Sur de Guangzhou es de 2.927 yuanes. En comparación, el más barato de la segunda clase en un tren D de Beijing a Guangzhou a 250 km/h es de 712 yuanes. Sin embargo, estos precios seguían siendo mucho más costosos que los de trenes tradicionales. Para la misma ruta, un billete de asiento duro en un tren de velocidad normal cuesta 253 yuanes y uno reclinable duro, nunca más de 443 yuanes, lo que representa el 30% y el 50% del coste de su equivalente en los trenes balas, respectivamente.

El día que la línea Beijing-Guangzhou entró en operación, los cibernautas empezaron a quejarse del elevado precio de los billetes. Alegaban que las autoridades habían fracasado a la hora de considerar el nivel de ingreso real del público en general. Ante la cercanía de la temporada crítica de viajes en el país, la Fiesta de la Primavera, el sector de los ferrocarriles comenzó a escuchar a la opinión pública. Además de las preocupaciones por el gran flujo de pasajeros, la gente expresaba especial malestar por el precio del billete.

Cuando se dieron a conocer los precios del ferrocarril de alta velocidad Beijing-Guangzhou, los viajeros, ansiosos de regresar a casa para la celebración del Año Nuevo Chino, se decepcionaron inmediatamente. Un cibernauta apodado "Chilled-to-the-heart" comentó: "Creo que van a tener que rebautizar al HSR como HCR (Holy Cow Rail o ferrocarril de la vaca sagrada). Es demasiado caro para el ciudadano promedio, probablemente mucho más apropiado para contemplarlo que para abordarlo. Un pobre hombre como yo solo puede verlo como una muestra del desarrollo del país".

De acuerdo con el rotativo *Guangzhou Daily*, el 26 de diciembre de 2012, el precio completo de los boletos de avión de clase económica entre Guangzhou y Beijing era de 1.700 yuanes, si bien las reservas de ese día ofrecían un descuento del 20 ó 25 por ciento o el equivalente 1.275 y 1.360 yuanes, respectivamente. El boleto de avión más barato en ese momento tenía un coste de 748 yuanes (una rebaja del 56%).

Los cibernautas aseguraron que se tardaba más y era más caro viajar por el HSR que por avión. La afirmación era una realidad en todos los HSR incluido el ferrocarril Beijing-Guangzhou, sin mencionar el hecho de que las aerolíneas ofrecían descuentos incluso mejores y el viaje entre las dos urbes apenas consumía poco más de tres horas. Un tren G a 300 km/h tardaría en realizar el mismo recorrido casi ocho horas.

Un trabajador migrante hizo los cálculos según sus ingresos personales: vivía en una ciudad lejos de su hogar en Huangpi, provincia de Hubei, y ganaba 1.500 yuanes al mes. Su familia de tres miembros tomaría el tren bala ida y vuelta una vez al año y un billete de tren sencillo costaba mínimo 400 yuanes por persona. Si a esto le añadía otros 150 yuanes de gastos de viaje adicionales y multiplicaba la suma por tres, la familia acabaría pagando 1.650 yuanes por un viaje sencillo, mucho más de su salario mensual.

En la vida real, sin embargo, las aerolíneas básicamente no ofrecían muchos descuentos, mucho menos durante el Año Nuevo Chino. Además, en la vasta tierra china, los aviones no viajan a tantos destinos como los pasajeros necesitan y tampoco pueden llegar a las zonas más remotas del país. Pero tenemos que admitir que las aerolíneas y los aeropuertos recaudan más dinero al año, no solo durante el Año Nuevo Chino. Igualmente, a mayor distancia, mayores los descuentos que ofrecen, política que se aplica también a los vuelos internacionales.

Los trenes de alta velocidad están fuera del alcance de la capacidad de consumo de los grupos de bajos ingresos. Este sector no puede permitirse el lujo de pagar un billete de segunda clase en 865 yuanes y por eso opta por un tren lento en el que tardan más de 20 horas en llegar a casa. Para el grupo de altos ingresos y hombres de negocio, no obstante, la comodidad se impone al precio y por eso prefieren la opción de un asiento en la clase ejecutiva por 2.727 yuanes.

Las estadísticas del centro de servicio al cliente del ferrocarril chino revelaron que el día que comenzó la venta, se vendieron todos los boletos de la clase ejecutiva y la primera clase del tren G801 mientras seguían disponibles una gran cantidad de asientos de la segunda clase. El mismo patrón se repitió una y otra vez.

Zhao Jian, profesor de Economía de la Universidad Jiaotong de Beijing, sentenció que, en 2006, solo el 1% de los viajeros por ferrocarril de China reservaron billetes en vagones con cama blanda en los trenes tradicionales mientras que más del 80% viajó en asientos duros. Para muchos de los pasajeros comunes y corrientes de China, la tarifa de tren bala que equivale al precio de una cama blanda en trenes tradicionales sencillamente ahuyenta al público. Desde la perspectiva del precio, los viajeros que podían darse el lujo de pagar el precio del tren bala eran básicamente el 1% que percibe altos ingresos y adquiere las camas blandas.

Zhao puso como ejemplo el precio del tren Beijing-Tianjin. El precio del vagón cama con aire acondicionado en esta línea es de 19 yuanes. El tren bala que corre por la misma línea tarda una hora en llegar a la terminal y su precio es de 42 yuanes. ¿Qué sucedía con el tren bala interurbano Beijing-Tianjin? Un asiento blando de segunda clase cuesta 58 yuanes y el de primera clase, 69 yuanes, tres veces el importe del

Flujo de pasajeros en la Estación Nanjing Sur.

billete de una cama dura con aire acondicionado.

El Ministerio de Ferrocarriles comunicó a los cibernautas que las tarifas existentes de los trenes del ferrocarril de alta velocidad eran experimentales y que se reajustarían en el futuro.

Cada vez que abría una nueva línea HSR, la gente se quejaba de los elevados precios. Los habitáculos de lujo y de la clase ejecutiva estaban muy recargados. En un espacio de dos metros de ancho entre los asientos delantero y trasero había un televisor en miniatura LCD escondido en el reposabrazos izquierdo del asiento, un respaldo en el reposabrazos derecho del asiento, botones para llevar el asiento a las posiciones de sentado, reclinado y acostado para mayor comodidad del viajero, cuestiones que hacían pensar a la gente que los trenes de alta velocidad eran exclusivamente para los ricos.

¿Son realmente caros los billetes del tren de alta velocidad?

¿Son los billetes de los trenes balas realmente caros? La respuesta de los expertos del entonces Ministerio de Ferrocarriles era negativa. Todo el mundo en China sabe que los trenes de pasajeros tradicionales no son caros. Los precios se mantuvieron inalterables durante 18 años desde 1995 para satisfacer las necesidades de movimiento de millones de trabajadores aunque la industria ferroviaria atravesaba por problemas fiscales.

De acuerdo con los reportes de prensa, el viaje París-Marsella en el TGV de 780 km tiene un coste de 100 euros. Aplicando la tasa de cambio de ocho yuanes por euro, la tarifa de un viaje de ida por kilómetro sería de 1 yuan. En tanto, el precio por kilómetro de un viaje de ida de Tokio a Osaka en el Shinkansen de Japón es de 1,6 yuanes. El coste por kilómetro del periplo de ida de más de 500 km de Berlín a Frankfurt en el tren bala alemán es de 1,9 yuanes. En contraste, el importe por kilómetro de un viaje en tren HSR en China oscila entre los 0,4 y los 0,5 yuanes.

La distancia entre la Estación Sur de Beijing y la Estación Hongqiao de Shanghai es de 1.318 km. Un viaje de ida en un asiento de segunda clase en un tren bala cuesta 555 yuanes o 0,42 yuanes por km. Ahora, el coste de un vuelo en la clase económica de Air China de Beijing a Shanghai importa 1.130 yuanes, sin incluir el impuesto de aeropuerto de 50 yuanes ni el recargo por combustible de 140 yuanes, lo que prácticamente duplica el importe del tren bala.

Por lo tanto, comparativamente, el billete del tren bala chino no es tan caro. No obstante, como destacó el profesor Ou Guoli de la Universidad Jiaotong de Beijing: "Desde el punto de vista económico, el precio del tren de alta velocidad se basa en dos factores: coste y demanda del mercado". En entrevista concedida en marzo de 2012, el economista jefe del Ministerio de Ferrocarriles, Yu Bangli, relacionó las tres razones principales que justificaban por qué el coste de los trenes balas era superior al de los trenes de pasajeros tradicionales: 1) Costaba más construir las vías HSR que las ordinarias.

Su elevado coste de construcción está determinado por la alta velocidad y altos niveles de seguridad y comodidad, así como gastos de construcción adicionales incurridos por las necesidades de reducir los costes sociales; 2) Comparado con el sistema ferroviario tradicional y los medios de transporte alternativos, el HSR ofrece mayores beneficios ya sea en cuanto a velocidad o nivel de comodidad, y 3) El precio del transporte de pasajeros tradicional ha sido el mismo durante un prolongado período de tiempo.

Sin embargo, lo que hace especial a la industria ferroviaria de China es que no es solamente una entidad comercial, sino una de interés público. El más desequilibrio en los intereses públicos causa pérdidas inevitables, sin contar que una mala administración también genera pérdidas. En el futuro, las misiones de interés público tales como las labores de rescate y ayuda, apoyo a la agricultura, tarifas preferenciales para los estudiantes y transporte de suministros militares tendrán que seguir estando separadas de las operaciones comerciales como el sistema HSR. El precio del ferrocarril será válido únicamente cuando se esclarezca el coste actual.

El precio HSR deberá basarse primariamente en los costes de operación que abarcan la tarifa de electricidad, amortización y mantenimiento vehicular, interés durante la construcción y amortización de la línea, etc. De cierta forma, el tamaño de la pérdida lo determinará el flujo de pasajeros —a mayor flujo de pasajeros, menos pérdidas y viceversa—. De existir lagunas en los costes de operación, no habrá forma de pagar los intereses y la liquidación financiera no será equilibrada.

Tras la inauguración del sistema HSR, para destinar las vías férreas en existencia al transporte de mercancías, las autoridades ferroviarias intentaron reducir la cantidad de trenes de pasajeros de velocidad promedio en las líneas existentes, lo que dio lugar al monopolio de facto del HSR e hizo sentir al público que la industria le estaba "manipulando", "cobrando de más". La segunda razón es el rígido mecanismo de precio que da la impresión al pueblo de que el Ministerio de Ferrocarriles decide los precios sin dejar margen a las variaciones del mercado. Lo cierto es que el Ministerio de Ferrocarriles no tiene poder de decisión en el precio de los boletos del tren de alta velocidad. Todo lo que hace es realizar sugerencias a la Comisión Nacional de Desarrollo y Reforma para su aprobación. Aunque también decidido por el gobierno, el precio del TGV de Francia es un poco diferente. El gobierno francés generalmente establece un precio básico que fluctúa anualmente según los cambios en los índices de precio. Las autoridades ferroviarias de Francia están facultadas para fijar precios específicos de forma flexible atendiendo a la demanda y el suministro del mercado. En Alemania y Japón, los operadores del HSR deciden sus propias políticas de precio y descuento según el nivel de sus operaciones.

El profesor Sun Zhang de la Universidad Tongji aclaró que las compañías extranjeras tampoco ofrecen precios baratos. Normalmente, tratan de animar al viajero con paquetes promocionales flexibles tales como las tarifas de fin de semana, mensuales, para adultos mayores y estudiantes. En China, sin embargo, los trenes balas circulan vacíos antes que rebajar los billetes de las clases primera y ejecutiva o convertirlos en boletos de segunda clase. De ahí que, para ser verdaderamente competitivo, el precio del tren de alta velocidad obviamente no puede ser monolítico. El 10 de julio de 2014, el Banco Mundial publicó su Informe Analítico sobre el HSR de China en el que planteaba que el coste de construcción del ferrocarril chino de alta velocidad era aproximadamente dos tercios del de otros países mientras que su precio era una cuarta o una quinta parte el de otras naciones. Además del relativamente bajo coste de la mano de obra, el elevado nivel de planificación y el efecto de la escala son factores importantes que contribuyen a la reducción del importe del tren HSR en China. De acuerdo con el estudio del Banco Mundial, la media ponderada del coste unitario del sistema HSR chino puede resumirse como sigue: 129 millones de yuanes por kilómetro en los proyectos para 350 km/h de velocidad y 87 millones de yuanes por km en los proyectos de 250 km/h de velocidad.

Asumiendo la responsabilidad pese a la reducción de precio

La industria del HSR enfrentó dos conflictos: el dilema entre velocidad y seguridad y entre velocidad y precio.

El 28 de agosto de 2011, las autoridades del HSR empezaron a aplicar la segunda fase de la Planificación de Operaciones para la Reducción de la Velocidad. Los trenes de alta velocidad de Shanghai a Hangzhou, Wuhan, Ningbo, Wenzhou, Fuzhou etc. empezarían a circular a la velocidad reducida, lo que se traduciría en más horas de viaje y una rebaja del 5% en el precio del billete. La reacción del público fue desconcertante. Los pasajeros y los cibernautas no entendían que una disminución del 14% en la velocidad de 350 a 300 km/h en la vía Shanghai-Hangzhou y del 20%, de 250 a 200 km/h para las vías de los trenes balas, solo suponía un descuento del 5% en el precio de los boletos.

Algunos cibernautas se burlaban diciendo que era "como romper un huevo en el río Changjiang y considerarlo una sopa de huevo para todo el país".

Xu Fengxian, investigador del Instituto de Economía de la Academia de Ciencias Sociales de China, se hacía eco también de esta posición. Argumentaba la reacción citando como ejemplo el ferrocarril de alta velocidad Beijing-Shanghai: 410 yuanes por un asiento de segunda clase en un tren de 250 km/h contra los 555 yuanes de un tren de 300 km/h significaba una diferencia de velocidad del 15% y de precio, del 26%. Una rebaja unificada de precio del 5% versus una disminución de velocidad del 15-20% no parecía razonable del todo, sentenciaba Xu.

En respuesta a tales desafíos, los profesionales de la industria explicaron que la disminución de la velocidad representaba una reducción de las velocidades máximas de operación y, por lo tanto, no podía tomarse como fundamento real para calcular el porcentaje de rebaja de la velocidad. El recorte de la velocidad máxima de operación no puede interpretarse como un impacto directo en la relación tiempo/coste del pasajero en términos reales sencillamente porque un tren bala no puede correr a su velocidad máxima durante todo el viaje.

Por ejemplo, el 1 de julio, cuando el ferrocarril de alta velocidad Shanghai-Nanjing redujo su velocidad de operación de 350 a 300 km/h, el menor tiempo de viaje de Shanghai a Nanjing aumentó solo 4 minutos.

Un cálculo más infalible tomando la relación tiempo/coste en consideración revela que la tasa actual de la reducción es inferior al 14%.

Sin embargo, los pasajeros querían que las autoridades ferroviarias desvelaran la correlación entre velocidad y coste de operación y les dijeron claramente la razón para la rebaja de precio del 5%. Además, con la disminución de la velocidad, los trenes que paraban más en su recorrido tardaban más en llegar a su destino que aquellos que no hacían paradas antes de arribar al final de su viaje. ¿Podría la reducción de precio lograr un resultado mejor que "una solución única para todos"?

Un artículo publicado en el sitio web www.21fd.cn analizó que durante la temporada punta de viajes de la Fiesta de la Primavera en 2011, los trenes de alta velocidad asumieron casi el 20% del tráfico total de pasajeros por ferrocarril del país. Supongamos que las ganancias generadas por los trenes balas representaron el 40% de los ingresos del transporte de pasajeros total a nivel nacional y supongamos también que multiplicamos los beneficios de 2010 por aproximadamente el 5% (la reducción de la tarifa), esto significaría que el Ministerio de Ferrocarriles les perdió 2.600 millones de yuanes en ingresos anuales.

Li Hongchang, profesor adjunto de la Universidad Jiaotong de Beijing, creía que "asumir la culpa pese a la reducción de precio" quería decir que los pasajeros no estaban muy familiarizados con la composición de la tarifa del sistema ferroviario. La expectativa razonable sería difícil sin el derecho suficiente a saber, apuntó el estudioso. Un artículo publicado en el *Diario Guangming* destacó que la formulación y el reajuste de las tarifas tenían que hacerse tomando plenamente en cuenta la capacidad financiera de los pasajeros y que su aumento tenía que ser proporcional al crecimiento de sus ingresos. El escritor concluía que la tarifa del HSR tenía que ser asequible para el pueblo de medianos ingresos.

Por su parte, Xinhua.net publicó un artículo haciendo énfasis en que desde que la industria ferroviaria china era portadora de ciertas características de bienestar social, el sistema HSR tenía la obligación de reflejar ese aspecto de su naturaleza. El periodista que firmó la nota sugirió que se realizara un ajuste apropiado de precio dentro de ciertos lapsos de tiempo para que los viajes de los pasajeros pudieran estar garantizados. El festivo de la Fiesta de la Primavera caería en esa categoría debido al relativamente grande y concentrado flujo de pasajeros. Debido al gran abismo de precio entre del tren de alta velocidad y el tren tradicional, las vías regulares, por ser más baratas, podrían estar demasiado sobrecargadas mientras que las del tren bala, con muchos asientos vacíos. En tales circunstancias no sería una mala idea bajar el precio de los billetes del tren de alta velocidad para priorizar el desplazamiento del viajero. Cualquier pérdida incurrida por la preocupación pública deberá ser subsidiada por el Estado.

La audiencia sobre el precio y las tarifas del HSR

El 11 de marzo de 2012 fue otro día que el abogado Dong Zhengwei, del bufete Zhongyin de Beijing, no olvidará jamás.

Ese día, el letrado escribió varias cartas a la Comisión Nacional de Desarrollo y Reforma y a la Administración Estatal de Industria y Comercio quejándose de las prácticas monopolistas en la industria ferroviaria y sugiriendo un precio mínimo del HSR por kilómetro de 0,25 yuanes. Incluso insinuó la aplicación de la normativa antimonopolio en las vías HSR Wuhan-Guangzhou, Zhengzhou-Xi'an y otras que aumentaron su precio recurriendo a prácticas monopolistas, tales como la restricción de la cantidad de trenes prestando servicio.

Dong se hizo famoso por sus continuos "ataques" contra las industrias monopolistas de China.

Luego del "incidente de Microsoft" en octubre de 2008, Dong Zhengwei presentó una queja a la Administración General de Supervisión de la Calidad, Inspección y Cuarentena de la República Popular China exigiendo la retirada de un producto defectuoso del sistema operativo de Microsoft. La cruzada de Dong contra Microsoft realizó un viaje muy tortuoso que comenzó redactando misivas de quejas contra el plan de pantallas negras de la firma estadounidense y solicitando la difusión pública de los problemas de calidad del producto de la empresa y prosiguió exponiendo las prácticas fraudulentas en el proceso de declaración pública, iniciando procedimientos administrativos fallidos contra la divulgación fraudulenta, y acabó finalmente con la aplicación exitosa de la revisión administrativa y la autorización para llevar la demanda ante el Tribunal Popular.

El fuerte encuentro de Dong con Microsoft y las fallas del sistema legal de China le granjearon un gran nombre y que *Asia Legal Business* le distinguiera como uno de los mejores 25 abogados de 2008. Los cibernautas concedieron a Dong el título honorífico de "especialista antitrust" por su apelación para que las autoridades del gobierno publicaran en línea la información sobre sus ingresos y propiedades, por sus peticiones de acceso a información al Ministerio de Industria y Tecnología Informática de China y por su crítica al Buró Nacional de Estadísticas por desvelar datos no confiables que dieron al pueblo una falsa felicidad.

En su misiva antitrust, Dong aseguraba que el precio por unidad HSR era más de dos veces el umbral sugerido de 0,25 yuanes por km, lo que significaba que había un margen de reducción mínimo del 50% en la tarifa del tren bala. Este dato pasó a conocerse posteriormente como "la teoría de la mitad de precio". El ferrocarril interurbano de alta velocidad Beijing-Tianjin, por ejemplo, podía poner en servicio 320 (o 160 parejas de) trenes balas. La capacidad prevista de cada tren era de 1.400 pasajeros. Teniendo en cuenta la falta de demanda en la etapa inicial, debemos descontar también las cifras antes mencionadas y llegar a una media diaria de 300.000 viajeros. Suponiendo que estas personas pagaron la mitad del precio actual, es decir,

29 yuanes por persona, la vía interurbana Beijing-Tianjin recaudaría tres mil 200 millones de yuanes al año. Teniendo presente el coste de construcción de 21 mil 500 millones de yuanes, el ferrocarril recuperaría su inversión en la construcción de infraestructura en siete años.

En otras palabras, aun a mitad de precio, el Ministerio de Ferrocarriles sería capaz de reducir en un 50% su tiempo previsto (16 años) para recuperar la inversión. Sin embargo, la vía férrea Beijing-Tianjin solo estaba usando algo más del 40% de su capacidad mientras que las líneas Wuhan-Guangzhou y Zhengzhou-Xi'an solo utilizaban una décima parte de su capacidad para el movimiento de pasajeros.

No obstante, el Ministerio de Ferrocarriles y la Comisión Nacional de Desarrollo y Reforma se negaron a aceptar el método de cálculo de Dong. La información publicada por el Departamento de Fijación de Precio de la Comisión Nacional de Desarrollo y Reforma indica que, en agosto de 2008, cuando el ferrocarril interurbano Beijing-Tianjin entró en servicio, se produjo un alza en el tráfico de pasajeros. En 2007, el tráfico de pasajeros de ferrocarril entre estas dos ciudades fue de 8,3 millones. Entre agosto de 2008 y julio de 2009, el movimiento de pasajeros por ferrocarril entre Beijing y Tianjin fue de 18,7 millones, un aumento de más del 126% comparado con los datos previos a la entrada en operación de la vía. Los trenes de alta velocidad movían unos 15 millones 850 mil viajeros.

Los costes fijos como la depreciación de la línea representan una gran parte de los costes del transporte ferroviario y tiene muy poco que ver con el volumen de transporte. Las autoridades de control de precio de la Comisión Nacional de Desarrollo y Reforma consideraban que la evaluación del coste del transporte y la auditoría de precio, en un momento en que el volumen de transporte aumentaba rápidamente, podía conducir a costes fijos promedios más elevados para el viajero, así como niveles de precios más altos que ponían en peligro la protección de los derechos del consumidor. La fijación de precio será mejor en la medida en que el volumen de transporte se estabilice.

El 18 de mayo de 2012, Dong Zhengwei recibió una carta de respuesta del Departamento de Fijación de Precio de la Comisión Nacional de Desarrollo y Reforma explicando que, debido al vertiginoso e inestable flujo de pasajeros, era imposible calcular correctamente los costes de operación y depreciación de la vía Beijing-Tianjin. Cualquier evaluación precipitada del coste y auditoría de precio difícilmente reflejaría el estado real del ferrocarril de alta velocidad Beijing-Tianjin y solo serviría para aumentar los costes amortizados por cada uno de los pasajeros. El cálculo del coste de las vías HSR Wuhan-Guangzhou y Zhengzhou-Xi'an también era imposible de realizar de manera que no era factible convocar aún una audiencia. La misiva prometía que se llevaría a cabo una auditoría de precio acorde a los procedimientos legales cuando estuvieran dadas las condiciones necesarias.

Dong interpretó que la formulación sobre la "audiencia de precio" de la Comisión Nacional de Desarrollo y Reforma insinuaba que se seguirían otros procedimientos legales para la fijación de precio.

El 19 de mayo, al día siguiente de Dong haber recibido la carta de respuesta, el departamento de Fijación de Precio de la Comisión Nacional de Desarrollo y Reforma esclareció que, desde el primer semestre de 2011, las autoridades nacionales de fijación de precio seguían de cerca las operaciones del sistema HSR. Agregaba que habían recopilado y analizado datos relevantes y estaban comprometidos con el seguimiento atento de la aplicación del sistema de operación HSR y el sistema preliminar de fijación de precio. La Comisión se comprometía además a determinar formalmente el precio del ferrocarril HSR en consonancia con los procedimientos legales relevantes.

Comparado con la interacción individual de un abogado, esta declaración formal emitida a los medios de comunicación y el público en general fue vista como una señal de progreso. Los expertos vieron la declaración como algo positivo ya fuera en términos de mecanismo de precio o sistema de operación ferroviaria.

El artículo III de las Medidas sobre la Audiencia para la Fijación de

Precio del Gobierno estipula: "Se celebrará una audiencia para la fijación de precio cuando se formulen los precios sugeridos o establecidos por el gobierno en respuesta a los intereses públicos, tales como el precio de los servicios públicos y de los bienes de los monopolios naturales".

Volviendo al 1 de agosto de 2008, cuando entró en operación el ferrocarril HSR Beijing-Tianjin, el primero interurbano de China con una velocidad de fabricación de 350 km/h, el público en general transmitió inmediatamente su preocupación por los altos precios. El Ministerio de Ferrocarriles prometió entonces reajustar los precios en audiencia pública cuando estuvieran dadas las condiciones necesarias. Cuando la línea Wuhan-Guangzhou comenzó a prestar servicio, el pueblo chino volvió a expresar la misma preocupación y el Ministerio de Ferrocarriles reiteró que ajustaría los precios según la demanda del mercado y el volumen de transporte.

Como la red HSR de China aún estaba en construcción, el flujo de pasajeros de las vías que acababan de empezar a operar era tan volátil que dificultaba calcular los costes de operación. Debido a las condiciones inmaduras de la fijación de precio, la prometida audiencia sobre la tarifa HSR se retrasó. Las autoridades reiteraban que los departamentos estatales relevantes empezarían los procedimientos de precio establecidos sobre la base de las leyes y regulaciones afines cuando ciertas condiciones estuvieran creadas.

A principios de 2015, la agencia de noticias Xinhua reportó que durante las primeras etapas de la construcción del HSR, muchas personas se preocuparon por el insuficiente flujo de pasajeros. ¿Qué pasaría si el pueblo se negaba a subir al tren? El desarrollo del HSR ganó en popularidad durante los últimos años por su conveniencia, comodidad y velocidad. Los billetes se agotaban rápido en líneas como Beijing-Tianjin, Beijing-Shanghai y Wuhan-Guangzhou. En 2014 solamente, más de 800 millones de viajeros prefirieron el HSR y la ruta más ocupada fue la Beijing-Shanghai, que transportó a más de 100 millones de pasajeros.

Sección III

La inversión y la deuda del ferrocarril de alta velocidad

La inversión y la deuda del ferrocarril de alta velocidad en China ha sido tema de constante debate a medida que la industria crece.

Después del "accidente del 23 de julio", el Consejo de Estado prefirió "pausar" y "ralentizar la construcción" del ferrocarril de alta velocidad y puso en espera la aprobación de todos los proyectos de construcción ferroviaria. La decisión fue eficaz para controlar e incluso reducir la deuda de la industria y poner fin a la inflación en la inversión del HSR. Mientras tanto, ante la subida del banco central de la tasa del bono del Ministerio de Ferrocarriles a la de interés de referencia y el control del macro crédito, la financiación para la construcción ferroviaria mermó significativamente en el cuarto trimestre. El ritmo de la construcción ferroviaria en todo el país se ralentizó.

El Ministerio de Ferrocarriles acometió la inspección integral de todos los proyectos ferroviarios de alta velocidad en construcción. La prioridad era organizar razonablemente la construcción, prohibir definitivamente la prisa en las obras, mejorar la calidad, el control y la gestión de la seguridad, así como realizar una revisión estricta del trabajo. En el caso de todos los proyectos aprobados, que ya habían comenzado, se harían nuevas evaluaciones de seguridad y se pausaría la aprobación de los proyectos constructivos nuevos. En tanto los proyectos en plena ejecución estarían sujetos a una nueva evaluación de los estándares técnicos y planes de construcción.

Con la nueva línea de pensamiento, el Ministerio de Ferrocarriles había diseñado nuevos estándares para promover la construcción del HSR. El plan de construcción de las ocho vías HSR —cuatro de "Norte-Sur" y cuatro de "Este-Oeste"— contemplaba una velocidad de fabricación de 300 km/h. Asimismo, por las prolongaciones de las vías férreas, líneas de conexión y los ferrocarriles interurbanos correrían trenes a 200 y 250 km/h. Por último, en las vías para el transporte de mercancías y la mayor parte de las líneas en el centro y occidente de China circularían trenes a 200 km/h.

2004: El despegue de la inversión en el ferrocarril de alta velocidad

Cumplir el Plan de la Red Ferroviaria a Mediano y Largo Plazos aprobado por el Consejo de Estado exigía una inversión astronómica. ¿De dónde saldría el dinero?

De acuerdo con las investigaciones, la financiación de la construcción del ferrocarril chino proviene de cinco fuentes: una, el fondo para la construcción del ferrocarril; dos, la inversión empresarial y del gobierno local; tres, emisión de bonos de la construcción ferroviaria; cuatro, los créditos bancarios; y cinco, otros métodos para atraer la inversión social. Como es de suponer, los fondos para la construcción del HSR chino proceden de las mismas fuentes.

La Comisión Nacional de Planificación y Desarrollo y el Ministerio de Ferrocarriles dieron a conocer Las Opiniones sobre la Financiación Conjunta de la Construcción Ferroviaria en 1993 y las Medidas sobre la Administración (a prueba) y la Financiación Conjunta de la Construcción Ferroviaria en 1996 para confirmar el uso del fondo para la construcción ferroviaria. Se

Construcción de un puente sobre el río Songhuajiang en el tramo Binzhou de la línea de alta velocidad Harbin-Qiqihar.

trataba de un fondo del gobierno aprobado por el Consejo de Estado que se alimenta de los ingresos del transporte a una tasa de 3,3 centavos por km/t.

En 2010, el fondo para la construcción del HSR contaba con 61 mil 692 millones de yuanes. A medida que crecen los beneficios y la capacidad de transporte, crece el fondo.

Según Zhang Hanya, director de la Asociación de Inversión de China, antes de que comenzara la construcción del ferrocarril de alta velocidad, el Ministerio de Ferrocarriles optó por la precaución y dependió mayormente de la financiación presupuestaria nacional. La cartera siempre insistió en que los requerimientos de capital del fondo nunca fueran inferiores al 50%. Si se excluía la financiación privada, la presión financiera sobre el país aumentaría y provocaría una carencia de fondos de suministro.

Planificar no es lo mismo que construir que exige financiación, expropiación de tierra, demolición y entre otras cosas. La solución de estos problemas no es posible sin la participación y el respaldo de los gobiernos locales. Las empresas mixtas conformadas por la agencia ferroviaria y los gobiernos locales para la construcción y reparación de los ferrocarriles se han convertido en modelo de éxito en los últimos años.

En los acuerdos concertados por el Ministerio de Ferrocarriles y los gobiernos provinciales, la cartera tiene al menos el 51% de las acciones. Pese a los diferentes puntos de vista de algunos gobiernos locales sobre la propiedad mayoritaria, todos acordaron trabajar con el ministerio principalmente porque estaban muy motivados con la construcción y restauración de sus ferrocarriles. Consignas como "Si quiere ser rico, construya el ferrocarril primero" se hicieron muy populares en la China de ese momento.

Así fue como el Ministerio de Ferrocarriles llevó adelante su plan. Según el Plan de la Red Ferroviaria a Mediano y Largo Plazos, la inversión del ferrocarril de alta velocidad se lanzó tal y como estaba previsto.

Los dos "períodos dorados" de la inversión

En agosto de 2008, cuando los chinos aún estaban alborozados por la exitosa celebración de los Juegos Olímpicos de Beijing, la "crisis de la hipoteca suprima" en Estados Unidos provocó el estallido de la crisis financiera mundial. La siguiente recesión de la economía global tuvo más impacto, ocurrió más rápido y duró mucho más que cualquier otra depresión desde 1929.

La crisis financiera mundial causada por la crisis de la hipoteca suprima afectó seriamente el comercio de China con la caída de las exportaciones de las fábricas en su litoral que dificultó más que nunca mantener un PIB del ocho por ciento. Con casi la totalidad de las obras para la cita estival del deporte terminadas, ¿qué otro súper proyecto constructivo podría ayudar a China a sobrevivir al venidero congelamiento económico?

Enfrentado a la crisis financiera, el gobierno chino consideró varias vías para reanimar la economía, incluyendo un plan de estímulo de 4 billones de yuanes. Un tercio de la inversión se destinó a la construcción de infraestructura del transporte con casi un billón de yuanes asignado al desarrollo del ferrocarril de alta velocidad.

En el Plan de la Red Ferroviaria a Mediano y Largo Plazos, el kilometraje total de vías de ferrocarril en China aumentaría de 100.000 a 120.000 km en 2020, y el kilometraje de las vías exclusivamente destinadas al traslado de pasajeros se incrementaría hasta los 16.000 km. Si se incluían los ramales regionales, la distancia total del ferrocarril de China superaría fácilmente los 140.000 km.

Muchos académicos hicieron énfasis en el increíble efecto que la construcción ferroviaria tuvo en la economía. Wang Mengshu, miembro de la Academia de Ingeniería de China, señaló en una entrevista con el semanario *El Tiempo*: "Durante la construcción del ferrocarril HSR Beijing-Shanghai, la inversión diaria era de 190 millones de yuanes. Con una proporción de 1:10

para la inversión ferroviaria, el consumo diario era de 10.000 toneladas de barras reforzadas, 35.000 toneladas de cemento y 110.000 toneladas cúbicas de concreto".

El Ministerio de Ferrocarriles fue el mayor beneficiario del plan de estímulo económico. En 2008, la cartera publicó los datos de la inversión total en la construcción del ferrocarril, que fue de 337 mil 500 millones de yuanes, casi dos veces más la de 2007. En 2009, la inversión en infraestructura ferroviaria llegó a los 600 mil millones de yuanes y a más de 700 mil millones de yuanes en 2010, superando la inversión total en la construcción de infraestructura ferroviaria contemplada en el X Plan Quinquenal. Sobre esta base, los activos totales de Ministerio de Ferrocarriles continuaron creciendo y alcanzaron los 3,4058 billones de yuanes en el primer trimestre de 2011, y los 3,5718 billones de yuanes en el segundo trimestre. Los activos totales del ministerio crecieron más de 2 billones de yuanes desde 2006 o 2,4 veces en cinco años, para un alza anual del 28%.

En el proceso de construcción ferroviaria, la cadena de la industria incluye la construcción de cimientos, tendido de las vías, compra de vehículos ferroviarios y operación. Los primeros en beneficiarse son las industrias de la construcción de cimientos y los fabricantes de vías, seguidos por los compradores de las instalaciones de vehículos ferroviarios y finalmente las entidades operadoras del ferrocarril. A juicio del ministerio, en la estructura de precio de los ferrocarriles de alta velocidad, las infraestructuras fijas (incluidos la compra y tendido de las vías, puentes y túneles, construcción de estaciones, sistemas de comunicación, instalación de equipamiento y componente de ingeniería eléctrica) suponen el 50% mientras que la construcción de cimientos representa el 35% y la adquisición de vehículos ferroviarios (díganse locomotoras, vagones completos y piezas por separado) el 15%.

Toda la industria del ferrocarril de alta velocidad, desde los materiales de fabricación, piezas y equipamientos, construcción de cimientos, maquinaria, instalaciones correspondientes, operación y logística, servicios de seguimiento, disfrutarán de oportunidades sin precedente. Los analistas aseguraron que el impacto de la economía del ferrocarril HSR se veía por doquier, como la maquinaria para la construcción de los cimientos, acero, concreto, electricidad y materiales de construcción para puentes y túneles, acero especial utilizado en el tendido de las vías, producción de las vías, herramientas mecánicas, equipamiento para el tendido de las vías, locomotoras y compartimentos, eje, ruedas de eje, equipamiento de señalización de asiento de pasajeros y sistemas de control computarizado. Además, los proveedores de mantenimiento, piezas y equipamiento de rápido desgaste también se sumaron a la lista de beneficiarios.

La inversión a gran escala en el ferrocarril de alta velocidad promovió considerablemente el desarrollo económico y social. En una entrevista, Yang Zhongmin, jefe del departamento de Planificación y Desarrollo del Ministerio de Ferrocarriles, aseveró: "Para 2009, los cálculos iniciales situaban la inversión en la construcción de infraestructura ferroviaria en los 600 mil millones de yuanes, lo que generaría un crecimiento del PIB del 1,5%, un interés del 6% para los bancos y 6 millones de puestos de trabajo para los trabajadores migrantes. Por otra parte, se utilizarían 20 millones de toneladas de acero y 120 millones de toneladas de concreto".

En 2009, la inversión para la compra de locomotoras fue de 100 mil millones de yuanes, lo que a su vez creó 800.000 empleos y consumió 5 millones de toneladas de acero. Al mismo tiempo, la construcción de vías férreas de alta velocidad impulsaría la investigación y desarrollo de nuevos materiales y tecnologías de la información, así como aumentaría la demanda de maquinarias, metalurgia, construcción, caucho, materiales compuestos, electricidad, tecnología de la información, ordenadores e instrumentos de precisión. Algunos informes revelaban que el tramo Beijing-Zhengzhou del ferrocarril Beijing-Guangzhou suministraría un estímulo económico por un valor de 275 mil 844 millones en 2030. El ferrocarril de alta velocidad sería el motor económico de la región concerniente.

Los bancos estaban felices de ofrecer al Ministerio de Ferrocarriles créditos abiertos y sin garantías. El sistema crediticio unificado del ministerio les ahorra a los bancos y otras entidades financieras el dolor de cabeza de administrar cuentas separadas.

Gracias a la asociación entre el Ministerio de Ferrocarriles, las provincias y los bancos, la longitud operacional del ferrocarril de alta velocidad chino siguió aumentando. A finales de 2010, había llegado a los 91.000 km de las vías férreas. China era primero en el mundo en términos de distancia del ferrocarril de alta velocidad con un total de 8.358 km en servicio.

En el verano de 2011, el accidente del "23/7" frenó súbitamente la construcción ferroviaria china.

Luego del XVIII Congreso Nacional del PCCh, la industria ferroviaria entró en otra etapa dorada de inversión y desarrollo.

Según el XII plan quinquenal, el kilometraje del ferrocarril en operación en China en 2015 sería de 120.000 km, con 50.000 km en la región occidental, el 50% de las líneas sería de doble vía y el 60% electrificadas. La inversión total en los ferrocarriles se calculó en el orden de los 3,3 billones de yuanes. El plan estipulaba que a finales del período se construiría una red nacional de ferroviaria de alta velocidad, una meta ambiciosa y desafiante.

En marzo de 2013, el Consejo de Estado restructuró el Ministerio de Ferrocarriles para formar la Corporación Ferroviaria de China, introduciendo dos grandes cambios: la separación de las funciones del gobierno y la administración corporativa y el cambio de las funciones de la entidad, lo que contribuiría a acelerar el desarrollo del ferrocarril.

El 24 de julio de 2013, el primer ministro, Li Keqiang, presidió la reunión ejecutiva del Consejo de Estado para la reforma del sistema de financiación e inversión del ferrocarril y la aceleración de la construcción del ferrocarril en el centro y occidente de China. A diferencia de las inversiones pasadas, esta hornada de inversión en los ferrocarriles exhibía cambios notables como innovaciones y reformas importantes en la estrategia y mecanismos de inver-

Tren de alta velocidad circulando por el anillo este de Hainan.

sión como un aumento de la inversión en las regiones central y occidental de China, variedad en la naturaleza del inversor, un nuevo fondo de desarrollo ferroviario y la emisión de nuevos tipos de bonos del ferrocarril. Los derechos de propiedad y operación de los ferrocarriles interurbanos, de la ciudad y de desarrollo de recursos estarían disponibles al capital social y regional.

La reforma de la inversión y financiación en el ferrocarril no solo contribuye a la mejora y aceleración de la construcción ferroviaria sino también al desarrollo a largo plazo de la industria. En los últimos 20 años, la tasa de crecimiento compuesta de la distancia de operación de los ferrocarriles chinos fue de apenas 2,5%, y el kilometraje total de las vías era de 98.000 km a finales de 2012, apenas el 38% del total de Estados Unidos. China llevó la longitud del ferrocarril de alta velocidad a los 9.356 km, formando básicamente una red ferroviaria de alta velocidad. Sin embargo, comparado con otros países desarrollados, el kilometraje ferroviario per cápita de China y la densidad de la red ferroviaria eran de 6,9 km/ millones de personas y 17 km/10.000 km², muy inferior al nivel de las naciones europeas y Japón, donde era de 15-30km/millones de personas y 30-70 km/10.000 km². En contraste, aún existía mucho margen para la construcción ferroviaria en China, tanto de vías tradicionales como de alta velocidad. Pese a no haber un exceso de capacidad, era difícil lograr un vertiginoso desarrollo descansando únicamente en la Corporación Ferroviaria China.

Hay un refrán que reza: "el tren trae riquezas". La inversión en los ferrocarriles influye en la economía sobremanera. La estrategia del Consejo de Estado para la reforma de la financiación ferroviaria se tradujo en una nueva ronda de inversión y en una era dorada para el desarrollo del ferrocarril.

Desde la "separación de las funciones del gobierno y la administración corporativa" en marzo de 2013, la inversión en la construcción ferroviaria experimentó un resurgir. En junio, la inversión en activos fijos de la Corporación Ferroviaria China alcanzó los 58 mil 321 millones de yuanes, un alza del 24,87% en comparación con el mes anterior; la inversión en construcción de infraestructura reportó 54 mil 688 millones de yuanes, una subida intermensual del 18,12%. Estas cifras desvelaban un crecimiento mucho más expedito.

En 2013, proyectos principales como las vías férreas de alta velocidad de Nanjing-Hangzhou, Hangzhou-Ningbo, Tianjin-Qinhuangdao, Xiamen-Shenzhen, y Xi'an-Baoji empezaron a prestar servicio. Unos 49 proyectos, entre ellos los ferrocarriles Chongqing-Guiyang, Huhhot-Zhangjiakou, Jiujiang-Jingdezhen-Quzhou entraron en la fase de construcción. Asimismo, la inversión en activos fijos por valor de 663 mil 800 millones de yuanes estaba lista para la construcción de 5.586 km de vías férreas nuevas.

El 22 de agosto de 2014, el premier Li Keqiang, durante su visita a la Corporación Ferroviaria China, se detuvo en la Oficina de Planificación a Largo Plazo del Departamento de Estadísticas y Planificación para conocer más sobre el plan de desarrollo ferroviario.

Li Keqiang afirmó que para construir una gran red de transporte era necesario un plan integral de construcción específicamente para las regiones del centro y occidente de China. El plan tendría múltiples beneficios: impulsaría la urbanización, mejoraría el sistema de transporte público, promovería los viajes ecológicos, reforzaría el desarrollo equilibrado, y perfeccionaría el ajuste sistémico. El premier puntualizó que el fortalecimiento de la construcción de los ferrocarriles y otras infraestructuras públicas tenía que ser parte importante del ajuste y el control previstos. Acotó que era esencial aprovechar la temporada dorada de la construcción, hacer de la calidad la máxima prioridad, acelerar la construcción y darle seguimiento de inmediato con proyectos relevantes, incrementar el suministro a los ferrocarriles, contribuir a la economía y mejorar el bienestar del pueblo.

En la medida que avanza la reforma de la financiación, los departamentos del Consejo de Estado, provincias y regiones autónomas realizan un seguimiento de las Opiniones del Consejo de Estado sobre la Reforma de la Inversión Ferroviaria y el Sistema Financiero y la Aceleración de la Construcción Ferroviaria. La Corporación Ferroviaria China buscó activamente capital social para la construcción ferroviaria, promovió la innovación en la operación y la administración, amplió las áreas de operación e incrementó la asignación de su capital interno para mejorar la competencia de la industria ferroviaria.

En 2014, China siguió ampliando su inversión en los ferrocarriles. Se invirtieron 808 mil 800 millones de yuanes en la construcción de 8.427 km de vías nuevas, cifra récord en la historia del país. El kilometraje total en operación llegó a los 112.000 km, con 16.000 km de líneas de alta velocidad. En 2015, el Consejo de Estado propuso un nuevo objetivo para la construcción

ferroviaria que hacía énfasis en las zonas central y occidental para aumentar la demanda nacional. A finales de año, la inversión en activos fijos ferroviarios llegó a los 823 mil 800 millones, con 9.531 km de líneas nuevas construidas y 3.306 km de ellas para el ferrocarril de alta velocidad.

Tren de alta velocidad transportando los sueños de los niños.

Durante el periodo del XII Plan Quinquenal, la inversión en activos fijos del ferrocarril llegó a los 3,58 billones de yuanes para la construcción de 30.500 km de vías nuevas, un crecimiento del 47,3% y 109%, respectivamente, cotejado con el período del XI Plan Quinquenal. El XII Plan Quinquenal concluyó con la puesta en operación de ferrocarriles nuevos a una escala nunca antes vista. A finales de este quinquenio, 121.000 km de vías férreas prestaban servicio. La construcción del ferrocarril de alta velocidad en particular vivió un progreso espectacular. Las vías HSR Beijing-Shanghai, Beijing-Guangzhou, Harbin-Dalian y Lanzhou-Xinjiang estaban terminadas y en operación en ese momento. La longitud total del ferrocarril de alta velocidad superaba los 19.000 km, llevando a China a la posición cimera en este apartado. La red del ferrocarril de alta velocidad de las cuatro vías Norte-Sur e igual número de Este-Oeste, estaba cobrando forma, conformando una red de trasporte de pasajeros compuesta por líneas de alta velocidad y otras vías férreas con una longitud de más de 40.000 km que cubre básicamente todas las capitales de provincia y las ciudades de más de 500.000 habitantes. La acelerada construcción ferroviaria en China no solo mejoró el alcance, la calidad y la capacidad del transporte sino también desempeñó un papel significativo en el fomento del crecimiento económico, el ajuste de la estructura económica y la mejora del estándar de vida del pueblo.

La crisis de la deuda del HSR

El enorme alcance del ferrocarril de alta velocidad de China y la crisis de la deuda provocada por la descomunal inversión ha sido un tema polémico.

Las presiones de la deuda causada por la tremenda inversión se hicieron evidentes antes de la conclusión de la red férrea de alta velocidad. Los recién construidos ferrocarriles HSR de Zhengzhou-Xi'an, Beijing-Guangzhou y Harbin-Dalian estaban endeudados, como era de esperar. El ferrocarril de alta velocidad consume mucha tecnología y capital. Por lo tanto, pasará un largo período de tiempo antes de que pueda ver los beneficios de la inversión. Teniendo en cuenta el bajo nivel de ingreso de la población promedio, el precio del billete del tren bala no puede fijarse sobre la base del coste de construcción.

Al mismo tiempo, la investigación, desarrollo y uso de nueva tecnología es conducente a costes de fabricación y mantenimiento más altos. Aun cuando el precio del boleto se determine atendiendo al coste, le será difícil al pueblo aceptar la tarifa. Como consecuencia, la población optará por los viejos trenes lentos en vez de por los trenes balas, lo que redundará en pérdidas y no en ganancias para los operadores.

Con la construcción ferroviaria creciendo por todo el país, la deuda de la Corporación Ferroviaria de China continuó aumentando también. De acuerdo con el informe en línea de Bonos China publicado el 3 de noviembre de 2014, "el Informe de Auditoría para la Corporación Ferroviaria de China del tercer trimestre de 2014," a finales del mes de septiembre del citado año, la deuda total de la entidad era de 3,53 billones de yuanes, superando los 3,06 billones de yuanes de la deuda contraída hasta el mismo trimestre de 2013, y los 3,43 billones de yuanes del primer semestre de 2014.

La mayor parte de la construcción ferroviaria realizada en el período del XI Plan Quinquenal dependió de los fondos de la deuda. El mayor coeficiente de crédito-liquidez y la entrada en servicio de muchos ferrocarriles nuevos redujeron el margen de financiación, al tiempo que aumentaron los costes financieros y la depreciación, añadiendo presión a la operación. Según el estudio, la mayor parte de los fondos de la Corporación Ferroviaria de China provenía de los créditos bancarios.

En 2005, el Consejo de Estado publicó las Opiniones del Consejo de Estado sobre el Incentivo, Apoyo y Guía de Desarrollo de la Economía Privada e Individual y otros Sectores No Públicos de la Economía. En 2010, el Consejo de Estado hizo público un nuevo reporte titulado Varias Opiniones del Consejo de Estado sobre el Incentivo y la Guía de Desarrollo Sano de la Inversión Privada en intento dirigido a derribar "la puerta de cristal" que mantenía al capital privado fuera de la industria monopolizada. El Ministerio de Ferrocarriles dio la bienvenida al capital privado, sin embargo, la reacción del mercado fue poco entusiasta. El 9 de agosto de 2013, el Consejo de Estado emitió las Opiniones del Consejo de Estado sobre la Reforma de la Inversión Ferroviaria y el Sistema Financiero y la Aceleración de la Construcción Ferroviaria para seguir mejorando las medidas y soluciones para atraer inversión en los ferrocarriles.

La inversión para la construcción ferroviaria es enorme e involucra un prolongado período de ingresos y rentabilidad. Aun cuando el capital privado hiciera una modesta inversión, estos inversores no tendrían poder de decisión en las operaciones y prácticamente ingresos nulos. De hecho, si no existía un mecanismo de recuperación de la inversión razonable, los inversores privados darían la espalda a la inversión ferroviaria y se quejarían de cuan "atractivo pero imposible era el negocio". Inclusive los activos estatales se mantendrían al margen. La única vía de financiación del ferrocarril era a través de los préstamos, cuya proporción en la financiación aumenta año tras año.

Tomemos el ferrocarril de alta velocidad Beijing-Guangzhou como ejemplo. Si cada km de HSR cuesta 150 millones de yuanes, la construcción de los 2.298 km de longitud que tiene la vía costaría aproximadamente 344 mil 700 millones de yuanes. La cifra supera en un 25% el presupuesto total asignado para las tres fases del proyecto de 275 mil 56 millones de yuanes. Además, el 90 por ciento de la financiación correspondió al préstamo y el 10% a la financiación local. Tienen que pagar un interés anual de miles de millones de yuanes.

Algunos expertos consideraron que la gran deuda fue resultado no solo de la ampliada construcción sino del incremento continuo de la velocidad de tren por el Ministerio de Ferrocarriles. No obstante, Wang Mengshu acotó: "200 km/h era la velocidad básica; pero, a largo plazo, teníamos que llegar a los 300 km/h. No podíamos bajar el estándar durante la construcción. Si el estándar de construcción es bajo, no podemos operar trenes rápidos; pero si construimos el ferrocarril bala con los más altos estándares de calidad podemos elegir viajar más lento o más rápido. Si construimos el ferrocarril con un estándar de calidad inferior, no podemos ir rápido, aunque queramos. Tenemos que ser previsores". Para reducir el uso de la tierra y ahorrar tiempo, se construyeron muchos túneles y pasos elevados que aumentaron a su vez los costes de edificación. Según los informes públicos, el 50 por ciento de la construcción del ferrocarril de alta velocidad chino recurrió al diseño de pasos elevados; de hecho, el radio fue del 80% en los ferrocarriles Beijing-Shanghai y Beijing-Tianjin. Los entendidos del ramo aseguraron que el coste de construcción de los túneles y pasos elevados del ferrocarril fue al menos dos veces el importe de la construcción de las vías por tierra.

Por su exuberante coste, algunos expertos han equiparado el ferrocarril de alta velocidad con las aerolíneas. Su conclusión: "Vale la pena que China invierta en el ferrocarril de alta velocidad". La inversión total del ferrocarril, incluyendo las vías rápidas, el coste de la construcción de infraestructura sobrepasó el 80% y el equipamiento ferroviario fue en su totalidad de fabricación nacional. Al compararlo con la industria de la aviación, más de la mitad de la inversión en este sector corresponde a la compra y alquiler de aviones a multinacionales como Boeing, Airbus y otras.

Entrevistado por los medios de comunicación, Zhao Jian explicó que en algo más de 40 años tras la aparición del primer ferrocarril de alta velocidad en 1964 hasta 2006, la construcción mundial de vías férreas de alta velocidad no ha excedido los 4.000 km. China ha construido más líneas de este tipo en 10 años que el mundo entero en cuatro décadas. Zhao creía que el ferrocarril de alta velocidad era un método de transporte caro construido a un ritmo muy agresivo en China que superó el poder adquisitivo del ciudadano promedio y ocasionó pérdidas a la industria.

El Ministerio de Ferrocarriles respondió a su apreciación señalando que la función del ferrocarril de alta velocidad no se evaluaría atendiendo únicamente a pérdidas y beneficios. Muchos expertos aseguraban que mientras los inversores del ferrocarril bala sufrían pérdidas, en su condición de autoridad de la industria, el Ministerio de Ferrocarriles debía preocuparse más por la calidad de vida del pueblo y el desarrollo urbano. Es irrefutable que el ferrocarril de alta velocidad tiene un impacto enorme en el crecimiento económico y social, así como en el desarrollo a largo plazo de un país.

¿Cómo tratar la crisis de la deuda que enfrentaba la construcción del ferrocarril de alta velocidad? El 22 de agosto de 2014, durante una visita a la Corporación Ferroviaria de China, el premier Li Keqiang hizo énfasis en que la acelerada construcción del ferrocarril no podía depender de la inversión del Estado y era crucial atraer el capital privado con proyectos prometedores, encontrar nuevas vías de financiación y diversificar los ámbitos de la inversión para así inyectar más fuerza al desarrollo del ferrocarril.

¿Vale la pena invertir en el ferrocarril de alta velocidad?

Muchos se han preguntado si la descomunal inversión en el ferrocarril de alta velocidad chino vale la pena.

Seguramente, el ferrocarril de alta velocidad como gran infraestructura es vital para los intereses nacionales y el bienestar del pueblo. No podemos medir su rentabilidad a partir de ningún beneficio económico inmediato, sino que debemos considerar el valor creado por el transporte de pasajeros y mercancías, su papel en la reanimación de la economía regional y su importancia para la seguridad estratégica nacional.

Muchos expertos mantienen que a diferencia del beneficio económico que puede calcularse por una fórmula, "el verdadero valor" del ferrocarril de alta velocidad para la sociedad y la economía es muy difícil determinar. Algunas de las voces que dudan del ferrocarril de alta velocidad no hablan de su contribución a la economía china ni de cómo asume el coste del funcionamiento de la sociedad.

No solamente debemos considerar el coste de la inversión en la construcción, mantenimiento y operación del ferrocarril de alta velocidad o su beneficio operacional, sino que debemos tener presente también el valor de todos los negocios nuevos, el turismo y los mercados culturales a lo largo de su recorrido. Por ejemplo, los ferrocarriles de alta velocidad Wuhan-Guangzhou y Beijing-Shanghai han abierto e impulsado el desarrollo de la región económica Bohai, el círculo económico metrópolis de Wuhan y el círculo económico del delta del río Perla. Tras la puesta la apertura del tramo de Wuchan de la línea Beijing-Guangzhou, la duración del trayecto entre Wuhan y Guangzhou se redujo de 11 hasta 4 horas. Según cálculos de los costos laborales por unidad de tiempo realizados con los datos del tráfico actual, esta línea permite ahorrar anualmente costos de tiempo social por valor de 1.000 millones de yuanes.

El lanzamiento del ferrocarril de alta velocidad potenció la capacidad existente de transporte de mercancías del ferrocarril en cientos de millones de toneladas, propició la mejora de la industria manufacturera china, permitió la reubicación de los negocios del litoral al interior del país, contribuyendo así al desarrollo equilibrado de la economía regional y la prosperidad común.

El desarrollo del ferrocarril de alta velocidad en China tiene un importante significado estratégico para el ahorro de energía, la reducción de las emisiones de gases de efecto invernadero y el desarrollo ecológico y sostenible del país. En los últimos años, el volumen de transporte de pasajeros y mercancías de la red ferroviaria china (incluida las líneas de alta velocidad) ha supuesto el 25% aproximadamente del total del país, mientras que su consumo de energía solo ocupa el 6% del consumo total de la industria del transporte nacional.

Es más que justo decir que los dos rubros que han ayudado a China a hacerse con un puesto en el escenario de la tecnología mundial son la industria espacial y el ferrocarril de alta velocidad. El ferrocarril de alta velocidad no solo ha unido al pueblo, sino que ha generado riqueza colectiva, ha cambiado los estilos de vida y viaje de la población, ha desatado una revolución en la economía y la sociedad.

El ferrocarril de alta velocidad transporta viajeros con la misma frecuencia que lo hacen los autobuses, pero con mucho menos tiempo de espera entre sus viajes y sin congestión de tráfico. El ferrocarril de alta velocidad reduce el tiempo de viaje a la mitad y hace que "el mismo efecto ciudad" sea mucho más pronunciado. El ferrocarril de alta velocidad ha creado un nuevo punto de crecimiento para las urbes, ayudando a desarrollar un marco de trabajo entre las ciudades centrales y sus pueblos satélites. Las ciudades centrales irradian sus ventajas a las zonas cercanas, haciendo que aquellas personas que viven en las localidades adyacentes sientan como si vivieran en la ciudad. El ferrocarril bala Beijing-Tianjin ha equiparado los viajes entre las ciudades con los desplazamientos dentro de las urbes. La gente puede ir y venir tan frecuente como guste. El volumen total de pasajeros crece un 20% anual. La nueva tendencia de "trabaje en Beijing y viva en Tianjin" es una nueva filosofía de vida popular y moda a lo largo de las rutas de los ferrocarriles de alta velocidad Shanghai-Nanjing, Guangzhou-Zhuhai, Changchun-Jilin, Nanchang-Jiujiang, y Shanghai-Hangzhou.

Según los cálculos de los expertos, cada media hora de viaje economizada por el ferrocarril rápido Beijing-Shanghai, el ferrocarril de alta velocidad le ahorra 320 millones de dólares al transporte de pasajeros anual.

No el ferrocarril de alta velocidad impulsará el desarrollo económico de las áreas cercanas, sino que tendrá un gran impacto en el transporte por aire y en la industria de la logística y las entregas. La mayor frecuencia de trenes balas ha hecho los vuelos nacionales más asequibles, mejorado las rutas de autobuses y optimizado la estructura del transporte, así como ofrecido al pueblo beneficios auténticos. Los trenes balas han reorganizado el mercado de los vuelos de menos de 1.000 km de distancia. Analicemos el caso de los ferrocarriles de pasajeros Hefei-Wuhan y Hefei-Nanjing. El billete en la segunda clase del tren bala Wuhan-Shanghai cuesta un 65% menos que el boleto de avión. Considerando el precio relativamente bajo y el abreviado tiempo de vuelo, muchos clientes han pasado del aire a las vías férreas, situación que ha obligado a las aerolíneas a abaratar los billetes de esa ruta. El efecto del ferrocarril de alta velocidad en los buses de larga distancia también ha sido significativo. Algunas líneas de buses de gama alta han sufrido fuertes pérdidas de clientes y experimentado elevados costes de operación, lo que les ha llevado a reajustar sus recorridos y base de mercado, ofreciendo la tan necesitada capacidad de transporte en el virgen mercado de los viajes rurales.

El ferrocarril de alta velocidad es como un imán que atrae a todos los clientes a lo largo de sus vías. El ferrocarril ha impulsado el vertiginoso desarrollo del turismo, el catering, y el comercio en las zonas aledañas, estimulando el consumo. Ciertos profesionales han empezado a ofrecer servicios los fines de semana o en fechas festivas e incluso es posible jubilarse en una ciudad diferente. El ferrocarril Beijing-Tianjin propició un alza del 35% en el turismo de Tianjin. Las reservaciones de muchos restaurantes y otras atracciones turistas se agotaron con frecuencia. Desde la entrada en servicio del ferrocarril de alta velocidad Zhengzhou-Xi'an, la industria del ocio en las ciudades con paradas en la ruta, principalmente las urbes de Zhengzhou, Luoyang, Sanmenxia, Huashan, Weinan y Xi'an comportó un crecimiento de más del 20%. En el primer año de operaciones del ferrocarril de alta velocidad Beijing-Shanghai, el volumen de pasajeros creció un 62,8% interanual.

La línea de alta velocidad Beijing-Shanghai ha reducido el tiempo de viaje entre Kunshan, una pequeña ciudad situada en el sureste de la provincia de Jiangsu, y Shanghai a solo 16 minutos. De esta forma, Kunshan se ha convertido en un "jardín trasero" que atrae cada día más ciudadanos de Shanghai a vivir en ella.

El ferrocarril de alta velocidad ha permitido que muchos ciudadanos chinos puedan jubilarse en una ciudad diferente. Las nuevas residencias de ancianos que se han construido en Langfang, Kunshan y Dezhou están atrayendo cada vez más ciudadanos de Beijing y Shanghai, permitiéndoles disfrutar de una vida más económica y cómoda tras la jubilación.

El ferrocarril de alta velocidad funciona como un eje que comunica a las regiones y abarca tanto las zonas urbanas como las rurales. Además, ha posibilitado el ajuste de la estructura industrial y ha reanimado la construcción en las zonas cercanas a los lugares por los que pasa. Por un lado, el rápido transporte de pasajeros ha permitido estimular diferentes actividades económicas, convirtiendo a cada ciudad en centro de un gran cinturón económico metropolitano y acelerando la cooperación económica de las ciudades entre sí. Por otro lado, el ferrocarril de alta velocidad ha impulsado la transformación y la transferencia de las industrias en las zonas más desarrolladas. Estos cinturones económicos de "tres horas de radio" han desarrollado características únicas que han atraído nuevas inversiones, se han convertido en receptores de industria y han facilitado el traslado de los negocios de la costa al interior del país.

Desde el punto de vista de la tradición, el transporte por ferrocarril consume mucha menos energía que las autopistas y las aerolíneas. Como sustituto de otros métodos de transporte, es capaz de reducir el consumo energético total del transporte en gran cuantía. Los 1.300 millones de habitantes de China no pueden depender únicamente de las aerolíneas para satisfacer las necesidades de transporte a larga y mediana distancias. El país necesita el ferrocarril de alta velocidad por su descomunal capacidad, viaje rápido y seguridad. Lo que es realmente extraordinario es que el transporte por ferrocarril en China, incluyendo el de alta velocidad, consiguió electrificar casi la totalidad de sus líneas, lo que convierte a la industria en una más sostenible y ecológica que sus pares del transporte por aire y carretera dependientes de los combustibles fósiles.

Por otra parte, en términos de capacidad del diseño, las autopistas utilizan 2,5 veces más tierra que el ferrocarril para transportar la misma cantidad de personas y la diferencia es mucho más evidente en la operación como tal. Por ejemplo, en 2009, las autopistas consumieron 16,33 veces más tierra que el ferrocarril. Para un país que tiene que alimentar a 1.300 millones de personas y preservar 120 millones de hectáreas de tierra cultivable para mantener su suministro de alimentos, esta diferencia es particularmente importante.

Luo Renjian, investigador de Estudios del Transporte del Instituto de

Estudios Macroeconómicos de la Comisión Nacional de Desarrollo y Reforma, subrayó que el desarrollo de la tecnología HSR es el caso más exitoso de China en cuanto a absorción e innovación de la tecnología internacional y eventualmente superación de los estándares mundiales.

No hay problemas con el aspecto tecnológico del ferrocarril de alta velocidad de China y existe mucho margen para la mejora. Por supuesto, la gestión de la operación del ferrocarril de alta velocidad tiene que perfeccionarse para hacer un mejor uso de la tecnología.

Los hechos han demostrado que el ferrocarril de alta velocidad es una industria estratégica de China que ha cultivado exitosamente la construcción y el servicio independientes y una industria de exportación. De hecho, tiene potencial para generar crecimiento en la industria estratégica de gama alta en las próximas décadas. El ferrocarril de alta velocidad también es un modelo y líder de la industria manufacturera, razón por la que es merecedora de mayor atención y apoyo del gobierno para fomentar su desarrollo sano.

El académico sueco Carlsson realizó la siguiente previsión a un reportero del *Global Times*: "Si China está destinado a convertirse en una gran potencia mundial en el futuro, la decisión de hoy de invertir en el ferrocarril de alta velocidad será uno de los factores decisivos".

Centro de mando y despacho de la Corporación Ferroviaria de China

Capítulo VI

Operación del ferrocarril de alta velocidad

El modelo de administración del transporte HSR de China, con la tasa más baja de accidente del mundo, se desarrolla actualmente con madurez, estabilización y seguridad. Se trata de un innovador modelo de gestión y operación del HSR con características chinas, que adapta el desarrollo del ferrocarril de alta velocidad en otros países.

Un soleado día 13 de agosto de 2015, la "Exposición HSR de China", auspiciada por la Corporación Ferroviaria de China, se celebró en Yakarta, Indonesia. Hermosos modelos de lujo de los EMUs estándares de China, trenes balas CRH380A y trenes interurbanos CRH6, que representan la tecnología HSR más moderna del mundo, atrajeron la atención del público y se granjearon su elogio más sincero.

He Huawu, miembro de la Academia de Ingeniería de China e ingeniero jefe de la Corporación Ferroviaria de China, indicó en una conferencia de prensa sobre el HSR que China exhibía en ese momento el ferrocarril de alta velocidad más largo del mundo en operación, el proyecto en construcción HSR más grande del planeta y la tecnología HSR más sofisticada.

Los trenes de alta velocidad atraviesan ríos y llanuras, suelos helados y bosques tropicales húmedos. En la actualidad, China tiene 2.395 pares de trenes balas en operación, que despachan 4.200 trenes de alta velocidad que transportan cuatro millones de pasajeros diarios, estadística que lo ubica primero en el mundo. Los trenes balas en servicio representan el 63% de todos los trenes de pasajeros y su capacidad de transporte de viajeros representa el 45,8% del total nacional. Hasta el 11 de julio de 2016, los trenes de alta velocidad de China habían transportado cinco mil millones de viajeros y recorrido tres mil 740 millones de kilómetros con la más absoluta seguridad. Los trenes balas de China viajan ahora a velocidades diferentes, con distintas funciones, y exhiben el nivel más avanzado del mundo en cuanto a calidad, cantidad y eficiencia.

Según datos ferroviarios aportados por distintos países, a juzgar por la escala de la red integrada de carreteras, carga de trabajo terminada y otros indicadores, el modelo de gestión del transporte HSR de China, con la más baja tasa de accidentes del orbe, se ha desarrollado con madurez, estabilización y seguridad. Las estadísticas de la Unión Internacional de Ferrocarriles (UIC, por sus siglas en inglés) y la Agencia Ferroviaria de la Unión Europea (ERA, por sus siglas en inglés) revelan que el nivel de seguridad de operación del ferrocarril chino es el más alto del mundo. Está demostrado que la administración de operación confiable, moderna y segura del HSR de China tiene características propias que adaptan el desarrollo del HSR en otras naciones.

Sección I
Organización de la operación del HSR

La administración de operación del HSR se traduce en una gestión integral de servicios de todo el proceso y el sistema de transporte HSR.

La red HSR de China de las cuatro vías Norte-Sur y el mismo número de Este-Oeste de distintos niveles de velocidad, rutas complicadas, vías superpuestas e interconectadas es la red HSR más grande y compleja del orbe. Actualmente, existen tres modelos de organización de la operación del HSR: el modelo "transferencia-HSR", que abarca las líneas HSR exclusivamente para trenes de alta velocidad; el modelo "HSR sin conexión" que quiere decir que los trenes balas también pueden circular por las líneas regulares o tradicionales; y el modelo de "transporte mixto" que significa que las vías HSR sirven tanto a los trenes regulares de pasajeros como a los de alta velocidad y de transporte de mercancías.

China adopta el modelo "transferencia-HSR" y "HSR sin conexión", según el cual los trenes balas y los trenes de alta velocidad que circulan a velocidades distintas utilizan las mismas vías férreas. Las ventajas de este modelo son mayor conveniencia, velocidad y comodidad para los pasajeros, máximo flujo de viajeros, menor coste de operación, abundantes beneficios económicos y división razonable de la operación de las vías, todo lo cual deja mucho margen a los trenes de transporte de mercancías. El inconveniente del modelo es que hace más desafiante el control del tráfico.

Los responsables del control del tráfico de trenes de alta velocidad

En lo que se refiere a los trenes de alta velocidad, la gente normalmente queda más impresionada por la capacidad y el proceder de los maquinistas, ignorando el talento y el gran esfuerzo de los que trabajan tras bambalinas para el control del tráfico de trenes de alta velocidad.

La operación del HSR no solo exige infraestructuras de elevado rendimiento y alta calidad e instalaciones móviles, sino también un sistema de control del tráfico compatible y exclusivo para las vías férreas modernizadas, un sistema que organice eficientemente el proceso de transporte, utilice adecuadamente todos los recursos del transporte y resuelva oportunamente las diferentes situaciones de emergencia que pudieran presentarse para que las líneas HSR y toda la red de ferrocarril sean seguras y organizadas.

A diferencia del modelo europeo que separa la infraestructura ferroviaria de las operaciones y el modelo autónomo regional de Japón, el modelo HSR chino es una red de transporte nacional coordinada y unificada, utilizada por los trenes de transporte de mercancías, trenes balas y trenes regulares de transporte de pasajeros. Este complejo sistema ciertamente añade presión al despacho y organización del transporte HSR.

China utiliza una estructura del control del tráfico a tres niveles compuesta por el Centro de Control del Tráfico en la Corporación Ferroviaria de China, oficinas de control del tráfico de las administraciones ferroviarias provinciales y salas de control del tráfico en estaciones locales. El Centro de Control del Tráfico (administración) se encarga de la organización y coordinación del control del tráfico de todo el sistema de transporte HSR. Las salas de control del tráfico de la administración ferroviaria (despacho), siguiendo las instrucciones y el plan de operación para los trenes de alta velocidad del Centro de Control del Tráfico, controla y ajusta las operaciones de los trenes de alta velocidad, se encarga de todo tipo de anomalías y organiza las labores de rescate y apoyo post accidente de manera oportuna. Las salas de control del tráfico locales (ejecución), subordinadas a las oficinas de control del tráfico, realizan operaciones varias siguiendo las instrucciones del control del tráfico.

China utiliza un sistema de control centralizado para el control del tráfico del HSR. En circunstancias normales, el sistema realiza todas las operaciones del tren bala automáticamente. Las responsabilidades de control del tráfico son controlar el estatus de operación del tren y sus instalaciones asociadas, resolver todas las anomalías a tiempo, ejercitar la supervisión sistémica y personal.

Lo que distingue al control del tráfico del tren de alta velocidad del control del tráfico del tren regular es que el primero tiene un solo responsable que actúa como organizador, director y ejecutor a la vez. El responsable de control del tráfico del tren de alta velocidad es el comandante y el soldado que se desempeña alternativamente como encargado de la estación, señalizador y proveedor de otros servicios de primera línea incluyendo la operación del tren, construcción, revisión del EMU, servicio al cliente, proveedor de energía y medidas de contingencia. Además de la organización del transporte, el responsable de control del tráfico tiene que tomar medidas de emergencia contra más de 30 situaciones anormales, tales como la falla del equipamiento, las inclementes condiciones del tiempo, las averías en la vía férrea, el retraso de los trenes para que la organización del transporte pueda ser ordenada y eficiente. El responsable de control del tráfico HSR es de hecho una persona con una "gran responsabilidad y misión gloriosa".

Planificación excepcional de itinerario y control del tráfico

Los responsables de control del tráfico del HSR de China, quienes se enorgullecen de su excelente planificación y control del tráfico , así como de otras habilidades asociadas, son muy buenos maximizando los beneficios a través del uso equilibrado de la capacidad de la vía férrea sobre la base de los cambios cíclicos en el flujo de pasajeros. Igualmente destacan en la configuración científica y flexible de la capacidad del transporte, ajuste dinámico de la organización del transporte y por hacer malabares en las temporadas festivas y con los paquetes de vacaciones en beneficio de los pasajeros y el comercio. También saben cómo materializar las ventajas funcionales holísticas de la red férrea, examinar las leyes de operación del tren de alta velocidad y programar adecuadamente los trenes balas de las múltiples marcas.

Las oficinas de control del tráfico de la Administración Ferroviaria de Harbin y el Grupo Ferroviario de Guangzhou planearon juntos reducir las horas nocturnas necesarias para el mantenimiento y lanzaron una serie de productos nuevos HSR, entre ellos el tren bala Beijing-Guangzhou con camas y los trenes balas "ojo rojo" para los ferrocarriles Beijing-Harbin y Guangzhou-Wuhan. Su factor de transporte de pasajeros sobrepasó el 90%.

Sobre la base del principio de la compatibilidad entre los trenes de corto y largo recorridos, los responsables de control del tráfico de las administraciones de Ferrocarriles de Jinan y Harbin unieron fuerzas en el lanzamiento de un gran número de trenes de largo recorrido e interregionales y de corta distancia para aumentar la accesibilidad del HSR y optimizar el viaje de los pasajeros.

Las oficinas de control del tráfico del HSR de las administraciones ferroviarias de Wuhan y Zhengzhou optimizaron la organización del transporte, colaboraron activamente con los departamentos de transporte por agua, aire y carretera para planificar y construir un modelo de mega transporte con una distribución laboral razonable, conexión ordenada, operación eficiente y ventajas complementarias. Sus esfuerzos innovadores mejoraron la capacidad de suministro de servicio de los bienes públicos.

En tanto, la oficina de control del tráfico del HSR de la Administración de Ferrocarriles de Shanghai colaboró con algunas aerolíneas en el programa de "operación conjunta aire-ferrocarril", que hizo posible conectar 136 trenes balas de 17 estaciones HSR en las principales ciudades de las provincias de Anhui, Jiangsu y Zhejiang y la municipalidad de Shanghai con tres aerolíneas díganse: China Eastern, Air China y Spring Airlines. Este programa aumentó el valor y el volumen de ventas del HSR y los productos del transporte aéreo, así como abrió nuevos canales para la operación conjunta del transporte a gran escala.

El principio de la seguridad orientada a la avería

La calidad de control del tráfico del HSR se refleja principalmente en las medidas de contingencia tomadas en casos de desastres naturales, averías de equipos y otras situaciones de carácter repentino. Dichas medidas están basadas en el principio de seguridad orientada a la avería que contempla una aplicación estricta de los planes de respuesta a las emergencias, orden enérgica de detener el tren, identificación precisa de las causas y las implicaciones del mal funcionamiento, aviso pertinente a los departamentos relevantes para que actúen, seguridad garantizada y procedimientos ordenados de tratamiento de las emergencias.

Tomemos como escenario una "repentina tormenta de nieve". El plan de evacuación basado en el principio de seguridad orientada a la avería estipularía lo siguiente: 1) En caso de condiciones de tormenta de nieve a lo largo de la vía y previa petición del departamento de equipamiento, ordenar a los ingenieros de forma oportuna reducir la velocidad hasta 160-200 km/h; 2) Evitar un mal cambio de vía debido a la nieve y tomar medidas para reparar la principal ruta de viaje del tren. En las estaciones donde el tren de alta velocidad tiene previsto parar, elegir en cada sentido una ruta que tenga plataformas como enlace fijo para minimizar el cambio de vía; 3) Ajustar el plan de operación oportunamente en términos de estatus de operación del tren y flujo específico de pasajeros en las grandes estaciones ferroviarias para evitar las demoras cíclicas.

La concentración, la sabiduría y la decisión resuelta son las palabras clave en las medidas de contingencia de los responsables de control del tráfico del HSR.

El 8 de febrero de 2016, el primer día del Año del Mono, las calles de Beijing sucumbían a la felicidad y el entretenimiento mientras en las salas de control del tráfico de la Administración de Ferrocarriles de la capital china trabajaban a toda máquina. A las 13:20 (hora local), el maquinista del tren G555 informó que divisaba una inmensa hoja de plástico colgando de la catenaria entre las estaciones Gaobeidian Este y Xushui Este del ferrocarril de alta velocidad Beijing-Guangzhou. Los responsables de control del tráfico de turno, Yang Aijun y Qu Yi, ordenaron a los trenes G6703 en dirección Sur y G26 y G6712 en dirección Norte detenerse inmediatamente. A continuación, enviaron electricistas al lugar donde se encontraba el tren G6703 a retirar la lámina de plástico. Setenta minutos más tarde, la hoja de plástico había sido retirada y se había evitado un accidente potencial. La oportuna respuesta de emergencia de Yang y Qu basada en el principio de seguridad orientada a la falla fue decisiva.

Todas las líneas HSR de China están equipadas con los sistemas de cercas de fibra óptica y alerta y detección automática de obstáculos que controlan y advierten de circunstancias peligrosas que comprometen la operación segura de los trenes balas, tales como los fuertes vientos, la nieve, la lluvia, los terremotos y otros fenómenos que se presentan de imprevisto. Los responsables de control del tráfico HSR tienen que analizar y confirmar todas estas situaciones de control y advertencia antes de ordenar detener o reducir la velocidad para garantizar la seguridad en condiciones meteorológicas adversas.

Garantía de una alta tasa de puntualidad

La confiabilidad del sistema de control automático y la excelente capacidad de organización del transporte trabajan mancomunadamente para garantizar la elevada tasa de puntualidad de los trenes balas. Según la Corporación de Ferrocarriles de China, en 2015 la tasa de puntualidad de salida de los trenes de alta velocidad alcanzó un 98,8%, y la de llegada un 95,4%.

El 1 de agosto de 2008, en el segundo aniversario de operación del ferrocarril interurbano HSR Beijing-Tianjin, la agencia de noticias Xinhua condujo una encuesta sobre la puntualidad de los trenes balas. El sondeo reveló que la vía se estaba convirtiendo en medio de transporte primario para los chinos que viajaban entre las dos urbes. Durante dos años, esta línea mantuvo un récord de circulación segura y una tasa de puntualidad cercana al 100%.

La elevada tasa de puntualidad es una ventaja característica de los trenes de alta velocidad. Con la excepción del mal tiempo y las averías ocasionales del equipamiento, los trenes balas de China, con una tasa de puntualidad superior al 95%, circulan básicamente a su hora y son mucho más puntuales que cualquier otro medio de transporte por aire, carretera o agua.

Para garantizar la operación segura y puntual de los trenes HSR, todas las administraciones de ferrocarriles han creado plataformas especiales para el control del tráfico de los trenes de alta velocidad. En las estaciones ferroviarias HSR, sus directores y personal de seguridad dan personalmente la bienvenida y la partida a los trenes, organizan el flujo de viajeros y realizan las rutinas de acogida con precisión a lo largo de las vías férreas, en las líneas y plataformas de la estación y en los estacionamientos.

Pese a la gran puntualidad, una demora ocasional sería suficiente para afectar el plan de viaje de un pasajero y su buen ánimo. Los responsables de control del tráfico del HSR dirigen estrictamente el tren según su mapa de ruta, controlan de cerca su operación y toman medidas proactivas para enfrentar los retrasos ocasionales, tras lo cual el ajuste operacional y la organización del flujo de viajeros se ponen en función de garantizar la llegada puntual. Cuando es necesario, coordinan el uso de otros medios de transporte para evacuar a los pasajeros y evitar el congestionamiento del flujo de viajeros.

En la tarde del 8 de marzo de 2015, una avería en la catenaria del ferrocarril HSR Shanghai-Hangzhou provocó el retraso de varios trenes. Luego de recibir una orden de despacho, la estación de Ferrocarril Hongqiao de Shanghai contactó inmediatamente al aeropuerto Hongqiao de Shanghai y algunas aerolíneas. Así ayudaron a los viajeros que habían adquirido "billetes aire-ferrocarril" a obtener sus pases a bordo con antelación, permitiendo que más de 200 de ellos, que habían llegado tarde al aeropuerto, abordaran sus vuelos tranquilamente.

El Sistema TEDS Mágico

El Sistema de Energía del Tren y Simulador Dinámico o TEDS (por sus siglas en inglés) es un sistema de inspección de imagen de los bajos del tren bala de nivel mundial. En virtud de la avanzada tecnología de redes de computadoras y la tecnología de vídeo, el sistema TEDS permite un control del tren en tiempo real, así como la conducción de revisiones automáticas y el pronóstico de fallas en la parte inferior de los carros y las zonas visibles de los laterales del tren de manera que el tren bala se desplace con seguridad.

El proceso de operación del sistema TEDS es como sigue: las cámaras de vídeo instaladas en las vías recogen imágenes de las partes visibles del tren, incluyendo su parte inferior, el "bogie" y el tablero del faldón. Utiliza las estaciones de investigación TEDS a lo largo de la ruta para recoger imágenes que envía por internet a los centros TEDS de las divisiones del tren bala para su análisis e identificación automáticos. Los departamentos responsables son informados inmediatamente para que eliminen las amenazas a la seguridad tan pronto como sean detectadas.

A finales de noviembre de 2015, una fuerte tormenta de nieve azotó Beijing repentinamente provocando la caída de la temperatura hasta los menos 12 grados Celsius. Inmediatamente, el Centro TEDS de la División del Tren Bala de Beijing estuvo atento a cualquier contingencia. El 22 de noviembre, los analistas de la entidad detectaron señales de congelación en la zona inferior de 20 trenes de alta velocidad y de inmediato informaron a sus supervisores y solicitaron la imposición de límites de velocidad. Los departamentos de transporte emitieron rápidamente la orden de deshielo y retirada de la nieve de todos los trenes balas.

Entonces, la temperatura siguió bajando hasta que alcanzó un mínimo histórico. El 24 de noviembre, el Centro TEDS detectó que los bajos de otros 32 trenes estaban congelados. Las oficinas concernientes del tren bala idearon inmediatamente planes de descongelamiento y pusieron manos a la obra. Al día siguiente, la temperatura subió y derritió el hielo y la nieve. Gracias a la información oportuna y precisa del Centro TEDS, los departamentos ferroviarios relevantes fueron capaces de organizar al personal para retirar toda la nieve y el hielo y reparar el equipamiento para que los trenes de alta velocidad de la Administración de Ferrocarriles de Beijing y otras administraciones pudieran salir y llegar en tiempo sin que se vieran afectados sus respectivos itinerarios por el gélido tiempo.

De acuerdo con el director del Centro TEDS de la División del Tren Bala de Beijing, las vastas áreas de hielo congelado en los bajos de los carros y el blanco resplandor del hielo se traducían en imágenes borrosas en las pantallas de los monitores que afectaban la consideración del analista sobre la amenaza a la seguridad mostrada. Contra todo pronóstico, el análisis sumamente responsable garantizó el control eficaz a través de la reiterada verificación y extrema diligencia. Después de la puesta en marcha del plan de contingencia por la nevada, la tasa de precisión de control de averías e inspección siempre permaneció por encima del 80%.

En enero de 2014, la Administración Beijing tomó la vanguardia creando

Centros de Control TEDS en la División del Tren Bala de la capital china. Acto seguido, el resto de las administraciones de ferrocarriles fundaron sus centros y plataformas de supervisión TEDS sucesivamente. Actualmente, el sistema nacional HSR está equipado con una plataforma de supervisión TEDS en red de cuatro niveles que consiste en un sistema de control de la seguridad para las operaciones del tren bala que combina la supervisión, el control, la administración y la toma de decisiones. El sistema conduce una compilación automática y análisis de las imágenes y datos relacionados con las fallas y errores de operación y emite advertencias. En la jurisdicción de la Administración de Ferrocarriles de Beijing solamente, se han establecido 15 estaciones de investigación TEDS.

Los centros TEDS son espaciosos, tranquilos, limpios y bien iluminados. En ellos no encontrará un solo equipo ruidoso. El único sonido audible es el "click" del ratón de los ordenadores. Sin embargo, la labor del sistema TEDS es mucho más compleja de lo que un ser humano imagina. Incluso, el simple hecho de "observar" puede tener muchas connotaciones puesto que involucra "la observación" de las imágenes, "la observación" en el lugar de la falla para la verificación y "la observación" en todo momento.

La observación de las imágenes en el sistema de imagen puede ser desafiante. Tomadas de abajo hacia arriba en las vías, con el polvo y otras sustancias haciéndolas más borrosas durante la operación del tren, estas imágenes en blanco y negro son muy difíciles de interpretar. Los criterios de selección de los analistas de los centros TEDS son extremadamente estrictos. Jóvenes dedicados con un agudo sentido de la vista y muy pacientes son los escogidos para pasar un curso de capacitación monótono y exigente. A los nuevos analistas se les pide leer constantemente un mar de imágenes del tren bala hasta que las interpretan perfectamente.

En el Centro TEDS de la División del Tren Bala de Beijing se reciben decenas de miles de imágenes del tren bala en tiempo real de las estaciones de investigación TEDS. Durante la hora punta de la partida en la mañana, cuando los trenes balas salen de diferentes estaciones en la zona de Beijing, cada analista del centro debe supervisar 60 trenes. En otras palabras, cada uno de ellos tiene que supervisar un vagón cada 1,5 ó 2 minutos. Los bajos del tren bala tienen varias partes, tales como remaches y aberturas diseñadas. Tan solo los pernos suman más de 10.000. Las averías como los remaches vacíos y pérdida de remaches se reflejan en la pantalla como pequeños huecos negros. La más mínima omisión por descuido es conducente a un desastre potencial.

Para un análisis más exacto de las averías que muestran las imágenes, los jóvenes analistas de los centros TEDS pasan con mucha frecuencia su tiempo libre con sus tutores en los talleres de reparación estudiando los bajos de los carros y otras partes de los trenes balas y familiarizándose con los materiales, uso y lugar donde se encuentran para comprender mejor no solo el qué sino también el porqué de todos los modelos de los trenes, sus bajos y componentes.

Los analistas mueven el ratón para trazar la trayectoria. Al dibujar las líneas en direcciones específicas se esfuerzan al máximo para incluir todos los segmentos supervisados en su campo de visión y no perderse el más mínimo detalle mientras sus manos, ojos y cerebro trabajan simultáneamente.

El sistema de supervisión TEDS divide el tren bala en siete partes diferentes, incluyendo las partes inferiores izquierda y derecha. Los modelos y las piezas del tren exigen movimientos del cursor distintos. En el CRH2, por ejemplo, los analistas estudian las imágenes utilizando ocho tipos de movimientos del cursor. Por ejemplo, cuando analizan las partes superiores derecha e izquierda, dibujan una línea horizontal para asegurarse de haber revisado cada uno de los pernos. Cuando revisan las partes inferiores derecha e izquierda, trazan una línea en forma de Z a lo largo del faldón. Cuando el cursor llega al "bogie", se trazan las líneas siguiendo el patrón "OMO" de manera tal que puedan observar mejor cada uno de los pernos en la carcasa del eje.

El remolque del tren bala difiere ligeramente de otros vagones del tren bala en estructura, la práctica previa era dibujar metódicamente líneas en forma de S. Sin embargo, con este método se obviaban fácilmente las piezas más pequeñas a supervisar en algunos discos del remolque en las horas punta del control. Luego de exhaustivas deliberaciones, los analistas propusieron el trazado innovador de la línea "WSM" para el remolque, incluyendo así en el rango de la revisión piezas como las pinzas de las pastillas de freno, lo que mejoró significativamente la eficiencia del proceso de supervisión.

El 13 de enero de 2015, mientras utilizaba el método de trayectoria del ratón para revisar las imágenes de los trenes balas en el almacén, el analista Liu Zhikun del Centro TEDS de la División del Tren Bala de Beijing detectó en una imagen de los bajos una hilera de sombras oscuras cerca del conversor de tracción que podía haber pasado por alto perfectamente una persona irresponsable. Liu recordó súbitamente que se había dado un caso similar no hacía mucho tiempo, donde la sombra oscura era un cable de hierro. Ahora que aparecía la sombra oscura en el mismo lugar, ¿qué podría ser? Entonces, solicitó a la estación de supervisión relevante seguir atentamente la sombra y verificar inmediato en el lugar donde se presentaba. La sombra resultó ser una malla o red de alambres de hierro rota en el conversor de tracción que se había adherido a una fisura en el cuerpo del tren bala. Si no hubiese sido por los "mágicos ojos" de Liu, la malla rota habría provocado un accidente.

La monotonía del blanco y el negro, las mismas imágenes viejas día tras día y el acelerado ritmo de trabajo convierte a los analistas TEDS en agudos observadores y profesionales muy confiables. En 2014, los analistas del Centro TEDS de la División del Tren Bala de Beijing detectaron 1.123 averías.

La administración del riesgo de seguridad

Como todos sabemos, la seguridad del HSR no puede verse sencillamente como un problema de velocidad. En otras palabras, no podemos ver la reducción de la velocidad como señal de seguridad ni el aumento de la velocidad como señal de peligro. La clave es un profundo análisis del riesgo, prevención y control eficaz de la seguridad. Por lo tanto, cómo desarrollar un mecanismo eficaz para identificar y evitar, reducir y eliminar los riesgos de la seguridad del ferrocarril es un tema de gran preocupación para Sheng Guangzu desde que asumió el puesto de ministro de Ferrocarriles.

Sheng vio la mala dirección como la raíz del problema de la seguridad ferroviaria. Tras un sinnúmero de investigaciones de campo en los niveles de base, concluyó en abril de 2011 que una de las razones fundamentales por las que ocurrían los accidentes era la pobre administración. Puntualizó que la seguridad era la salvación o "el tazón de arroz" de la industria ferroviaria y agregó que una falla de seguridad era la mayor falla de todas. Su descripción de la seguridad ferroviaria fue la política de "seguridad primero y prevención como centro de atención principal de una administración integral". "Debemos ver la seguridad como el gran tema de todos los tiempos, que debe prevalecer por encima de otras cuestiones. Debemos enfrentar de inmediato todo lo que socave la seguridad", aseveró, adicionando que "hay que dar prioridad a la seguridad del HSR y a la seguridad del tren de pasajeros". Otras prioridades que mencionó fueron el fortalecimiento de la administración de la seguridad y la aplicación de medidas de seguridad. Sheng propuso la filosofía de seguridad de la gestión integral del riesgo de seguridad en el ferrocarril con la intensificación de una administración de seguridad estandarizada, sistemática y científica.

La gestión del riesgo de la seguridad se refiere al esfuerzo para controlar y tratar los riesgos de la operación ferroviaria, evitar y reducir las pérdidas y garantizar una operación segura y eficiente del sistema de ferrocarriles a través de la identificación, pronóstico, valoración y evaluación del peligro durante el proceso del transporte por ferrocarril. El objetivo final de la administración del riesgo de la seguridad es ofrecer un ambiente de trabajo más seguro y reducir o eliminar los accidentes en la producción con medidas prioritarias de control de riesgo.

A finales de 2011, tras seis meses de investigación, se celebró una conferencia nacional sobre la labor del ferrocarril durante la cual el ministro Sheng instruyó desplegar tema especializado para la administración del riesgo de la seguridad. El ministro sugirió construir un sistema de control del riesgo de seguridad basado en la naturaleza del control de la seguridad ferroviaria, seguir fortaleciendo el control eficaz de la seguridad de fabricación, elevar constantemente el nivel de administración de la seguridad y practicar el desarrollo seguro de la industria ferroviaria. Poco después, el Ministerio de Ferrocarriles publicó las "Opiniones directrices sobre el fortalecimiento de la administración de la seguridad ferroviaria", que crearon el marco de trabajo para la intensificación de los fundamentos, la consolidación del proceso de control, mejora de la respuesta a las emergencias y otras tareas clave, así como estableció y mejoró una serie de regulaciones y medidas. Las Opiniones presentaron sistemáticamente el plan general, las ideas principales y los principios básicos de la administración de los riesgos de la seguridad y definieron las tareas importantes de la administración de los riesgos de la velocidad.

Poco después de la Fiesta de la Primavera de 2012, la central eléctrica Xianning Norte (gestionada por la Administración de Ferrocarriles de Wuhan) libró una cruzada contra los nidos de pájaro a lo largo del ferrocarril de alta velocidad Wuhan-Guangzhou. La topografía de esta ruta es mayormente llana, con vastas tierras de labranza donde las aves encuentran fácilmente alimento y la materia prima para construir los nidos. Los postes del sistema de contacto aéreo del HSR se han convertido en lugares ideales para que las aves construyan sus hogares. Tan pequeños como son los nidos de pájaro pueden provocar accidentes y cortocircuitos en las fuentes de alimentación del HSR. Al estudiar e identificar los riesgos de la seguridad del HSR, la central eléctrica Xianning Norte determinó como una de las grandes amenazas a la seguridad "los apagones provocados por las aves". Así, durante cierto período de tiempo, eliminar los nidos de pájaros fue la palabra de moda entre los obreros ferroviarios locales. Pasados tres meses de la limpieza, habían desaparecido 267 nidos de pájaro de diferentes tamaños a lo largo de la ruta de 152 km de longitud en la jurisdicción. El nido más grande era del tamaño de dos pelotas de baloncesto juntas.

A partir de entonces, las autoridades ferroviarias actuaron con rigor y empezaron a eliminar los nidos de aves en los postes del sistema de contacto aéreo del HSR. Asimismo, asignaron recursos para estudiar los pormenores del peligro de las aves y adoptaron múltiples medidas para afrontar la dificultad. La central eléctrica Datong Oeste de la Administración de Ferrocarriles de Taiyuan inventó "una crema repelente de aves" hecha con ingredientes macromoleculares químicos que incluyen jabón de ácidos grasos y grasa de litio, que ahuyenta fácil y económicamente a las aves sin tener que matarlas. La tasa de éxito fue del 100%.

Ahora que los nidos de pájaro ya no eran un problema, se había eliminado otra amenaza a la seguridad.

El ministro Sheng había enfatizado en varias ocasiones que el sector ferrocarriles es una industria de alto riesgo que exige medidas de precaución. La clave es la prevención, el diagnóstico y el control oportuno. La seguridad ferroviaria estará garantizada siempre y cuando los riegos de la seguridad sean tratados correctamente y queden bajo control.

Todo el sector ferrocarriles actuó de inmediato en la gestión de los riesgos de la seguridad. El personal ferroviario ejerció el control del proceso de producción, tomó medidas preventivas y de diagnóstico y redobló los esfuerzos para identificar y resolver las amenazas a la seguridad de manera oportuna. En 2012, solamente la Administración de Ferrocarriles de Beijing detectó 587 puntos de amenaza de seguridad, evitó casi 10.000 amenazas potenciales de seguridad y registró 1.801 problemas en la base de datos de riesgos de la seguridad, formulando además medidas de control y prevención para cada uno de ellos.

Desde 2012, la industria ferroviaria nacional ha sido capaz de evitar accidentes importantes del transporte por ferrocarril y poner punto final a las muertes causadas por averías en los trenes. En 2013, la tasa de accidentes a lo largo de los mil millones de t/km de los ferrocarriles nacionales fue de 1.253 o 5,2% menos que en 2012. En 2014, el sector ferrocarriles puso un alto a los accidentes grandes provocados por averías. Comparado con 2013, la clase C o de accidentes graves cayó un 47,5%, el mejor registro de la historia. Durante el período del XII Plan Quinquenal, se cumplió el objetivo trazado de un 25% menos de la tasa de muertes por mil millones de t/km.

Desde el XVIII Congreso Nacional del PCCh, la industria ferroviaria de China ha sido testigo de una producción intensiva del HSR, uso a gran escala de nuevos equipamientos y un entorno exterior sumamente complejo. Pese a esto, las amenazas a la seguridad del ferrocarril chino han disminuido sobremanera, impulsando la credibilidad y la confiabilidad de la industria. La seguridad ferroviaria ha sido continua y estable y los grandes accidentes de tráfico ferroviario, incluidos los causados por fallas en los trenes de pasajeros, se han evaporado. El sector ferroviario chino ha entrado en el período de mayor seguridad y estabilidad de su historia.

La práctica de la administración del riesgo de la seguridad ha hecho del ferrocarril un medio de transporte seguro y confiable durante mucho tiempo.

El gran flujo de pasajeros del HSR

Con el vertiginoso establecimiento de la red HSR de China, los convenientes y cómodos trenes de alta velocidad han facilitado enormemente los viajes y cambiado el estilo de vida del pueblo. Al implementar la reforma del transporte de pasajeros con el "sistema de boletos con nombre real" (billetes con el nombre verdadero del viajero, el mismo que aparece en su carné de identidad) y las ventas de billetes en línea, el sistema ferroviario emitió una serie de medidas nuevas para beneficiar a los pasajeros. Las largas filas en las oficinas de venta de billetes, las hordas de revendedores de boletos y los abarrotados trenes quedaron en el olvido. El gran flujo de pasajeros del HSR de todos los rincones del país dibujó un nuevo y exuberante paisaje en China. Durante el período del XII Plan Quinquenal, el sistema ferroviario nacional transportó 10 mil 600 millones de personas, para un alza del 49,1% comparado con el quinquenio anterior.

La reforma del transporte de pasajeros

La limitada capacidad del transporte ferroviario y el gran flujo de tráfico siempre han estado encontrados.

La capacidad especial del sistema HSR ha aliviado sustancialmente los desplazamientos de los viajeros. Sin embargo, sigue siendo difícil adquirir los billetes. Por ejemplo, enfrentado a la súbita afluencia de millones de pasajeros durante la temporada de viaje de la Fiesta de la Primavera cada año, el sistema se sobrecarga pese a su gran capacidad. La tensión por los billetes se produce principalmente en megaciudades como Beijing, Shanghai y Guangzhou, donde los boletos, a pesar de ser muchos, se agotaban en un pestañazo. En estas urbes, los viajeros no consiguen hacerse con un billete tras muchas horas de espera y, lamentablemente, aún persiste la reventa de boletos.

Justo después de la Fiesta de la Primavera de 2011, durante las investigaciones de campo, Sheng Guangzu, el recién designado ministro de Ferrocarriles, vio largas filas de compradores de billetes en las estaciones de trenes de muchos lugares de China. Las estaciones estaban tan abarrotadas que improvisaron puntos de venta al aire libre. Pese a ello, los pasajeros normalmente tenían que esperar desde la mañana hasta la noche para hacerse con sus boletos. Los viajeros continuaban quejándose y gritando a pesar de que los vendedores en las taquillas trabajaban 24 horas sin parar para comer o beber. ¿Por qué el pueblo seguía insatisfecho con el sistema ferroviario cuando la capacidad de transporte había aumentado con el incremento del número de trenes de alta velocidad? Sheng se percató de que no se trataba únicamente de la desigualdad entre capacidad del transporte y flujo de tráfico, sino de la expectativa del pueblo de la justicia del sistema. Los chinos deseaban una división justa de los recursos públicos. Cuando los pasajeros que habían hecho filas toda la noche finalmente llegaban a la ventanilla expendedora de billetes, pensaban, como era lógico, que los comprarían,

Pasajeros esperando en la plataforma para subir al tren de alta velocidad.

pero al final, se daban cuenta de que los boletos se los habían robado los revendedores. ¿No es esto indignante? No por gusto su ira. Los revendedores monopolizaban los billetes gracias a que un reducido grupo del personal ferroviario sacó provecho de su posición para procurar beneficios personales. ¿Cómo la gente podría soportar eso?

El llamamiento por una distribución justa de los recursos públicos se convirtió en el llamamiento de todos los tiempos. La reforma del mecanismo de transporte de pasajeros del sistema ferroviario estaba muy atrasada. Dicha restructuración debía incorporar el concepto orientado al servicio de "tratar al pasajero como si fuera familia". Por lo tanto, se adoptaría una serie de medidas para beneficiar al pueblo. Aparte del sistema de billetes con nombre real y el servicio de venta de boletos en línea, era preciso asignar más material y recursos humanos para mejorar el servicio y continuar satisfaciendo las necesidades de viaje del pueblo de llegar a su destino final en tiempo y cómodamente.

La venta de billetes en línea

El ministro Sheng adoptó dos iniciativas: la plena aplicación de los sistemas de billetes con nombre real y venta de boletos en internet.

La petición de billetes con nombre real había sido constante durante años. En la Fiesta de la Primavera de 2009, se aplicó en determinadas áreas y bajo ciertas condiciones, el sistema de boletos con nombre real. Debido al elevado coste del mantenimiento y la escasez de mano de obra, el expendio de billetes con nombre real siguió en la etapa experimental. Entonces, Sheng convocó una reunión para analizar el sistema de billetes con nombre real y las condiciones para la venta de boletos en internet. El titular destacó que lo más importante para lograr la transición eran el pensamiento y la actitud, la pasividad y la falta de incentivo para asumir los desafíos. Luego de llegar a consenso, el Ministerio de Ferrocarriles decidió mejorar la función del sistema tan pronto como fuera posible, acelerar la promoción de la venta de billetes con nombre real y el expendio por internet, ampliando primero el alcance del experimento.

A finales de 2011, las autoridades ferroviarias anunciaron la venta de boletos por internet e instalaron una gran cantidad de máquinas automáticas expendedoras de billetes en algunas de las estaciones de trenes más grandes de todo el país. También, se instalaron máquinas automáticas de comprobación de billetes con el carné de identidad en las estaciones del HSR de manera que los compradores en internet pudieran hacer la facturación sin tener que mostrar el billete físico. La nueva práctica ahorró a los pasajeros muchos inconvenientes, como la necesidad de imprimir los billetes, verificarlos e incluso conservarlos (lo que a su vez evitó el riesgo de perderlos).

Como resultado, el pasajero podía comprar, solicitar el reembolso o cambiar el billete en línea sin tener que hacer filas en las estaciones de trenes.

Durante la temporada de viaje de la Fiesta de la Primavera de 2012, como resultado del estricto y eficaz control de los niveles de congregación, aumentó considerablemente la comodidad del pasajero de ferrocarril. Medidas como la emisión de billetes por internet y con nombre real cambiaron el estilo de viaje de los chinos y aliviaron sustancialmente los problemas de las largas filas y las aglomeraciones.

El 1 de julio de 2012, todos los trenes de pasajeros empezaron a aplicar íntegramente la emisión de billetes con nombre real y el sistema de verificación, que a finales de año estaba muy bien consolidado.

Entre tanto, las autoridades ferroviarias prosiguieron mejorando las ventas, los procedimientos de cambio y reembolso de boletos y gradualmente apostaron por una mayor flexibilidad en la emisión de billetes y la conveniencia de viaje. Por ejemplo, los viajeros podían comprar ahora los boletos en cualquier estación de ferrocarril para ir a cualquier otra estación del país. A finales de 2014, las autoridades ferroviarias incrementaron el periodo de reserva anticipada de los boletos a 60 días. En mayo de 2015, los clientes del ferrocarril podían reservar sus boletos en internet o con sus teléfonos inteligentes 30 minutos en vez de dos horas antes de la partida del tren, algo muy conveniente para aquellos que necesitaban viajar de imprevisto.

En la actualidad, las tarjetas Expresspay del Banco de Ferrocarriles de China pueden utilizarse en cuatro líneas HSR: la interurbana Beijing-Tianjin, Shanghai-Nanjing, Shanghai-Hangzhou y el Anillo Este de Hainan. Los portadores de estas tarjetas no necesitan comprar los billetes con antelación, sino que pueden llegar a cualquier estación de las cuatro vías, abordar cualquier tren directamente y pagar con la tarjeta cuando abandonen la terminal de destino. La tarjeta ahorra mucho tiempo a los pasajeros que van de una ciudad a otra.

Ciertamente, en la era de información con redes de computación modernas, "las brechas" entre los diferentes grupos poblacionales son también un factor que afecta la emisión de billetes por internet. Por ejemplo, los trabajadores migrantes del campo de avanzada edad y las amas de casa con bajo nivel educacional no saben cómo navegar en internet. Por lo tanto, este grupo tiene que seguir acudiendo a las estaciones, hacer la fila, esperar pacientemente y quejarse por la lentitud de los vendedores de billetes de cuando en cuando. Esto es una realidad de la vida.

Los trenes de alta velocidad en la economía de mercado

Al ver las ventajas de la red HSR y los cambios que ha suscitado, los cibernautas rebozan de felicidad ante lo acontecido en los ferrocarriles. Como las autoridades ferroviarias respondieron a las necesidades del mercado y la industria, y el mercado creció cada vez más, los pasajeros se mostraron más optimistas y comenzaron a referirse a los trenes balas como "los trenes de la primavera".

Con el objetivo de satisfacer las necesidades del mercado, hemos optimizado los despachos, logrado la concordancia de los itinerarios de los trenes expresos con las leyes de la economía de mercado, satisfecho las exigencias de los pasajeros y generado cuantiosos beneficios. A medida que entraban en servicio las líneas nuevas, aprovechamos la oportunidad para optimizar nuestro programa de trenes de pasajeros regionales atrayendo un mayor flujo de viajeros, aumentando la cantidad de trenes de pasajeros de larga distancia y en días festivos, maximizando la circulación de trenes nocturnos y minimizando el desequilibrio entre sobrecarga y carga insuficiente. Hicimos un buen uso de nuestros recursos HSR. En los mega centros con suficiente capacidad de transporte, tomamos la iniciativa de abrir los mercados de los trenes de pasajeros suburbanos e interurbanos, así como dedicamos ingentes esfuerzos a ampliar los corredores de los trenes expresos. En 2015, operaron un total de 3.142 pares de trenes de pasajeros, un alza de 468,5 pares cotejado con el año previo.

Para lograr el objetivo de "ningún cambio" para el viajero, hemos incrementado nuestros modos de transporte en los grandes núcleos, mejorado nuestras instalaciones de cambio y el control organizacional, así como ofrecido indicaciones precisas a los pasajeros que necesitaban hacer una conexión. Por si fuera poco, consolidamos los vínculos cercanos para la conexión de tren bala a tren bala, de tren bala a tren tradicional, de tren tradicional a tren tradicional y los servicios de cambio entre las diferentes líneas para aumentar la eficiencia general de la red de transporte de pasajeros, incrementar el tráfico de viajeros y optimizar los viajes de los pasajeros.

En consecuencia, salieron a la luz innumerables productos novedosos del transporte de pasajeros HSR en toda China.

El 1 de enero de 2015, empezaron a prestar servicio los trenes cama de alta velocidad de Beijing y Shanghai con destino a Guangzhou y Shenzhen, por ejemplo, que mejoraron la competencia de los trenes HSR de 1.500 km a más de 2.000 km. Cuando el mercado del tren cama de alta velocidad madure, el tren bala cama correrá por otras líneas HSR también, lo que acabará fortaleciendo y expandiendo su cuota de mercado. La idea es aumentar la cantidad de trenes balas de mediana y corta distancias para sellar la brecha del servicio en algunas ciudades de nivel de prefectura durante las horas de la mañana y la noche para que las líneas HSR como la Beijing-Shanghai y la Beijing-Guangzhou ganen en capacidad de transporte y hacer un mejor uso de los trenes balas.

Un mes después, el 1 de febrero, un tren bala cubrió la ruta de la Estación Este de Guangzhou a la Estación Chaozhou-Shantou, convirtiéndose en el primero de su tipo en circular tanto por una vía tradicional como por una de alta velocidad. En vez de la congestionada línea férrea HSR Guangzhou-Shenzhen-Hong Kong, el tren hizo la primera parte de su recorrido por la existente línea Guangzhou-Shenzhen. Al llegar a la Estación Sur de Pinghu, tomó la línea HSR Hangzhou-Shenzhen y prosiguió viaje hasta su destino final, la Estación Chaozhou-Shantou. Hasta el presente, el tren ha mantenido una tasa de ocupación promedio del 101%.

Según las estadísticas de la Corporación Ferroviaria de Guangzhou, los viajeros que abordan los trenes balas en el calendario festivo representan en estos momentos más del 60% del flujo de pasajeros. Sin embargo, por diferentes razones, las redes HSR en algunas zonas de China no están conectadas a las redes ferroviarias tradicionales, lo que imposibilita que los trenes balas vayan directo de las estaciones de ferrocarriles tradicionales a las estaciones HSR. Este inconveniente no solo restringe el alcance de los trenes de alta velocidad, sino que dificulta el desplazamiento de los viajeros. En Guangzhou, por ejemplo, la estación HSR Sur de Guangzhou no se comunica con ninguna de las dos estaciones de ferrocarril tradicionales —la Estación Guangzhou y la Estación Este de Guangzhou—. Los pasajeros que deseen abordar un tren bala tienen que ir a la estación HSR suburbana Sur de Guangzhou.

La falta de conexión limita la eficiencia de todo el sistema ferroviario. Las dos vías férreas que comunican Guangzhou y Shenzhen a 148 km de distancia son: el ferrocarril de alta velocidad Guangzhou-Shenzhen-Hong Kong y el ferrocarril tradicional Guangzhou-Shenzhen. Más de 80 pares de trenes balas circulan por la vía de alta velocidad diariamente (más de 100 pares en los días de más movimiento), cifra muy cerca del punto de saturación de la capacidad de transporte de la línea. En contraste, solo se utiliza el 80% de la capacidad de transporte de la vía tradicional de 4 rutas Guangzhou-Shenzhen. La falta de comunicación entre las dos vías socava considerablemente su eficiencia.

El 19 de agosto de 2015, el rotativo *El Ferrocarril del Pueblo* publicó en su portada un artículo titulado "La fusión de las redes del ferrocarril tradicional y el HSR genera una mayor capacidad de transporte" junto a un escueto comentario bajo el título de "1+1>2." El artículo exponía las inteligentes prácticas administrativas de la Corporación Ferroviaria de Guangzhou. El comentario, por su parte, sentenciaba que la circulación del tren bala tanto por las redes férreas tradicionales como las HSR potenciaba el sistema de

Vista panorámica
de la Estación
Guangzhou Sur.

transporte y ampliaba el diapasón de servicio del sistema HSR sin tener que construir vías nuevas. La práctica de la fusión fue muy importante para la operación innovadora y la organización del sistema HSR.

Por otra parte, las autoridades ferroviarias se concentraron en la optimización del sistema de expendio de billetes mientras satisfacían la demanda del flujo de pasajeros de larga y corta distancias aplicando la estrategia de la distribución automática de la cantidad de billetes para la pre-venta en busca de mayor flexibilidad en su distribución entre todas las estaciones, lo que redundó en mayor conveniencia para sus compradores y mejoró visiblemente la tasa de ocupación del tren.

Los modelos innovadores de servicio

A principios de 2014, el grupo dirigente del PCCh de la Corporación Ferroviaria de China trazó la meta de "Seguridad, Conveniencia y Cordialidad" para el servicio del transporte en esa temporada de viaje de Fiesta de la Primavera. Esta era una señal de que las autoridades ferroviarias avanzaban a paso firme hacia estándares más elevados de servicio en el contexto general de mejorar la experiencia de viaje del pueblo.

El significado de "Seguridad, Conveniencia y Cordialidad" puede resumirse de la siguiente forma: la satisfacción de los niveles básicos de servicio especialmente en áreas como el catering, suministro de agua e higiene de los baños, y de las necesidades básicas de los pasajeros. Igualmente, ofrecer servicios personalizados y especiales, promover la imagen del servicio de excelencia, mejorar la experiencia de viaje del pasajero, crear una nueva imagen de los servicios de trenes de pasajeros y garantizar la seguridad, la conveniencia y la cordialidad.

El primer día de la temporada de viaje por la Fiesta de la Primavera de 2014, entró en operación una nueva plataforma de servicio mediático para el sistema de ferrocarril. Esta plataforma incluyó las cuentas oficiales del sistema ferroviario de Weibo (la versión china de Facebook), WeChat, cliente móvil, la aplicación de adquisición de billetes "Ferrocarril 12306" y la aplicación de "Mini Socio del Ferrocarril". La plataforma ofreció información en tiempo real del itinerario del tren, guía de servicio, medidas de conveniencia y consejos de seguridad. En operación conjunta con las plataformas mediáticas nuevas operadas por las administraciones ferroviarias locales, la plataforma ofreció servicios de información oportunos, transparentes y muy abarcadores sobre la disponibilidad de billetes, la hora de salida y llegada del tren, etcétera.

Las autoridades ferroviarias hicieron uso pleno de los centros de llamadas, los burós de ayuda de las estaciones y los sistemas de servicio al viajero, así como de las instalaciones de apoyo para ofrecer todo tipo de servicio a los pasajeros en todas las etapas de su viaje, incluyendo, pero no limitándose a la compra de billetes, entrada a la plataforma, subida al tren, necesidades a bordo, servicios externos, ayuda a la salida y atención a los pasajeros con necesidades especiales. En tanto, los visitantes extranjeros tenían a su alcance panfletos en formato bilingüe de expresiones comunes en idioma chino llevadas al inglés, japonés, coreano, ruso y francés.

Para resolver el problema de los cambios de trenes, la Corporación Ferroviaria de China ofreció servicios de cambio rápido en 22 estaciones HSR, como es el caso de la Estación Oeste de Harbin, información de servicios de viaje, incluso para viajeros especiales, y una red de servicios de perdido y encontrado. Nuevas puertas de embarque o bidireccionales se añadieron en los puntos de verificación de billetes para agilizar los servicios de cambio de tren de los viajeros con billetes adquiridos en internet con conexión. La Corporación Ferroviaria de Guangzhou adoptó medidas de señalización, corrección de los pasajes de conexión, uso de guías designados y emisión de tarjetas de cambio de tren para los pasajeros HSR con el fin de garantizar una transferencia sin contratiempo. Con la atención puesta en el bienestar humano, se ofrece a los pasajeros nacionales el seguro de accidente.

El público general siente que la meta de servicio de las autoridades ferroviarias de "Seguridad, Conveniencia y Cordialidad", así como la aplicación de estándares de servicio cuantificable no solo muestran respeto por el derecho del pueblo a saber, participar y supervisar, sino también a ser la voz de la auto realización del viajero por ferrocarril y de la transición del sistema ferroviario de la administración unilateral a la administración conjunta con la sociedad para alcanzar un desarrollo óptimo caracterizado por la armonía y la sostenibilidad.

Un artículo publicado en el diario *El Ferrocarril del Pueblo* indicaba que la normalización de la "Seguridad, Conveniencia y Cordialidad" era la nueva tendencia de la reforma y el desarrollo del transporte de pasajeros por ferrocarril. Su trascendental importancia se reflejaría verdaderamente en la nueva experiencia de viaje del pasajero.

Un cibernauta apodado "Tren en la vía" del portal Sina.com escribió: "Ahora es mucho más fácil entrar y salir de las estaciones de ferrocarril porque tenemos mejor acceso a las instalaciones y los servicios del pueblo.

Nos sentimos más seguros porque hay controles de seguridad más estrictos en las estaciones".

De la misma forma que la primavera acaricia con suave brisa el rostro del pueblo, la reforma del transporte ha traído felicidad a los viajeros. Desde 2013, el volumen de pasajeros del ferrocarril ha crecido a una tasa anual del 10%.

12306.cn, el sitio web oficial del ferrocarril de China

El 12 de junio de 2011, el sitio web oficial del ferrocarril de China, 12306.cn, vendió su primer billete electrónico HSR de la Estación Sur de Beijing a la Estación de Tianjin, marcando así el inicio del servicio de venta en línea de boletos para el HSR en China. Dos semanas después, antes de la inauguración del ferrocarril de alta velocidad Beijing-Shanghai, el sitio web sacó a la venta los boletos electrónicos de esta ruta. A finales del mes de septiembre de ese año, los boletos para todos los trenes balas (trenes D) y los trenes de alta velocidad (trenes G) estaban disponibles en línea. A partir de este momento se podían adquirir billetes en internet para todos los trenes del ferrocarril HSR.

La venta en línea fue posible gracias al mecanismo de billete con nombre real. Retomando el año 2011, durante el periodo crítico de viaje de la Fiesta de la Primavera, el nuevo ministro de Ferrocarriles, Sheng Guangzu, comenzó a darle vueltas a la posibilidad de construir una plataforma para la venta en línea de boletos que fuera verdaderamente justa y transparente. Entonces, decidió ampliar las capacidades de todos los sitios webs de atención al cliente de las 18 administraciones ferroviarias para satisfacer la venta por internet. Instruyó a la Administración de Transporte por Ferrocarril, el Centro de Tecnología de la Información y la Academia de Ciencias Ferroviarias de China realizar planes para ponerlas en servicio tan pronto como fuera posible.

Plataforma de trabajo de la web de servicio ferroviario 12306

Durante la temporada festiva por la Fiesta de la Primavera de 2012, el sitio web 12306.cn fue puesto a prueba por el repentino aumento de visitantes. En un lapso de seis meses, el sitio web había adquirido una serie de funciones nuevas, entre ellas la venta en línea, la ampliación de las reservas vía teléfono, y la emisión de billetes con nombre real.

Durante la fiebre de viaje por el festivo nacional, el número de compradores en línea creció significativamente y el período pico se prolongó en demasía. En los cinco días transcurridos a partir del 5 de enero, 12306.cn registró mil millones de visitas diariamente, más de 10 veces la cantidad del mes de diciembre. El 9 de enero, las visitas al sitio web llegaron a los mil 400 millones, convirtiéndose en una de las páginas web más visitadas del mundo. Debido a la congestión del tráfico causada por el insuficiente acceso a la banda ancha, el sistema de billetes colapsó varias veces. Como consecuencia, muchas de las personas que no consiguieron comprar sus billetes empezaron a quejarse del sitio web arrastrándolo al ojo de la tormenta.

En opinión de los analistas, aunque los pasajeros podían reservar los billetes en 12306.cn de 6:00 a.m. a 1:00 a.m. del día siguiente, había cuatro espacios fijos de venta, principalmente las 8:00, 10:00, 12:00 y 15:00 horas, que explicaban por qué la mayoría de los compradores de boletos visitaban el sitio web en esas ventanas de tiempo y ocasionaban el colapso. Los expertos calculaban que cuando el tráfico en internet en las horas de más visitas llegaba a 1GB, era porque al menos 5 millones de personas habían entrado simultáneamente a la página.

¿Qué significaban 5 millones? Zhang Liwei, ingeniero jefe de Laboratorios Antiy, explicó: "Recibir 5 millones de visitas a la misma vez significa que las entradas al sitio web habían superado la capacidad de espacio.baidu.com (cerrado en 2015). Hacer 5 millones de transacciones al mismo tiempo es equivalente a dos veces el volumen comercial de Taobao en su primera hora de la promoción del 11 de noviembre de 2011. De cualquier forma, estamos hablando de números exponenciales". Zhang consideraba que el mecanismo de liberación de billetes en cuatro ventanas fijas de tiempo conducía fácilmente a un marcado incremento en las visitas que producían un evidente efecto de inundación. Una vez que el volumen de visitantes excedía la capacidad del servidor, el sitio web necesitaba mucho más tiempo para responder y entonces aumentaban las transacciones fallidas.

Por lo tanto, por invitación del ministro Sheng, el Grupo Alibaba envió un equipo de 17 técnicos a ofrecer ayuda y guía para mejorar el sitio web 12306.cn. Así se llevó la banda ancha de la página web de 600 Mbps a 1.000 Mbps y posteriormente hasta los 1.500 Mbps. Las ventas de billetes diarias aumentaron de los 650.000 a más de 1 millón. El 20 de enero de 2012, la página web vendió una cifra récord de 1,192 millones de boletos en un día.

Sin duda alguna, el descomunal volumen de visitantes y el pánico en las compras ejercieron presión inevitablemente sobre el sitio web. Esta es la razón para el arduo y consistente trabajo de 12306.cn. Un año más tarde, el 15 de enero de 2013, se vendieron 6,951 millones de billetes, 2,652 millones de ellos electrónicos, totalizando el 40% de todos los boletos vendidos ese día. Durante esas 24 horas, más de 17 millones de personas se registraron en la página para adquirir boletos, alcanzando los mil 510 millones de visitas. El número de billetes vendidos ese día en internet sobre-

Dos azafatas dan la bienvenida a los viajeros del tren de alta velocidad en la Estación de Nanchong.

pasó más de dos veces el récord de 2012 con 1,192 millones.

Tras su fundación en marzo de 2013, la Corporación Ferroviaria de China incrementó su inversión en 12306.cn, amplió su banda ancha de internet, aumentó la capacidad de procesamiento de transacciones del sistema, optimizó los procedimientos para la obtención de billetes en el sitio web y actualizó la aplicación para teléfonos inteligentes de forma tal que los pasajeros tuviesen una experiencia de navegación sin contratiempo.

El 8 de diciembre, antes del comienzo de la batalla campal por la Fiesta de la Primavera, 12306.cn introdujo oportunamente los servicios de solicitud de información, pago y reembolso a través de Alipay y el reintegro en tiempo real. De repente, 12306.cn se hizo muy popular entre los cibernautas. A las 15:00 horas de ese día, unas 152.000 personas habían descargado y usado la aplicación para teléfonos móvil de 12306.cn y se habían vendido 16.183 billetes. Algunos medios de comunicación comentaron que, comparado con el año anterior, 12306.cn era ahora mucho más abierto.

Alguien que había trabajado durante mucho tiempo con 12306.cn dijo a la compañía Tencent que el sitio web era un sistema de comercio con mucho tráfico y muy visitado y que la investigación y desarrollo de su terminal de usuarios no solo dependía del departamento de ferrocarriles, sino que se beneficiaba también de los consejos ofrecidos por los técnicos de la red y los activistas sociales, incluyendo las vías para mejorar la experiencia del usuario en la página web.

Igualmente, ciertos medios consideraron que el mayor problema de 12306.cn eran los escasos recursos del transporte de pasajeros. Por lo tanto, sugirieron proteger la experiencia del usuario aun cuando los recursos del transporte de pasajeros fueran insuficientes. Específicamente, esto quería decir comunicar al pueblo la verdad sobre la escasez de billetes y permitirle competir por ellos. Como resultado, 12306.cn tenía que ver la mejora a través del uso de las fuerzas sociales y convertirse en un sistema abierto en vez de cerrado.

El sitio web 12306.cn maduró muy pronto. La constante mejora de sus funciones fue un buen reflejo del perfeccionamiento continuo del sistema de venta de billetes de ferrocarril. Además de las formas tradicionales de venta de billetes en ventanilla, en agencias y máquinas expendedoras, se creó un nuevo sistema de alternativas que contemplaba el expendio en línea, por teléfonos inteligentes y reserva por teléfono. Muy pronto, 12306.cn se convirtió en la primera opción de adquisición de boletos para el pasajero.

El 18 de septiembre de 2014, las ventas diarias de billetes de tren llegaron a los 10 millones 399 mil por primera vez en la historia y el 61,2% de las transacciones se hicieron en internet, un nuevo récord histórico.

En 2015, 12306.cn cambió el plazo para la compra en línea de 2 horas a tan solo media hora antes de la salida del tren, permitió la opción de cambio de destino, optimizó las políticas de devolución y cambio y añadió el servicio de obtención de billetes a bordo, facilitando mucho las cosas al comprador de boletos. Mientras tanto, se adoptaron nuevas medidas para purificar el ambiente de la venta de billetes en internet. Las medidas incluían verificación bilateral del número de teléfono, códigos de verificación gráfica, limitación de los contactos frecuentes y control estricto del uso ilegal de los carnés de identidad por el pueblo para comprar y revender los billetes de tren en línea.

Además de la venta de boletos en internet, 12306.cn ofrece otro servicio importante: respuesta a las interrogantes de los pasajeros y ayuda para resolver sus problemas. Cada día, los teléfonos de los centros de atención al cliente de las 18 administraciones ferroviarias timbraban constantemente. Cada año, durante la Fiesta de la Primavera, los representantes del servicio al cliente atienden generalmente más de 500 llamadas al día. Para ahorrar tiempo, algunas veces ni beben agua para no tener que ir al baño.

En el centro de servicio al cliente de la administración de ferrocarriles de Wuhan, más de 20 chicas con una edad promedio de 26 años, sentadas en dos oficinas grandes, trabajan en dos turnos. Las jóvenes empiezan a las ocho de la mañana y terminan a esa misma hora al día siguiente, descansando un día después de realizar dos turnos seguidos. Aproximadamente entre el 60% y el 70% de las llamadas realizadas a 12306.cn eran relacionadas con la reserva y disponibilidad de billetes. Las respuestas de las representantes de los centros tenían que ser escuetas, precisas y rápidas. Algunas veces, la gente llamaba para desahogar la ira. Cuando una representante levanta el teléfono y escucha una tremenda reprimenda, como no puede responder cuelga sencillamente. Todo lo que puede hacer es ignorar la llamada y seguir trabajando.

Trabajar durante 24 horas consecutivas al teléfono puede ser muy perjudicial. Algunas de las secuelas de esta labor es la alergia que desarrollan las operadoras al timbre del teléfono o la negativa a responder una llamada cuando llegan a casa. "Es nuestro deber trabajar duro para servir a los que regresan a casa durante los festivos. Solo deseamos que los pasajeros sean más comprensivos con nosotras", piden las chicas.

El 3 de febrero de 2016, la aplicación del sitio web 12306.cn agregó otro servicio que permitiría a los viajeros revisar la puntualidad del tren. Los viajeros solo tenían que presionar el botón "en hora/atrasado" debajo de "Mi 12306" en la aplicación móvil, entrar el nombre de la estación y el número del tren para conocer la hora de llegada en un lapso de tres horas.

Desde el XVIII Congreso Nacional del PCCh celebrado en noviembre de 2012, el sector ferroviario ha aplicado proactivamente la estrategia nacional de "Internet +", abogando por el transporte computarizado y mejorando el desarrollo de 12306.cn. Como resultado, el sitio web ha visto un perfeccionamiento ininterrumpido de sus funciones de servicio y aumento de su influencia. La venta en línea representa más del 60% de las ventas totales y los pasajeros y la sociedad, como un todo, están evidentemente más felices que antes por su experiencia de viaje.

Hoy en día, raramente verá largas filas en las ventanillas de expendio de billetes o revendedores ofreciendo boletos a precios exuberantes.

Las ondas de choque del flujo de pasajeros

El ferrocarril de alta velocidad se ha convertido en la nueva opción de viaje de los ciudadanos por su seguridad, facilidad, rapidez y comodidad.

Los trenes de alta velocidad de China se dividen en dos categorías de velocidad: entre 300 y 350 km por hora, y entre 200 y 250 km por hora. Además de primera y segunda clase, los trenes ofrecen también asientos de clase ejecutiva y cama dura para viajes largos. Comparado con otros medios de transporte, los trenes de alta velocidad de China pueden soportar severas y complejas condiciones meteorológicas recio, adaptándose a temperaturas de -40°C en invierno y más de 40°C en verano.

La revista estadounidense *Newsweek* ha señalado que la revolución ferroviaria de China ha permitido reducir en gran medida la inmensa superficie del país. El ferrocarril de alta velocidad ha cambiado no solamente las distancias, sino también la conciencia sobre los límites corporales y físicos de los ciudadanos y su conocimiento del continente en el que viven.

Dado que China tiene mil 300 millones de habitantes, se da por entendido que donde hay trenes, habrá pasajeros y que donde hay pasajeros habrá flujo de pasajeros.

La vida real demuestra que la tecnología madura del HSR de China y el entorno de viaje seguro, rápido y cómodo generarán un enorme mercado de flujo de pasajeros. Son los trenes de alta velocidad circulando por todo el país los que han producido enormes ondas de choque del flujo de pasajeros HSR.

Hace unos años, el sistema HSR fue objeto de la crítica de la sociedad por la falta de pasajeros. Objetivamente hablando, esto era una realidad cuando el sistema empezó, particularmente durante las ventanas de tiempo desfavorables como tarde en la noche o durante breves lapsos de tiempo en la mañana. De forma general, tras cierto tiempo, con o sin mercado, las líneas HSR ganaron pasajeros a un ritmo vertiginoso, probablemente más allá de las expectativas.

En 2015, un total de 9.531 km de vías férreas, incluyendo 3.306 km de vías HSR, entraron en operación. El transporte por ferrocarril recibió un gran impulso debido a múltiples factores, entre ellos los más importantes fueron el crecimiento constante y la mejora de la red de ferrocarriles, diversificación de los productos del transporte de pasajeros y la adopción de una serie de medidas dirigidas a ofrecer beneficios y servicios a los pasajeros.

El sistema nacional de ferrocarriles ofreció dos mil 500 millones de viajes de pasajeros durante ese año y la industria se mantuvo creciendo durante tres años consecutivos.

En la temporada de viaje de la Fiesta de la Primavera de 2016, el ferrocarril de alta velocidad Beijing-Guangzhou tenía circulando 327 pares de trenes balas y su capacidad diaria de transporte era de 531.000 personas. De acuerdo con el plan general del sector ferrocarriles para esta temporada de viaje, los trenes balas representaban más del 60% de todos los trenes en servicio, indicando que los trenes de alta velocidad se habían convertido en vehículos pilares del transporte durante la Fiesta de la Primavera.

Hoy en día, los trenes de alta velocidad CRH que circulan por el territorio chino han reducido las distancias entre las ciudades y entre la ciudad y el campo, permitiendo reforzar los lazos familiares, ofrecer la experiencia de la alta velocidad y proporcionar la alegría de regresar a casa.

En el mapa del ferrocarril publicado el 15 de mayo de 2016, las autoridades ferroviarias incrementaron la densidad de los trenes balas en las principales vías HSR, llevando el total a 2.118 pares con la adición de otros 137 pares. En años recientes, con la entrada en operación de nuevas vías férreas HSR, el mercado del transporte de pasajeros por trenes balas creció rápidamente y la cuota de mercado aumentó del 4,3% en 2007 al 45,8% en 2015. Los trenes balas se han convertido en la primera opción de viaje de cada vez más pasajeros.

El HSR en China, que comenzó en los años 90 del siglo XX con la investigación y construcción y tuvo su auge a finales de 2015 con la terminación del marco de trabajo principal de las cuatro líneas Norte-Sur y las cuatro de Este-Oeste, está cambiando el patrón de nuestro tiempo y la forma de viaje de los chinos. El HSR ha transformado los conceptos de espacio y tiempo que tenía el pueblo en el proceso del desarrollo socioeconómico de China.

En la actualidad, cinco líneas troncales de la red nacional HSR, específicamente Beijing-Shanghai, Beijing-Guangzhou, Shanghai-Wuhan-Chengdu, Hangzhou-Shenzhen y Harbin-Dalian están en servicio, mientras que las vías Shanghai-Kunming, Qingdao-Taiyuan y Xuzhou-Lanzhou entrarán en operación muy pronto. Muchos trenes de alta velocidad corren frecuentemente entre grandes ciudades como Beijing y Shanghai, Beijing y Wuhan, Wuhan y Guangzhou, Shanghai y Wuhan, Beijing y Tianjin, Shanghai y Nanjing y Guangzhou y Shenzhen, creando un anillo magnético de flujo de pasajeros que permite la realización de viajes de 1.000 km en 5 horas o 2.000 km en 8 horas.

La operación del HSR en red ha reducido sustancialmente la distancia temporal y espacial entre regiones y ciudades y ha facilitado el transporte de pasajeros entre las urbes a lo largo de las vías férreas. Los flujos de pasajeros en las vías principales han dado señales de rápido crecimiento. Actualmente, los trenes de alta velocidad, por su seguridad, rapidez y comodidad atraen cada vez más viajeros. Subir a un tren bala CRH es como entrar a un nuevo espacio en un nuevo marco de tiempo. La gente sentirá como si el mundo y "yo" hubiésemos adoptado una nueva apariencia. En elegantes vagones de ferrocarril, los pasajeros trabajan en sus ordenadores, leen o descansan sin hacer ruido. La perspectiva y la conducta del viajero, la bondad y la gentileza del personal de servicio se fusionan armoniosamente con la comodidad de los rápidos trenes.

El nuevo espíritu y la nueva cultura que emanan de los trenes de pasajeros de alta velocidad tridimensionales aumentan indirecta o directamente la cívica y las virtudes de los ciudadanos chinos, al influir sutilmente en el comportamiento de las personas en los espacios públicos y promover la formación de buenas convenciones sociales.

Un informe del Banco Mundial revela que el recién añadido flujo de pasajeros generado por los trenes de alta velocidad representa más del 50% del flujo total de pasajeros. Esto implica que la otrora opinión popular de que la gente toma trenes de alta velocidad no porque quiere sino porque tiene ni es verdad ni es acertada. Aunque parte del flujo de pasajeros HSR procede del ferrocarril tradicional, es insignificante comparado con la recién generada corriente. Esto significa que el nacimiento del HSR alentó la demanda o el deseo reprimido del pueblo de viajar. Esta es una prueba contundente de que el HSR estimula la demanda de viaje, amplía la demanda nacional y promueve el desarrollo económico.

Tomemos como ejemplo el ferrocarril interurbano Beijing-Tianjin. Antes de 2008, el flujo de pasajeros anual del ferrocarril tradicional Beijing-Tianjin era de 8 millones de viajes de pasajeros. Desde que la vía férrea de alta velocidad entró en operación, el flujo de pasajeros creció considerablemente año tras año hasta llegar a los 28 millones 870 mil viajes de pasajeros en 2015. Por si fuera poco, 20 millones de viajes de pasajeros del actual flujo de viajeros procede de medios alternativos de transporte o recién generados. Según cálculos conservadores, el flujo de pasajeros recién generado en esta línea representa al menos el 65% del flujo total de pasajeros entre Beijing y Tianjin.

Los períodos críticos del transporte de pasajeros al año son "los periodos dorados" con los que el sistema ferroviario aumenta su flujo de viajeros. A medida que los trenes D y G ganan mayor participación en el mercado del transporte de pasajeros, desempeñan un papel más destacado en el incremento del flujo de viajeros por ferrocarril.

El 30 de septiembre de 2015, los trenes balas realizaron 4,809 millones de viajes de pasajeros, un nuevo récord histórico para los viajes diarios en una sola dirección en trenes de alta velocidad. El 1 de octubre, el sistema ferroviario nacional realizó 12,537 millones de viajes de pasajeros, batiendo el registro para los viajes diarios en una sola dirección. Durante el feriado de la Fiesta de la Primavera, las vacaciones de verano y otros festivos de larga duración en 2015, los viajes totales del sistema ferroviario y los viajes en días de mucho movimiento superaron el máximo histórico y, por ende, registraron un mayor crecimiento cotejado con años previos. Obviamente, estos enormes flujos de pasajeros son resultado de la velocidad y la conveniencia del HSR. La conveniencia del HSR ha suscitado una gran cantidad de viajes improvisados, que a su vez han generado flujos de pasajeros enormes.

El nuevo flujo de pasajeros constata que la gente actualmente se embarca en viajes no planificados, improvisados y que su sed de diversión aumenta. En otras palabras, el transporte conveniente propicia viajes más frecuentes y una mayor expansión del mercado turístico. La disponibilidad del HSR se traduce en una forma adicional de viaje que promueve la vuelta a casa y los paseos. Esto definitivamente ilumina la perspectiva del flujo de pasajeros HSR y amplía el diapasón de los beneficios económicos. Teniendo en cuenta la entrada en operación de nuevas líneas férreas HSR, la red del ferrocarril de alta velocidad incrementará su potencial de transporte y su volumen de pasajeros se duplicará o multiplicará.

Como referencia del HSR de China, la vía Beijing-Shanghai está teniendo un típico efecto demostrativo. Desde su inauguración el 30 de junio de 2011, la vía ha sido testigo de un aumento interanual considerable del flujo de pasajeros. En 2014, su tercer año de operación, empezó a generar beneficios. En 2015, realizó 122 millones de viajes de pasajeros, más del doble de su volumen tres años antes. En su día de mayor circulación, la línea registró 489.000 viajes de pasajeros y una tasa de ocupación del 94%.

Hasta el 31 de diciembre de 2015, el ferrocarril Beijing-Shanghai había dado servicio a 367.556 trenes de alta velocidad, a una tasa promedio de 223 trenes al día y registrado 402 millones de viajes de pasajeros en total, un promedio de 244.000 viajes de pasajeros al día. Con un entorno seguro, conveniente y cómodo, la línea vio aumentar su tráfico de viajeros de 132.000 a principios de la puesta en operación a un promedio diario de 335.000 en 2015. De acuerdo con las encuestas, a finales de 2015, 12 compañías HSR, entre ellas la Beijing-Shanghai, Wuhan-Guangzhou, Interurbana Beijing-Tianjin, Interurbana Shanghai-Nanjing, Pasajeros Qingdao-Jinan, las empresas ferroviarias de pasajeros Shanghai-Hangzhou ya eran rentables.

Las ciudades a lo largo de las vías HSR aprovecharon la oportunidad para utilizar al máximo este medio de transporte y potenciar el desarrollo del turismo. El sector ferrocarriles mejoró la investigación y desarrollo de los productos de viaje HSR y fomentó la combinación transporte de pasajeros y turismo a través de programas como "Viajes 'Freewill HSR'", "Turismo en grupos HSR", "Excursiones HSR" y "Paquetes de paseos HSR", tales como los "paquetes hotel-taxi-HSR" y "paquetes paisaje-HSR". Como resultado, se ha desarrollado una rica variedad de productos turísticos vinculados al HSR.

El 1 de julio de 2015, el ferrocarril de alta velocidad Hefei-Fuzhou, que conectaba sitios paisajísticos como el monte Huangshan, Wuyuan, los montes Sanqing y Wuyi, entró en operación. Bautizado como la "línea HSR más pintoresca", los cibernautas se encargaron de promocionarla por libre y espontánea voluntad, al tiempo que expresaban su gran deseo de realizar una visita. La ciudad de Huangshan aprovechó la oportunidad para promover ocho rutas HSR y adoptó una serie de políticas preferenciales para beneficiar a los turistas y servir al mercado. Cinco categorías de turistas, incluyendo los estudiantes recién graduados del bachillerato, estudiantes universitarios a tiempo completo, y ancianos de 60-70 años de edad, disfrutan de un descuento del 50% en la compra de billetes para todos los sitios pintorescos en la ciudad de Huangshan y sus alrededores. Las líneas HSR disfrutaron de un gran flujo de pasajeros y los sitios paisajísticos estaban abarrotados de visitantes.

La apertura de las líneas HSR hizo posible que los trenes de pasajeros y de mercancías corrieran por vías diferentes, lo que liberó espacio en las líneas existentes y aumentó la productividad del transporte. Tras la entrada en servicio del ferrocarril de alta velocidad Qingdao-Jinan, se adicionaron 11 pares de trenes de transporte de mercancías a la línea Qingdao-Jinan en existencia y la capacidad de movimiento de carga aumentó 29 millones 200 mil toneladas. Luego de la inauguración del ferrocarril interurbano Beijing-Tianjin, se añadieron cuatro trenes de transporte de mercancía a la línea Beijing-Shanhaiguan, llevando su capacidad de traslado de carga al año a 10 millones 950 mil toneladas. Con la entrada en operación del ferrocarril de alta velocidad Wuhan-Guangzhou, otros 33 pares de trenes de transporte de mercancías fueron adicionados a la sección tradicional Wuhan-Guangzhou de la vía férrea Beijing-Guangzhou, aumentando su capacidad de movimiento de carga anual de 87 millones 600 mil toneladas. Después de la puesta en marcha de la vía Zhengzhou-Xi'an, cinco pares de trenes de transporte de mercancías empezaron a operar en la existente línea y su capacidad de traslado de mercancías aumentó 14 millones 600 mil toneladas. Una vez inaugurado el ferrocarril interurbano Shanghai-Nanjing, 32 pares nuevos de trenes de mercancías empezaron a funcionar, impulsando su capacidad anual de transporte de carga de 83 millones 950 mil toneladas. La capacidad de transporte de mercancías al año habilitada por estas cinco líneas alcanzó los 230 millones de toneladas.

Mientras tanto, el sector ferrocarriles era plenamente operativo para trenes de mercancías de enlace en las 28 regiones y había aumentado la cantidad de expresos de mercancías directos. En el Suroeste, Norte y centro de China, así como en el cinturón económico del río Changjiang, se utilizaba el transporte intermodal para la entrega y comercialización de mercancías. De esta forma, la ventaja específica del ferrocarril se transformó en ventaja regional y promovió el transporte transfronterizo, el transporte conjunto por ferrocarril y agua, la entrega expresa de mercancías y la logística especializada, todo lo cual dio paso al vertiginoso aumento del volumen de entrega de carga. En 2015, el sector ferrocarriles presenció el surgir de 283 estaciones nuevas para el transporte de contenedores, un alza del 18,7% en el traslado de carga por carros completos cotejado con el año previo y un aumento del 20,2% en el volumen de entrega de contenedores comparado también con el año anterior. Además, en 2015, se despacharon 815 trenes de mercancías a Europa (una subida del 165% equiparado con 2014) y 2.820 trenes de mercancías necesitados con carácter especial.

Con el aumento de la capacidad de transporte de mercancías, el sistema ferroviario ha sido capaz de satisfacer la demanda del mercado de transporte y garantizar el transporte de materiales cruciales, permitiendo la aplicación exitosa de las políticas nacionales para la promoción del crecimiento económico y el bienestar del pueblo y ofreciendo un fuerte apoyo al desarrollo sostenible y sano de la economía nacional. Con la terminación de la red HSR de las cuatro vías de Este a Oeste e igual número de Norte a Sur y la separación de las líneas de transporte de pasajeros y mercancías, el sistema HSR desempeñará un papel creciente en la garantía del desarrollo económico sostenible a largo plazo.

En años recientes, el Banco Mundial ha desvelado una serie de informes que elogian sobremanera la influencia positiva de los proyectos HSR de China en la economía. Un reporte del Banco Mundial publicado a principios de 2015 apuntaba que "China tiene la mayor red HSR en expansión del mundo" y añadía que "podía esperar un rápido y continuo crecimiento en las próximas dos décadas".

El ferrocarril de alta velocidad de China acaricia el desarrollo pleno

En el otoño de 2015, acompañado por varios expertos del ferrocarril, Fu Zhihuan, exministro de Ferrocarriles y miembro de la Academia de Ingeniería de China, recorrió más de 5.000 km en un tren bala e inspeccionó las regiones de Wuhan, Zhuzhou, Shenzhen, Wenzhou, Qishuyan y Nanjing. La seguridad, la velocidad y la comodidad del tren de alta velocidad y los logros exponenciales alcanzados por la industria regocijaron a estos devotos profesionales del sector ferroviario.

Los expertos quedaron impresionados con los nuevos avances que China había logrado en la innovación tecnológica, particularmente con aquellos en tecnologías clave, nucleares. Con la atención en las nuevas tendencias del desarrollo de la moderna tecnología HSR mundial, absorbiendo lo que realmente necesita la construcción y operación del HSR chino, dando rienda suelta al papel innovador y dominante de las empresas y superando los escollos de las tecnologías clave, China se unió a la élite de la tecnología ferroviaria en el planeta e incluso asumió la condición de líder en determinados renglones tecnológicos. China domina las tecnologías de vías HSR para

diferentes franjas climáticas y condiciones geológicas y sus tecnologías de construcción de vías, puentes y túneles figuran entre las mejores del orbe. China domina las tecnologías de suministro de potencia de tracción, EMUs, señales de comunicación, etc. China ya ingresó al selecto grupo mundial de investigación y desarrollo del tren de alta velocidad, construcción, operación y mantenimiento y señalización de comunicación. Además, desarrolló un sistema integrado de tecnología HSR para el estándar chino, lo cual es una buena señal de la maduración de su tecnología HSR.

Singular imagen de un EMU circulando por la noche.

Construir un sistema de ferrocarriles de alta velocidad inteligente

El 22 de agosto de 2014, el premier Li Keqiang realizó un recorrido de inspección muy peculiar a la Corporación Ferroviaria de China (CRC por sus siglas en inglés).

El primer ministro se dirigió al centro de mando y control del tráfico del transporte ferroviario nacional más grande del mundo. De una pared del salón en forma de semicírculo colgaba una enorme pantalla que mostraba toda la información del ferrocarril, incluyendo la supervisión en tiempo real de las condiciones de las vías, itinerarios de los trenes en diferentes rutas y estadísticas afines al transporte ferroviario de pasajeros y mercancías.

Frente a la gran pantalla había un mar de mesas de trabajo: el buró del registrador, el buró del controlador, el buró de control del tráfico de mercancías, el buró de control del tráfico de locomotoras, el buró de control del tráfico HSR, el buró de control del tráfico del tren bala, el buró de control del tráfico de equipaje y parcelas y el buró del controlador, el alma del puesto de mando.

Sheng Guangzu, gerente general de CRC, dijo al premier chino: "Luego de reformar nuestro sistema de administración, CRC ha unificado el sistema de mando y control del transporte ferroviario y comenzado una gestión centralizada para garantizar la operación segura y organizada, así como el cumplimiento de las misiones importantes. Continuamos mejorando nuestro nivel de administración para que el pasajero disfrute de servicios de calidad, seguros y eficientes".

Mientras Sheng hablaba, la pantalla mostraba imágenes en tiempo real de la actividad ferroviaria: pasajeros esperando en fila para comprar los billetes muy organizadamente en las estaciones Sur de Nanjing y Hongqiao de Shanghai, copos de nieve cayendo sobre el puente del río Chumar en el ferrocarril Qinghai-Tíbet y un tren bala corriendo en la vía de ferrocarril de alta velocidad Beijing-Shanghai.

El primer ministro Li estaba feliz de escuchar todo lo dicho. "Nuestro expedito desarrollo ferroviario, especialmente el desarrollo del HSR, ha desempeñado un papel importantísimo en la promoción del crecimiento económico y ofrecido un viaje conveniente al pueblo. Tenemos que adherirnos a los principios de seguridad, el cliente primero y equilibrar la competencia con el bienestar social. Tenemos que realizar un control del tráfico científico y eficiente para maximizar la capacidad de transporte y garantizar el traslado fácil y sin contratiempo de los bienes y los viajeros", acotó Li Keqiang.

Amplia red de trenes de alta velocidad china

Este centro de mando y control del tráfico de alta tecnología es el sistema nervioso central de un mecanismo de operación organizado de toda la red del transporte ferroviario de China. El centro está directamente relacionado a la seguridad del sistema de transporte ferroviario nacional. Se trata de una obra maestra del sistema de ferrocarril inteligente hecha en China.

Desde la celebración del XVIII Congreso Nacional del PCCh, el grupo dirigente del partido de CRC ha estado plenamente comprometido con la aplicación de una estrategia basada en la innovación. Con la mirada descansando en las nuevas tendencias de desarrollo de la tecnología del ferrocarril mundial, hemos aplicado integralmente el plan general de informatización, construcción de sistemas de información de nivel corporativo y plataformas de información integradas y la promoción de la integración de los sistemas de información en la producción del transporte, administración comercial y gestión en general. Con estos esfuerzos, intentamos eliminar las islas de aislamiento de información, lograr la conectividad y la compartición de información, así como ampliar las funciones del desarrollo y su aplicación. Tras años de incansable esfuerzo, China ha conseguido avances sólidos en el aumento del nivel de inteligencia de su HSR y ahora es líder mundial en la tecnología de seguridad del HSR.

El Plan Especial del XII Plan Quinquenal para el Desarrollo Tecnológico y Científico de los Trenes de Alta Velocidad publicado por el Ministerio de Ciencia y Tecnología estableció ocho objetivos para el desarrollo tecnológico y científico del tren de alta velocidad que contemplaban: "mejora continua de la tecnología de seguridad sistemática del HSR", "aumento de la velocidad" y "fomento de la estandarización e inteligencia de los trenes de alta velocidad". Como resultado surgió la dirección general de desarrollo inteligente del HSR de China. Los expertos creen que el sistema de inteligencia del HSR de China consiste principalmente del sistema de control del tren, el sistema de mando y control del tráfico, el sistema de suministro de energía, el sistema electrónico y el sistema de información.

El sistema de control del tren

El sistema de control del tren y las tecnologías de vía y tren bala son las tres tecnologías clave más importantes que determinan el rendimiento del HSR. El sistema de control del tren utiliza la tecnología de señalización para controlar y dirigir a los trenes. Es el "cerebro" y el "sistema nervioso central" del tren.

La velocidad de operación de los trenes de alta velocidad no se puede mantener a través de la observación o la ingeniería humanas para garantizar la seguridad. Cuando un tren corre a 160 km/h o incluso a más velocidad, tiene que estar equipado con un sistema de control de operación que ejerza el control de velocidad e intervalo automáticos, mejore la eficiencia del transporte y salvaguarde la seguridad.

De acuerdo con las disposiciones del Estándar de Tecnología Ferroviaria de China, se adoptó CTCS-3 para las vías férreas con velocidades de operación de 300 o más km/h. El sistema de control de operación del tren de alta velocidad CTCS-3 es el más sofisticado del orbe al utilizar el modo de transmisión radial para controlar las operaciones del tren. Sobre la base de la comunicación por radio GSM-R, logra la transmisión bidireccional tren-tierra con el Centro de Bloqueo por Radio (RBC, por sus siglas en inglés) generando el permiso de operación, el circuito de rastreo que supervisa los trenes ocupados, y el transpondedor que ubica al tren para que mantenga la alta velocidad y opere con seguridad.

El sistema de control de operación del tren CTCS-3 incluye dos instalaciones importantes: una en tierra y otra, en el tren. La de tierra recibe el nombre de RBC y tiene la tarea de decirle al tren cuando correr y cuando detenerse. La del tren, bautizada ATP (Protección del Tren Automática), se encarga de supervisar constantemente la velocidad para evitar los excesos.

Zhou Zhiliang, presidente de la Corporación de Comunicación y Señalización del Ferrocarril de China (CRSC, por sus siglas en inglés) aseguró que CTCS-3 puede satisfacer plenamente los estándares de operación de los trenes de alta velocidad circulando a una velocidad máxima de 350 km/h o incluso mayor y con un intervalo de operación mínimo de 3 minutos.

Volviendo al año 2007, cuando el sistema ferroviario incrementó la velocidad por sexta ocasión, CRSC adoptó el sistema de control del tren C2 hecho en China para supervisar los trenes balas en seis líneas troncales circulando a 250 km/h. Consecuentemente, durante la investigación del sistema C3, desarrollado sobre la base del C2, CRSC invitó a las empresas más reconocidas a unirse a la investigación y obtener avances en las dos tecnologías clave de RBC y ATP. La tecnología de CRSC llegó a superar la de gigantes como Alstom y Siemens.

China encabeza el sistema de control de trenes a nivel mundial, en opinión de Mo Zhisong, director de la Sección de Señalización del HSR del Departamento de Servicio Eléctrico de CRC. Teniendo en cuenta las estadísticas de los últimos dos años sobre las fallas y la calidad de los productos de señalización y comunicación, las averías en el sistema de control e interbloqueo del tren de CRSC fueron prácticamente nulas, lo que demuestra el alto grado de perfeccionamiento de los productos de señalización de la compañía. Además, constata que los diseñadores, productores y constructores de CRSC trabajaron mejor que las firmas extranjeras, aseguró Mo.

En el presente, CRSC es parte de la alianza industrial de CRC en las empresas mixtas con pares extranjeros. Después de la consolidación de sus bases en Argentina, Pakistán, Uzbekistán, Etiopía, Vietnam y Angola, avanza gradualmente hacia el Medio Oriente, la región Asia-Pacífico, las Américas, África y Europa.

El sistema de mando y control del tráfico

Con el establecimiento sincronizado del sistema de control del tren, el sistema de mando de operación, el sistema de interbloqueo computarizado, el sistema de control electrónico concentrado y el sistema de comunicación y señalización, la red HSR de China ha sido testigo del surgir de un sistema de

Una potente red eléctrica garantiza el suministro de electricidad
seguro y estable de los trenes de alta velocidad.

mando y control del tráfico caracterizado por la apertura, la centralización y la transparencia. Igualmente, la red HSR de China cuenta con un sistema de control del tráfico centralizado que garantiza la seguridad, el buen funcionamiento y la eficiencia del mando y control del tráfico.

En estos momentos, usando el sistema de control del tráfico y mando del tren (TDCS, por sus siglas en inglés) que abarca todo el ferrocarril como plataforma, el control de tráfico centralizado (CTC, por sus siglas en inglés) como núcleo y el mando del tren automático como meta, el sector HSR de China ha construido un TDCS moderno, fomentado la reforma de su modelo de gestión del transporte por ferrocarril y cumplido el objetivo de mejorar la eficiencia del transporte, garantizar la operación segura, controlar el personal y evitar los despidos.

La aplicación del sistema de información de administración del despacho (DMIS, por sus siglas en inglés) guiará a todo el sistema de señalización ferroviario hacia un desarrollo inteligente y digitalizado y cambiará el estatus del sistema chino de señalización ferroviaria en áreas como los métodos de mando y control del tráfico, tecnología de control del tren y el funcionamiento del equipamiento de señalización.

El sistema HSR de China utiliza el sistema CTC en su mando y control del tráfico según el cual el responsable de control del tráfico ejerce el control centralizado del equipamiento de señalización en la sección o división concerniente y dirige y gestiona directamente la operación del tren. El sistema CTC controla el acceso directo o despachado del tren a las rutas, supervisa su operación, rastrea automáticamente los números del tren, reajusta los planes de operación del mismo, fija los límites de velocidad, etc. El sistema CTC adoptado por la red HSR de China es la cristalización de la tecnología moderna china después de que el país introdujo y digirió las avanzadas tecnologías de Siemens AG y Alstom y las aplicó a su realidad, conformando un sistema de mando y control del tráfico de uso y propiedad de China.

El sistema HSR de China utiliza el sistema global para las comunicaciones móviles en el ferrocarril (GSM-R, por sus siglas en inglés) y equipamiento de radio integrado para la cabina (CIR, por sus siglas en inglés) para funciones tales como la transmisión del número del tren, transmisión de mando y control del tráfico, transmisión de datos del control del tren, comunicación tren-tierra y comunicación de emergencia para garantizar la operación segura, estable y eficiente del HSR.

El sistema SCADA para el suministro de energía y potencia eléctrica

Para los suministros de potencia de tracción y energía eléctrica, el sector HSR de China usa el sistema de Adquisición de Datos y Control Supervisor (SCADA, por sus siglas en inglés), el cual asume la adquisición de datos en el centro de control del tráfico y el control supervisor de los procesos de producción dispersos y remotos. De esta forma, realiza la supervisión y el control a distancia del estatus de operación de los sistemas de suministro de potencia de tracción y energía eléctrica. De todos los sistemas eléctricos, el SCADA es el más usado y el de tecnología más madura. Como subsistema principal del Sistema de Administración de Energía (EMS, por sus siglas en inglés), tiene un sinnúmero de beneficios, incluidos la compilación integral de información, mejora de la eficiencia, comprensión correcta del estado de operación del sistema, toma de decisiones expedita y la habilidad para identificar rápidamente las fallas del sistema. El EMS se ha convertido en un instrumento indispensable del suministro de energía.

A través de la digestión, asimilación e investigación y desarrollo independientes, China conoció el éxito en su innovación tecnológica en el sector de suministro de potencia de tracción del HSR a medida que construyó y optimizó ininterrumpidamente su plataforma de tecnología de suministro de potencia de tracción patentado para los trenes de alta velocidad circulando a una velocidad de 350 km/h o incluso superior. La innovación dio lugar a docenas de logros científicos. El sistema de suministro de energía de tracción del HSR de China soportó las pruebas de la alta densidad de operación del tren y las descargas de alto voltaje. Los sistemas de su catenaria se caracterizan por no tener puntos duros, cero diferencias de altitud y no perder la conexión con sus redes de contacto. De ahí que destaque como el sistema de suministro de potencia de tracción más estable y de mejor calidad de China y el mundo. Los trenes de alta velocidad que corren a 300 o más km/h pueden utilizar el cable de contacto de aleación de cobre y magnesio de grano ultra fino hecho en China y alcanzar el nivel avanzado mundial.

Otros sistemas de información

Otros sistemas de información del HSR incluyen el sistema de servicio de transporte de pasajeros, sistema de control del tráfico integrado, y el sistema de control de seguridad y prevención de desastres. El sistema de servicio de transporte de pasajeros abarca los sistemas de emisión de billetes, atención al viajero, automatización de las oficinas, información de la administración de seguridad pública, dependencias auxiliares e información de la administración de proyectos constructivos. El sitio web chino 12306.cn es un buen indicador de que el sistema de información de servicio de transporte de pasajeros HSR chino ha alcanzado el nivel avanzado mundial.

El sistema de supervisión y pre-alerta de desastres naturales HSR es capaz de ofrecer control en tiempo real y advertencias contra el viento, la lluvia, la nieve, los terremotos y otros cuerpos externos para garantizar la seguridad de las operaciones del tren.

Apoyándose en la transmisión de red computarizada, vídeovigilancia infrarroja, inspección GPS y otras tecnologías de punta, la policía ferroviaria de Shenyang conduce una supervisión en tiempo real de toda la ruta las 24 horas del día gracias a la instalación del sistema de vigilancia por vídeo infrarrojo y los sistemas de alarma en los principales puentes de los centros de comunicación, suministro de energía, información y señalización, rutas de emergencia, secciones de pilares bajos y geográficamente complicadas. De esta forma, el sistema de seguridad HSR, basado en la información que integra alerta y supervisión en tiempo real, análisis de datos, mando y control del tráfico, así como evaluación del personal, ha ofrecido una garantía sólida para la mejora de la velocidad del HSR y la seguridad de operación. Como resultado, se solventaron satisfactoriamente todas las preocupaciones de la seguridad pública en la jurisdicción del HSR controlado.

A juicio de los expertos, la construcción del HSR general y prácticamente puede ser clasificada como "proyecto pre-estación" (como las calzadas, los puentes, las alcantarillas, los túneles y la construcción ferroviaria) y "proyecto post-estación" (como datos y diseño de sistemas digitales). Aunque el "proyecto pre-estación" normalmente representa más del 60% de la inversión total del HSR, un factor clave que separa la vía HSR de la tradicional es el alto grado de informatización y digitalización. Pese a que el coeficiente de inversión total de un sistema inteligente no es tan alto (6%-8%), la digitalización de información desempeña un papel crucial en el funcionamiento, la administración y el servicio seguro y eficaz de todo el sistema.

El HSR de China, representado por el ferrocarril de alta velocidad Beijing-Shanghai, al adherirse al principio de innovación de la integración sistemática de los sistemas de comunicación, señalización y suministro de potencia de tracción, ha desarrollado estándares y especificaciones que concuerdan con la integración sistémica de las líneas de pasajeros designadas de China. A lo largo de todo el proceso de operación, ha materializado la integración y la optimización de todos los sistemas de información existentes a un nivel superior. Además, la industria del HSR recoge, transmite y comparte información procedente del entorno del transporte por ferrocarril haciendo uso de las tecnologías computarizadas, de procesamiento de la información y comunicación de datos. Los profesionales de la industria asumen el control y toman decisiones atendiendo a la información arriba mencionada.

En la construcción de un HSR inteligente, China mantiene una profunda integración de la tecnología de la información con la aplicación comercial, adopta la internet de las cosas, la computación en la nube y el análisis de los *big data* para fortalecer y mejorar el análisis de la información del estado del equipamiento, fabricación segura y mercadeo con el objetivo de perfeccionar la aplicación de la información en el sector ferroviario. Con el fortalecimiento de la administración de la ciberseguridad y el mantenimiento del sistema de información, la rectificación del uso de internet, la seguridad y la estabilidad del sistema de información ferroviaria y la seguridad de operación del HSR están garantizadas.

Las tecnologías clave del ferrocarril de alta velocidad de China

A principios de 2013, en una conferencia nacional sobre tecnología y ciencia ferroviaria, el entonces ministro de Ferrocarriles, Sheng Guang-zu, subrayó la necesidad de consolidar la investigación y desarrollo de las tecnologías clave y promover la innovación en tecnologías cruciales como la construcción del HSR, señales de comunicación, suministro de potencia de tracción, trenes de alta velocidad, mantenimiento y reparación sobre la base de la absorción de las tecnologías importadas y el perfeccionamiento de las tecnologías HSR existentes para satisfacer las demandas del desarrollo del HSR de China.

En los últimos años, una meta constante de los profesionales del ferrocarril chino ha sido la innovación y localización de las tecnologías clave del HSR.

El *Diario del Pueblo* publicó el 21 de abril de 2014 que la línea de producción del circuito integrado (chip) del primer transistor bipolar de puerta aislada (IGBT por sus siglas en inglés) de 8 pulgadas en la base de CSR Zhuzhou había pasado la evaluación y pondría en operación en el mes de junio. Esto significaba que China había dado al traste con el monopolio extranjero de las tecnologías clave del HSR y estaba finalmente en posición de utilizar "un chip hecho en China" en su sistema HSR. Los trenes de alta velocidad fabricados por CSR utilizando sus propios circuitos integrados sobrepasaron los 600 km/h en los ensayos. Entonces, CSR era la única empresa china que había dominado la investigación y desarrollo del chip, el ensayo del paquete modular y las tecnologías de aplicación del sistema y se había posicionado entre los mejores del mundo.

El 25 de noviembre de 2014, un tren bala CRH5A equipado con sistemas de tracción eléctrica y control de internet hechos en China entró en la última fase de "prueba en la pista principal de 5.000 km de longitud". Encendiendo el motor, acelerando y pasando curva tras curva... el enorme "dragón" revoloteando cerca del suelo tenía una importancia excepcional para la industria HSR de China. En calidad de primer tren de alta velocidad usando sistemas de tracción eléctrica y de control de internet de fabricación nacional, supuso un gran paso de avance para las tecnologías HSR clave del país.

Según los expertos, el "chip" y el "cerebro" son las dos tecnologías clave de los trenes de alta velocidad. El "cerebro" es el sistema de control de internet que decide y dirige todos los movimientos de los trenes de alta velocidad. El "chip" es el sistema eléctrico de los trenes de alta velocidad, como el corazón del ser humano. La función primaria del corazón humano es generar presión suficiente para bombear la sangre a las distintas partes del cuerpo. El circuito integrado del tren de alta velocidad es un interruptor con una frecuencia de conmutación de hasta mil veces por segundo. Su función es controlar la alta potencia con la baja potencia, suministrar un flujo variable de corriente eléctrica y un cambio rápido y libre del volumen de energía, así como garantizar el suministro de potencia normal del tren.

Los requisitos de precisión para la fabricación del chip son excesivamente elevados. Los sistemas de tracción eléctrica y control de internet son las partes más significativas de los trenes de alta velocidad. Una prueba esencial de la creatividad del fabricante de tren de alta velocidad es si puede o no conducir la investigación y desarrollo independientes de esas dos tecnologías clave.

EMU estándar chino de 350 km/h de velocidad máxima.

En la era del Ministerio de Ferrocarriles se organizó un equipo de proyecto clave que se encargaría de "profundizar en la innovación independiente de las tecnologías clave de los trenes balas". Previamente, China ya dominaba una amplia gama de tecnologías del diseño de chips, producción, embalaje y aplicación que se utilizaban exitosamente en tandas en el ferrocarril urbano, locomotoras de gran potencia de la serie CRH, aerogeneradores y vehículos eléctricos. "Los chips del tren de alta velocidad" hicieron su debut en el CRH-380A que conoció un perfeccionamiento sin precedente en el desarrollo independiente de los sistemas de control y conversión de tracción del tren. A finales de 2014, CRH-380A había recorrido un total de 190 millones de km a razón de menos de 0,5 averías por millón de km, dato muy inferior al estándar internacional de 1,3 por millón de km. Así, China avanzó a pasos agigantados hacia el dominio de las tecnologías importantes del HSR.

Los sistemas de tracción eléctrica y control de internet del CRH5A son parte importante del proyecto de innovación independiente. El 3 de abril de 2014, el sistema de tracción eléctrica del CRH5 hecho en China pasó la inspección de los expertos de la industria convocada por CRC. El 22 de octubre de 2014, el sistema de control de internet del CRH5 hecho en China superó también la revisión tecnológica de la corporación. Con su aprobación, el sistema pasó a ser el primero de su tipo instalado en trenes balas.

El 27 de enero de 2015, el tren CRH5A pasó "el ensayo de operación en la vía principal de 300.000 km". Esto demostraba que China había dado un gran paso adelante "en el chip del tren de alta velocidad" y otras tecnologías clave a través de sus sistemas de tracción eléctrica y control de internet.

De acuerdo con la administración de la empresa limitada CRRC Corporation Ltd., una de las funciones del "chip" del CRH5A es "la respuesta en tiempo real" con precisión extrema y en cuestión de segundos a su entorno interno y externo en constante cambio. Asimismo, las compilaciones de los siempre cambiantes datos retroalimentan el "cerebro", que entonces realiza las evaluaciones correspondientes y dirige el tren. Sin embargo, la retroalimentación de ultra velocidad generalmente ocurre en microsegundos (0,001 segundos) o nanosegundos (0,000001 segundos), en el intervalo entre el análisis, la valoración y la orden. Para cumplir cabalmente esta función, así como para procesar los *big data* es preciso compilar un súper sistema de software con capacidad computacional.

Dada la elevada velocidad del sistema, para garantizar que el tren pueda arrancar y acelerar a 250 km/h en el menor tiempo posible mientras el pasajero disfruta de la máxima comodidad, los sistemas de tracción eléctrica y control de internet necesitan determinar inteligentemente el límite óptimo entre aceleración máxima y mayor comodidad, lo que involucra el desarrollo de más programas.

El 16 de enero de 2014, en la vía circular de prueba del Laboratorio Nacional de Ingeniería para la Integración del Sistema del Tren de Alta Velocidad de la empresa Qingdao Sifang Rolling Stock Co., Ltd., un tren experimental plateado de súper velocidad alcanzó los 605 km/h, valor que duplicó los registros existentes. El experimento no terminó inmediatamente después de que el velocímetro marcó los 605 km/h. El tren circuló a esta velocidad durante unos 10 minutos, equivalente a una distancia de viaje por tierra de 100,8 km.

La velocidad de 605 km/h se registró en la línea circular y no en las vías férreas normales. Las pruebas en el ferrocarril existente involucraron una serie de ensayos, explicó el diseñador Li Bing, uno de los examinadores. Pese a ello, este "tren de prueba de súper velocidad" preparó el camino para que China dominara las tecnologías HSR.

"Desde la perspectiva de la interacción aerodinámica con el aire, los trenes de alta velocidad se enfrentaban a la excitación tanto de la tierra como del flujo de aire cuando circulaban a alta velocidad. El coeficiente de resistencia del Boeing 737 a velocidad de crucero es de aproximadamente 0,028, mientras que el del tren de prueba con 6 vagones es de 0,48. Por lo tanto, los súper trenes de alta velocidad suponen dificultades tecnológicas mayores que las de los aviones que surcan el cielo", aseveró Yang Guowei, investigador del Instituto de Mecánica de la Academia de Ciencias de China.

Yang es el pionero de la investigación aeroelástica no lineal transónica, un proyecto que ofrece soporte técnico a los trenes de alta velocidad y los aviones chinos en la esfera de la aerodinámica y la aeroelasticidad. De cierta forma, a esto también se le llama "el chip del tren de alta velocidad" de valor alto.

En 2007, un tren TGV de Francia impuso un nuevo récord de velocidad mundial en su lucha con los trenes maglev alemanes por una mayor cuota de mercado. Con una velocidad superior a los 570 km/h, Francia transmitió al mundo un claro mensaje sobre la factibilidad de su tecnología del ferrocarril de alta velocidad. El ferrocarril de alta velocidad chino ha estado incrementando su velocidad para igualar el estándar mundial. La investigación de la tecnología para fabricar un tren de súper velocidad de más de 500 km/h era tanto un proyecto investigativo progresista de una naturaleza de innovación independiente como preparatorio tecnológicamente para la expansión en el mercado internacional.

Indudablemente, la innovación independiente de los componentes núcleo de los trenes de alta velocidad es una opción estratégica de la industria del ferrocarril de alta velocidad de China. Con el propósito de aplicar la estrategia de "recurrir al mundo" para desarrollar el ferrocarril de alta velocidad en China, un asidero vital en la lucha por el dominio del mercado mundial es el desarrollo independiente e innovadoramente de componentes clave de los trenes de alta velocidad.

Los EMUs estándares de China

El 9 de enero de 2014, en una conferencia de trabajo de CRC, el secretario del Grupo Dirigente del Partido y gerente general, Sheng Guangzu, dejó muy claro que era esencial acelerar el proceso de obtención de derechos de propiedad sobre las tecnologías clave del HSR, facilitar la investigación y desarrollo de los EMUs estándares de China, intentar terminar el diseño y los componentes principales de la investigación y desarrollo ese año y acometer la investigación y desarrollo de los EMUs estándares de China en un plazo de dos años.

El 1 de mayo de 2012, Sheng, entonces ministro de Ferrocarriles, afirmó que era imperativo aprovechar la oportunidad para desarrollar una serie de estándares técnicos para los EMUs de China, apoyar y guiar la producción y la investigación y desarrollo de los fabricantes relevantes, e incentivar la innovación basada en la digestión de las avanzadas tecnologías con el fin de producir los EMUs estándares de China tan pronto como fuera posible.

Fu Zhihuan, miembro de la Academia de Ingeniería de China y experto reconocido en el sector de material rodante, sostuvo que la investigación y desarrollo de los EMUs estándares de China propuesta por CRC tenía una vital importancia para hacer posible que la industria HSR china se desarrollara de un salto.

China puede abordar este tema desde los siguientes aspectos: primero, no permitir el monopolio por terceros de las tecnologías y componentes clave, en caso de que los EMUs japoneses o europeos, los fabricantes extranjeros monopolizaran y rehusaran abiertamente transferir hardware y software relevantes como los del "bogie", control de red, instalación del conversor y frenos de aire. Segundo, los EMUs importados son muy diferentes y tienen estándares diversos. Esa diversidad supone más que un impedimento para la fabricación, teniendo en cuenta sus grandes inconvenientes para la operación del ferrocarril. Los distintos EMUs, con estructura de acoplamiento y altura diferentes, adoptan diversos modos de control eléctrico por lo que es difícil vincularlos y reconectarlos. El tamaño de la carrocería difiere de un vehículo a otro, todo un dolor de cabeza para el diseño de la plataforma; el diámetro de la rueda también varía, exigiendo una variedad de ruedas de repuesto.

Tercero, la importación de estos EMUs es muy costosa. La introducción de tantos tipos de productos requiere el pago de considerables sumas por las patentes. Como el precio de los componentes núcleo importados es controlado por terceros, los costes son exorbitantemente altos, lo que a su vez hace prácticamente incosteables la compra y el mantenimiento.

Sacando partido de las avanzadas tecnologías mundiales, China ha logrado grandes avances en la fabricación de equipamiento ferroviario en un breve período de tiempo y de 17 tipos de EMUs propios con cuatro plataformas tecnológicas. No obstante, los distintos EMUs tienen sus sistemas propios en términos de interfase de pasajeros, interfase de operación, modo de control e interfase de mantenimiento. Incluso no pueden conectarse para ayuda mutua, lo que genera muchos inconvenientes a la operación, mantenimiento y administración. Por si fuera poco, las restricciones extranjeras como "licencia de tecnología intransferible y no exclusiva" y "uso exclusivo en suelo chino" impiden la participación del HSR de China en la competencia internacional.

De acuerdo con CRRC Corporation Ltd., en el proceso de introducción, digestión e innovación de las tecnologías modernas en los últimos años, China ha intentado aumentar la proporción de los EMUs de fabricación nacional y ha perfeccionado incluso la forma y los sistemas internos del tren, tales como los sistemas de control de internet, control de tracción y frenado. Actualmente, el sistema de control de internet es desarrollado en su totalidad por China mientras que los sistemas de tracción eléctrica y frenado se adquieren en el extranjero.

Tal y como reveló la División del Tren Bala de Beijing, CRRC Corporation Ltd. ha desarrollado múltiples tipos de EMUs, desde el CRH1 hasta el CRH5, introduciendo plataformas tecnológicas diferentes. Los distintos tipos implican parámetros tecnológicos diversos, lo que supone ciertos inconvenientes para el mantenimiento. Estos trenes difieren en longitud y punto de izaje del vehículo, distancia entre ejes y escala de intervalo. El punto de izaje siempre ha sido el hueso duro de roer del mantenimiento. Si hubiese unidad entre los estándares y las piezas, el mantenimiento sería mucho más fácil y su coste bajaría sustancialmente en consecuencia.

En junio de 2013, CRC dio paso al trabajo inicial para la investigación y desarrollo de los EMUs estándares de China, definió el proyecto principal de "la innovación independiente exhaustiva de las tecnologías clave de los EMUs" y construyó su plataforma de tecnología patentada. Asimismo, determinó que el trabajo relevante se realizaría en tres etapas: formulación de las condiciones técnicas y plan de diseño, fabricación piloto del prototipo, verificación de prueba y evaluación de la aplicación.

El Proyecto de los EMUs Estándares de China de 350 km/h es por mucho el proyecto de investigación ferroviaria independiente de más alto nivel del gigante asiático, en el que el gerente general de CRC, Sheng Guangzu, funge como jefe de equipo, el subgerente general, Lu Chunfang, es el subjefe de equipo y el miembro de la Academia de Ingeniería de China y experto en material rodante, Fu Zhihuan, es el asesor.

Este proyecto se incluyó en el XII Plan Quinquenal de Desarrollo Estratégico Nacional para las Industrias Emergentes Estratégicas con un fondo de ayuda especial de la Comisión Nacional de Desarrollo y Reforma. Unos 68 académicos, 600 ingenieros con categoría de profesor, más de 200 investigadores y decenas de miles de ingenieros y técnicos de 25 universidades de primer nivel, 11 institutos de investigación y 51 laboratorios nacionales y centro de ingeniería unieron fuerzas en la investigación y desarrollo innovadores de los EMUs estándares de China. De esta forma, la industria, la academia y la comunidad investigadora se unieron al servicio de la innovación concertada.

La empresa de vehículos ferroviarios CRRC Changchun Railway Vehicles Co., Ltd. y CRRC Qingdao Sifang Co., Ltd. son responsables del diseño y la fabricación de los EMUs. Según los requerimientos técnicos de los EMUs estándares de China, las firmas descompusieron los indicadores técnicos de alto nivel, desarrollaron las especificaciones de operación del subsistema de arriba abajo, llevaron a cabo el diseño del plan técnico relevante, y concluyeron el arreglo general de trenes y vehículos en consonancia con los parámetros técnicos de los subsistemas y el diseño estructural afín. Además, se condujo una serie de cálculos y verificación del diseño, que abarcaron la simulación aerodinámica de los EMUs, la simulación del rendimiento dinámico del vehículo, la evaluación simulada de la capacidad de los EMUs de superar las curvas, la simulación de tracción y frenado y el análisis de confiabilidad del vehículo de aleación de aluminio y la estructura del "bogie". Estas cuestiones, desde el ensamblaje del vehículo y el "bogie" hasta los sistemas de tracción, control de internet y frenado no son una exclusividad del diseño independiente de China, según sus propios estándares, por lo que son compatibles con los estándares internacionales también.

El diseño descendente de los EMUs estándares de China liderado por las empresas nacionales establece las condiciones técnicas según las necesidades y expone con anticipación los derechos de propiedad intelectual. Para ajustar el diseño al nivel internacional, se adoptan parcialmente los estándares internacionales en la formulación de las normas basadas en las circunstancias nacionales y las condiciones de las carreteras de China.

La importancia de este diseño radica en el hecho de que desde el mismo comienzo hace énfasis en el diseño de arriba hacia abajo y destaca "el gen chino". Específicamente, China prioriza la satisfacción de sus necesidades propias de transporte ferroviario, fija el estándar chino según las características de su ferrocarril, realiza de forma independiente el diseño de máximo nivel, del software, los subsistemas y las piezas de repuesto, así como de los planes de verificación de la circulación de prueba paso por paso. En este proceso se adoptan las tecnologías actualizadas para garantizar que los productos tengan el más alto nivel mundial.

La clave del desarrollo del HSR es mantenerse haciendo innovaciones. Los EMUs de alta velocidad personifican la integración de una variedad de tecnologías vanguardistas, incluyendo aquellas de apoyo y central del ensamblaje de los EMUs, vehículo, "bogie", transformador de tracción y conversor de tracción. Todas las tecnologías y componentes tienen que estar bien coordinados para garantizar la operación segura de los trenes HSR.

En el proceso de investigación y desarrollo, el personal de investigación científica, con el objetivo trazado de conseguir una mayor velocidad, mejora las tecnologías de defensa de seguridad activa, optimización de la coincidencia y acoplamiento, intelectualización de la aplicación de las redes de sensores, internet y la internet de las cosas, etc., adopta la reducción del ruido, la vibración y el peso ligero, tecnologías de conservación de la energía y protección del medio ambiente y sigue adelante con la investigación exhaustiva y la innovación integral de tecnologías sobre el motor magnético permanente, frenado sin grado de adherencia e híbrido con batería para garantizar que los EMUs estándares de China siempre lideren la tecnología mundial de su tipo.

El 30 de junio de 2015, los EMUs estándares de China de 350 km/h, diseñados y fabricados por CRRC Qingdao Sifang Co., Ltd., dueña absoluta de los derechos de propiedad intelectual independiente del tren, salieron de la línea de producción. Como resultado, la Academia de Ciencias Ferroviarias de China realizó ensayos en la base de prueba de la pista circular que constataron la consecución progresiva en la investigación y desarrollo de los EMUs estándares de China.

Los motores chinos están diseñados para ser más seguros, estándares, económicos, ecológicos, al tiempo que se perfecciona y aumenta la compatibilidad de la tecnología. Igualmente, se intensifican los esfuerzos orientados a la innovación para mejorar sus funciones de uso conveniente, protección del medio ambiente, conservación de la energía, reducción del coste en el ciclo de vida útil total y seguir mejorando la seguridad. Consecuentemente, los productos son innovadores, inteligentes, seguros, ecológicos y rentables. De esta forma, se logró la automatización plena de los EMUs de alta velocidad, el rendimiento general y el sistema de tecnología clave del tren. El

EMU estándar chino "Delfín azul" circulando por la línea de alta velocidad Datong-Xi'an.

"bogie", la tracción, los frenos y el control de internet tienen el nivel avanzado internacional.

El 16 de octubre de 2015, los EMUs estándares de China se sometieron a una prueba dinámica en el ferrocarril de alta velocidad Datong-Xi'an que se extiende por la meseta loess del Noroeste de Shanxi. La prueba abarcó una serie de experimentos científicos relativos al tipo de ensayo, prueba de conectividad de alta velocidad, relación rueda-carril, nivel de ruido y transmisión de datos a través de la Ethernet. Poco después, se realizaron otras pruebas que involucraron otros sectores como el control del tren, alerta de terremoto y evaluación de la aplicación de los EMUs.

Los resultados de los ensayos mostraron que los dos EMUs fabricado por CRRC Changchun Railway Vehicles Co., Ltd. y CRRC Qingdao Sifang Co., Ltd., respectivamente, aceleraron sucesivamente hasta los 385 km/h, y pasaron exitosamente la prueba de alta velocidad.

Según sus colores característicos, rápidamente los internautas bautizaron ambos EMUs con originales nombres: el "delfín azul" al fabricado por CRRC Qingdao Sifang Co., Ltd., y el "fénix amarillo" al fabricado por CRRC Changchun Railway Vehicles Co., Ltd.

Luego de la prueba, evaluación y perfeccionamiento integral, se determinaron los EMUs estándares de China finales.

Es sabido que sobre la base de los frutos de la investigación de los EMUs de 350 km/h, China continuará trabajando en la investigación y desarrollo de EMUs estándares, con la meta de sacar adelante los EMUs de los trenes balas de 250 km/h y 160 km/h, así como la serie concentrada de potencia y los trenes de dos pisos. Por otra parte, China seguirá conduciendo investigaciones exhaustivas sobre la producción de componentes unificados, tecnologías patentadas e interconectividad.

El éxito de los EMUs estándares de China de 350 km/h es muestra fehaciente de los derechos de propiedad chinos de nueve tecnologías clave y 10 tecnologías de apoyo de los EMUs; de la materialización de la conectividad, comunicación e interoperabilidad entre los EMUs estándares chinos y de la compra de componentes unificados a suministradores varios, así como de la sustitución y reparación de la mayor parte de las piezas.

La industria de los EMUs de alta velocidad abarca una amplia gama de campos como los de maquinaria, metalurgia, materiales, electrónica de potencia, química, control de la información, sistema de computación e instrumentos de precisión. Pertenece a la industria de fabricación de equipos grandes de China con una enorme cadena industrial que reúne a más de 1.000 empresas en 22 provincias y ciudades. El desarrollo exitoso de los EMUs estándares de China está orientado al avance tecnológico de la industria de fabricación de equipos grandes del gigante asiático.

El 2 de febrero de 2016, el gerente general de la Corporación de Ferrocarriles de China, Sheng Guangzu, visitó la base de prueba de los EMUs de la Administración Ferroviaria de Taiyuan para supervisar el ensayo y la evaluación de los EMUs en el tramo de prueba del ferrocarril de alta velocidad Datong-Xi'an, donde convocó una reunión para resumir y trazar los ensayos y trabajo evaluativo subsiguientes.

Entonces Sheng aseveró: "El hecho de que China tenga los derechos de propiedad intelectual de la plataforma de tecnología de EMUs de alta velocidad, creada a través de la investigación, desarrollo e innovación independientes, subraya que China es dueña de excelentes productos, capaces de competir en el mercado ferroviario internacional. Además, está el progreso alcanzado en los proyectos de innovación del HSR en términos de equipamiento ingeniero, de señalización, de suministro de potencia de tracción, barreras de viento y sistema de alerta temprana de terremoto en el tramo de prueba Datong-Xi'an, así como los significativos avances tecnológicos realizados en algunos de estos sectores".

Sheng creía que era necesario hacer de la innovación tecnológica el pilar y la guía de la innovación ferroviaria integral. Primero, es preciso depender de nosotros mismos en la fabricación de equipamiento ferroviario. Debemos concentrarnos en las tecnologías clave y equipamiento de los ferrocarriles chinos, promover exhaustivamente la auto producción de componentes relevantes y seguir trabajando bien en la investigación y desarrollo tecnológico, prueba del producto, aplicación y evaluación del equipamiento clave del EMU estándar de China. Segundo, China debe consolidar su posición de líder mundial en el equipamiento y tecnología ferroviarios. Nuestros productos no se caracterizan únicamente por ser resultado de la tecnología y el equipamiento más moderno del planeta, sino por ser ecológicos también. Por un lado, cumplen con las necesidades y garantizan la seguridad y, por el otro, son rentables y con costes de uso y mantenimiento comparativamente mínimos. Tercero, debemos perfeccionar la investigación fundamental y de vanguardia de las tecnologías ferroviarias, intensificar continuamente la motivación por la innovación y fortalecer los cimientos del desarrollo para alcanzar mayores avances en la innovación de la tecnología ferroviaria.

Del 1 al 15 de julio de 2016, los EMUs estándares de China fueron puestos a prueba en el tramo del ferrocarril Zhengzhou-Xuzhou. En el recorrido de prueba, los trenes se adelantaron sucesivamente en vías paralelas en dirección contraria y en líneas paralelas a una velocidad máxima de 420 km/h cada uno, estableciendo la velocidad de prueba más alta para los EMUs en operación.

De acuerdo con las autoridades de la Corporación de Ferrocarriles de China, el éxito de esta prueba demuestra el rendimiento técnico general de los EMUs estándares chinos y certifica que los proyectos HSR del gigante asiático han alcanzado los avanzados niveles internacionales de construcción, fabricación de equipamiento y control de operación del tren, así como contribuido sustancialmente a la construcción de la marca HSR de China a nivel mundial y su internacionalización. Esta prueba comprendió por primera vez la automatización total de la tracción del EMU, frenado y control de red y dio fe de la capacidad de China para diseñar EMUs que satisfacen las necesidades de los distintos países.

Este ensayo también compiló datos sobre el consumo de energía del EMU en operación, características del ruido de la vibración y descubrió la ley de los cambios del parámetro técnico clave en los trenes de alta velocidad circulando a 400 o más km/h. Todos estos esfuerzos ofrecieron apoyo técnico a la investigación teórica en las relaciones rueda/carril y catenaria-pantógrafo, aerodinámica, avances en tecnologías clave y administración de los ferrocarriles de alta velocidad.

A las 6:10 am del 15 de agosto de 2016, el tren G8041 salió de la estación Norte de Dalian con destino a Shenyang por el ferrocarril de alta velocidad Harbin-Dalian. Esta fue la primera operación con pasajeros de los EMUs estándares de China diseñados y fabricados en su totalidad por el país con derechos de propiedad intelectual independientes.

Desde el lanzamiento de los EMUs estándares de China en junio de 2015, se han llevado a cabo una serie de experimentos y revisiones tales como pruebas de tipo de vehículo, operación sin mercancías y simulación de operación con mercancías. Todos los indicadores de los controles de rendimiento conformaron las especificaciones estándares y requerimientos de operación que prueban que los EMUs estándares de China cumplen todas las exigencias del diseño en términos de seguridad, comodidad e indicadores de rendimiento, adaptabilidad, estabilidad, confiabilidad y calidad. Todo lo anterior ha sido aprobado por la revisión de los expertos, que certificaron la elegibilidad de los EMUs para la operación con pasajeros.

El 15 de julio de 2016, dos EMU se cruzaron a una velocidad de 420 km/h estableciendo el récord mundial en operación.

Epílogo:
La velocidad
ha cambiado China

Como dijo un filósofo, la velocidad transformó el mundo en el siglo XX.

En la historia de la humanidad, la aparición de nuevas tecnologías conlleva siempre un gran impulso del desarrollo de las fuerzas productivas. La Revolución Industrial situó al ser humano en la era de la máquina y provocó un avance enorme de la producción, grandes éxodos demográficos y el surgimiento de la urbanización. Hoy en día, la Revolución de la Tecnología de Información ha fomentado notablemente el desarrollo de la industria de la información, impulsando la transformación económica y social y dirigiendo al ser humano hacia la era de la información.

La retrospectiva de la historia del transporte revela que desde la invención de la rueda hace seis mil años y el surgimiento de los carruajes hace cuatro milenios hasta la llegada del automóvil, el tren, el barco de vapor y el avión a la vida del hombre, los medios de transporte han ido transformando el espacio y el estilo de vida de la humanidad a un ritmo vertiginoso.

Indudablemente, la humanidad ha "caminado" más rápido en el siglo XX que en cualquier otra centuria del pasado. Como medio de transporte moderno, el tren ha influido más en el hombre que cualquier otra máquina fabricada en el mundo. Probablemente, lo único que podría darle alcance sería el ordenador y la internet. El rasgo común es que transforman el mundo a toda velocidad y aceleran el paso de avance de la humanidad.

Hace más de 100 años, el que es considerado como el "padre del ferrocarril chino", Zhan Tianyou, construyó la primera vía férrea de diseño y ejecución totalmente nacional. A los pies de la Gran Muralla, la línea Beijing-Zhangjiakou estableció un hito en la historia de ferrocarril de China y dejó para la historia un valioso tesoro espiritual de la nación china.

Después de entrar en el nuevo siglo, la alta velocidad se ha convertido en la aspiración de muchos países. Aunque el ferrocarril de alta velocidad es posible que no ocupe el primer puesto en la clasificación de los éxitos logrados por China durante la primera década de este siglo, en absoluto puede ser excluido.

Cuando palabras y frases como velocidad de China, el tren CRH y la estación HSR sean las de moda, esto querrá decir que el sistema ha superado la transición del conocimiento a la aceptación y se ha convertido en parte indispensable de la vida de los ciudadanos. Gracias al HSR, cada vez más personas disfrutan del colorido de la vida tanto material como espiritual.

El famoso escritor chino Lu Xun dijo: "Ahorrar tiempo puede hacer que la limitada vida de las personas sea más eficiente, lo que equivale a extender la duración de su vida".

Las vías de alta velocidad, denominadas como las líneas de producción de tiempo por los ciudadanos, aumentan la velocidad, ahorran el tiempo, así como prórroga la vida. Es la filosofía del ferrocarril de alta velocidad.

El HSR cambia la vida y mejora la calidad de vida. En la actualidad, China es el país con el mayor número de kilómetros en operación y en construcción de ferrocarril de alta velocidad, y su nivel tecnológico global es de los más sofisticados del mundo. El HSR de China se ha convertido en un símbolo cultural de la velocidad, la innovación, la sabiduría, la fortaleza, el

Ciudadanos de las minorías étnicas de Guangxi dan la bienvenida al tren "Armonía" a su tierra natal.

orgullo y el espíritu chinos. Mientras reestructura el patrón del transporte de China y el resto del mundo, el HSR chino permite que cada vez más personas aborden el tren de alta velocidad de los valores culturales y las nuevas ideas, haciendo que sientan como si estuvieran en pleno "viaje cultural" o "viaje a la felicidad" con seguridad, rapidez y confort.

El informe del XVIII Congreso Nacional del PCCh apuntó: "Progreso notable se ha alcanzado en la meta de convertir a China en un país innovador. Grandes avances se han logrado en los vuelos espaciales tripulados, el programa de exploración lunar y el desarrollo del sumergible de aguas profundas tripulado, las súper computadoras y el ferrocarril de alta velocidad". El HSR de China fue uno de los cinco grandes proyectos innovadores elogiados por el Congreso Nacional del PCCh y el primero en granjearse ese honor en la historia del ferrocarril chino.

Desde entonces, cada informe anual sobre la labor del gobierno ha destacado y reconocido los logros de China en el desarrollo del HSR. El 5 de marzo de 2016, en la cuarta sesión de la XII Asamblea Popular Nacional, el primer ministro, Li Keqiang, sentenció: "2015 fue el año de la conclusión del XII Plan Quinquenal. Durante los últimos cinco años, los avances de China en términos de desarrollo fueron impresionantes. Cumplimos exitosamente todas las tareas y objetivos principales contemplados en el XII Plan Quinquenal". Li Keqiang hizo mención especial a los logros globales realizados en los sectores de infraestructura y subrayó que la distancia de operación del ferrocarril chino llegó a los 121.000 km, incluyendo más de 19.000 km de vías HSR, lo que representa más del 60% del total mundial.

El 29 de junio de 2016 se aprobó el Plan de Desarrollo a Mediano y Largo Plazos de la Red Ferroviaria en reunión ejecutiva del Consejo de Estado. El plan propuso construir una red ferroviaria de alta velocidad de ocho líneas de Norte a Sur y otras ocho de Este a Oeste. Las ocho vías de Norte a Sur son: el Ferrocarril del Litoral Oriental, Beijing-Shanghai, Beijing-Hong Kong (Taiwan), Harbin-Beijing-Hong Kong-Macao,

Hohhot-Nanning, Beijing-Kunming, Baotou (Yinchuan)-Hainan y Lanzhou (Xining)-Guangzhou. Las ocho líneas de Este a Oeste son: Suifenhe-Manchuria, Beijing-Lanzhou y Qingdao-Yinchuan, el corredor de transporte Europa-Asia, corredor a lo largo del río, Shanghai-Kunming, Xiamen-Chongqing y Guangzhou-Kunming. El proyecto también tiene como objetivo aumentar las líneas de conexión entre los diferentes ferrocarriles de alta velocidad según la red. Además de poner en operación trenes interurbanos regulares y trenes de alta velocidad, el plan contempla la construcción de nuevas vías interurbanas para el transporte de pasajeros para aliviar el tráfico, comunicar a las ciudades de mediano y gran tamaño con los pueblos importantes e impulsar el proceso de urbanización. Como resultado, el tiempo de viaje entre ciudades grandes y medianas adyacentes podría reducirse a 1 y/o 4 horas y entre las urbes vecinas, a 30 minutos y/o 2 horas.

En 2020, la red ferroviaria de China llegará a los 150.000 km, de los cuales 30.000 km serán vías de alta velocidad que cubrirán al 80% de las ciudades grandes. En 2025, la red ferroviaria tendrá una longitud de 175.000 km, de los cuales 38.000 km pertenecerán al ferrocarril de alta velocidad, cifra que duplicará la distancia alcanzada a finales de 2015.

La red del ferrocarril de alta velocidad reportará dividendos a la mayoría de las ciudades y regiones ubicadas en su curso. Además, reanimará enérgicamente el desarrollo económico y social del país con la promoción de actividades económicas relacionadas con el HSR, el fomento de la comunicación y la cooperación y el perfeccionamiento de la distribución optimizada de los recursos a lo largo de sus vías, así como acelerará la transferencia del gradiente industrial para propiciar la mejora de la industria manufacturera y la economía en general.

Es difícil imaginar que tan solo hace una o dos décadas, se produjo un acalorado debate sobre si las vías del HSR debían y cómo debían construirse. Hoy, la polémica no existe, las líneas HSR siguen expandiéndose y los trenes de alta velocidad vuelan como el viento. Las vías férreas HSR están cambiando los estilos de viaje y vida del hombre apaciblemente.

Tras años de construcción y práctica de operación, el sistema HSR de China es cada vez más conocido por su moderna tecnología, seguridad, confiabilidad, respeto al medio ambiente, eficiencia energética, conveniencia, expedita velocidad, rentabilidad, y la lista de cualidades continúa. El sector ferrocarriles de China tiene una fuerte fuerza laboral reconocida por sus habilidades profesionales integrales, tecnología sofisticada, ricas experiencias en las ramas de ingeniería, construcción, investigación y fabricación de equipamiento, y gestión de operación. Esta fuerza laboral está comprometida con el cumplimiento de los plazos y los estándares de calidad, la garantía de la seguridad y la operación eficiente y ordenada. Comparado con el HSR de otros países, el de China exhibe una gran adaptabilidad, así como una gran ventaja competitiva en esferas como la tecnología y la rentabilidad.

Como el primer ministro Li aseguró el 26 de noviembre de 2015, cuando invitó a 16 jefes de Estado y/o Gobierno de Europa Central y Oriental a subir a un tren de alta velocidad, el HSR de China representa el logro acumulativo de muchos años de desarrollo económico, progreso tecnológico, perfeccionamiento del equipamiento, ingeniería y capacitación profesional constructiva.

Las vías HSR de China aún están en expansión…

Epílogo del autor
Mi vida con los trenes

SECCIÓN UNO

La velocidad engrandece a los trenes en la vasta tierra.

Desde el surgimiento de la humanidad, la búsqueda de velocidad ha sido una de las necesidades básicas. Al principio, la velocidad era un prerrequisito esencial para los cazadores —mientras más rápido se desplazaban, mayor el botín—. Con la invención de la rueda y los motores de vapor juntos, el hombre podía viajar más rápido sin hacerlo con sus propios pies. El vertiginoso desarrollo de la tecnología ha permitido el avance cada vez más expedito del ser humano.

La historia del progreso de la humanidad, en cierto sentido, es una compilación de archivos sobre la búsqueda de la velocidad.

El 25 de julio de 1814, la primera locomotora de vapor del mundo, Blücher, diseñada por George Stephenson, fue puesta a prueba. Con dos cilindros y una caldera de 2,5 metros de largo, la locomotora podía transportar 8 vagones con 30 toneladas de carbón colina arriba a 6,4 km/h. Se trataba de una locomotora de adherencia de ruedas embridadas: su tracción dependía del contacto entre sus cuatro ruedas embridadas y el carril.

El 27 de septiembre de 1825, el primer ferrocarril del mundo, la vía de 40 kilómetros de longitud de Estocolmo a Darlington, entró en operación. Stephenson condujo su mejorada "Locomotion", que transportaba 6 vagones de carbón y 20 de pasajeros, con una carga total de 80 toneladas, llegando a alcanzar una velocidad de 24 km/h en un tramo.

Los residentes locales le denominaron "el tren" cuando vieron la locomotora de vapor moviendo una hilera de vagones, lanzando una lluvia de chispas y expidiendo una columna de humo por su chimenea. El nombre "tren" se hizo popular y su motor recibió el apelativo de locomotora. Dichos nombres todavía se utilizan en la actualidad.

Desde que empezó a circular el primer tren hace 200 años, la velocidad del ferrocarril no ha dejado de actualizarse.

En 1901, la locomotora eléctrica fabricada por la firma alemana Siemens registró un récord mundial en el apartado velocidad con 162 km/h.

En 1931, reconocido como un componente de todas las fortalezas de los aviones, aeronaves y trenes, el tren de alta velocidad "Rail Zeppelin" hecho en Alemania empezó a circular a velocidades superiores a los 200 km/h, que se mantuvieron imbatibles en el mundo durante 24 años, hasta 1955, cuando la locomotora eléctrica hecha en Francia consiguió un nuevo registro de 331 km/h.

El 1 de agosto de 2008, el tren interurbano chino de alta velocidad Beijing-Tianjin entró en servicio y el tren "Harmony" de unidad múltiple (MU) circuló a 350 km/h.

La velocidad del tren es un auténtico cubo mágico. Cada aumento es una nueva velocidad, así como un acontecimiento de la época.

SECCIÓN DOS

El tren es un símbolo de la civilización industrial moderna.

La mayoría de los historiadores considera que los medios de producción son el factor decisivo en la categorización de las diferentes etapas de la civilización.

La diferencia entre la Era Paleolítica y la Neolítica la marcaron los diferentes medios y dispositivos de producción. La primera utilizó cuarzos, pizarras de piedra caliza, etc., mientras que la última empleó cerámica e instrumentos de piedra. En la década del 20 del siglo XIX, con la invención del ferrocarril y la locomotora de vapor, el mundo dijo adiós a los días de los carruajes y dio la bienvenida a la era del vapor, que fue reemplazada por el diésel y la propulsión eléctrica en los años 70 de esta misma centuria. En los años 60 del siglo XX, el surgir de los trenes balas de alta velocidad Shinkansen en Japón convirtió al ferrocarril de alta velocidad en la etapa moderna de la era de la electricidad.

Consecuentemente, podemos llegar a dos conclusiones: por un lado, el cambio de los medios de producción decide la transformación de la era, pero, por otro, el núcleo del cambio en los medios de transporte es la velocidad.

Para ser más precisos, la historia de los trenes es la evolución de los inventos, las creaciones y el constante aumento de la velocidad. El tren, debido a la gran supremacía de su velocidad y capacidad de transporte, es la columna vertebral del transporte mundial que ha impulsado enormemente el desarrollo de la civilización humana y promovido el progreso estable de la humanidad.

En el mismo siglo, surgió el primer tren, el primer auto y el primer avión, por ese orden. Como lo describe un historiador, el ser humano primero gateó, luego se irguió y posteriormente corrió hace 500 años. Sin embargo, comenzó a volar en el último siglo.

Indudablemente, el progreso de la sociedad está determinado por la reforma de los medios de transporte modernos.

SECCIÓN TRES

Cuando tenía 20 años de edad me hice obrero ferroviario, miembro de la tripulación de una locomotora de vapor. Maquinista es la expresión familiar.

La locomotora de vapor era como una torre negra postrada, con su chimenea arrojando una gruesa columna de humo. Las nubes de vapor blanco que emitían sus dos cilindros hacían que la locomotora pareciera un enorme monstruo volando a las nubladas regiones. El pitido final y las ruedas empiezan a moverse. Todo un espectáculo incomparable que me hacía sentir un impulso y una pasión inexplicables.

El proceso de la función de la locomotora de vapor es muy sencillo. Solo hay que llenar el horno de carbón y la energía química se convierte en calor durante la combustión del hidrocarburo que calienta el agua en la caldera y se evapora para propulsar la locomotora a medida que el vapor ocupa los cilindros. El movimiento rectilíneo recíproco de los pistones se transforma en movimiento circular de las ruedas gracias a sus interruptores y varillas de conexión. Esto hace que las ruedas giren y muevan el tren.

La tripulación de la locomotora de vapor la integran un maquinista, un maquinista asistente, un bombero, es decir, un fogonero. La locomotora consume nueve paladas de carbón por minuto y el trabajo realizado en apenas minutos formará un fuego al estilo de una pala recogedora, gruesa en ambos extremos e inclinada hacia abajo por la parte de atrás. El fogonero alimentará el horno con unas cinco toneladas de carbón en cada turno.

Trabajé para la Sub-Administración de Locomotoras Zijingling, equipada con las locomotoras "Advance", fabricadas por la famosa empresa estatal Datong Locomotive Works. Espaciosa, imponente, de mucha potencia, una "Advance" podía transportar 3.000 toneladas a 80 km/h. Esta era la locomotora original, entonces la más grande y rápida de China.

En ese momento, el Proyecto para el Control del Agua Gezhouba, en Yichang, estaba en marcha. Nuestra locomotora transportaba cemento con frecuencia para su construcción. Cada vez que arrancaba nuestra locomotora, los extranjeros que venían a visitar el proyecto le rodeaban curiosos. Sabían que la locomotora de vapor era un producto de la Revolución Industrial. No obstante, nunca antes habían visto algo así delante de ellos.

Me sentía orgulloso cuando sabía que se deleitaban con nuestra locomotora china.

Poco después, me percaté de que consideraban nuestra locomotora una suerte de antigüedad. Entonces, la melancolía se apoderaba de todo mi ser y el brillo de mi orgullo se desvanecía de inmediato.

SECCIÓN CUATRO

Un día de octubre de 1978, había trabajado durante ocho horas consecutivas en nuestra locomotora de Xiangfan a Yichang. Me bajé de la locomotora por la noche y me dirigí a la cantina para la tripulación. Al entrar al salón, vi en la televisión a Deng Xiaoping sentado en el tren bala Shinkansen en Tokio, quien suspiraba y afirmaba: "Nosotros también necesitamos ir tan rápido como el viento".

Aunque la difusa pantalla estaba cubierta de manchas cual copos de nieve, el tren bala en la TV deslumbró a toda la tripulación de la locomotora.

Yo no había escuchado el término de "ferrocarril de alta velocidad". Los japoneses inauguraron la línea del Tokaido de Tokio a Osaka con trenes expresos. Su velocidad promedio podía alcanzar incluso los 270 km/h en operación normal, tres veces la velocidad de nuestras locomotoras.

Esa noche soñé con trenes balas "voladores"...

Hay indicios de que el 40% de nuestros ferrocarriles seguía siendo propulsado por las locomotoras de vapor cuando los países desarrollados habían entrado en la era del ferrocarril eléctrico de alta velocidad. A finales de la década del 70 del siglo XX, solo tres países tenían locomotoras de vapor: China, India y Sudáfrica. En las postrimerías de la citada centuria, solamente en China operaban 602 locomotoras de vapor.

A finales de 2004, las últimas locomotoras de vapor desaparecieron de la historia china. Su adiós marcó el fin de una era.

Hoy en día, el museo del Ferrocarril en la periferia oriental de Beijing, recibe cada año una multitud de turistas y fotógrafos de América y Europa. La mayoría de ellos se siente atraída especialmente por el Salón de las Locomotoras. Los visitantes generalmente graban el sonido de las locomotoras y sus sirenas.

Como contribuidoras al desarrollo de la sociedad humana, algunas locomotoras se exhiben en el museo, donde son respetadas y admiradas por todos los visitantes y resurgen cual ave fénix de las cenizas de la historia.

SECCIÓN CINCO

Julio de 2001, Beijing. El tren MU "Zhongyuan Star" de fabricación nacional se puso a prueba en las vías circulares en las instalaciones de la Academia de Ingeniería Ferroviaria de China. En el tren, Xu Yifa, jefe de la Administración Ferroviaria de Zhengzhou (ZRB por sus siglas en inglés) y yo manteníamos una animada conversación.

Xu, quien había sido maquinista de locomotoras de vapor, diésel y hasta eléctricas, se regocijó al confesarme que conducir un tren MU hecho en China había sido su más anhelado sueño. "Tu sueño se hará realidad muy pronto", le dije.

El "Zhongyuan Star" fue desarrollado conjuntamente por ZRB y Zhuzhou Electric Locomotive Works (ZELW, por sus siglas en inglés). Se componía de seis vagones y tenía capacidad para 548 pasajeros. Su sencillez, fino contorno y color plateado se mimetizaban con el verde oscuro trayendo un cambio refrescante. La velocidad de prueba era de 170 km/h.

Cuando el "Zhongyuan Star" regresó a Zhengzhou se sometió a prueba en el tramo de Zhengzhou a Xiaoshangqiao, Xuchang, en la vía Beijing-Guangzhou. Algunos amigos de la prensa fueron invitados a tomar parte en el ensayo. Xu era el maquinista y seguía con su incansable explicación muy optimista.

El 18 de noviembre de 2001, el "Zhongyuan Star" se incorporó al servicio regular. En forma de bala, el tren MU corrió tan veloz como el viento y rediseñó el horizonte a lo largo de la vía Beijing-Guangzhou. Inmediatamente, fue objeto de la atención nacional. Su debut hizo titulares en la edición extranjera al día siguiente del *Diario del Pueblo*, que publicó fotografías del tren para mostrarle al mundo su encanto inspirador.

Sin embargo, las recurrentes fallas y averías del tren provocaron las continuas quejas de los viajeros. Como jefe del Departamento de Publicidad de ZRB en ese momento, tuve que pedirle a la prensa que perdonara al recién tren MU hecho en casa. Por aquellos días, sucumbí a la melancolía.

SECCIÓN SEIS

Durante la sexta ronda de aceleración de la velocidad ferroviaria nacional el 18 de abril de 2007, la introducción de los trenes MU de la marca china "Harmony" que corrían a una velocidad promedio de 250 km/h fue un hito para el transporte ferroviario chino. Como los calificó la prensa foránea, estos trenes rápidos estaban tan cercanos como era posible a los ferrocarriles de alta velocidad e incluso los llevaban hasta su umbral.

Con el patrocinio del Departamento de Publicidad de ZRB, ese día se preparó un paseo en trenes CRH. Invitamos a un grupo de más de 60 representantes de los medios de comunicación, incluyendo al *Diario del Pueblo,* la agencia de noticias Xinhua, CCTV y el *Diario Henan,* a disfrutar del viaje en un tren MU D134 de Zhengzhou a la Estación Oeste de Beijing. El tren partió a las 7:22 am y llegó a An'yang a las 8:49 am. El recorrido de 187 km demoró una hora y 27 minutos.

La forma aerodinámica del tren MU circulando a una elevada, cómoda y estable velocidad ofreció a los periodistas frescura y comodidad en un nuevo ámbito de experiencia. En el tren, yo hacía de guía turístico y conferencista. Les hablé sobre el tren MU y del desarrollo de los ferrocarriles de China.

Por la tarde, hice las coordinaciones para que un bus recogiera a los representantes que regresaban de An'yang. El viaje demoró casi tres horas hasta Zhengzhou. Comparado con el tren MU, la vuelta por la accidentada carretera consumió el doble del tiempo.

Al día siguiente, la prensa de todo el país publicó la gran noticia sobre los trenes MU "Harmony". De ellos, "la competición y victoria aplastante del tren MU sobre el bus" fue mi obra maestra.

SECCIÓN SIETE

El 25 de mayo de 2011, la delegación de inspección e investigación liderada por Wan Gang, ministro de Ciencia y Tecnología y vicepresidente de la CCPPCh, pasó el día recorriendo el ferrocarril Beijing-Shanghai, que muy pronto prestaría servicio al público.

En calidad de miembro de su comitiva inmediata en nombre del Ministerio de Ferrocarriles, les acompañé en el recorrido.

Los expertos del equipo de investigación viajaron primero en el tren de prueba de alta velocidad del Programa Nacional de Investigación y Desarrollo de Alta Tecnología (Programa 863) a la velocidad experimental de 400 km/h, y luego en el nuevo CRH380A del Programa Nacional de Investigación y Desarrollo de Tecnología Clave.

En el tren de prueba, Wan Gang debatió con los expertos del programa de auto-renovación para los trenes de alta velocidad. Elogió los logros del programa y rindió sus respetos a los departamentos ferroviarios por su valiosa contribución a la mejora de la competitividad nacional y el bienestar del pueblo.

Estuve a la expectativa de la entrevista a Wan Gang y finalmente sucedió. Cuando le pregunté por la experiencia del paseo, señaló que la prueba demostró la calidad del ferrocarril de alta velocidad Beijing-Shanghai y aseguró que la operación de los trenes MU "Harmony" podía calificarse de primera clase a nivel mundial. Agregó que nuestros trenes de alta velocidad mejorarían los servicios y el bienestar de nuestra población, aumentarían nuestra capacidad de auto-renovación y harían contribuciones positivas a la tecnología mundial.

Wan Gang suspiró emocionado: "El expedito desarrollo de nuestro ferrocarril de alta velocidad ha dado un impulso a un gran número de industrias, acelerado el ritmo de la formación de cinturón urbano, transformado significativamente los modelos de nuestro desarrollo económico y social hasta reafirmar la confianza de toda la nación, y acelerar el desarrollo. Esto es muy importante para materializar la gran revitalización de la nación china". Las declaraciones de Wan Gang tenían tanta fuerza que eran una señal segura del auge del ferrocarril de alta velocidad de China.

SECCIÓN OCHO

Desde mi punto de vista, la reforma y apertura ha sido un periodo crucial para el desarrollo de los ferrocarriles chinos, especialmente para el de alta velocidad. Como un personal ferroviario, tuve la gran suerte de participar y ser testigo de esta grandiosa era.

Sin duda alguna fue un camino de desarrollo complejo desde la locomotora de vapor hasta el tren MU de alta velocidad, un gran salto histórico que bien vale la pena estudiarlo. Mientras escribía este libro, entrevisté a muchos dirigentes y participantes activos del programa del ferrocarril de alta velocidad, incluidos expertos, académicos, investigadores, ingenieros, responsables de despacho, maquinistas de tren MU y azafatas. La expresión en sus ojos y en sus rostros me decía que estaban orgullosos de los logros descomunales del ferrocarril de alta velocidad cada vez que me refería a la velocidad del ferrocarril chino.

Sheng Guangzu, otrora ministro de Ferrocarriles y actualmente gerente general de la Corporación Ferroviaria de China, es un firme defensor, líder y participante de la construcción del ferrocarril de alta velocidad chino. Sheng aprobó mi idea de escribir este libro y debatió conmigo muchas veces su temática, contenido y expresiones. Aseguró que el ferrocarril de alta velocidad de China era el fruto de años de crecimiento económico, mejoras enormes de la tecnología, trabajo de mucha gente competente y generaciones de obreros ferroviarios.

Después de la Fiesta de la Primavera del Año del Mono (2016), mantuve una larga conversación con Fu Zhihuan, también exministro de Ferrocarriles, que había dedicado su vida al sector de los trenes. Fu revisó mi primer borrador de este libro palabra por palabra y me ayudó a corregir 30 errores técnicos. Me impresionó su meticulosa sabiduría. Me explicó las tecnologías de alta velocidad en términos sencillos y relacionó objetivamente el desarrollo del ferrocarril de alta velocidad de China con sus pros y sus contras. Mantenía que buscar la verdad en los hechos era el fundamento básico del libro. Subrayó también que el ferrocarril de alta velocidad de China es el orgullo del pueblo chino y, por lo tanto, debíamos agradecerles a esta gran era y a nuestros ferrocarriles chinos.

¡Efectivamente!, debemos agradecerle a esta gran era con la voz única de todos los obreros ferroviarios de la República Popular China.

Siempre cercano al crecimiento y desarrollo de los trenes en China, he vivido mucho en carne propia. El ferrocarril me ha proporcionado una rica experiencia de vida y esa es la razón por la que lo valoraré por siempre hasta el fin de mis días.

Último borrador: 16 de mayo de 2016
Última revisión: 15 de agosto de 2016

图书在版编目（CIP）数据

中国速度：中国高速铁路发展纪实：西班牙文 / 王雄著 . — 北京：外文出版社，2019.3
ISBN 978-7-119-11569-6
I. ①中… II. ①王… III. ①高速铁路—铁路运输发展—成就—中国
—西班牙文 IV. ① F532.3

中国版本图书馆 CIP 数据核字 (2018) 第 154413 号

出版指导：徐　步　胡开敏
策划编辑：王　洋
责任编辑：王　洋　范淑娟　孙乙鑫
西文翻译：Olga María Rodríguez Marrero
西文审定：张源培　欧阳媛
图片摄影：(以姓氏笔画为序)
　　　　　于建勇　王长安　王明柱　王建伟　王渝民　付世凯　邢广利
　　　　　朱进军　乔　力　刘成平　刘一赢　刘爱平　安　林　李文宝
　　　　　李会来　李咸良　杨宝森　杨越华　杨惠兴　何好雁　佘中云
　　　　　吴清云　张　楠　张卫东　罗春晓　张春怀　张铁柱　陈　涛
　　　　　陈方燕　陈孚平　周德民　赵湘明　原瑞伦　贺长山　郭　庆
　　　　　郭润滋　曹　宁　崔喜利　梁士华　温希伟　蔡鸿祥
制　　作：北京维诺传媒文化有限公司
印刷监制：冯　浩

中国速度

中国高速铁路发展纪实

王　雄　著

© 2019 外文出版社有限责任公司
出 版 人：徐　步
出版发行：外文出版社有限责任公司（中国北京西城区百万庄大街 24 号）
http://www.flp.com.cn
电　　话：008610-68996047（总编室）
　　　　　008610-68996189（发行部）
　　　　　008610-68326174（版权部）
印　　制：鸿博昊天科技有限公司
开　　本：1/16
印　　张：29.75
2019 年 3 月第 1 版第 1 次印刷
（西）
ISBN 978-7-119-11569-6
（平）
10900